Step by Step
안드로이드 프로그래밍
쉽게 시작하는 안드로이드 4.4 앱 개발

Step by Step
안드로이드 프로그래밍

쉽게 시작하는 안드로이드 4.4 앱 개발

개정판 | 킷캣 4.4

| 장용식 • 성낙현 공저 |

INFINITY BOOKS

머리말

스마트 시대의 도래

'스마트'가 유행이다. '클라우드 컴퓨팅'과 더불어 스마트폰, 스마트TV, 스마트 자동차, 스마트 사무실, 스마트 주택 등 '스마트'가 시대의 흐름을 선도하고 있다. '클라우드 컴퓨팅'과 '스마트'의 흐름에서 정보통신기술이 빠르게 발전하고 있고, 그 영향을 받는 우리의 생활과 비즈니스 패러다임 역시 빠르게 변하고 있다는 것을 실감하게 된다. 우리는 최근 이슈가 되고 있는 스마트 기술의 이해를 통하여 시대의 흐름에 동참하고 새로운 비즈니스 기회를 모색할 수 있을 것이다.

안드로이드폰의 보급

스마트폰은 스마트 시대의 핵심 매체이다. 처음에는 아이폰이 스마트폰의 확산에 기폭제가 되었지만, 구글의 운영체제인 안드로이드를 채택하는 안드로이드폰의 사용이 더욱 늘어나고 있다. 이 책은 이러한 추세를 고려하여 안드로이드폰의 앱 개발을 다루고 있다.

누구를 위한 책인가?

이 책은 정보통신기술(ICT)을 공부하는 학생들과 e-비즈니스와 전자상거래 등 경영학 분야를 공부하는 학생들은 물론이고, 일반인들도 **앱의 실행원리를 이해하고 안드로이드 앱 개발에 관한 기초 능력을 배양**할 수 있도록 도움을 주고자 하였다. 따라서 **상세한 이론 및 문법보다는 그림 위주로 설명하여 앱의 개념과 작동 원리를 이해**하도록 하였다. 또한 안드로이드 앱 개발은 자바와 XML 문법을 기반으로 하고 있으나, **자바와 XML 문법을 모르는 초보자도 앱 개발의 원리와 방법을 이해**할 뿐만 아니라 흥미를 느끼고 친숙하게 느끼도록, 자바와 XML의 기초를 소개하는 쉼터를 마련하고, 단계별 앱 개발 예제를 구성하였다.

독자의 노력과 인내

프로그래밍 언어를 배우는 것은 외국어를 배우는 것보다는 쉽다. 우선적으로 본 저서가 앱을 이해하고 개발하는 기본적인 지침서가 되기를 기대하지만, 꾸준히 학습을 하면 뒷부분에 예시한 공공 DB, 구글맵, NFC 등을 이용한 다양한 응용 앱도 개발할 수 있게 될 것이다. 즉, 독자의 노력에 따라 그 능력은 매우 달라질 것이다. 부족하기는 하나 학업과 실무에 많은 도움이 되길 바란다.

감사의 글

2011년에 'Step by Step 안드로이드 앱 개발' 출간 후 책을 읽은 독자분들과 이 책을 교재로 사용한 교수님들이 더 나은 책을 만들 수 있도록 피드백을 주셔서 감사드린다. 또한 보기 쉽고 이해하기 쉬운 책을 만들려는 저자들의 집필 목적을 이해하시고 출판에 힘써 주신 인피니티북스 채희만 대표님께 깊이 감사드린다.

저자 일동

각 장별 주요내용과 전개

이 책은 4부 15장으로 구성되어 있다. 1부 **앱의 이해와 개발원리**에서는 1장에서 **스마트폰과 앱의 개요와 트렌드**를 살펴보고, 2장에서 **앱 개발환경**을 구축하며, 3장에서 **앱 프로젝트 구조와 실행원리**를 설명한다. 2부 콘텐츠 출력에서는 4장에서 **텍스트 출력과 리니어 레이아웃**을 통해 출력 방법과 화면 배치 원리를 이해하고, 5장에서는 **이미지의 출력**을 공부하고, 6장 **이벤트 처리와 액티비티 간 이동**에서는 목록을 구성하는 아이템 클릭 시 액티비티 간 이동하는 원리를 살펴본다. 7장에서는 **오디오 재생**, 8장에서는 **비디오 재생** 원리를 이해하면서 **렐러티브 레이아웃**을 이용한 화면 배치 방법을 익힌다. 3부 센서와 네트워크는 9장에서 인터넷을 이용한 **웹페이지의 소소 보기 및 데이터 파싱 원리**를 익히고, 10장에서는 **공공 DB의 오픈 API를 활용하는 방법**과 응용 방법을 살펴본다. 11장에서는 **구글맵의 다양한 활용과 위치추적 방법**을 익히고, 12장에서는 **공공 DB와 구글맵을 기반으로 하는 매쉬업 서비스의 활용 앱**을 개발해 본다. 13장에서는 사물인터넷에 응용될 수 있는 안드로이드 폰의 **NFC 센서 활용방법**을 익히기 위해 NFC 태그 읽기와 쓰기를 위한 앱을 개발해 본다. 4부 **데이터 관리**에서는 input control의 구성 요소를 이용한 **액티비티 간 데이터 전송방법**을 익히고, 15장에서는 안드로이드 폰에 내장된 **SQLite를 이용한 데이터베이스 활용 방법을 설명**한다. 이 책에서는 상황에 따라 영어와 한글 용어를 혼용하여 사용하고 있다.

각 장별 구성

1장에서 3장은 앱을 이해하고 앱 개발환경을 구축하며, 앱의 실행원리를 이해하도록 구성되어 있다. 이를 바탕으로 4장부터 각 장은 현재 활용되고 있는 **앱의 예시와 기본원리**를 살펴보고, 난이도에 따라 **Basic 프로젝트**, **Lab 프로젝트**, **Advanced Lab 프로젝트**를 단계적으로 개발하면서 응용능력을 키우도록 구성되어 있다.

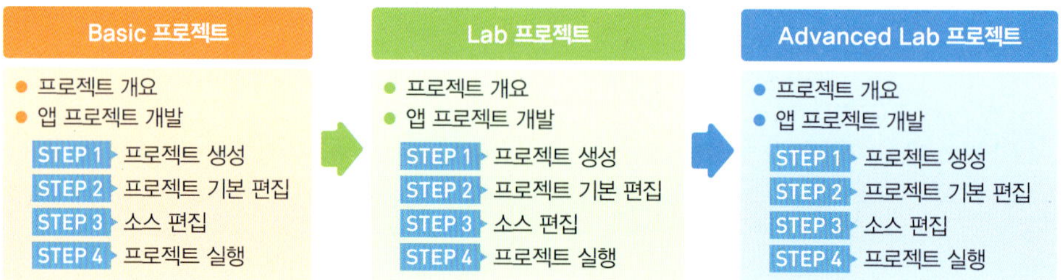

Basic 프로젝트는 앱 개발 프로젝트의 전반적인 이해를 돕기 위한 쉬운 예로 구성되어 있으며, **Lab 프로젝트**는 Basic 프로젝트에서 다룬 내용을 한 단계 업그레이드하여 반복 실습을 통한 응용능력을 배양하도록 하고, **Advanced Lab 프로젝트**는 실전에 가까운 분위기를 익힐 수 있도록 하였다. 각 프로젝트는 **프로젝트 개요**를 설명하고 **앱 프로젝트를 개발**하는데, 개발과정은 **프로젝트 생성(STEP 1)**, **프로젝트 기본 편집(STEP 2)**, **소스 편집(STEP 3)**, **프로젝트 실행(STEP 4)**의 네 단계로 나누어 구성하였다.

학습 플로우

이 책은 **15장**으로 이루어져 기본적으로는 **대학의 강의**에 적합하게 구성하였다. 그러나 대학에서의 강의가 아닌 실무적 관점에서 이 책을 택한 독자는 각자의 학습목적에 따른 학습 플로우를 구성하여도 좋을 것이다. 이에 도움이 되고자 각 장 간의 학습 플로우를 제시하고자 한다.

1장에서 3장은 앱과 개발환경, 프로젝트의 구조와 실행원리를 설명하므로 누구나 기본적인 학습을 필요로 한다. 특히 **3장의 안드로이드 앱 프로젝트와 실행원리는 4장부터 개발하는 앱의 기초가 되기 때문에 정독을 필요**로 한다.

4장에서는 앱 개발의 시작이 되는 텍스트의 출력 예제를 이용하여 안드로이드 프로그래밍의 기본 원리를 설명하고 있다. 따라서 **4장 역시 정독을 필요**로 한다. 4장을 탄탄하게 공부한 독자는 5장 이미지 출력도 쉽게 이해할 수 있고, 6장 사용자의 스마트폰 스캔에 의한 이벤트 처리 방법과 액티비티 간 이동 방법을 이해할 수 있을 것이다. 특히, **6장의 이벤트 처리는 사용자가 스마트폰과 상호작용하는 기본이기 때문에 그 원리를 잘 이해하도록 노력**하여야 할 것이다.

6장의 이벤트 처리 방법을 공부한 후에는 이벤트 처리와 관련 있는 **7장 오디오 재생**, **9장 웹페이지 소스 보기**, **13장 NFC 활용**, **14장 Input Control과 데이터 전송** 부분은 각 부문별로 공부할 수 있다. **8장 비디오 재생**은 오디오 재생과 연관성이 높다.

4장에서 텍스트 출력을 통한 안드로이드 프로그래밍의 기본 원리를 이해하면 바로 **11장 구글맵과 위치추적**을 공부할 수도 있지만, 9장을 공부한 후에 천천히 접근하는 것이 좋을 것이다. 9장을 공부한 후에 **10장 공공 DB 오픈 API 활용방법**을 익히면, **12장 공공 DB와 구글맵 기반 Mash-up 서비스**를 위한 앱을 개발하는 데 도움이 될 것이다.

14장에서 액티비티 간 데이터 전송을 이해하면, **15장 데이터베이스 활용**을 위한 앱 개발이 가능하다.

1장 앱과 개발환경부터 15장 데이터베이스 활용까지 공부하는 과정에서 자바 문법, XML, JSON 관련 문법을 이해하기 위해, 각 장의 중간에 배치된 **자바 쉼터**, **XML 쉼터**, **JSON 쉼터**를 공부한다면 앱 개발과 원리를 이해하는 데 큰 도움이 될 것이다.

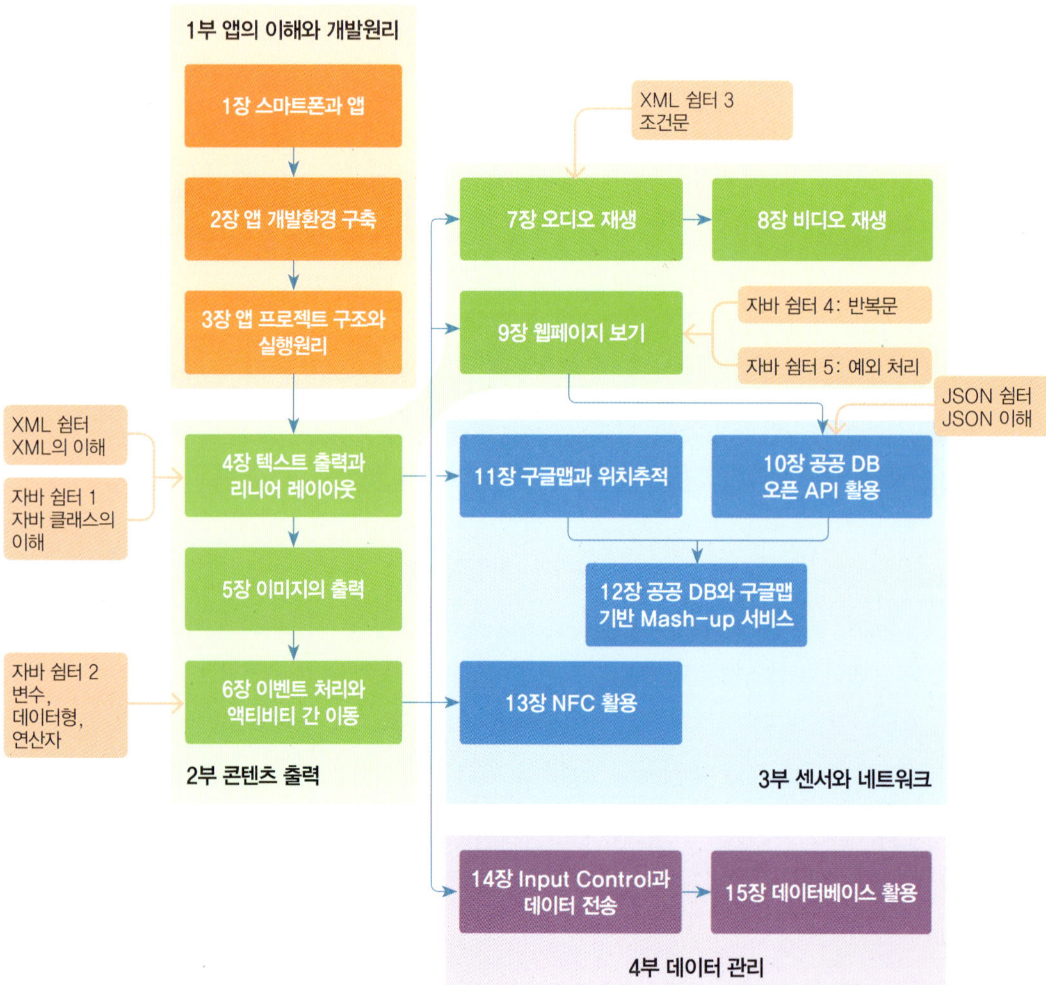

차례

쉼터 차례

문법 차례

Tip 차례

01 PART

앱의 이해와 개발원리

ANDROID PROGRAMMING

Contents

01 CHAPTER

스마트폰과 앱

01 ① 스마트폰

20세기부터 시작된 정보화의 물결은 21세기에 들어서 더욱 가속화되고, 우리의 사회환경은 더욱 급변하고 있다. 인터넷이 발전함에 따라 e-비즈니스가 등장하였고, 무선 네트워크 기반의 확장에 따라 유비쿼터스 컴퓨팅이 가능하게 되었다. 애플사는 2007년 6월 미국시장에서 아이폰을 출시하였으며, 2009년 이후에는 한국에서도 아이폰을 판매하고 있다. 구글도 2007년 11월 모바일 장치의 운영체제인 안드로이드 플랫폼을 무료로 공개하였다. 이후 어플리케이션(앱)을 공급하는 아이폰의 앱스토어와 안드로이드폰의 구글 플레이의 규모가 점점 커지고 있다. 2010년에는 거의 비슷한 시기에 아이패드와 갤럭시탭을 위시한 태블릿 PC가 시장에 출시되었다. 스마트폰과 태블릿 PC의 등장으로 스마트 기기를 사용하는 사람들이 기하급수적으로 늘어나고 있다.

TIP 스마트폰과 피처폰

스마트폰(Smart phone)은 전화 기능이 있는 소형 컴퓨터라 볼 수 있다. 스마트폰의 산업 표준에 대한 정의는 없다. 어플리케이션 개발자에게 스마트폰은 운영체제와 앱을 실행하는 전화로 보일 수 있고, 업무용으로 사용하는 사람들에게 스마트폰은 전자 우편, 인터넷, 전자책, 키보드 등의 기능이 있는 전화로 보일 수도 있다. 무선인터넷을 이용하여 인터넷에 직접 접속할 수 있는 점, 사용자가 원하는 어플리케이션을 직접 제작할 수 있는 점, 다양한 어플리케이션을 조합하여 자신에게 알맞는 인터페이스를 구현할 수 있는 점, 그리고 같은 운영체제를 가진 스마트폰 간에 어플리케이션을 공유할 수 있는 점 등이 피처폰이 갖지 못한 장점으로 꼽힌다.

피처폰(Feature phone)은 스마트폰보다 낮은 능력을 가진 휴대 전화를 지칭하는 용어이다. 피처폰은 때때로 "멍청한 전화(dumb phone)"라고도 불린다.

TIP 아이폰

아이폰(iPhone)은 2007년에 애플이 발표한 터치 스크린 기반의 아이팟, 휴대전화, 모바일 인터넷이라는 세 가지 주요 기능을 가진 스마트폰이다. 2008년에는 3세대 통신망에 대응하는 '아이폰3G'가 발매되었으며, 2009년에는 더 빠른 CPU와 아이폰 OS(iOS) 3.0을 채용한 '아이폰 3GS'가 발표되었다. 2010년에는 iOS 4를 채용한 '아이폰4'가 발표되었으며, 2011년에는 '아이폰4S'가 발매되었다. 2012년에는 '아이폰5'가 발표되었으며, 2013년에는 '아이폰 5S'와 '아이폰5C'가 발표되었다 아이폰과 아이폰에 탑재된 모바일 전용 iOS는 아이콘 형식의 인터페이스를 갖고 있으며, 이는 구글의 안드로이드와 마이크로소프트의 윈도폰 등 다른 스마트폰과 모바일 OS에도 영향을 주었다고 평가받고 있다.

TIP 안드로이드

안드로이드(Android)는 휴대 전화를 비롯한 휴대용 장치를 위한 운영 체제와 미들웨어 그리고 핵심 어플리케이션을 포함하는 소프트웨어 집합이다. 안드로이드는 개발자들이 자바 언어로 어플리케이션을 작성할 수 있게 하였으며, 컴파일된 바이트코드를 구동할 수 있는 **런타임 라이브러리(달빅가상머신: Dalvik Virtual Machine)**를 제공한다. 또한 **안드로이드 SDK(Software Development Kit)**를 통해 어플리케이션을 개발하기 위해 필요한 각종 도구들과 API(Application Programming Interface)를 제공한다. 2005년 구글이 안드로이드사를 인수한 후, 2007년 11월에 안드로이드 플랫폼을 휴대용 장치의 운영 체제로서 무료 공개하였다. 동시에 구글을 중심으로 텍사스 인스트루먼트, 브로드컴코퍼레이션, HTC, 인텔, LG전자, 마벨테크놀로지그룹, 모토로라, 엔비디아, 퀄컴, 삼성전자, 스프린트 넥스텔, T-모바일 등의 34개 회사로 구성된 컨소시엄인 **OHA(Open Handset Alliance)**가 모바일 기기의 공개 표준을 개발하는 것을 목표로 결성되었다. 이후 구글은 안드로이드의 모든 소스코드를 오픈소스 라이선스인 아파치 라이선스로 배포하고 있다.

TIP 태블릿 PC

태블릿 PC(Tablet PC)란 터치 스크린을 주 입력장치로 장착한 휴대용 PC이며 개인이 직접 갖고 다니며 조작할 수 있다. 태블릿 PC는 인터넷과 랜을 위한 무선 어댑터를 갖추고 있으며 오피스 제품군, 웹 브라우저, 게임, 그리고 다양한 어플리케이션들을 내장하고 있다. 2010년에 애플이 아이패드를 선보이고, 삼성전자가 갤럭시탭을 발표하여 태블릿 PC 시장을 열었다.

아이패드(iPad)는 미국 애플사가 만든 태블릿 PC이다. 9.7인치(25cm)의 스크린을 탑재하였으며, 아이폰과 같은 운영 체제를 기반으로 하여 아이폰에서 구동되는 모든 어플리케이션을 사용할 수 있을 뿐 아니라, 전자책과 애플에서 개발한 업무용 프로그램인 아이워크(iWork) 등 보강된 기능들이 탑재되었다. 2010년 4월 북미지역에서 처음으로 출시되었다.

갤럭시 탭(Galaxy Tab)은 삼성전자가 2010년에 처음으로 출시한 갤럭시탭 7.0을 위시한 태블릿 PC들을 지칭한다. 이후 화면의 크기를 다양화하여 2011년 7월에는 갤럭시탭 10.1인치를, 12월에는 갤럭시탭 8.9인치를 출시하였고, 2012년 3월에는 7.7인치를 출시하였다. 2014년 3월에는 갤럭시탭 프로 8.4인치를 출시하였다.

사람들은 왜 스마트폰을 사용할까? 2013년 1월 한국인터넷진흥원이 발표한 "2012년 하반기 스마트폰 이용 실태조사" 보고서에 따르면, 스마트폰 사용 이유는 아래 그림과 같이 나타났다.

그 이용 목적의 첫째는 모바일앱 등의 다양한 응용소프트웨어를 설치하고 사용할 수 있다는 점이고, 둘째가 자유롭게 인터넷을 이용하는 것이고, 셋째가 주변 사람들이 스마트폰을 이용하고 있어서이고, 넷째가 새로운 비즈니스나 기술에 대한 호기심 등으로 나타나고 있다. 즉 소비자들이 스마트폰을 이용하는 주목적은 다양한 앱과 인터넷 사용이 큰 비중을 차지하고 있음을 알 수 있다.

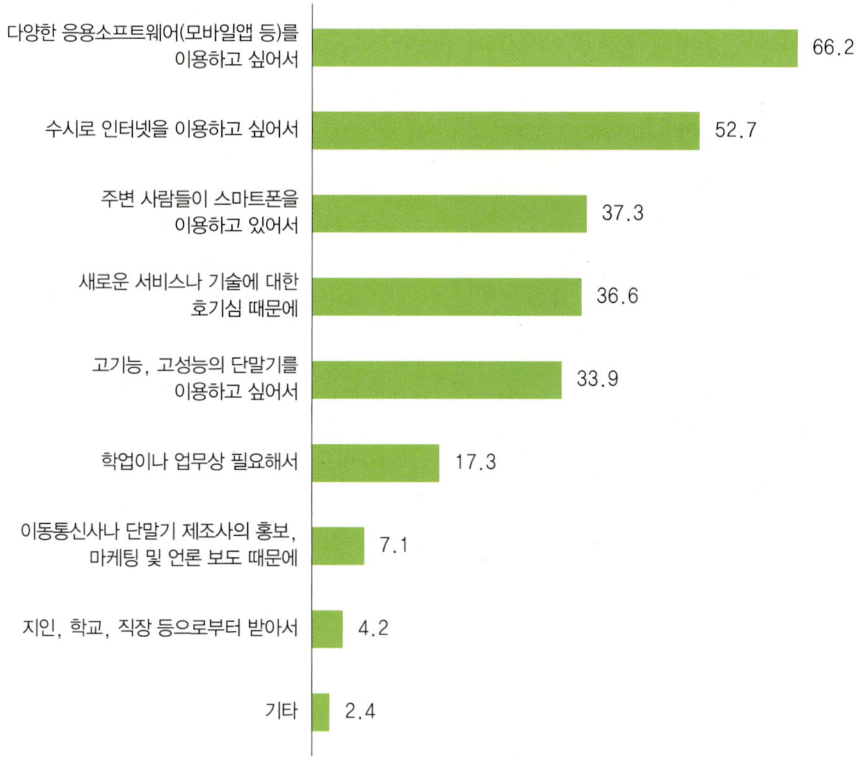

▲ 스마트폰 사용 이유(복수 응답, %)

(자료원: 한국인터넷진흥원: http://www.kisa.or.kr)

01 ②

앱

우리는 일상생활에서 스마트폰을 사용하고 있으며, 개인 및 가정생활, 사회생활과 산업 활동에서 새로운 패러다임으로의 변화를 경험하고 있다. 아래 그림은 운동기록 및 코칭에 스마트폰을 사용하는 사례를 보여 준다.

◀ **삼성전자의 스마트폰 앱 S헬스**
심박수 측정 센서가 탑재되어 심박수를 확인할 수 있는 스마트폰과 웨어러블 기기를 연동하여, 개인의 운동기록을 관리하고 운동목표에 맞게 코칭을 해 준다.

현재 스마트폰 사용자들이 스마트폰을 이용하여 정보를 이용하기 위해서는 어플리케이션이 필요한데, 이를 줄여서 앱(App)이라고 표현한다. 원래 앱이란 애플의 어플리케이션(Apple Application Software)을 가리키는 말이었으나, 이제는 스마트 기기용 어플리케이션(Application Software)을 지칭하는 명칭으로 굳어졌다. 애플사는 자사의 스마트 기기들을 위한 앱을 거래하는 시장으로 '앱스토어'를 운영하고 있고, 구글사는 자사의 스마트 기기 운영체제인 안드로이드를 사용하는 사용자와 개발자들을 위하여 '구글 플레이'를 운영하고 있다.

TIP 앱 마켓

구글 플레이(Google Play)는 2012년 3월 구글이 기존의 서비스인 안드로이드 마켓(Android Market), 구글 뮤직(Google Music), 구글 전자서적 스토어(Google eBook Store)를 통합한 서비스의 명칭이다. 안드로이드 마켓을 이용한 앱의 판매는 2008년 10월부터 시작되었으며, 유료 앱의 판매는 2009년 2월부터 시작되었다. 앱은 유료 및 무료가 있으며, 무료 앱을 다운로드할 때도 구글 계정이 필요하다. 개인용 컴퓨터에서 구글플레이 스토어를 이용하거나, 안드로이드폰 및 태블릿 PC에서 Wi-Fi, 3G, LTE 등의 무선네트워크를 이용하여 앱의 다운로드가 가능하다.
일반인도 자신이 개발한 앱을 구글 플레이를 통해 판매하는 것이 가능하다. 이를 위해서는 구글 플레이 개발자 등록 사이트(https://play.google.com/apps/publish/signup)에 구글계정으로 로그인하여 개발자 계약 수락 후, 수수료를 결제하여 개발자 등록을 한다. 등록 후에는 개발 도구인 안드로이드 SDK를 다운로드하여, 이를 이용하여 앱을 개발한 후, 구글플레이를 통해 전 세계를 대상으로 판매할 수 있다. 유료앱의 판매 가격은, 개발자가 자유롭게 매길 수 있으며, 앱 개발자는 판매수익의 70%를, 30%는 구글이 나누어 가진다. 구글은 구글 체크아웃을 통해 개발자에게 그 수익을 지급한다.

앱 스토어(App Store)는 애플이 운영하고 있는 아이폰, 아이패드 및 아이팟 터치용 어플리케이션 다운로드 서비스이다. 2008년 7월부터 아이튠즈의 업데이트 형태로 서비스가 시작되었다. "앱 스토어"란 이름은 "애플의 어플리케이션 가게(Apple Application Software Store)"란 의미를 담고 있다. 개인용 컴퓨터에서 아이튠즈를 이용하거나, 아이폰 및 아이팟 터치에서 Wi-Fi, 3G, LTE 등의 무선네트워크를 이용하여 앱의 다운로드가 가능하다(아이팟 터치의 경우는 Wi-Fi만 지원). 무료 앱을 다운로드할 때도 아이튠즈 스토어의 계정이 필요하다. 일반인도 자신이 개발한 앱을 앱스토어를 통해 등록하는 것이 가능하다. 이를 위해서는 애플과 개발자 계약을 한 후, 매킨토시의 Mac 운영체제에서 아이폰 SDK 등의 개발 도구를 이용하여 앱을 작성한 후, 앱스토어를 통해 전 세계를 대상으로 판매할 수 있다. 유료앱의 판매 가격은, 개발자가 자유롭게 매길 수 있으며, 개발자가 판매수익의 70%를 가지고, 30%를 애플이 수수료 및 호스팅 비용으로 받는다.

TIP 무선 네트워크: Wi-Fi / 3G / LTE / LTE-A

Wi-Fi는 와이파이 얼라이언스(Wi-Fi Alliance)의 상표명으로, 'IEEE 802.11'기반의 무선랜을 지원하는 기술을 뜻한다. 3G는 CDMA, WCDMA 등 이동통신기술의 3세대를 지칭하며, 2세대보다 빠른 2Mbps의 속도를 이용하여 음성과 아울러 동영상, 메일 등의 비음성 데이터도 전송할 수 있다. LTE는 롱텀에볼루션(Long Term Evolution)의 머리글자를 딴 것으로, 4세대 무선통신기술의 한 단계이며, 3세대 이동통신규격보다 12배 이상 빠른 속도로 통신할 수 있다. LTE-A는 'Long Term Evolution-Advanced'의 약자로서, 최대 속도가 150Mbps에 달해 유선인터넷보다 1.5배 빠르며, LTE보다 2배 빠른 속도로 통신이 가능하다.

| 앱과 모바일웹 |

애플은 아이폰을 발표하면서, 각 정보제공자들이 아이폰에 최적화된 앱을 만들고, 정보 사용자들은 **앱**을 다운로드받아서 설치하여 정보를 이용하는 방법을 시작하였다. 그리하여 스마트폰의 사용방식은 앱 다운로드 방식이 주류를 이루고 있다.

그러나 통신망 속도가 더 빨라지고, 현재의 웹표준이 스마트폰이나 태블릿 PC에도 적용될 수 있도록 발전한다면, 사정은 달라질 수 있을 것이다. 이러한 추세에 맞추어 많은 기업들은 기존의 웹과 더불어, 스마트폰을 이용한 사용자들의 접속을 위해 **모바일웹**도 동시에 서비스하고 있다. 예를 들어, 네이버는 웹 홈페이지와 스마트폰 사용자들에게 제공하는 모바일웹 홈페이지를 동시에 서비스하고 있다.

네이버의 일반웹(www.naver.com)과 모바일웹(m.naver.com)의 예

TIP ▶ 모바일웹

모바일웹(Mobile Web)은 스마트폰이나 태블릿 PC 같은 모바일 기기로 무선네트워크와 웹브라우저를 이용하여 인터넷에 접속하는 것을 말한다. 웹은 데스크탑 PC를 통해 접속하는 것이 일반적이었으나, 점점 모바일웹의 비중이 늘어나고 있다. 모바일웹으로의 이전은 2007년 터치식 스마트폰의 등장으로 가속화되었고, 2010년 태블릿 PC의 등장으로 더욱 가속화되었다.

정보제공을 위한 플랫폼으로서 앱과 모바일웹을 절충하기 위한 방법도 등장하고 있다. 즉 앱 내에 모바일웹을 통합하는 **하이브리드앱** 방식이 그것이다. 하이브리드앱 방식은 카메라나 센서 등을 사용하기 위해 앱을 이용하며 웹서버와의 정보교환을 위해 모바일웹을 사용한다.

| 앱의 활용사례 |

앞에서 언급한 보고서에서 스마트폰 이용자가 주로 이용하는 앱 유형을 살펴보면, 아래 그림에 나타난 바와 같이 게임 · 오락(73.7%)을 주로 이용하였고, 커뮤니케이션(54.4%), 날씨(51.8%), 지도 · 네비게이션(47.7%), 음악(46.9%), 뉴스(46.3%) 등의 순이었다.

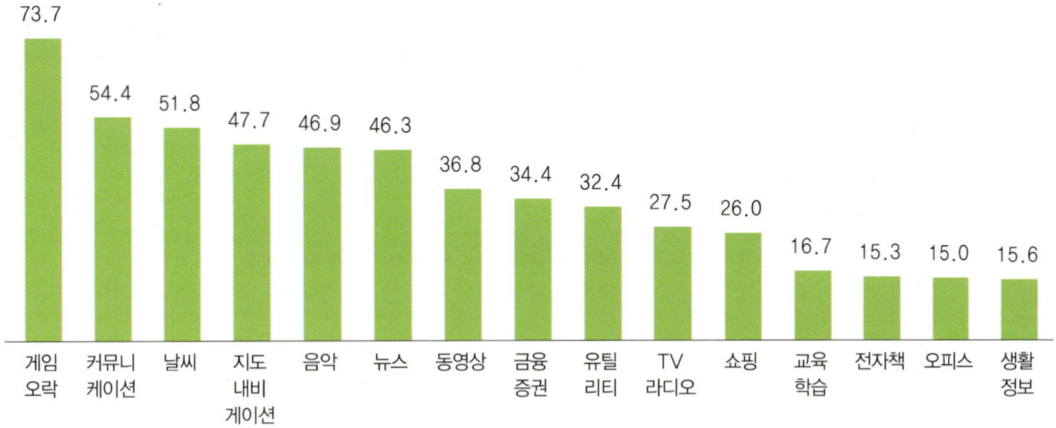

▲ **주로 이용하는 앱 유형(%, 복수응답)**
(자료원: 한국인터넷진흥원: http://www.kisa.or.kr)

앱 활용 사례의 첫째로, 일반 소비자들이 사용하는 앱은 크게 게임 · 오락 등의 엔터테인먼트용과 편리함을 위한 것이 있다. 일반 소비자들은 스마트폰과 앱을 이용하여 즐거움을 얻기도 하고, 유용한 정보를 얻고 일상생활에서의 편리함을 추구할 수 있다.

둘째로, 기업은 스마트폰과 앱을 이용하여 인사, 생산, 재무, 마케팅, 유통, 서비스 등의 업무 프로세스를 간략하게 할 수 있는 많은 방법을 개발하고 있다. 또한 기업내부의 커뮤니케이션과 생산성 향상을 위한 그룹웨어의 도구로서도 스마트폰과 앱을 이용할 수 있다.

셋째로, 기업은 소비자와 실시간 양방향 커뮤니케이션을 위하여 스마트폰과 앱을 이용할 수 있게 되어, 과거에 전화와 컴퓨터로 하던 고객과의 커뮤니케이션이 더욱 즉각적으로 가능하게 되었다.

넷째로, 카카오톡이나 페이스북 같은 소셜 네트워크 서비스는 휴대가 간편한 스마트폰의 활용으로 더욱 실시간 소통의 장점을 누리고 있으며, 이를 이용한 소셜 커머스와 같은 형태의 전자상거래도 새롭게 등장하였다.

❶ 일상생활

일상생활에서 많이 사용하는 앱의 예로는 날씨와 미세먼지를 알려주는 기상정보앱, 버스의 도착 예정시간을 알려주는 교통정보앱, TV리모콘앱, 영화표 예매앱 등이 있다.

날씨와 미세먼지

교통정보(서울버스)

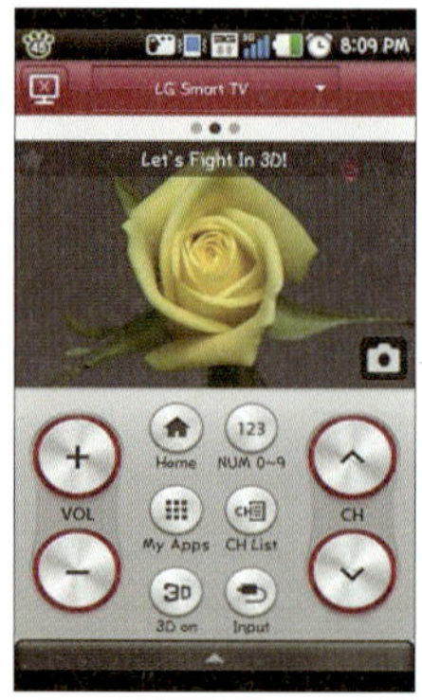

TV 리모콘

영화표 예매

영화나 만화에서 보던 상상의 세계도 현실로 나타나고 있다. 증강현실이 그 예이다. 증강현실은 스마트폰으로 입력받은 현실세계에 컴퓨터의 정보를 융합하여 현실을 확장하는 기술로, 앱과 더불어 주요 컴퓨팅 기술 중 하나이다. 주변의 건물을 스마트폰에 내장된 카메라로 찍으면, 그 건물에 대한 주요 정보가 오버랩되어 나타난다. 위의 그림은 스마트폰에 내장된 카메라와 GPS 및 센서로 운전자 차량의 앞에 있는 차량을 감지해서 추돌위험에 처하게 되면 운전자에게 알려주는 iOnRoad 앱이다.

TIP 증강현실

증강현실(augmented reality)은 사용자가 눈으로 보는 현실세계에 가상의 물체를 겹쳐 보여주는 기술이다. 현실세계를 가상세계로 보완해주는 개념인 증강현실은 컴퓨터 그래픽으로 만들어진 가상환경을 사용하지만 주역은 현실환경이다. 컴퓨터 그래픽은 현실환경에 필요한 정보를 추가로 제공하는 역할을 한다. 사용자가 보고 있는 실사 영상에 3차원 가상영상을 겹침(overlap)으로써 현실환경과 가상화면과의 구분이 모호해지게 된다. **가상현실 기술**은 일반적으로 사용자가 가상의 환경에 몰입하게 하므로 사용자는 실제 환경을 볼 수 없는 반면, **증강현실 기술**에서는 사용자가 실제 환경을 볼 수 있으며, 실제 환경과 가상의 객체가 혼합된 형태를 띠게 된다. 증강현실은 현실에는 없는 속성을 가상현실을 통해서 현실의 사물에 내재시킴으로써 증강된 현실을 보여준다. 증강현실 기술을 이용하면, 사용자가 실제 환경을 볼 수 있으므로 가상의 정보 객체(예: 기후정보, 버스 노선도, 길 안내)가 현실에 있는 간판에 표시되기도 한다.

❷ 기업 내 업무

기업에서는 모바일 기반으로 회사의 업무를 수행하는 그룹웨어도 개발되고 있다. 이를 사용하면 PC를 부팅하지 않고도 바로 회사의 데이터베이스에 접근하여 업무를 수행할 수 있기 때문에 스마트 오피스의 구현이 가능하게 된다. 스마트폰을 이용한 그룹웨어를 이용하여 사원들은 사내 전자우편, 전자결재, 게시판, 일정관리, 주소록, 쪽지, 모바일메신저 등의 기능을 이용할 수 있다.

◀ **모바일 그룹웨어 사례**
(자료원: Google Play 앱스토어 지오 유톡)

최근 스마트폰의 보급으로 점차 활용도를 더해 가는 QR코드는 기업의 제조공정, 마케팅, 유통, 물류, 서비스 분야 등에 널리 사용되고 있다.

◀ **생산관리 사례: 전자기판 공정관리 시스템**
전자부품업체에서는 제조일자, 생산라인, 일련번호 등을 QR코드화 하여 전자기판 공정관리와 자동화 작업에 활용하여, 생산이력 관리의 자동화, Host PC에 의존하지 않는 작업 준비 시스템 등을 실현할 수 있다.
(자료원: www.qrcode.com/ko)

◀ **마케팅 사례: 건물 위 광고판에 있는 QR코드**
사용자는 QR코드를 휴대폰으로 찍어 인터넷검색이 가능하다.
또한 잡지 등의 광고에 삽입하여 카메라 폰으로 찍으면 코드를 인식하고 웹사이트로 연결하여 더 자세한 정보를 보여준다든가, QR코드를 명함에 인쇄하여 개인정보 활용을 쉽게 하는 등 다양한 활용 방법이 있다.
(자료원: ko.wikipedia.org)

TIP QR코드

QR코드(Quick Response Code)는 흑백 격자 무늬 패턴으로 정보를 나타내는 매트릭스 형식의 이차원 바코드이다. QR코드는 일본의 덴소웨이브 등록상표 Quick Response에서 유래하였다. 종래에 많이 쓰이던 바코드의 용량 제한을 극복하고 그 형식과 내용을 확장한 2차원의 바코드로 종횡의 정보를 가져서 숫자외에 문자의 데이터를 저장할 수 있다. 보통 디지털 카메라나 전용 스캐너로 읽어들여 활용한다. 1994년에 덴소의 개발 부서(현재는 덴소웨이브)가 개발하였으며 1997년 10월 AIM International 표준이 되었고, 1998년 3월에는 JEIDA규격이 되었으며, 2000년 6월에는 ISO/IEC 18004표준이 되었다. 현재 특허권을 가진 덴소웨이브는 이 표준화된 기술에 대한 특허권을 행사하지 않을 것을 선언하였다.

스마트폰에 부착된 NFC 기술을 이용한 서비스도 늘고 있다. NFC(Near Field Communication: 근거리 무선 통신)는 13.56MHz의 대역을 가지며, 10cm 이내 거리에서 데이터를 양방향으로 통신할 수 있는 근접통신 기술이다. 현재 스마트폰 사용자의 대부분은 NFC 기능이 탑재된 스마트폰을 보유하고 있다. NFC 기능을 지닌 스마트폰을 이용하면 교통, 티켓, 지불 등 여러 서비스에서 사용할 수 있다. 미래창조과학부는 NFC 기반의 택시 안심 서비스, 버스도착정보 서비스 등을 계획하고 있다.

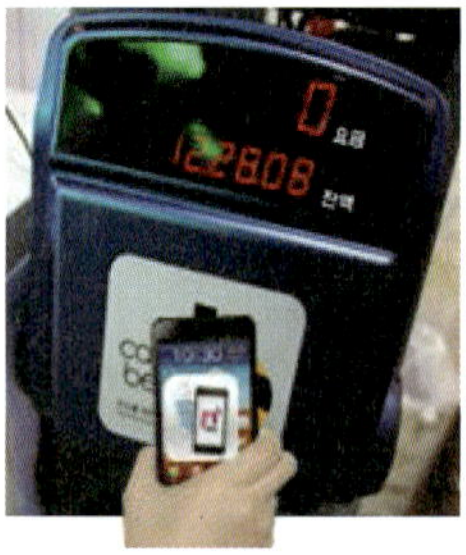

◀ **버스결제기에 스마트폰 뒷면을 터치하는 그림**
미래창조과학부와 한국인터넷진흥원은 2013년 12월 NFC 후불 교통카드 서비스를 개시한다고 밝혔다. 서비스를 이용하기 위해서는 NFC 기능이 탑재된 스마트폰에 교통카드 기능이 포함된 신용카드를 발급 받은 후, 버스에 설치된 교통카드 단말기에 스마트폰을 스캔하면 된다.
(자료원: 미래창조과학부 www.msip.go.kr)

❸ 기업과 소비자 간의 커뮤니케이션

기업과 소비자 간의 커뮤니케이션 도구로서 스마트폰을 사용하는 예도 많이 늘어 나고 있다. 이에 따라 소비자들은 휴대성과 편리함을 추구하고, 기업은 소비자들과의 커뮤니케이션을 강화하여 기업과 소비자의 거리는 더욱 가까워지고 소통은 양방향으로 이루어지고 있는 추세이다. 소비자들은 실시간으로 기업의 정보를 접하고 이에 반응할 수 있게 되었다.

택배조회용 앱을 이용하면 자신이 주문한 상품이 배송단계 중에 어느 단계에 있는지를 알 수 있으며, 서점이 제공하는 앱을 이용하면 도서를 검색할 수 있다.

◀ **택배조회용 앱**
소비자는 주문한 상품이 배송단계 중 어디에 있는지를 알 수 있다.

◀ **서점용 앱**
소비자는 도서를 검색하고 주문할 수 있다.

(자료원: Google Play 앱)

모바일 맞춤 채용정보 앱을 이용하여 구직자들은 실시간으로 기업의 구인 정보를 보고 반응할 수 있다.

채용정보

지역별 채용정보

역세권 채용정보

▲ **잡코리아의 모바일 채용정보 앱**
(자료원: Google Play 앱)

❹ 소셜 네트워크 서비스와 소셜 커머스

소셜 네트워크 서비스(SNS; Social Network Service)는 **카카오톡**이나 **페이스북** 같이 인적 네트워크를 관리할 수 있도록 해주는 서비스인데, 휴대가 간편한 스마트폰의 실시간 커뮤니케이션 장점으로 그 이용이 증대하고 있다.

소셜 커머스(Social Commerce)는 **티몬**이나 **쿠팡**처럼 소셜 네트워크 서비스를 이용하여 일정 수 이상의 구매자를 모집하여 파격적인 할인가로 상품을 제공하는 판매 방식이다.

카카오톡

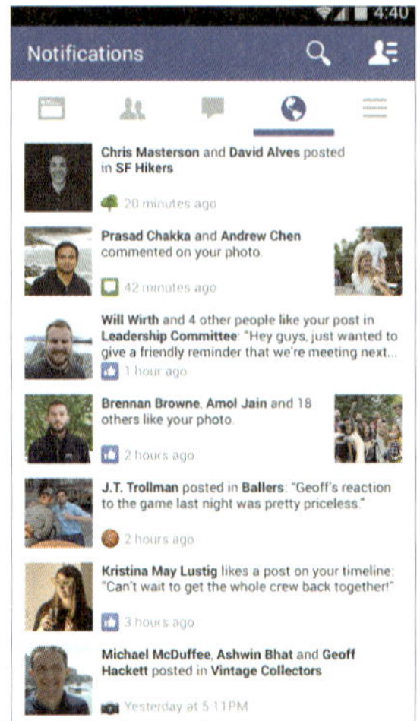

페이스북

쿠팡(소셜 커머스)

01 3

안드로이드와 구글

스마트폰의 확산과 함께, 현재 세계적으로 스마트폰과 태블릿 PC, 스마트 TV를 둘러싸고 치열한 경쟁이 진행 중이다. 스마트폰, 태블릿 PC, 스마트 TV로 대표되는 스마트 기기는 정보를 소비하기 위한 기기이므로 시장이 매우 크다. 스마트폰 시장은 스마트 기기의 유행을 선도하기도 하고, 향후에는 스마트 가전업의 승패를 가르는 시험장이기 때문에, 전자, 가전, 소프트웨어, 콘텐츠 등을 망라한 산업에서 경쟁과 공조가 진행 중이다. 스마트폰의 운영체제로는 **구글**의 안드로이드와 **애플**의 iOS가 시장을 주도하고 있다.

안드로이드 운영체제 버전은 2007년 11월 안드로이드 1.0 알파 버전부터 시작하여 꾸준히 업그레이드되었다. 2009년 4월부터 안드로이드 버전은 디저트 이름을 바탕으로 코드네임을 붙여 개발되고 있다. 각 버전들은 알파벳 순서에 따라 애플파이(Apple pie), 바나나브레드(Banana bread), 컵케이크(Cup cake), 도넛(Donut), 이클레어(Eclair), 프로요(Froyo), 진저브레드(Ginger bread), 허니콤(Honey comb), 아이스크림 샌드위치(Ice Cream Sandwich), 젤리빈(Jelly bean), 킷캣(KitKat) 등으로 이름이 붙여졌다.

안드로이드 운영체제는 처음 발표 이후 다음과 같은 변천과정을 거쳐 진화하였다.

● 구글의 안드로이드 버전 역사(자료원: HTTP://KO.WIKIPEDIA.ORG)

버전	API Level	코드명	발표일(년.월)
Android 4.4	19	Kitkat	2013.10
Android 4.3	18	Jelly Bean MR2	2013.7
Android 4.2, 4.2.2	17	Jelly Bean MR1	2012.11
Android 4.1, 4.1.1	16	Jelly Bean	2012.7
Android 4.0.3, 4.0.4	15	Ice Cream Sandwich MR1	2011.12
Android 4.0, 4.0.1, 4.0.2	14	Ice Cream Sandwich	2011.10
Android 3.2	13	Honeycomb MR2	2011.7
Android 3.1.x	12	Honeycomb MR1	2011.5

Android 3.0.x	11	Honeycomb	2011.2
Android 2.3.4, 2.3.3	10	Gingerbread MR1	2011.2
Android 2.3.2, 2.3.1, 2.3	9	Gingerbread	2010.12
Android 2.2.x	8	Froyo	2010.5
Android 2.1.x	7	Eclair MR1	2010.1
Android 2.0.1	6	Eclair 0 1	2009.12
Android 2.0	5	Eclair	2009.10
Android 1.6	4	Donut	2009.9
Android 1.5	3	Cupcake	2009.4
Android 1.1	2	Banana Bread	2009.2
Android 1.0	1	Apple Pie	2008.9

구글은 안드로이드 운영체제 외에도 다음과 같은 여러가지 새로운 사업 분야에 진출하고 있다.

구글은 2014년 3월 착용형 스마트 기기를 위한 안드로이드 운영체제인 안드로이드 웨어(Android wear)를 공개하였다. 이 운영체제는 스마트 시계 등의 착용가능한 기기를 위한 안드로이드 버전의 플랫폼으로 터치 스크린으로도 조작이 가능하고 구글 음성 인식 기능으로도 조작이 가능하다고 한다.

(자료원: ko.wikipedia.org)

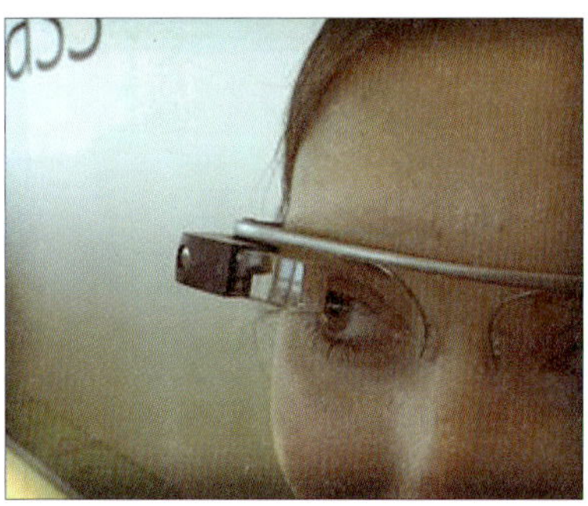

구글 글래스(Google Glass)는 구글이 발표한 헤드 마운티드 디스플레이(HMD)가 장착된 착용 컴퓨터로서, 유비쿼터스 개념을 실현하는 컴퓨터이다. 구글 글래스는 스마트폰과 같은 핸즈프리 형태로 정보를 보여주므로, 음성 명령을 통해 인터넷과 상호 작용할 수 있다. 구글은 2014년 4월 구글 글래스 한정수량을 1,500달러에 판매하였다.

(자료원: ko.wikipedia.org)

구글 지도(Google Maps)는 구글에서 제공하는 지도 서비스이다. 구글맵의 길찾기는 현지 대중 교통과 연동하여 오픈API로 제공하여 인기가 많다. 스트리트 뷰는 실제 거리를 보여준다.

(자료원: ko.wikipedia.org)

구글은 또한 무인자동차를 개발하고 있다. 구글은 2014년 4월 무인자동차의 도심 주행 성공을 발표하였다. 구글의 무인자동차는 차량에 부착된 비디오카메라와 센서 등을 통해 입력한 데이터를 처리하여 주행한다.

(자료원: ko.wikipedia.org)

02
CHAPTER

앱 개발환경 구축

02-1 안드로이드 앱 운영환경

앱은 스마트폰 내에서 실행되며, 무선 네트워크를 이용하여 다른 스마트폰과 통신하거나, 웹서버의 웹 어플리케이션을 통해 정보를 교환하기도 한다. 또한, 스마트폰에 정보를 저장, 조회, 또는 변경할 수 있다. 안드로이드 스마트폰은 안드로이드 아키텍처 운영환경에서 작동된다. 안드로이드 아키텍처는 리눅스 커널을 기반으로 하는 라이브러리와 런타임(달빅가상머신)이 있으며, 그 위에 어플리케이션 프레임워크가 있고 최상위에 우리가 실행하는 어플리케이션(앱)이 있다.

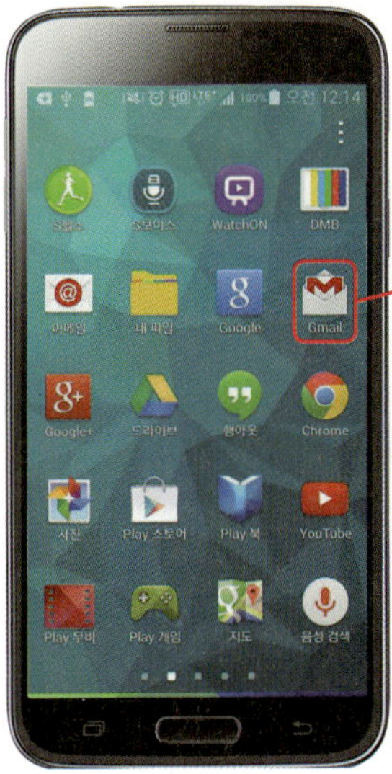

스마트폰

안드로이드 아키텍처

안드로이드 아키텍처

<table>
<tr><th>구성요소</th><th>개요</th></tr>
<tr><td>리눅스</td><td>보안, 메모리 관리, 프로세스 관리, 네트워킹 등의 핵심 시스템 서비스를 위한 Linux 운영체제가 있음.</td></tr>
<tr><td>라이브러리</td><td>안드로이드 시스템의 여러 컴포넌트에 의해 사용되며 C/C++로 만들어져 있음.
구성요소는 다음과 같음.
<table>
<tr><th>구성요소</th><th>기능</th></tr>
<tr><td>Media Libraries</td><td>MPEG4, H.264, MP3, AAC, AMR, JPG, PNG 파일들의 이미지, 오디오 및 비디오 파일의 백그라운드 실행 및 저장</td></tr>
<tr><td>Surface Manager</td><td>디스플레이 서브시스템의 접근 관리</td></tr>
<tr><td>LibWebCore</td><td>웹브라우저 엔진</td></tr>
<tr><td>SQLite</td><td>응용프로그램들이 사용할 수 있는 데이터베이스 엔진</td></tr>
</table></td></tr>
<tr><td>런타임
(달빅가상머신)</td><td>안드로이드 자바 어플리케이션이 실행되는 환경을 제공하며, 안드로이드 SDK의 달빅 가상 머신(Dalvik virtual machine)이 그 역할을 함.</td></tr>
<tr><td>어플리케이션
프레임워크</td><td>개방형 개발 플랫폼을 제공하며, 개발자들이 더 풍부하고 혁신적인 어플리케이션을 제작할 수 있도록 지원함. 개발자들은 디바이스의 하드웨어, 로컬 정보, 백그라운드 실행 서비스, 경고, 상태바를 통한 공지 등의 다양한 기능을 활용할 수 있음. 주요 구성요소는 다음과 같음.
<table>
<tr><th>구성요소</th><th>기능</th></tr>
<tr><td>View</td><td>리스트, 그리드, 텍스트 박스, 버튼, 웹뷰 등으로 어플리케이션 개발에 사용됨.</td></tr>
<tr><td>Content Providers</td><td>응용프로그램이 다른 응용프로그램들에 접근하거나 데이터를 공유하게 함.</td></tr>
<tr><td>Resource Manager</td><td>문자, 그림, 레이아웃 파일 등의 자원에 대한 접근 허용을 관리함.</td></tr>
<tr><td>Notification Manager</td><td>응용프로그램들이 상태바에 경고문을 출력하게 도와줌.</td></tr>
<tr><td>Activity Manager</td><td>응용프로그램의 시작부터 종료까지의 라이프사이클을 관리함.</td></tr>
</table></td></tr>
<tr><td>어플리케이션</td><td>안드로이드는 이메일, SMS, 일정, 지도, 웹브라우저 등을 포함하는 여러 주요 응용프로그램으로 배포됨. 모든 어플리케이션은 자바 언어로 작성됨.
어플리케이션은 하나 이상의 액티비티로 구성되며, 각 액티비티는 화면을 통해 사용자와 상호작용하지만 오디오 실행과 같이 화면이 없는 액티비티도 가능함.</td></tr>
</table>

02 ② 안드로이드 앱 개발환경

안드로이드 앱 개발을 위한 환경을 살펴보자. 안드로이드 앱은 **통합개발환경**(IDE: Integrated Development Environment)을 이용하여 개발하고, **안드로이드 SDK**(Android Software Development Kit)에 있는 **컴파일러**로 실행파일을 만든다. 실행파일은 **달빅가상머신** 환경에서 **AVD**(Android Virtual Device)를 이용하여 실행하거나, 데이터 케이블로 PC에 연결된 **스마트폰**에 전송하여 실행할 수 있다.

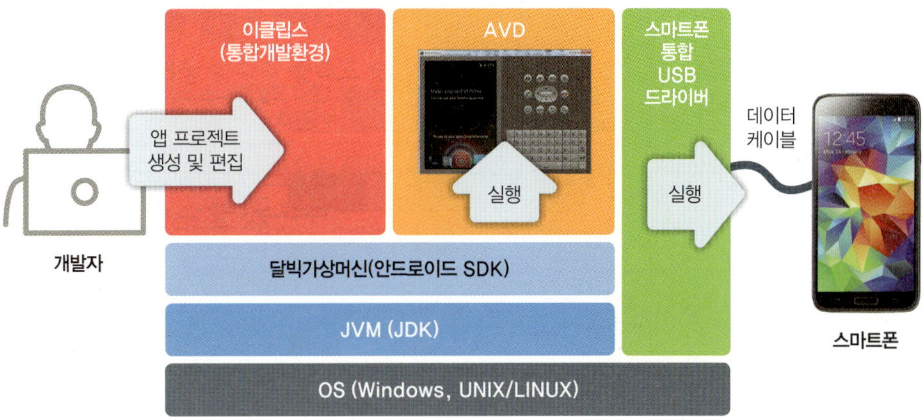

▲ 앱 개발환경

안드로이드 SDK는 **JDK**(Java Development Kit)를 기반으로 하기 때문에 JDK를 먼저 설치하여야 한다. **JDK**에는 자바 컴파일러와 자바가상머신(JVM: Java Virtual Machine)이 있다. **JDK**는 윈도우즈 또는 리눅스 운영체제(OS: Operating System)에서 실행된다. 앱 개발환경의 구성요소에 대한 설명은 다음과 같다.

앱 개발환경의 구성요소

<table>
<tr><th>구성요소</th><th>개요</th></tr>
<tr><td>운영체제</td><td>OS(Operating System)
Windows 또는 UNIX/Linux가 가능함.</td></tr>
<tr><td>자바 개발 킷</td><td>JDK(Java Development Kit)
자바 어플리케이션을 개발하기 위해 필요한 각종 유틸리티 클래스 파일들을 포함하고 있는 개발 킷으로, 자바 어플리케이션이 실행되는 자바 가상 머신(JVM: Java Virtual Machine) 환경을 제공함.</td></tr>
<tr><td>안드로이드 SDK</td><td>Android Software Development Kit(Android SDK)
안드로드용 어플리케이션을 개발하기 위해 필요한 클래스 파일들을 포함하는 소프트웨어 개발 킷으로, 안드로이드 자바 어플리케이션이 실행되는 달빅 가상 머신(Dalvik Virtual Machine) 환경을 제공함.</td></tr>
<tr><td>통합 개발 환경</td><td>IDE(Integrated Development Environment)
Eclipse, IntelliJ IDEA, Android Studio 등이 있음.
<table>
<tr><th>IDE</th><th>기능</th></tr>
<tr><td>Eclipse</td><td>자바를 비롯한 다양한 언어를 지원하는 프로그래밍 통합 개발환경으로 IBM에서 개발한 소프트웨어이며, 이클립스 재단(www.eclipse.org)에서 배포하고 있다. 안드로이드 SDK 번들 버전에 포함되어 있음.</td></tr>
<tr><td>IntelliJ IDEA</td><td>자바 프로그래밍 통합 개발환경으로 JetBrains(www.jetbrains.com)에서 개발한 소프트웨어임.</td></tr>
<tr><td>Android Studio</td><td>IntelliJ를 기반으로 만들어졌으며, 안드로이드 사이트(developer.android.com/sdk/installing/studio.html)에서 다운로드 받을 수 있음.</td></tr>
</table>
➡ 이 책에서는 가장 범용적으로 사용되고 있는 이클립스를 이용하여 안드로이드 프로젝트를 개발하기로 함.</td></tr>
<tr><td>안드로이드 가상 디바이스</td><td>AVD(Android Virtual Device)
안드로이드 기반 스마트폰 에뮬레이터를 실행시키기 위한 가상 장치로서, 앱의 실행을 테스트할 수 있음.
➡ 에뮬레이터: 하드웨어나 소프트웨어의 기능을 모방하여 실행하는 장치 또는 프로그램으로, 여기서는 가상의 스마트폰을 의미함.</td></tr>
<tr><td>통합 USB 드라이버</td><td>스마트폰과 PC를 연결하며, 각 스마트폰 제조사 홈페이지에서 다운로드 받아 설치함.</td></tr>
</table>

02 ③ 안드로이드 앱 개발환경 구축

우리는 일반적으로 많이 사용하는 **윈도우즈 운영체계** 기반의 앱 개발환경 구축 방법을 설명하기로 한다. 리눅스의 경우도 크게 다르지 않기 않기 때문에 같은 방법으로 구축하면 된다. 앱 개발환경 구축은 **❶ JDK 설치**, **❷ 안드로이드 SDK 번들 설치**, **❸ 앱 실행환경 구축**의 3단계로 이루어진다.

STEP 1 JDK 설치

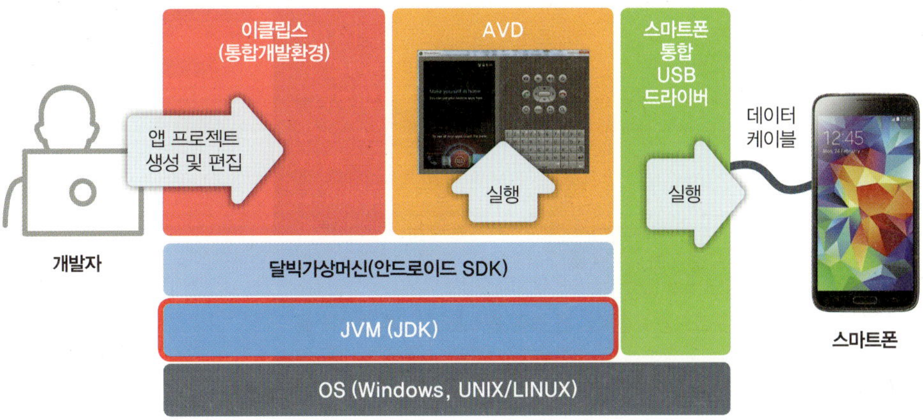

(1) JDK 다운로드

오라클(www.oracle.com)에서는 지속적으로 JDK를 업그레이드하여 발표하고 있다. 오라클 사이트에 접속하여 **'Download'** 메뉴(❶)의 서브 메뉴 중에서, **'Java for Developers'**를 클릭한다(❷).

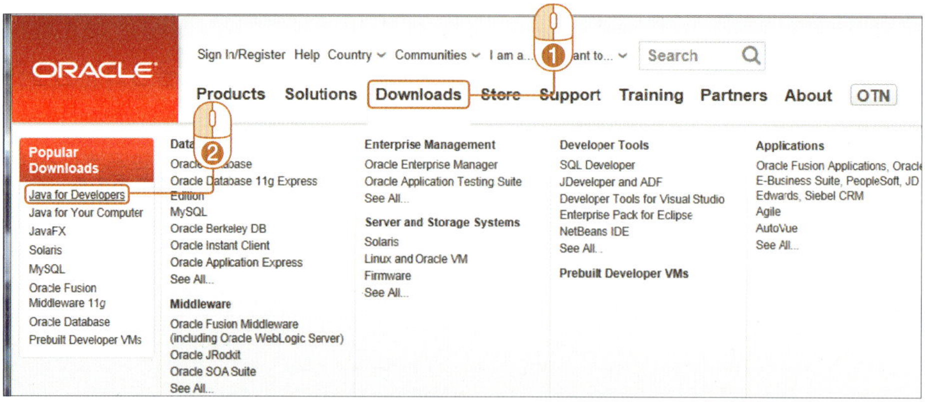

최신 **Java SE** 버전(**Java SE 8u5**)에 대한 **'Download' 버튼**을 클릭한다(③).

TIP 자바 플랫폼

구분	개요
Java SE	**Java Platform, Standard Edition** 자바 플랫폼에서 가장 널리 쓰이는 자바 API의 집합체임. Java SE에는 자바 어플리케이션을 실행하는 **JRE**(Java Runtime Environment)와 자바 어플리케이션을 개발하기 위해 사용되는 **JDK**(Java Development Kit)가 있음. JDK는 JRE를 포함하고 있음. ➥ API(Application Programming Interface): 어플리케이션과 운영체제(또는 데이터베이스관리시스템) 등의 시스템 프로그램 간 통신에 사용되는 언어 또는 메시지 형식
Java EE	**Java Platform, Enterprise Edition** 자바를 이용한 서버측 개발을 위한 플랫폼임. Java EE 플랫폼은 PC에서 동작하는 표준 플랫폼인 Java SE에 추가하여, 웹 어플리케이션 서버에서 동작하는 장애복구 및 분산 멀티티어를 제공하는 자바 소프트웨어의 기능이 있음.
Java ME	**Java Platform, Micro Edition** 제한된 자원을 가진 휴대전화, PDA, 셋톱박스 등에서 자바 프로그래밍 언어를 지원하기 위해 만들어진 플랫폼 중 하나임.

(자료원: 위키피디아)

라이선스에 동의하고(❹), Windows 시스템 종류에 따른 실행파일을 선택한다. 시스템 종류가 32비트 Windows 운영체제(Windows x86)인 경우에는 **'jdk-8u5-windows-i586.exe'** 설치 버전을 클릭하고, 64비트 운영체제(Windows x64)이면 **'jdk-8u5-windows-x64.exe'** 설치 버전을 다운로드하여 저장한다(❺).

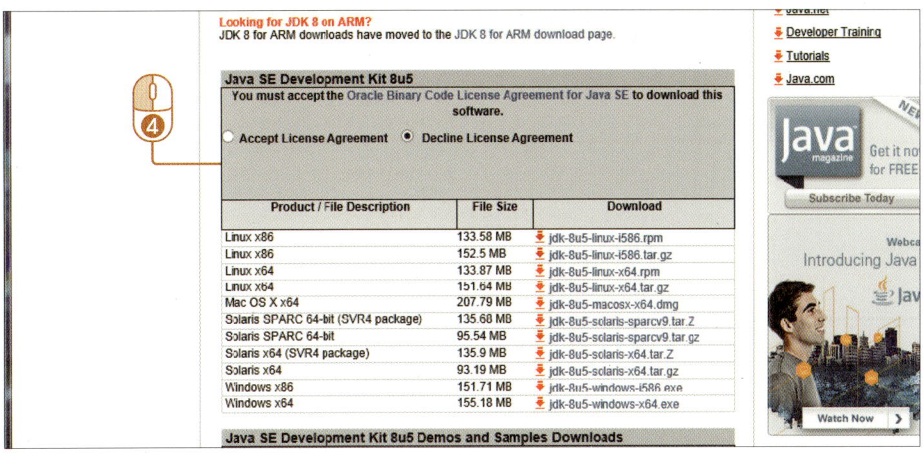

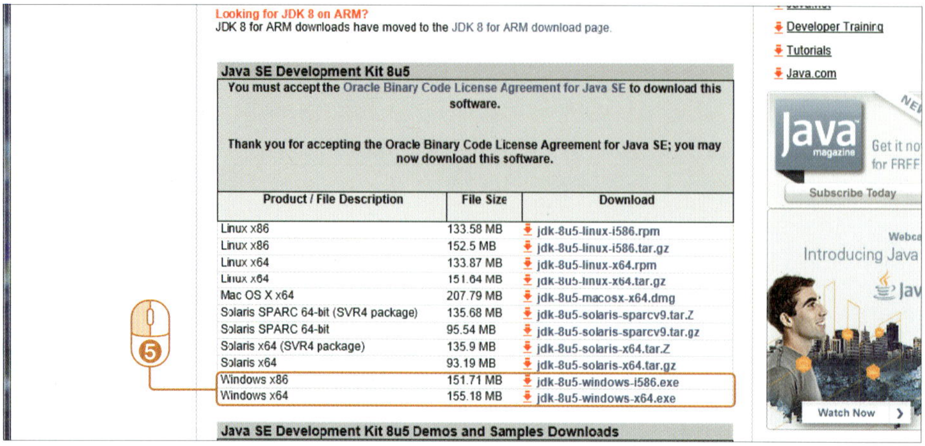

TIP 윈도우 운영체제 정보 보기

'제어판 → 시스템 및 보안 → 시스템'을 클릭하면, 다음과 같이 PC에 대한 윈도우즈의 버전(❶), 시스템 종류(❷) 등을 확인할 수 있다.

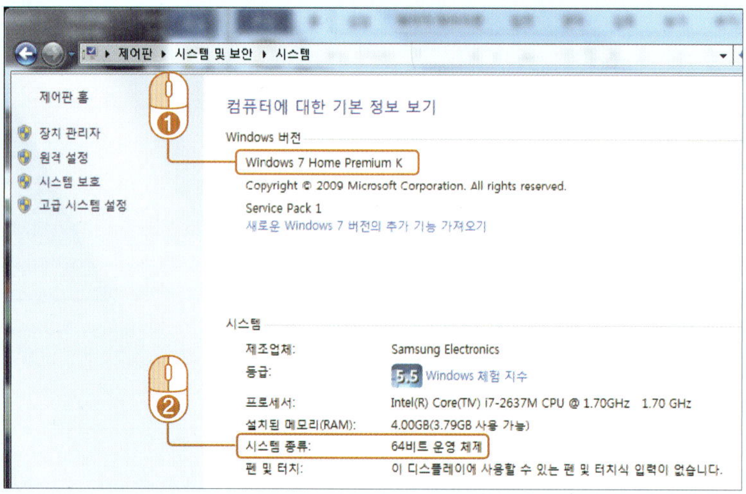

(2) JDK 설치

다운로드된 실행파일을 클릭하면 JDK설치 초기화면이 나타난다. **'Next'** 버튼을 클릭한다(❶).

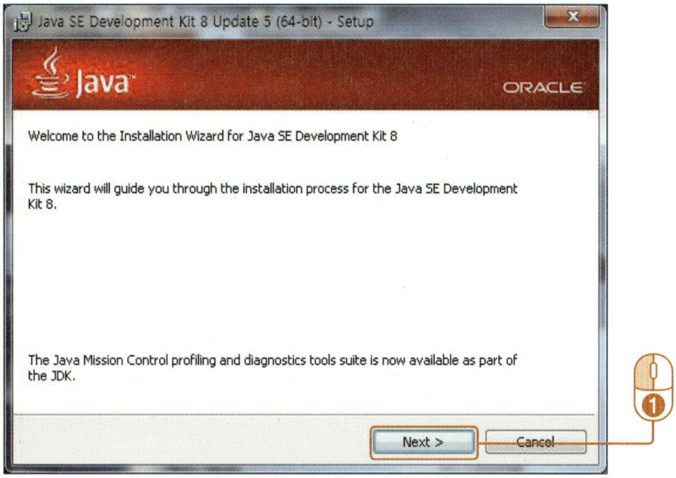

'Development Tools'를 선택하고(❷) **'Next' 버튼**을 클릭하면(❸), **설치진행 과정**이 나타난다.

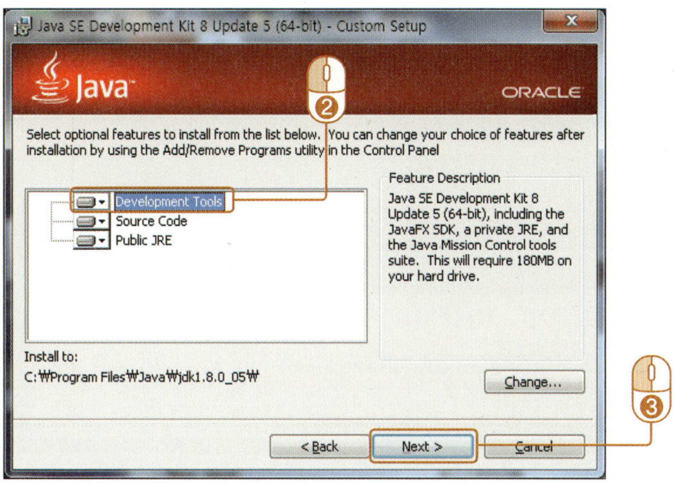

설치할 폴더를 지정한다. 디폴트로 설치되는 폴더(**'C:\Program Files\java\jre버전\'**)에 그대로 설치하면 된다. **'Next' 버튼**을 클릭하면(❹) 설치가 진행된다.

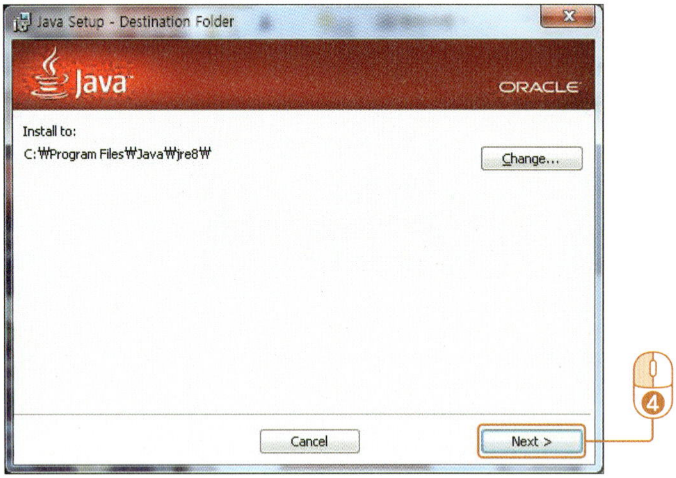

설치가 종료되면 **'Close'** 버튼을 클릭한다(❺).

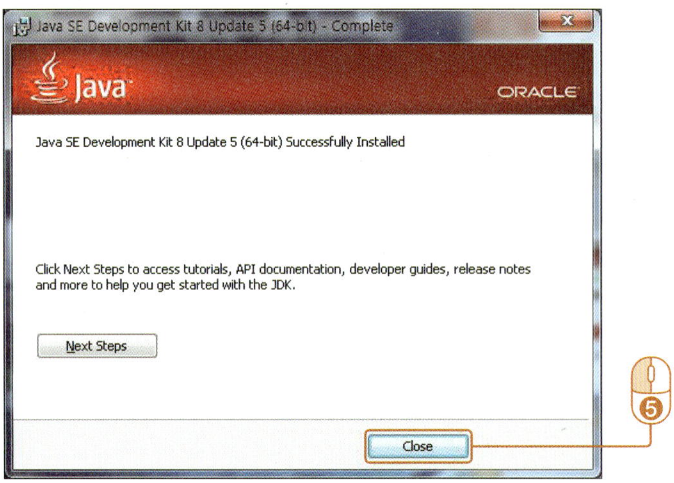

Program Files 폴더의 Java 폴더(❻)에 설치된 파일들을 볼 수 있다(❼).

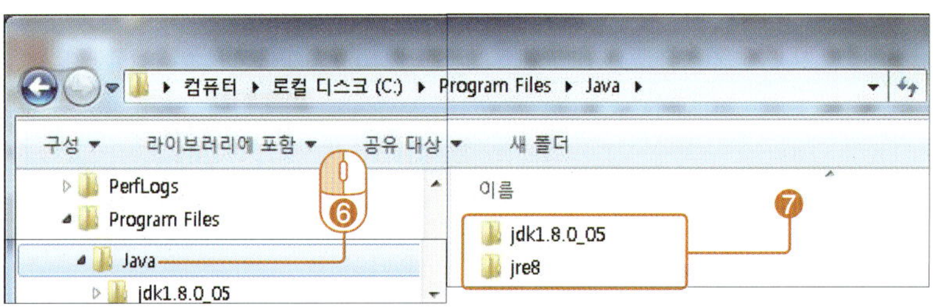

STEP 2 안드로이드 SDK 번들 설치

(1) 안드로이드 SDK 번들 다운로드

안드로이드 SDK 번들 버전에는 이클립스가 포함되어 있다. 안드로이드 사이트(www.android.com)에 접속하고, 하단부에 있는 '**Android SDK**'를 클릭한다(❶).

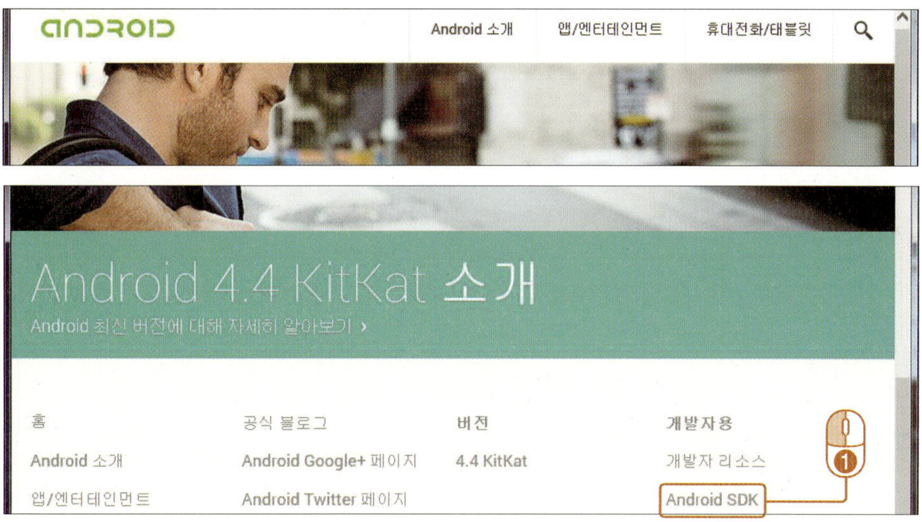

'Download the SDK'를 클릭한다(❷).

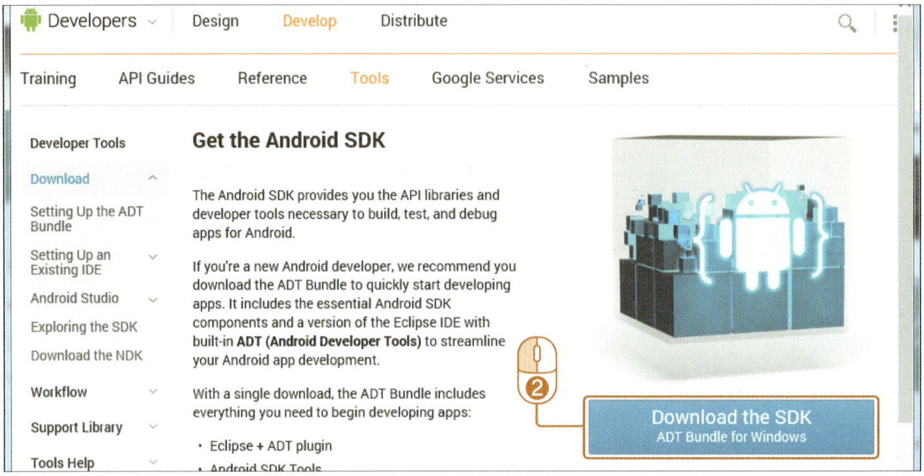

라이선스에 동의하고(❸), 설치할 PC의 윈도우 운영체제 종류를 선택한다(❹).

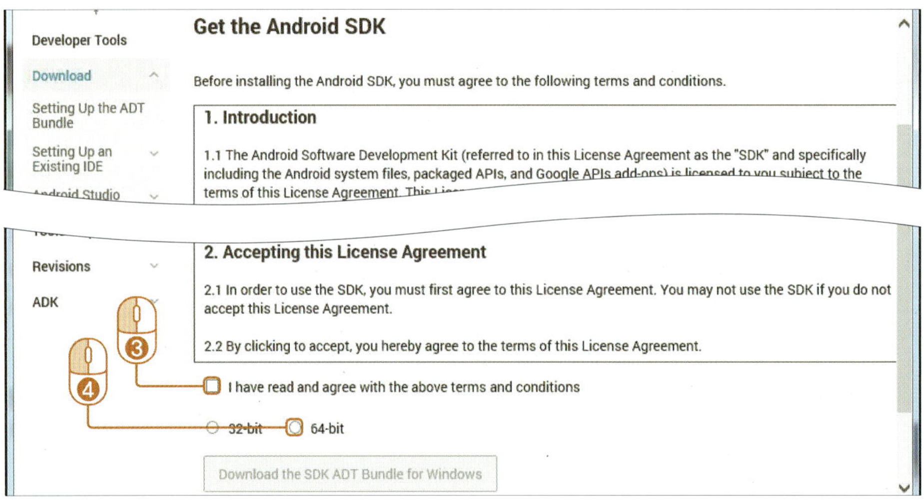

'Download the SDK ADT Bundle for Windows' 버튼을 클릭하여(❺) 임의의 폴더에 압축파일을 다운로드 받는다(이 책에서는 android 폴더에 저장하기로 한다).

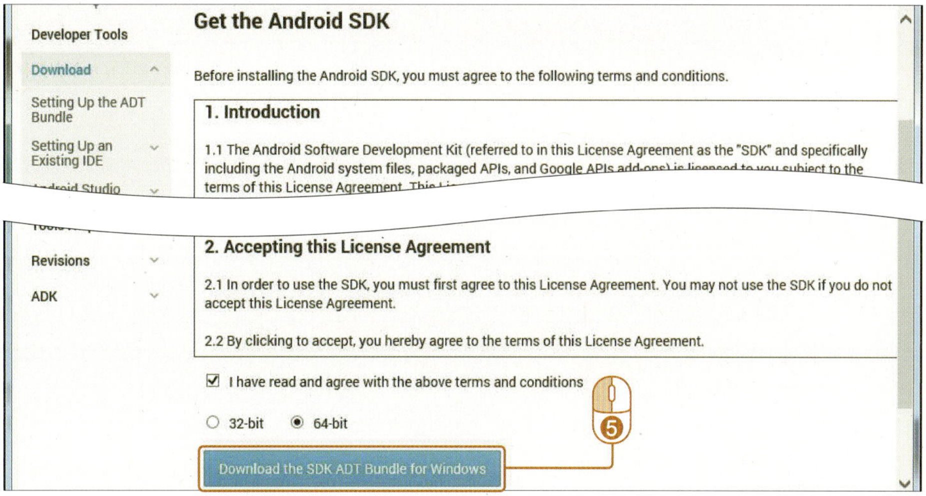

(2) 안드로이드 SDK 번들 압축해제

다운로드 압축파일을 선택하고 마우스 오른쪽 버튼을 클릭하여 '여기에 압축풀기'를 선택한다(❶).

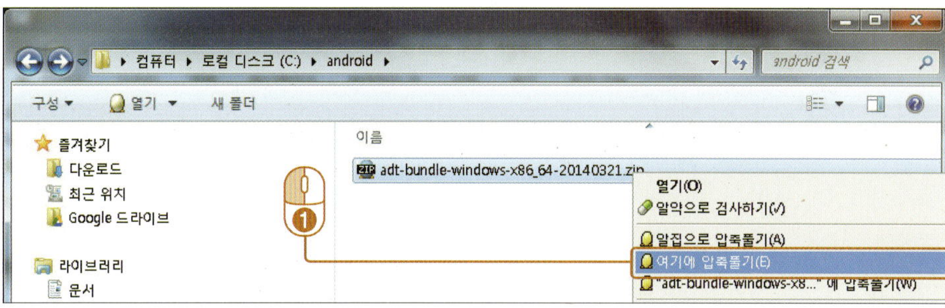

압축해제된 폴더를 클릭하면(❷), 'eclipse'와 'sdk' 폴더, 'SDK Manager.exe' 실행파일을 볼 수 있다(❸).

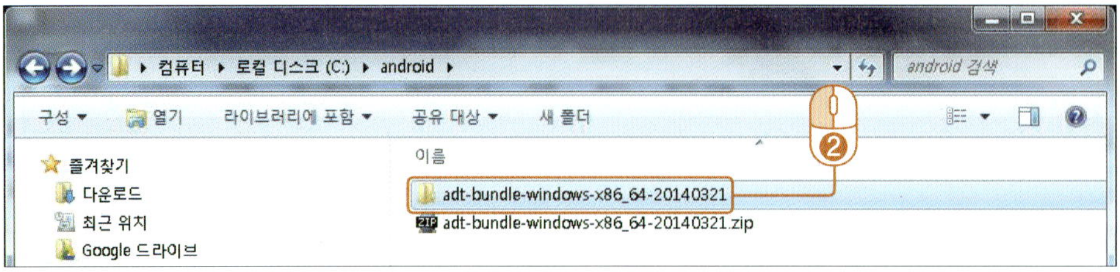

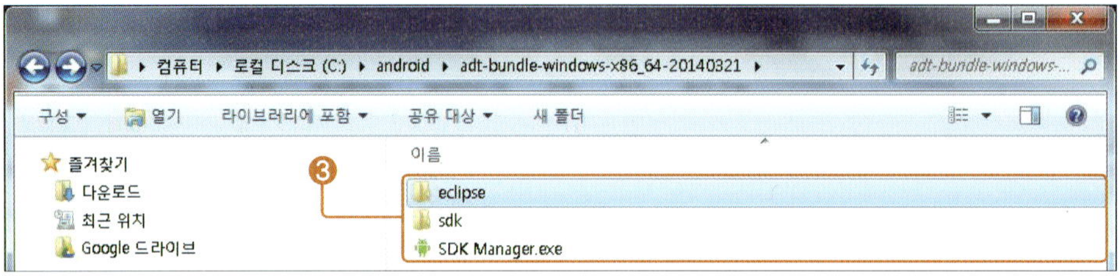

STEP 3 앱 실행환경 구축

앱 실행환경은 두 가지 방법이 있다. 안드로이드 SDK에서 제공하는 AVD를 이용하는 방법(Case 1)과 PC에 연결된 스마트폰을 이용하는 방법(Case 2)이다. AVD는 스마트폰에 비해 앱이 실행될 때까지 시간이 더 걸리기 때문에 금방 출력결과를 볼 수 있는 스마트폰이 더 효율적이다.

➥ 이 책에서는 스마트폰의 출력결과로 설명하고 있다.

Case 1 AVD 실행환경

이클립스에서 AVD manager를 이용하여 AVD를 만드는 과정은 다음과 같다.

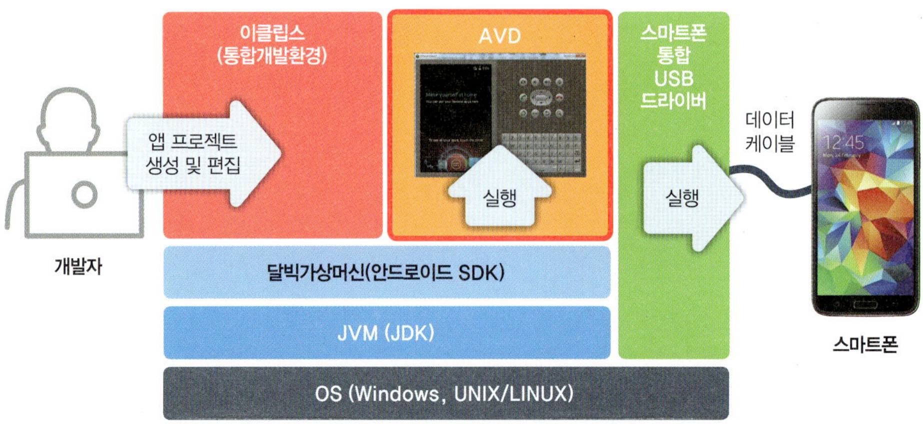

(1) 이클립스 실행

압축해제한 안드로이드 SDK 파일에 있는 'eclipse' 폴더(❶)의 'eclipse.exe' 실행파일을 클릭하여 이클립스를 실행한다(❷).

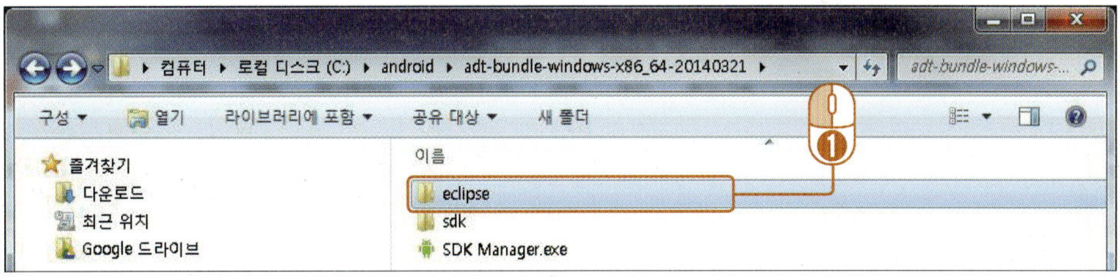

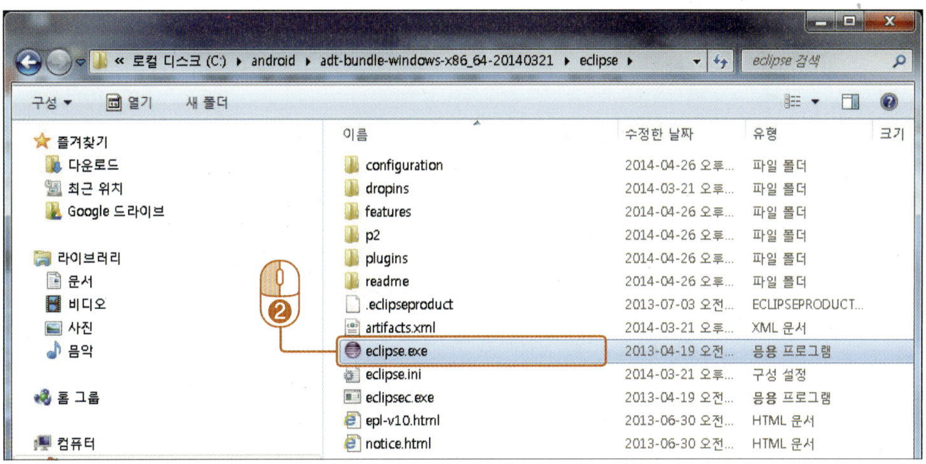

TIP 이클립스 실행을 위한 '바로 가기 만들기'

'eclipse.exe' 파일을 선택하고(❶) 오른쪽 마우스를 클릭하면 나타나는 팝업메뉴에서 '바로 가기 만들기'를 선택한다. '바로 가기' 파일(❷)이 만들어지면 바탕화면으로 옮긴 후 클릭하면 이클립스가 실행된다.

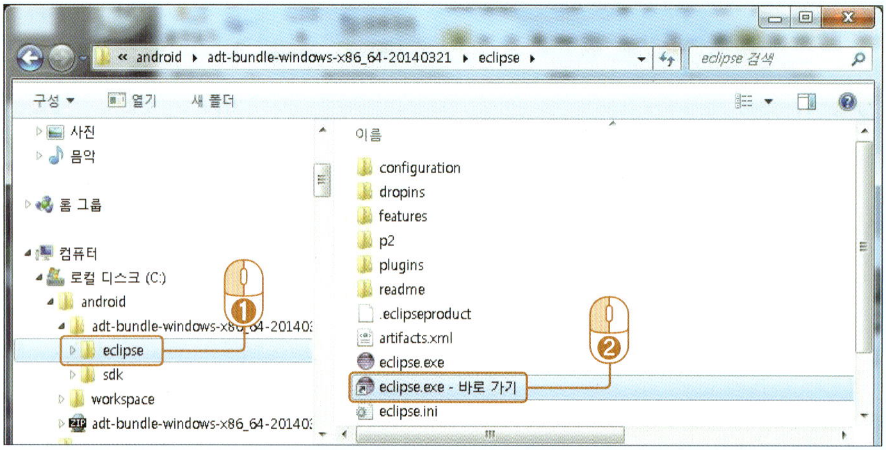

처음 이클립스를 실행하면 Workspace를 설정하는 창이 나타난다. Workspace는 프로젝트 단위로 생성되는 앱이 저장되는 공간으로, 디폴트 위치는 User(사용자) 폴더 내로 지정된다(❸). 이 책에서는 안드로이드 SDK 압축파일을 다운로드 받았던 android 폴더에 Workspace 폴더를 만들어 앱 프로젝트를 관리하기로 한다. Workspace 위치를 변경하기 위해 'Browser' 버튼을 클릭한다(❹).

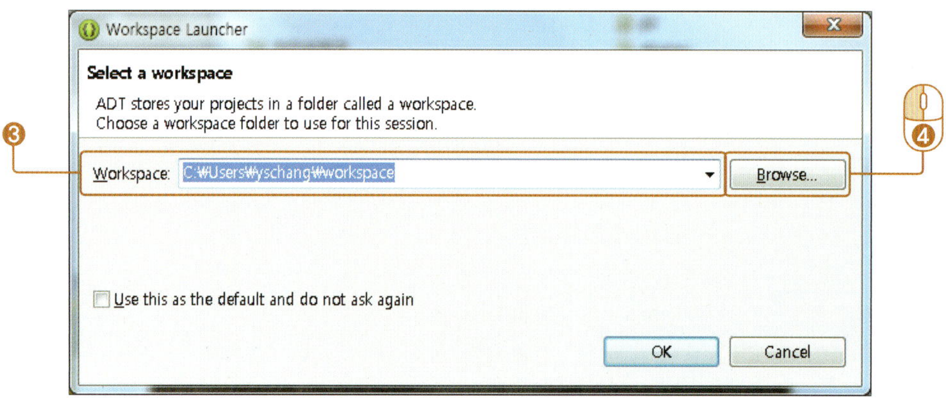

'android' 폴더를 선택하고(❺) **'새 폴더 만들기'**를 클릭한다(❻).

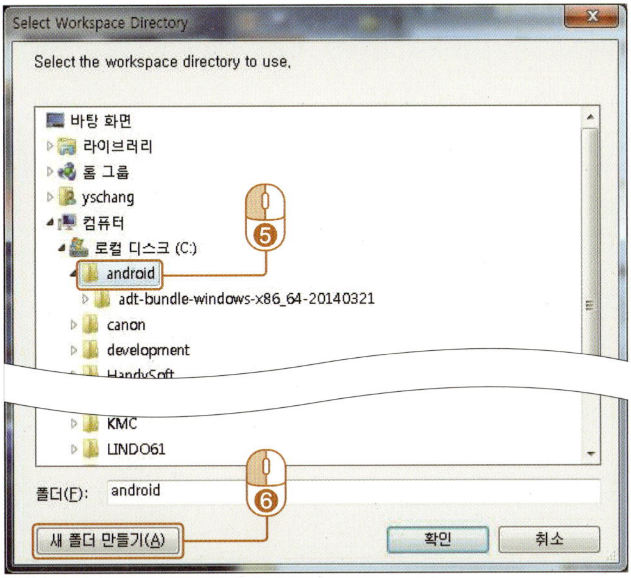

폴더 이름을 **'workspace'**로 설정하고(❼), **'확인'** 버튼을 클릭한다(❽).

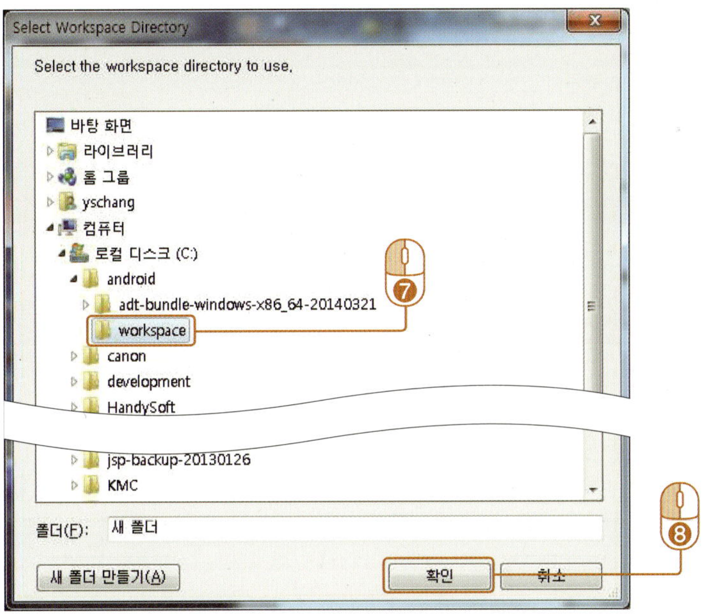

Workspace가 변경된 것을 확인할 수 있다(❾). 다음부터는 이클립스가 실행될 때 Workspace 위치 확인 또는 변경을 위한 창이 나타나지 않도록 설정하고(❿), 'OK' 버튼을 클릭한다(⓫).

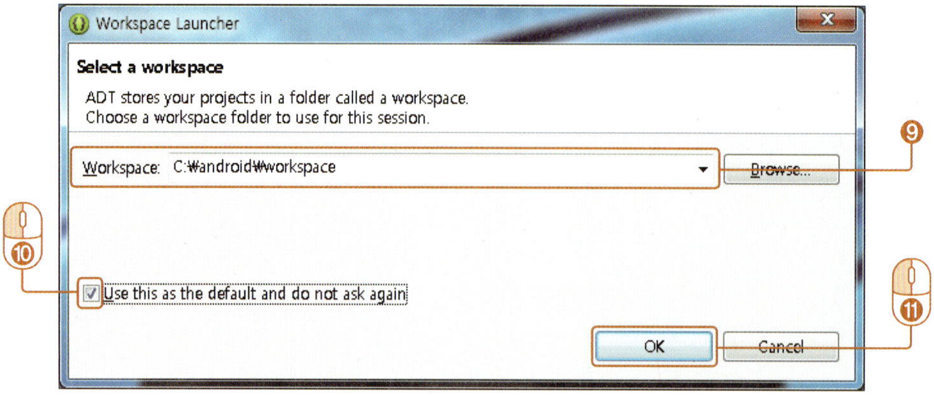

TIP ▸ 이클립스의 workspace 변경

workspace 위치는 필요 시 변경 가능하다. 이클립스에서 'File → Switch Workspace → Other…' 메뉴를 클릭하면 workspace를 변경할 수 있는 창이 나타난다.

개발자 안내를 위한 초기화면을 닫는다(⑫).

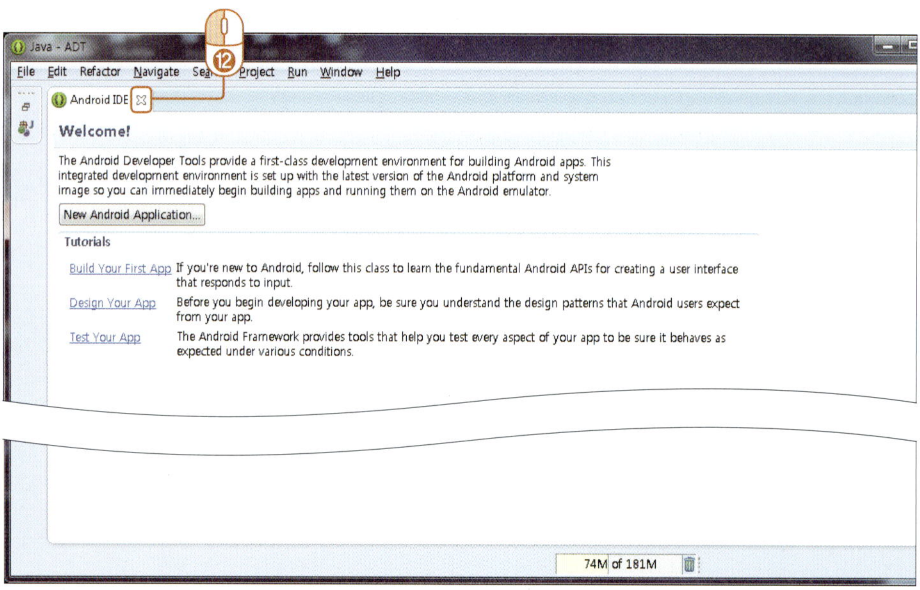

이클립스 perspective(개발화면구성)가 나타난다. perspective는 프로젝트 탐색기, 소스코드 편집기, 소스코드 개략보기, 콘솔 및 기타 정보 출력 영역으로 구분된다. 개발자의 취

향에 따라 perspective를 달리 할 수 있지만, 초보자는 가능하면 변경하지 않는 것이 좋다.

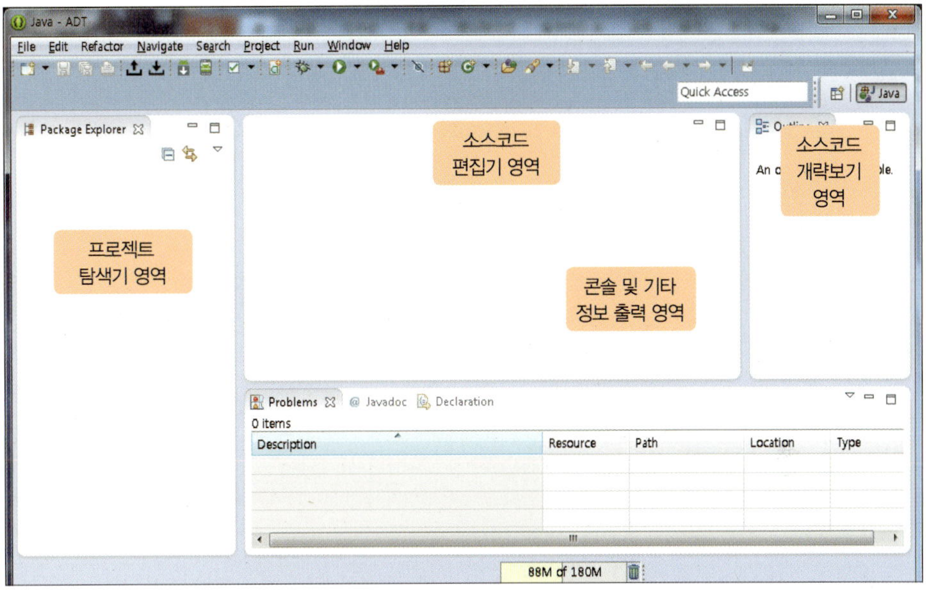

> **TIP ▶ 이클립스 perspective 초기화하기**
>
> 이클립스 초보자는 사용 도중 본의 아니게 perspective가 변경되면 당황스러울 수 있다. 이 경우에는 'Window → Reset Perspective' 메뉴를 이용하여 초기 상태의 perspective로 재설정하면 된다.

(2) AVD 생성

이제 AVD를 만들어 보자. 이클립스의 'Window → Android Virtual Device Manager' 를 클릭하면 AVD manager 창이 나타난다. 'New' 버튼을 클릭한다(❶).

> **TIP ▶ 개발환경 구축 전 사용자계정명 확인**
>
> 안드로이드 가상 단말기(AVD)는 "Window/user(사용자)/사용자계정" 폴더 내에 생성되는데, 이클립스에서 실행할 때 **사용자계정이 한글인 경우에 경로문제로 에러가 발생할 수 있다**. 따라서, 한글을 사용자계정으로 사용하는 경우에는 '**새 계정 만들기**'에서 **영문자로 된 사용자계정**을 새로 만들어 로그인하고 개발환경을 구축하면 된다.

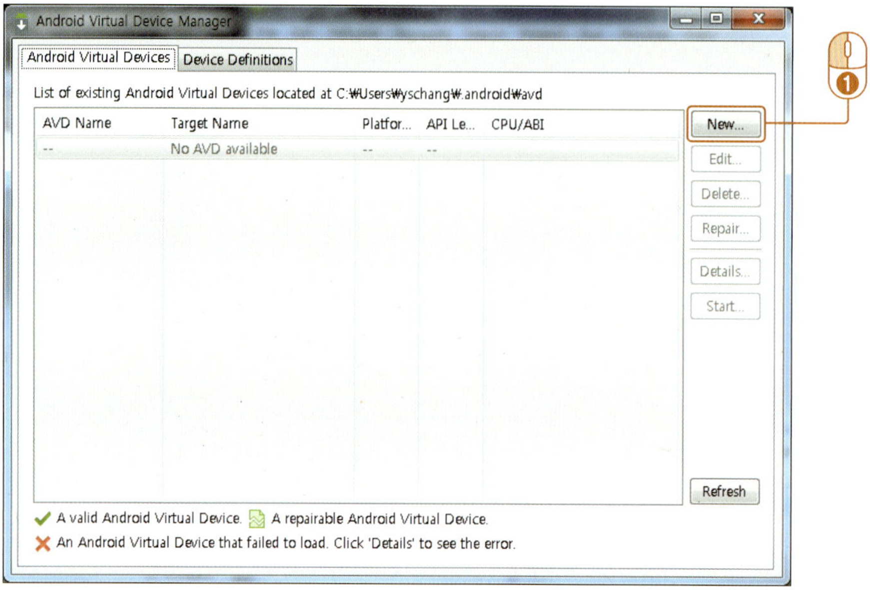

AVD 설정 창이 나타나면 각 항목의 값들을 입력하고(❷) 'OK' 버튼을 클릭한다(❸).

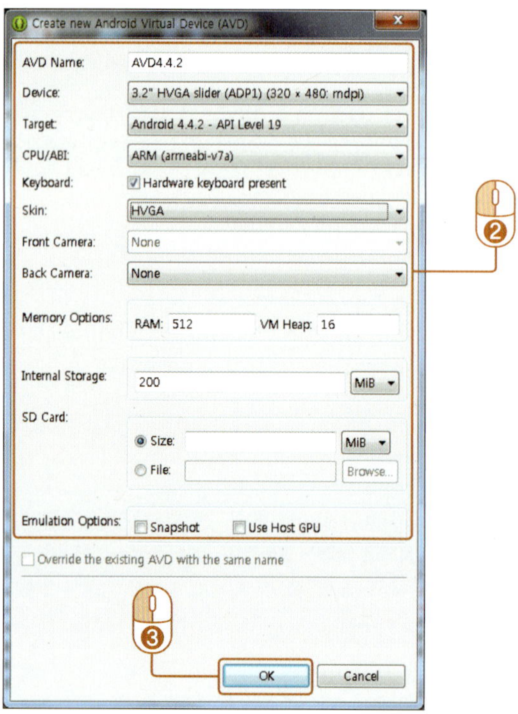

AVD 설정 창의 항목들과 그 설정 예는 다음과 같다.

항목 명	내용	설정 예
Avd Name	AVD 이름 사용 가능한 문자: a-z A-Z 0-9 . _ -	AVD4.4.2
Device	안드로이드 기기(해상도가 표시되어 있음)	실행 속도를 높이기 위해 해상도가 낮은 기기 선택함(HVGA).
Target	AVD를 실행시킬 안드로이드 플랫폼 버전	Android 4.4.2
CPU/ABI	CPU 계열	ARM
Keyboard	키보드 표시 여부	체크함.
Skin	화면 해상도(Device에 맞는 해상도 선정) VGA(Video Graphic Array): 640×480 HVGA(Half VGA): 480×320(3:2) WVGA(Wide VGA): 800×480(16:9.6) FWVGA(Full Wide VGA): 854×480(16:9) WXGA: 1280×800(16:10)	HVGA
Front Camera	카메라 사용 여부	디폴트 값(None)
Back Camera	카메라 사용 여부	디폴트 값(None)
Memory Options	RAM과 VM Heap 사이즈(달빅가상머신이 어플리케이션에 할당하는 메모리 크기, 최소 16MB)	디폴트 값(512MB, 16MB)
Internal Storage	내부 저장 공간	디폴트 값(200MiB)
SD Card	외장 메모리 SD 카드 용량	디폴트 값(지정하지 않음)
Emulation Options	• Snapshot: AVD 상태 저장, snapshot이 저장되면 AVD의 부팅 시간이 절약됨. • Use Host GPU: 그래픽을 위해 CPU 대신 컴퓨터 그래픽 카드 사용함(그래픽 처리 속도 향상). ➥ 두 기능을 동시에 사용할 수 없음.	디폴트 값(지정하지 않음)

AVD가 만들어지면 창에 목록으로 표시된다(❹).

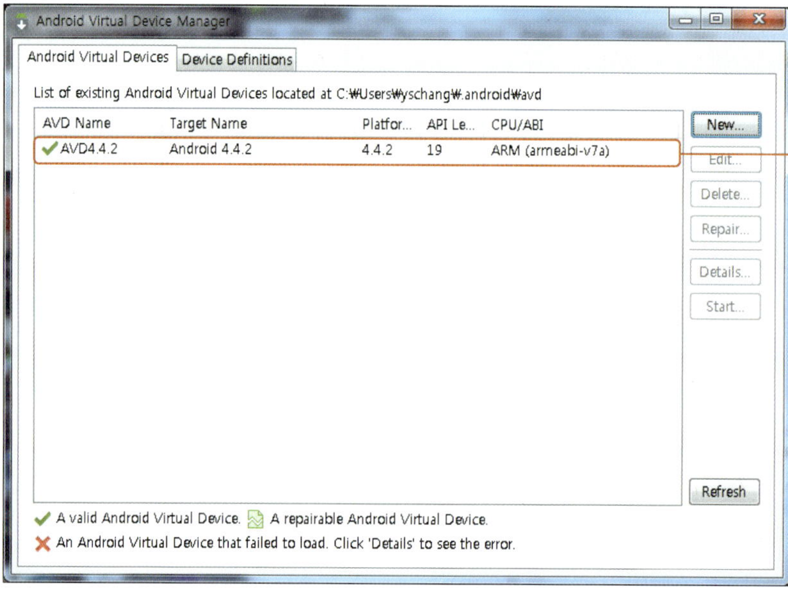

AVD를 먼저 실행하려면 AVD 목록을 선택하고(❺) 'Start' 버튼을 클릭한다(❻). 팝업 창에서 'Launch' 버튼을 클릭하면(❼) AVD 화면이 나타난다(❽).

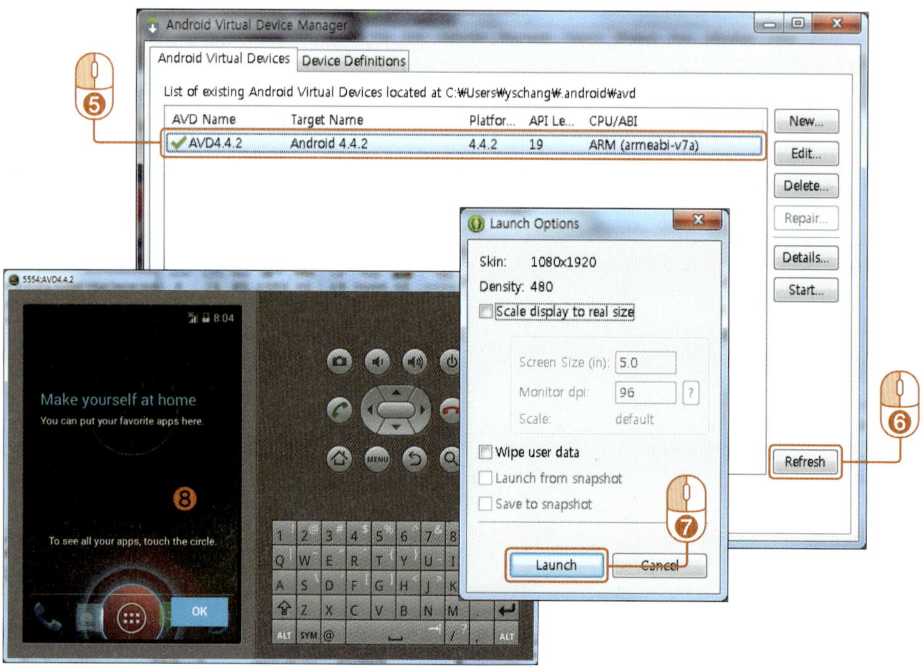

Case 2 스마트폰 실행환경

AVD 대신 컴파일된 실행파일을 스마트폰에서 실행하도록 해보자. 스마트폰 실행환경 구축은 개발자들이 사용하고자 하는 스마트폰 제조사의 홈페이지에서 스마트폰 통합 USB 드라이버를 다운로드 받아 설치하면 된다. 이 책에서는 삼성과 LG의 스마트폰에 대한 USB 드라이버 다운로드 과정을 설명한다.

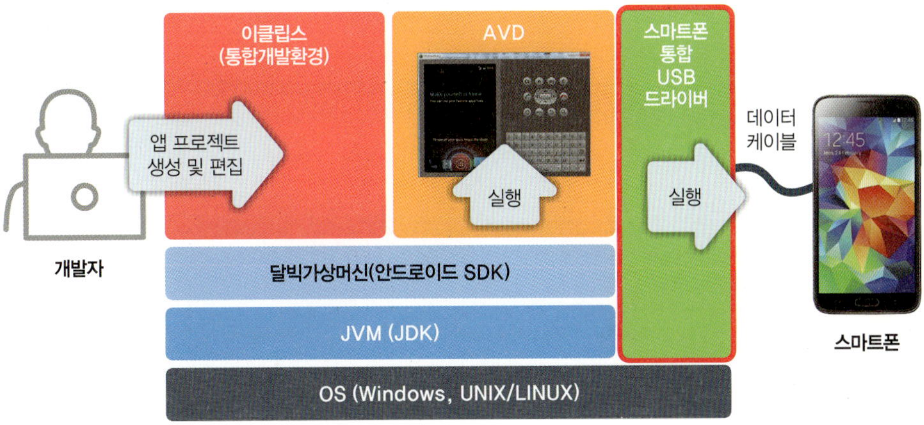

● 삼성 스마트폰 통합 USB 드라이버

삼성전자 홈페이지(**www.samsung.com/sec**)에서 **'고객지원 → 휴대폰 메뉴의 유용한 소프트웨어'**를 클릭하고, **'휴대폰'**을 클릭한다(❶).

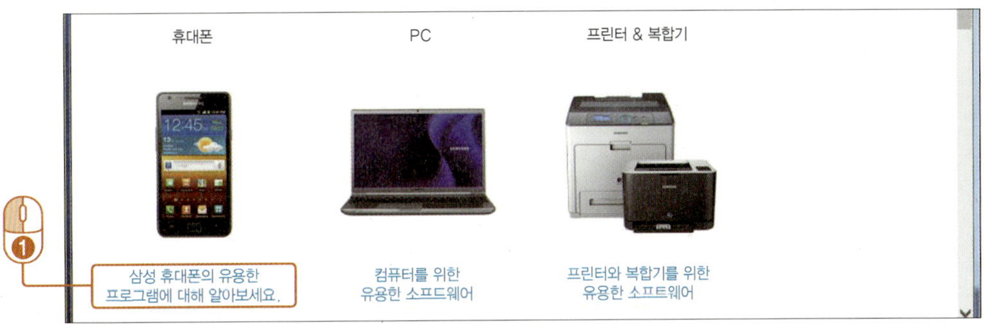

휴대폰 통합 USB 드라이버의 **'자세히 보기'**를 클릭한다(❷).

'**통합 USB 드라이버**' 버튼을 클릭하여 설치파일을 다운로드 받는다(❸). 설치방법은 그 아래에 있는 설치방법을 참조하면 된다(❹).

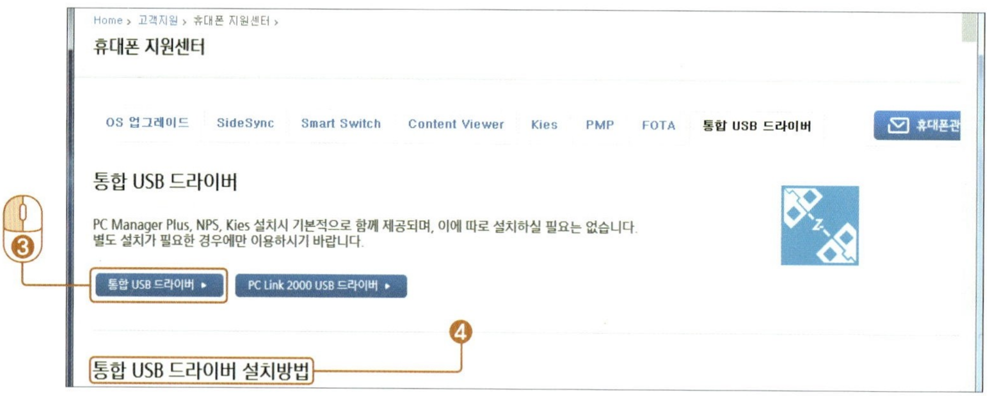

● LG 스마트폰 통합 USB 드라이버

LG Mobile 홈페이지(**www.lgmobile.co.kr**)에서 '**다운로드센터**'를 클릭한다. 사용할 스마트폰을 클릭하고(❶), 화면 하단부에 있는 LG United Mobile Driver의 '**다운로드**' 버튼을 클릭하여(❷) 저장하고 실행한다.

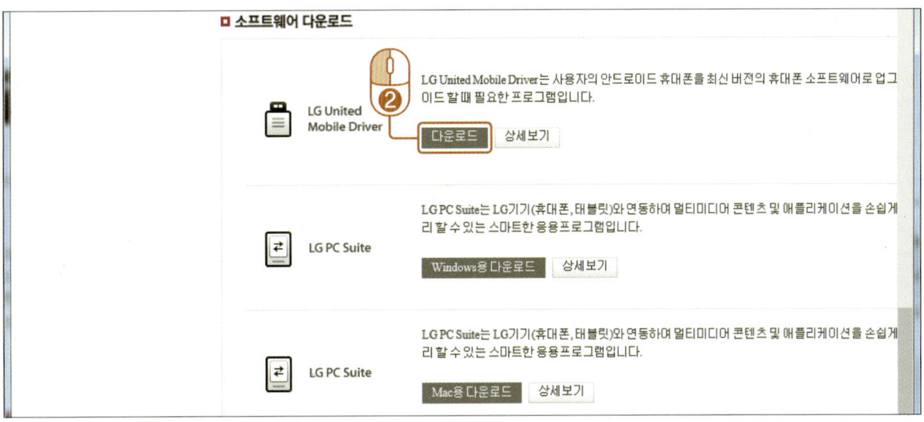

이제 개발을 위한 준비가 끝났으니, 다음 장에서 앱 프로젝트 개발 절차와 앱의 실행원리에 대해 알아보자.

ANDROID PROGRAMMING

03 CHAPTER

앱 프로젝트 구조와 실행원리

03 ① 앱 프로젝트 예제

BASIC Hello Android 프로젝트

우리는 스마트폰의 화면에 출력되는 텍스트, 이미지, 오디오, 비디오 등의 콘텐츠를 통하여 일상생활 또는 비즈니스에 필요한 유용한 정보를 얻을 수 있다. 텍스트를 출력하는 것은 앱 개발뿐만 아니라 일반적인 프로그래밍 과정에서도 가장 기초적인 출발점이다. 앱 개발 과정과 실행원리를 이해하기 위해, 화면에 "**안녕, 안드로이드!**"라는 간단한 **텍스트를 출력**하는 **안드로이드 앱 프로젝트(Android Application Project)**를 개발해 보자.

프로젝트 개요: 텍스트 출력: 안녕 안드로이드!

Application Name: Hello Android

어플리케이션 라벨: 안녕(프로젝트 생성 시는 Application Name과 같게 설정됨. 프로젝트 편집 시에 변경함)

- **어플리케이션 라벨**
  프로젝트 생성 시에는 Application Name을 영문자, 숫자로 입력하고, 프로젝트 생성 후에 '안녕'으로 수정함.
- **어플리케이션 아이콘**
  안드로이드 SDK가 제공하는 디폴트 아이콘

• **액티비티 라벨**
안녕

➥ 프로젝트를 만들면 디폴트로 액티비티 라벨은 어플리케이션 라벨과 동일하게 설정됨.

• **액티비티 출력 내용**
안녕, 안드로이드!

03-2 앱 프로젝트 개발

안드로이드 앱 프로젝트 개발은 프로젝트 생성(STEP 1), 프로젝트 기본 편집(STEP 2), 소스 편집(STEP 3), 프로젝트 실행(STEP 4)의 네 단계로 진행된다. 이 책에서는 프로젝트 편집을 기본 편집(STEP 2)과 소스 편집(STEP 3)으로 나누어 설명한다.

프로젝트 기본 편집은 안드로이드 SDK 버전에 관계없이 프로젝트 구성 파일을 일관되게 만들어 초보자가 이해하기 쉽게 하기 위함이고, 소스 편집은 개발목적에 맞도록 수정하는 작업이다.

▲ 안드로이드 앱 프로젝트 개발 과정

TIP ▸ 앱 프로젝트 개발을 네 단계로 설명하는 이유

안드로이드 SDK 4.4 버전으로 업그레이드되면서 낮은 버전(3.2 이하)과의 호환을 위해 낮은 버전으로 프로젝트를 생성하면 추가적인 라이브러리(appcompat_v7)가 생성되어 초보자들이 이해하기 힘들다. 따라서, 버전과 관계없이 appcompat_v7 라이브러리가 생성되지 않도록 하여 쉽게 개발할 수 있도록 하기 위함이다.

STEP 1 ▸ 프로젝트 생성

(1) 프로젝트 시작

이클립스 메뉴에서 **'File(❶) → New(❷) → Android Application Project(❸)'**를 선택한다.

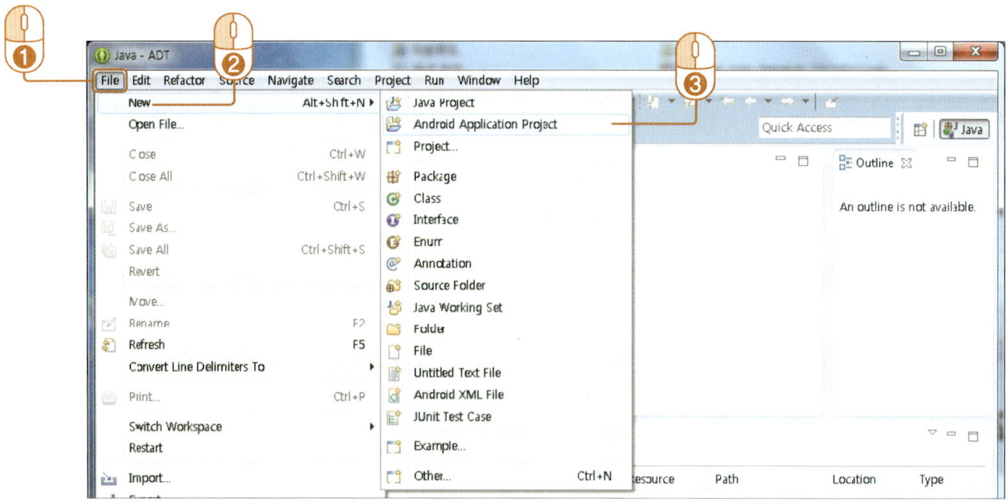

(2) 어플리케이션 기본정보 설정

'New Android Application' 창이 나타나면, 어플리케이션의 기본정보를 입력한다. Application Name(어플리케이션 이름)을 'Hello Android'로 입력하고(❶), Minimum Required SDK를 'API 19: Android 4.4(KitKat)'으로 수정 후에(❷) 'Next' 버튼을 클릭한다(❸).

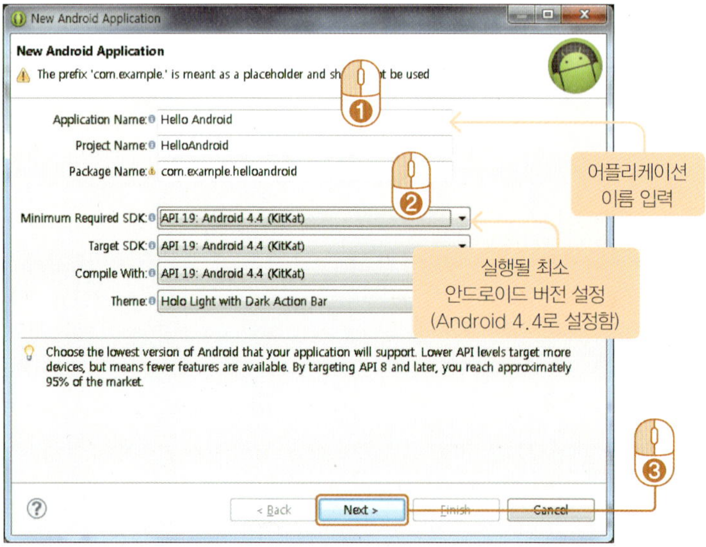

어플리케이션 기본정보 설정 내용은 다음과 같다.

<table>
<tr><th>구분</th><th>설정</th></tr>
<tr><td>Application Name</td><td>Hello Android
• 사용자에게 앱의 기능을 설명하기 위해 아이콘 아래 이름(어플리케이션 라벨)으로 나타남. 구글 Play Store에서도 그대로 사용됨.
• 어플리케이션 라벨은 프로젝트 생성 후에 편집과정에서 변경 가능함.
➡ 가능하면, **첫 글자는 영문자**로 하고, 각 단어들은 **대문자로 시작**하여 구분함. 프로젝트 생성 과정에서는 한글을 사용하면 일부 파일이 생성되지 않아 에러가 발생함.</td></tr>
<tr><td>Project Name</td><td>HelloAndroid
• **디폴트 값은 Application Name에서 공백이 지워진 값으로 설정되지만, 변경 가능함.**
• **본 교재는 편리를 위해 디폴트 값을 사용하기로 함.**
➡ 프로젝트 개발 전체 내용이 관리되는 단위이며, Workspace에서 폴더 이름으로 사용됨. 어플리케이션명에서 공백이 없는 이름이 디폴트임. 변경 가능함.</td></tr>
<tr><td>Package Name</td><td>com.example.프로젝트명(소문자)
(디폴트로 설정되는 이름을 그대로 사용함)
➡ 프로젝트에서 생성되는 자바 클래스가 있는 패키지명(유사한 자바 클래스를 관리하는 단위)을 의미함.
➡ 일반적으로 도메인명을 이용함. 도메인명이 'www.andro.com'이면, package명은 'com.andro.패키지명'으로 한다. 프로젝트 규모가 커지면 자바 클래스 파일을 기능별로 구분하여 관리하게 되는데, 'com.andro.subpackage1', 'com.andro.subpackage2', 'com.andro. subpackage3' 등으로 구분하면 편리함.</td></tr>
<tr><td>Minimum Required SDK</td><td>API 19 : Android 4.4(KitKat)
➡ 앱이 실행될 때 요구되는 최소 Android SDK 버전</td></tr>
<tr><td>Target SDK</td><td>API 19 : Android 4.4(KitKat)
➡ 앱이 실행될 Android SDK 버전</td></tr>
<tr><td>Compile with</td><td>API 19 : Android 4.4(KitKat)
➡ 앱 프로젝트가 컴파일되는 Android SDK 버전</td></tr>
<tr><td>Theme</td><td>Holo Light with Dark Action Bar
(디폴트로 설정되는 이름을 그대로 사용함)
➡ 화면 디자인 유형으로 'None', 'Holo Dark', 'Holo Light', 'Holo Light with Dark Action Bar'가 있음.
<table>
<tr><th>Holo Light의 예</th><th>Holo Dark의 예</th></tr>
<tr><td>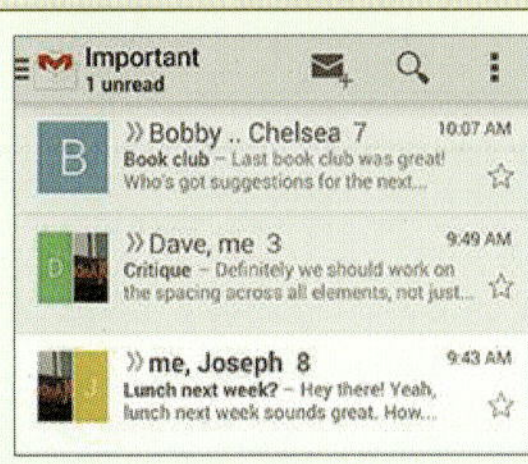
</td><td>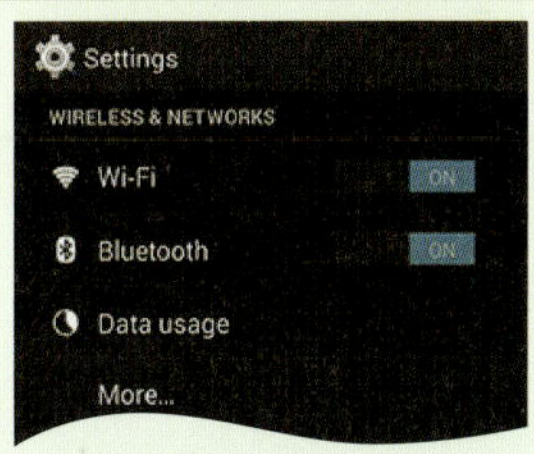
</td></tr>
</table>
(소스: developer.android.com)</td></tr>
</table>

TIP Minimum Required SDK 설정에 따른 문제

Minimum Required SDK를 디폴트로 나타나는 'API 13 Android 3.2(Honeycomb)' 이하로 설정하면 (❶), API 13 이하 버전에서 화면의 액션 바를 지원하기 위한 라이브러리인 'appcompat_v7'이라는 프로젝트가 쌍으로 나타나고(❷) 실행 시에 에러가 발생한다.

따라서, appcompat_v7 라이브러리가 생성되지 않고 낮은 버전에서도 실행되도록 간단히 해결하기 위한 방법으로, Minimum Required SDK를 'API 19: Android 4.4(KitKat)'으로 설정하여 프로젝트를 생성 후에 AndroidManifest.xml에서 minSdkVersion의 버전을 낮은 버전으로 수정하면(예: API 19 → API 8) 낮은 버전의 스마트폰에서도 실행이 된다.

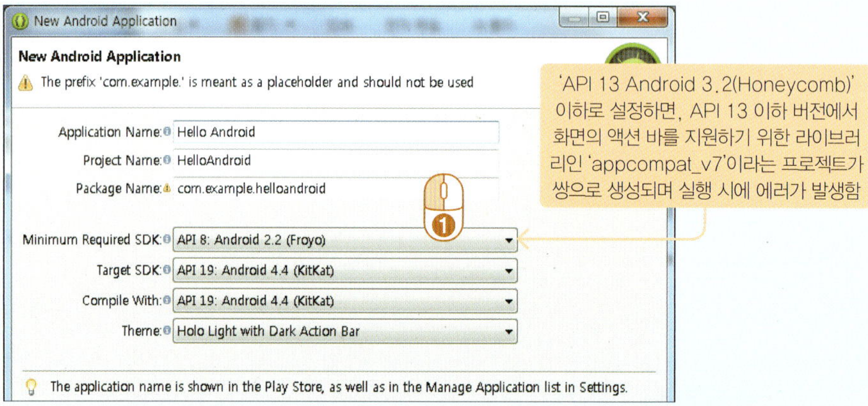

(3) 프로젝트 구성

사용자 관점의 icon 설정 여부, 액티비티 생성, Workspace로 지정된 폴더에 프로젝트를 생성하도록 체크한다(❶). '**Next**' 버튼을 클릭한다(❷).

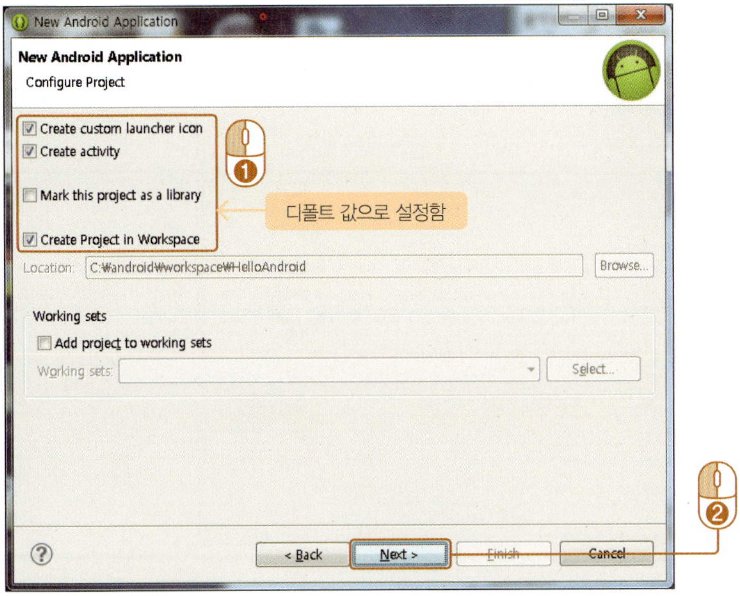

프로젝트 구성 관련 설정 내용은 다음과 같다.

구분	설정
Create custom launcher icon	체크하면 다음 단계에서 **아이콘 설정**을 위한 창이 나타남. ➡ 디폴트로 체크된 상태로 둠.
Create activity	체크하면 다음 단계에서 **액티비티 자바 클래스의 기본 틀** 설정을 위한 창이 나타남. ➡ 디폴트로 체크된 상태로 둠.
Create project in Workspace	설정된 Workspace에 프로젝트를 만들어 줌. 프로젝트를 다른 폴더에 저장하려면 체크하지 않고 'Browser' 버튼을 클릭하여 변경할 수 있음. ➡ 디폴트로 체크된 상태로 둠.

(4) 아이콘 설정

아이콘으로 사용할 이미지 파일, 크기, 모양을 설정하고 액티비티 화면의 배경색을 지정하고(❶), 'Next' 버튼을 클릭한다(❷).

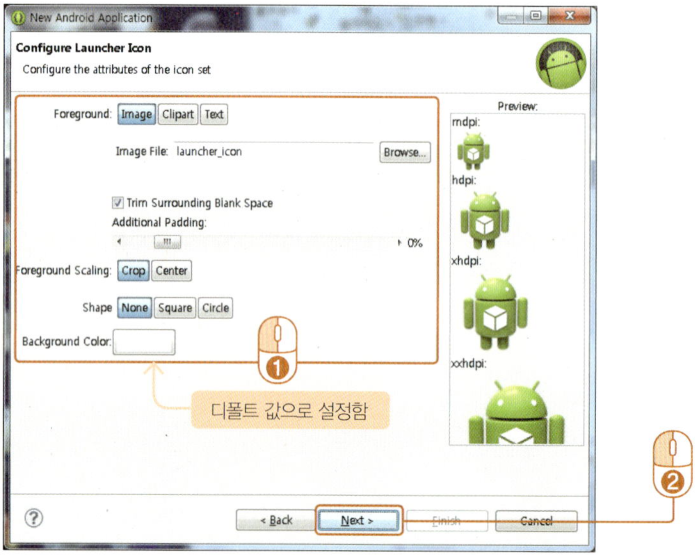

아이콘 관련 설정 내용은 다음과 같다.

<table>
<tr><th>구분</th><th>설정</th></tr>
<tr><td>Foreground</td><td>
• 아이콘을 이미지, 클립아트, 텍스트로 설정할 수 있음.
<table>
<tr><th>아이콘 종류</th><th>내용</th></tr>
<tr><td>Image</td><td>디폴트는 drawable 폴더에 있는 launcher_icon.png 파일이 설정되어 있음. 'Browser' 버튼을 클릭해서 변경 가능함.</td></tr>
<tr><td>Clipart</td><td>사용 가능한 클립아트 이미지에서 적당한 이미지를 선택하면 됨.
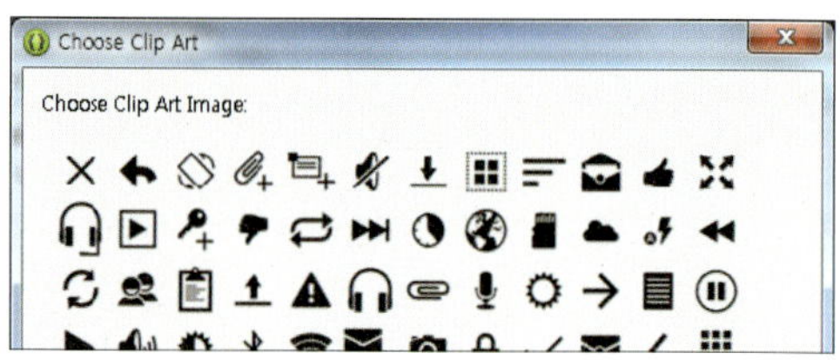
</td></tr>
<tr><td>Text</td><td>글꼴과 크기 등을 지정할 수 있음.</td></tr>
</table>
• 이미지 주변에 빈 공간을 두지 않거나(Trim Surrounding Blank Space를 체크함), 이미지 주변에 적당한 패딩을 설정할 수 있음.
</td></tr>
</table>

<table>
<tr><td>Foreground Scaling과 Shape</td><td>

• Scaling: 이미지를 가로 세로에 맞게 조정하거나(Crop), 이미지 전체를 가운데로 배치함 (Center).
• Shape: 아이콘 이미지를 사각 틀에 넣거나(Square), 원 모양의 틀 안에 넣음(Circle).

<table>
<tr><th>None</th><th>Square</th><th>Circle</th></tr>
<tr><td></td><td></td><td></td></tr>
</table>
</td></tr>
<tr><td>Background Color</td><td>Foreground Shape에서 'Square'와 'Circle'로 지정한 경우, 그 내부의 색을 지정함.</td></tr>
</table>

(5) 액티비티 종류 설정

앱은 하나 이상의 액티비티로 구성된다. 오디오의 경우, 실행될 때 화면이 없어도 되지만, 일반적으로 각 액티비티는 하나 이상의 화면으로 구성된다. 액티비티의 생성과 종료는 자바 클래스에서 제어한다. 이번 프로젝트는 문자를 출력하는 액티비티가 필요하기 때문에 'Create Activity'를 체크하고 액티비티 종류로 기본적인 'Blank Activity'를 선정한 후에(❶) 'Next' 버튼을 클릭한다(❷).

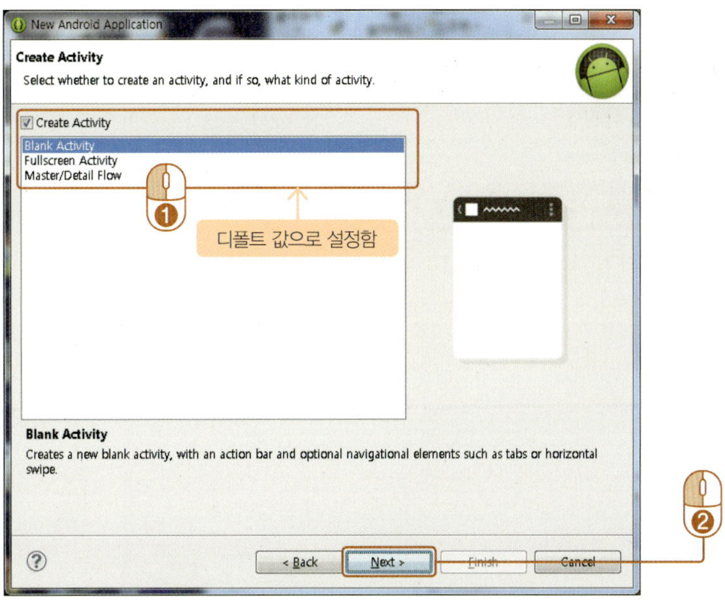

액티비티 종류는 다음과 같다.

Blank Activity	Fullscreen Activity	Master/Detail Flow

액션 바, 탭/수평전환과 같은 내비게이션 요소가 있음.	사용자와의 상호작용을 위한 액션 바와 시스템 UI(상태와 내비게이션 바)와의 토글 전환	주요 아이템의 목록과 각 아이템에 대한 상세 내용을 보여주는 화면 구성

(6) 액티비티와 레이아웃 이름 설정

액티비티 이름과 화면 구성을 위한 레이아웃 이름을 지정한다. 디폴트로 지정된 이름을 사용하면 된다. **Fragment Layout Name**과 **Navigation Type**도 그대로 둔다(❶). 'Finish' 버튼을 클릭한다(❷).

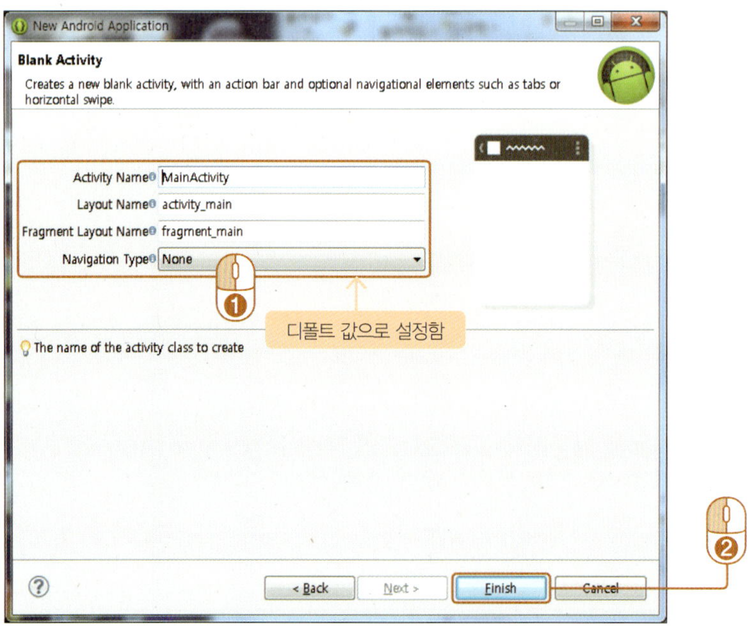

앞의 과정이 끝나면 이클립스에 방금 만든 프로젝트가 펼쳐진다.

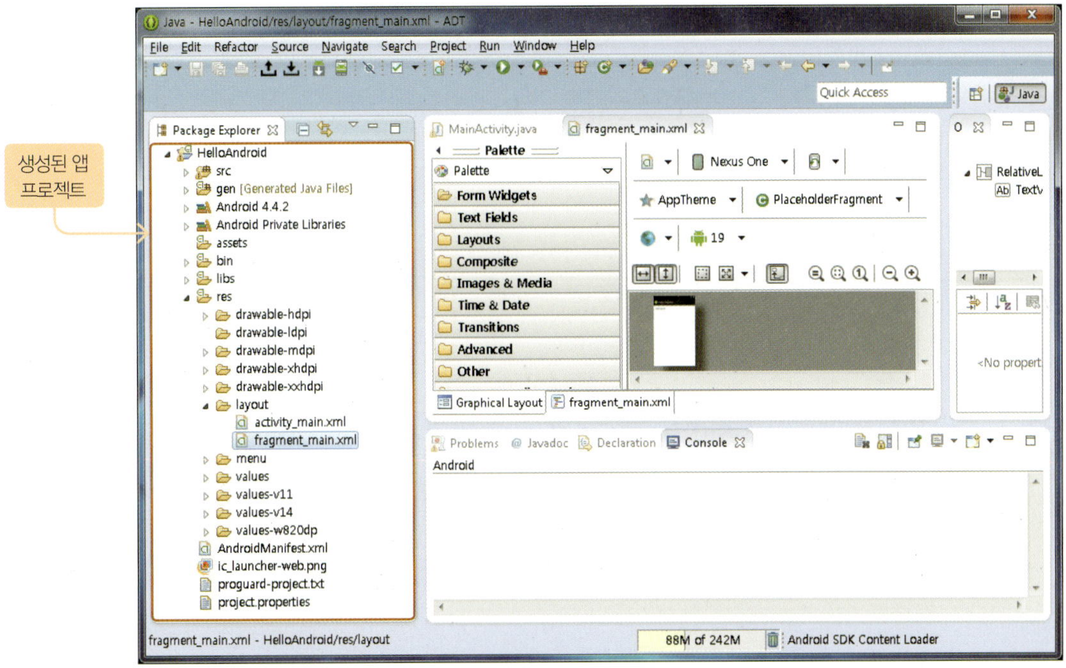

TIP Workspace에 생성된 프로젝트 확인

프로젝트가 생성되면 workspace로 지정된 **폴더**에 프로젝트 이름의 폴더가 만들어진다. 아래는 'HelloAndroid' 프로젝트가 만들어진 예이다.

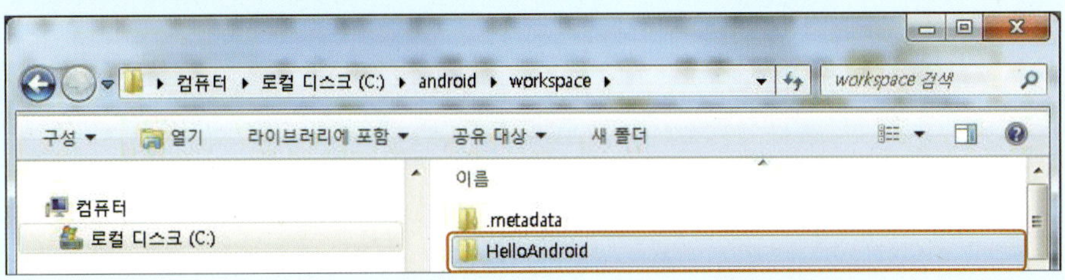

STEP 2 프로젝트 기본 편집

프로젝트에서 fragment와 옵션 메뉴 관련 부분을 삭제하고, 낮은 안드로이드 SDK 버전에서 실행 가능하도록 소스를 편집한다.

➡ fragment는 11장에서, 옵션 메뉴는 15장에서 다루기로 한다.

1 fragment_main.xml 소스를 activity_main.xml로 복사 → **2** fragment_main.xml 파일 삭제 → **3** MainActivity.java 소스 수정 (fragment_main.xml 및 불필요한 메뉴 관련 소스 삭제) → **4** AndroidManifest.xml 소스 수정 (Minimum SDK 버전 수정)

(1) fragment_main.xml 소스를 activity_main.xml로 복사

fragment_main.xml 파일을 클릭하여(❶) 소스를 오픈한다(❷).

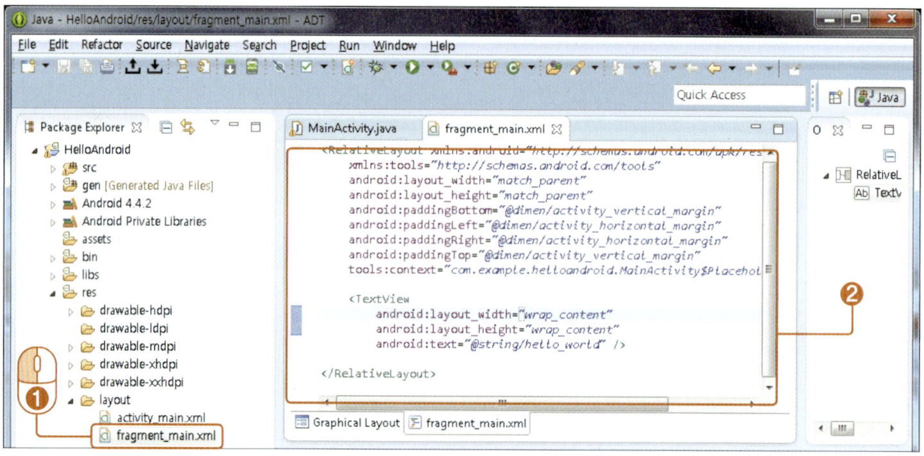

전체 소스를 마우스로 드래깅하고(❸) 복사한다(Ctrl + C).

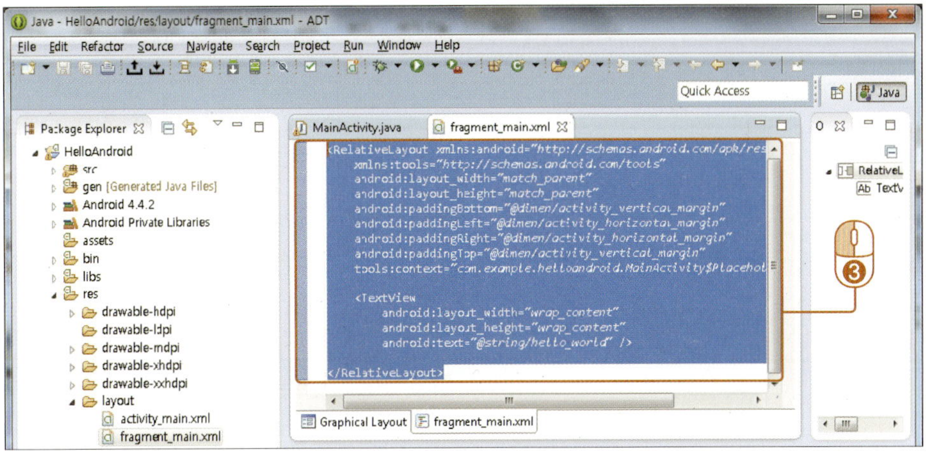

activity_main.xml을 클릭하고(❹) 오픈 후에, 전체 소스를 마우스로 드래깅한다(❺).

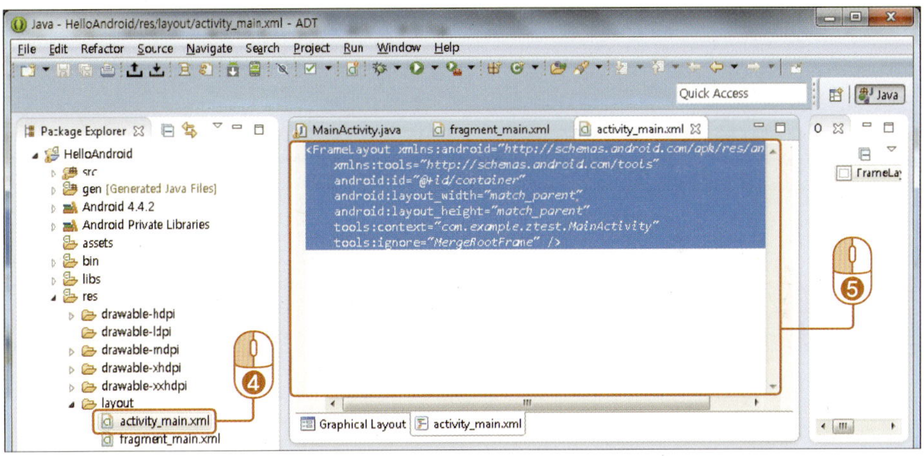

붙여넣기하면(Ctrl+V), fragment_main.xml 소스 내용이 복사된다(❻). 메뉴에서 '**File → Save**'를 클릭하여 저장한다.

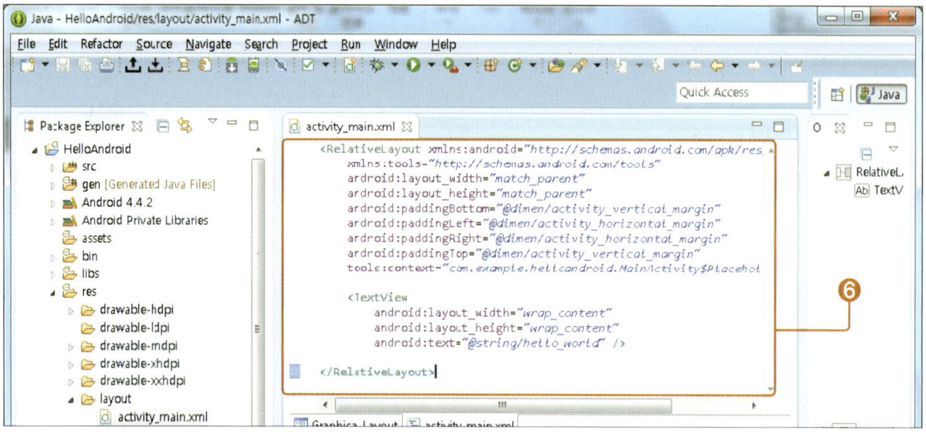

fragment_main.xml의 내용을 복사한 결과

소스 | activity_main.xml

```
<RelativeLayout xmlns:android="http://schemas.android.com/apk/res/android"
    xmlns:tools="http://schemas.android.com/tools"
    android:layout_width="match_parent"
    android:layout_height="match_parent"
    android:paddingBottom="@dimen/activity_vertical_margin"
    android:paddingLeft="@dimen/activity_horizontal_margin"
    android:paddingRight="@dimen/activity_horizontal_margin"
    android:paddingTop="@dimen/activity_vertical_margin"
    tools:context="com.example.helloandroid.MainActivity$PlaceholderFragment" >

    <TextView
        android:layout_width="wrap_content"
        android:layout_height="wrap_content"
        android:text="@string/hello_world" />

</RelativeLayout>
```

(2) fragment_main.xml 파일 삭제

fragment_main.xml 파일을 선택하고 마우스 오른쪽 버튼을 클릭해서(❶) 삭제 메뉴를 선택한다(❷).

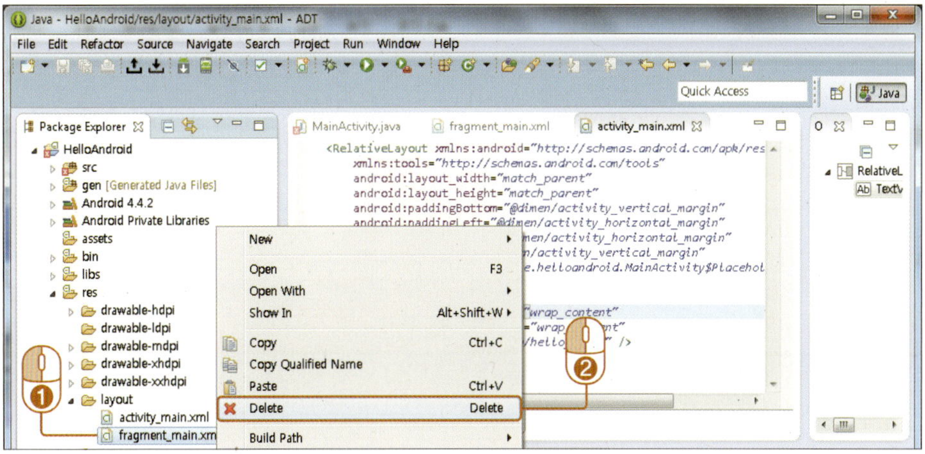

삭제확인 창이 나타나면 'OK' 버튼을 클릭한다(❸).

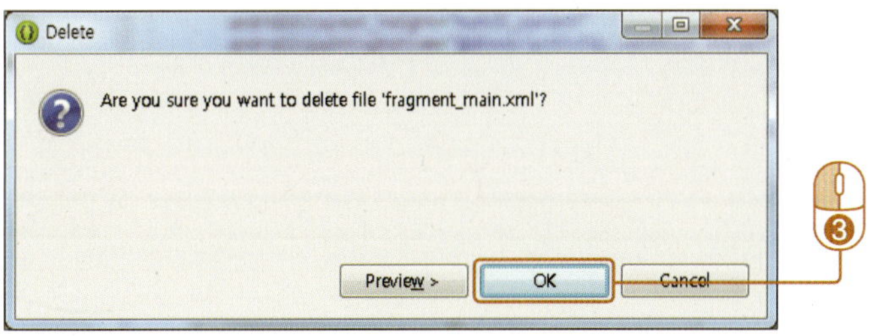

layout 폴더에 있던 fragment_main.xml 파일이 삭제된 것을 볼 수 있다(❹).

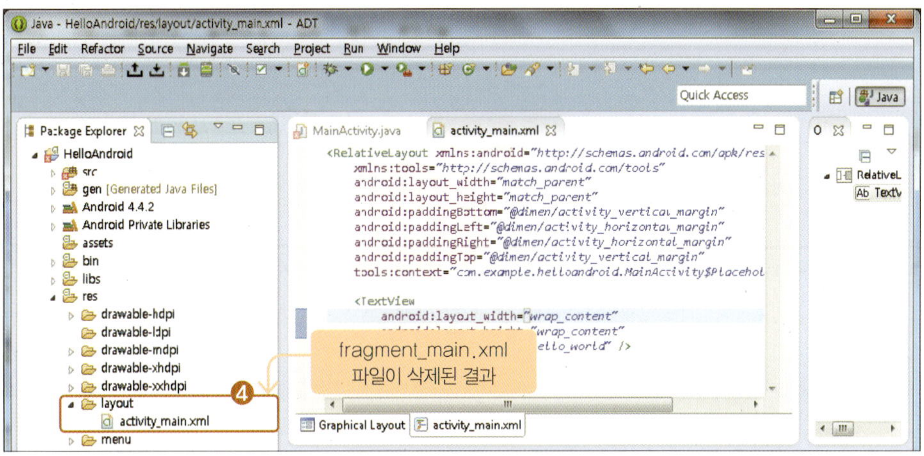

(3) MainActivity.java 소스 수정

MainActivity.java를 클릭하면(❶) 자바 소스는 앞에서 삭제한 fragment_main.xml과 화면에 나타날 메뉴에 관한 부분이 있는데(❷), 화면에 출력할 activity_main.xml 파일 관련 소스만 남겨두고 모두 삭제한다(❸). 수정 후에는 메뉴에서 '**File → Save**'를 클릭하여 저장한다.

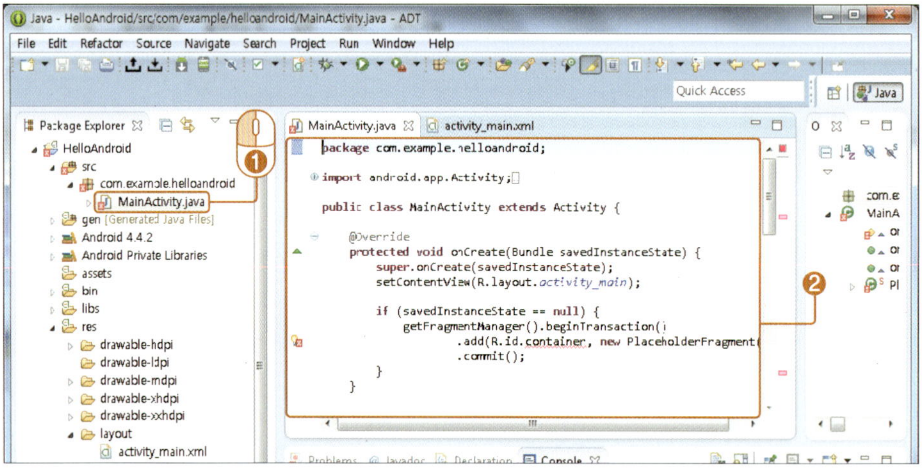

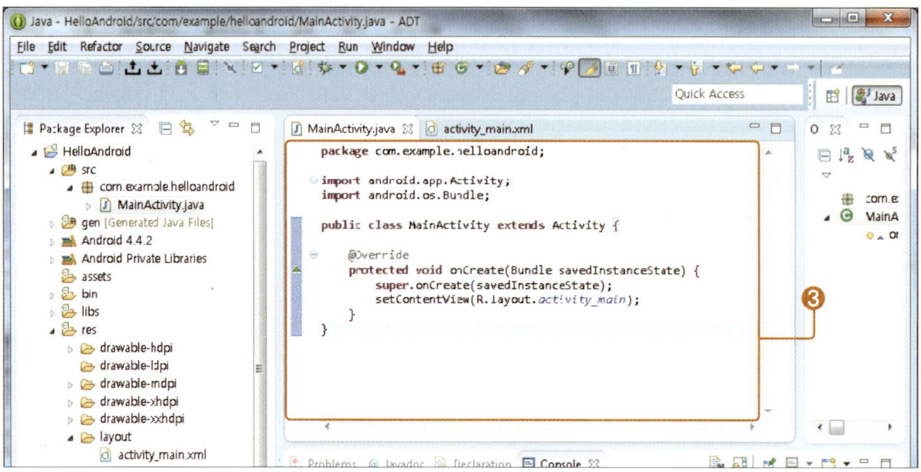

소스 | MainActivity.java ← 삭제된 fragment_main.xml과 메뉴 관련 부분이 삭제된 결과

```
01 package com.example.helloandroid;
02
03 import android.app.Activity;
04 import android.os.Bundle;
05
06 public class MainActivity extends Activity {
07
08     @Override
09     protected void onCreate(Bundle savedInstanceState) {
10         super.onCreate(savedInstanceState);
11         setContentView(R.layout.activity_main);
12     }
13 }
```

TIP 자바 클래스에 대한 import를 쉽게 설정하는 방법

자바 클래스가 정의된 패키지를 모르는 경우에 'Ctrl + Shift + O'를 입력하면, 사용되고 있는 모든 클래스들에 대한 Import가 자동으로 작성된다(MainActivity.java의 3~4행).

(4) AndroidManifest.xml 소스 수정

<uses-sdk> 엘리먼트 속성인 'android:minSdkVersion'에 19로 설정된 속성값을 8로 수정한다. 메뉴에서 'File → Save'를 클릭하여 저장한다.

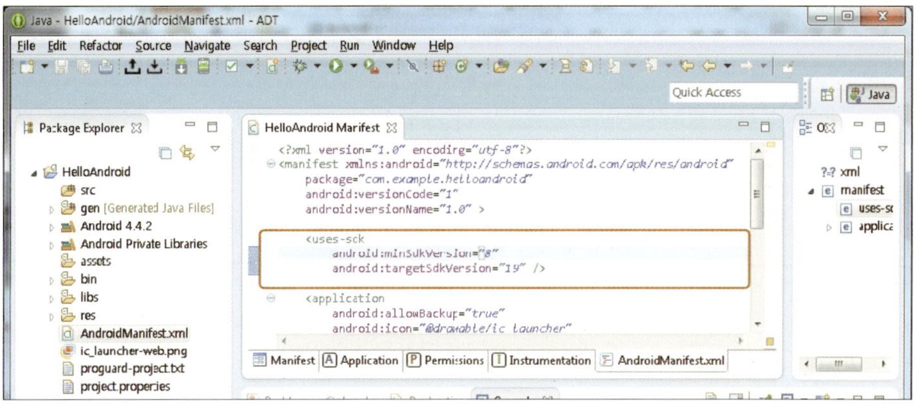

소스 | AndroidManifest.xml

```
<?xml version="1.0" encoding="utf-8"?>
<manifest xmlns:android="http://schemas.android.com/apk/res/android"
    package="com.example.helloandroid"
    android:versionCode="1"
    android:versionName="1.0" >

    <uses-sdk
        android:minSdkVersion="8"
        android:targetSdkVersion="19" />

    <application
        android:allowBackup="true"
        android:icon="@drawable/ic_launcher"
        android:label="@string/app_name"
        android:theme="@style/AppTheme" >
        <activity
            android:name="com.example.helloandroid.MainActivity"
            android:label="@string/app_name" >
            <intent-filter>
                <action android:name="android.intent.action.MAIN" />

                <category android:name="android.intent.category.LAUNCHER" />
            </intent-filter>
        </activity>
    </application>

</manifest>
```

앱이 실행될 최소 안드로이드 SDK 버전을 '19'에서 '8'로 변경함

STEP 3 소스 편집

어플리케이션 라벨과 액티비티 라벨은 '안녕'으로, 액티비티 화면에는 "안녕 안드로이드!"가 나타나도록 소스를 편집해 보자. 각 파일의 상세한 기능들은 4장부터 설명하기로 하고 이번 장에서는 간략히 살펴보기로 한다.

(1) strings.xml 편집과 이해

텍스트 리소스

res/values 폴더 내의 strings.xml은 텍스트 리소스인 데이터를 정의하는 파일이다. app_name과 hello_world 속성값의 데이터를 수정한다. hello_world는 activity_main.xml에서 사용되고, app_name은

AndroidManifest.xml에서 어플리케이션 라벨과 액티비티 라벨로 지정되어 있다.

> **WARNING: AVD의 한글 미지원 문제**
>
> Android SDK 4.4.2 버전의 AVD는 기본적으로는 한글이 지원되지 않기 때문에 화면에 결과가 나타나지 않는다. 따라서, AVD로 실행할 경우에는 strings.xml에 정의하는 텍스트 리소스를 한글로 표시하지 않아야 한다.
>
> ➥ Step 3의 "**AVD를 이용한 앱의 실행**"에서는 텍스트 리소스를 영문자(Hello world!)로 할당한 결과를 나타낸 것이다.

소스 | strings.xml

```
<?xml version="1.0" encoding="utf-8"?>
<resources>

    <string name="app_name">안녕</string>
    <string name="hello_world">안녕 안드로이드!</string>
    <string name="action_settings">Settings</string>

</resources>
```

'Hello Android'를 '안녕'으로 수정함

'Hello World!'를 '안녕 안드로이드!'로 수정함

(2) activity_main.xml 편집과 이해

레이아웃

res/layout 폴더에 있는 activity_main.xml 파일은 화면에 출력할 레이아웃을 설계하며, **TextView** 클래스에 **strings.xml**에서 정의한 **텍스트 리소스**를 배치한다.

➥ [Step 2]에서 수정한 파일을 그대로 사용하면 된다.

소스 | activity_main.xml

```
<RelativeLayout xmlns:android="http://schemas.android.com/apk/res/android"
    xmlns:tools="http://schemas.android.com/tools"
    android:layout_width="match_parent"
    android:layout_height="match_parent"
    android:paddingBottom="@dimen/activity_vertical_margin"
    android:paddingLeft="@dimen/activity_horizontal_margin"
    android:paddingRight="@dimen/activity_horizontal_margin"
    android:paddingTop="@dimen/activity_vertical_margin"
    tools:context="com.example.helloandroid.MainActivity$PlaceholderFragment" >

    <TextView
        android:layout_width="wrap_content"
```

텍스트 출력에 사용되는 클래스

```
        android:layout_height="wrap_content"
        android:text="@string/hello_world" />

</RelativeLayout>
```

strings.xml에서 정의된 hello_world를 사용함

(3) R.java의 이해

메모리

gen 폴더의 패키지 내에 있는 R.java 파일에는 drawable 폴더에 있는 이미지(어플리케이션 아이콘), 출력 **레이아웃**을 정의한 **activity_main.xml** 파일, 그리고 **strings.xml**에서 정의한 **텍스트 리소스**인 **app_name, hello_world** 등에 대한 메모리 주소가 할당되어 있다.

➥ 프로젝트 개발과정에서 생기는 모든 리소스의 변화가 자동으로 반영되기 때문에 수정하지 말아야 한다.

소스 | R.java (수정 금지)

```
/* AUTO-GENERATED FILE.  DO NOT MODIFY.
 *
 * This class was automatically generated by the
 * aapt tool from the resource data it found.  It
 * should not be modified by hand.
 */

package com.example.helloandroid;

public final class R {
    .....
    public static final class drawable {
        public static final int ic_launcher=0x7f020000;
    }
    .....
    public static final class layout {
        public static final int activity_main=0x7f030000;
    }
    .....
    public static final class string {
        public static final int action_settings=0x7f050002;
        public static final int app_name=0x7f050000;
        public static final int hello_world=0x7f050001;
    }
    .....
```

drawable 폴더에 있는 ic_launcher.png 파일의 주소

layout 폴더에 있는 activity_main.xml 파일의 주소

strings.xml에 정의된 app_name의 주소

strings.xml에 정의된 hello_world의 주소

(4) MainActivity.java 편집과 이해

액티비티 자바 클래스

앱은 MainActivity.java의 실행으로 결과가 나타나게 된다. 자바 클래스의 액티비티 실행은 onCreate() **메소드**의 자동 호출로 시작되는데 기본적으로 두 가지 기능으로 기술되어 있다. super.onCreate()를 이용하여 액티비티를 생성하며, setContentView() 메소드를 이용하여 activity_main.xml에서 정의한 레이아웃을 출력한다.

➥ [Step 2]에서 수정한 파일을 그대로 사용하면 된다.

소스 | MainActivity.java

```
package com.example.helloandroid;

import android.app.Activity;
import android.os.Bundle;

public class MainActivity extends Activity {

    @Override
    protected void onCreate(Bundle savedInstanceState) {
        super.onCreate(savedInstanceState);
        setContentView(R.layout.activity_main);
    }
}
```

액티비티가 실행될 때 자동으로 호출됨

액티비티 생성

layout 폴더의 activity_main.xml에 정의된 레이아웃을 출력함

(5) AndroidManifest.xml 편집과 이해

어플리케이션 기본정보

AndroidManifest.xml 파일은 어플리케이션 기본정보를 담고 있다. 어플리케이션을 표현하는 **아이콘**은 **res** 폴더의 'drawable/ic_launcher'로 설정되어 있다. drawable-hdpi, drawable-mdpi, drawable-ldpi 폴더에 있는 ic_launcher.png 파일들 중에, 안드로이드 운영체제가 시스템 환경에 맞는 최적의 아이콘을 불러 사용하게 된다. 어플리케이션 라벨과 액티비티 라벨은 **strings.xml** 파일에서 정의한 app_name이 설정되어 있다. 따라서, **화면에는 어플리케이션 라벨과 액티비티 라벨은 같게 나타난다. 어플리케이션**은 시작 시 MainActivity 클래스가 실행되도록 지정되어 있으며, 메인메뉴에 나타나는 아이콘 클릭 시 **실행되는 액티비티**가 MainActivity 클래스임을 지정하고 있다.

➥ [Step 2]에서 수정한 파일을 그대로 사용하면 된다.

소스 | AndroidManifest.xml

```
<?xml version="1.0" encoding="utf-8"?>
<manifest xmlns:android="http://schemas.android.com/apk/res/android"
    package="com.example.helloandroid"
    android:versionCode="1"
    android:versionName="1.0" >

    <uses-sdk
        android:minSdkVersion="8"
        android:targetSdkVersion="19" />

    <application
        android:allowBackup="true"
        android:icon="@drawable/ic_launcher"
        android:label="@string/app_name"
        android:theme="@style/AppTheme" >
        <activity
            android:name="com.example.helloandroid.MainActivity"
            android:label="@string/app_name" >
            <intent-filter>
                <action android:name="android.intent.action.MAIN" />

                <category android:name="android.intent.category.LAUNCHER" />
            </intent-filter>
        </activity>
    </application>

</manifest>
```

어플리케이션의 아이콘으로 drawable 폴더의 ic_launcher.png 이미지를 사용함

어플리케이션의 라벨로 strings.xml에 정의된 app_name을 사용함

액티비티를 실행하는 자바 클래스는 MainActivity임

액티비티 라벨로 strings.xml에 정의된 app_name을 사용함

어플리케이션 론처(사용자가 앱을 실행할 때 지원하는 프로그램) 목록에 액티비티를 등록함. 사용자가 화면의 아이콘을 통해 실행 가능하도록 함

어플리케이션에서 최초 실행되는 액티비티임을 지정함

➥ 어플리케이션 라벨과 액티비티 라벨을 서로 다르게 나타내는 방법은 **8.4절(setTitle())**을 참고하기 바란다.

이제 앱을 실행할 준비가 되었다. 어떤 결과가 나타나는지 보도록 하자.

STEP 4 프로젝트 실행

2장에서 프로젝트 실행환경으로 구축한 두 가지 방법 즉, AVD를 이용하는 방법(case 1)과 PC에 연결된 스마트폰을 이용하는 방법(case 2)으로 앱을 실행해 보자.

Case 1 AVD를 이용한 앱의 실행

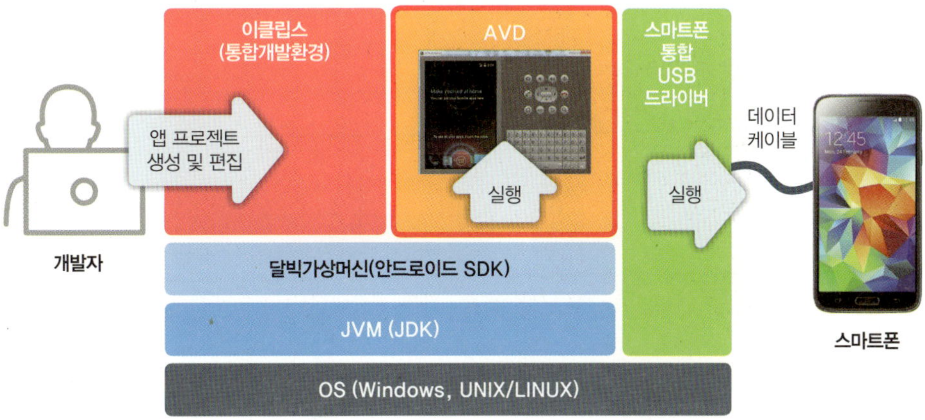

AVD를 이용하는 실행과정은 다음과 같다. 프로젝트명을 마우스 오른쪽 버튼으로 클릭한다(❶). 팝업창이 나타나면, '**Run As(❷) → Android Application(❸)**'을 실행한다.

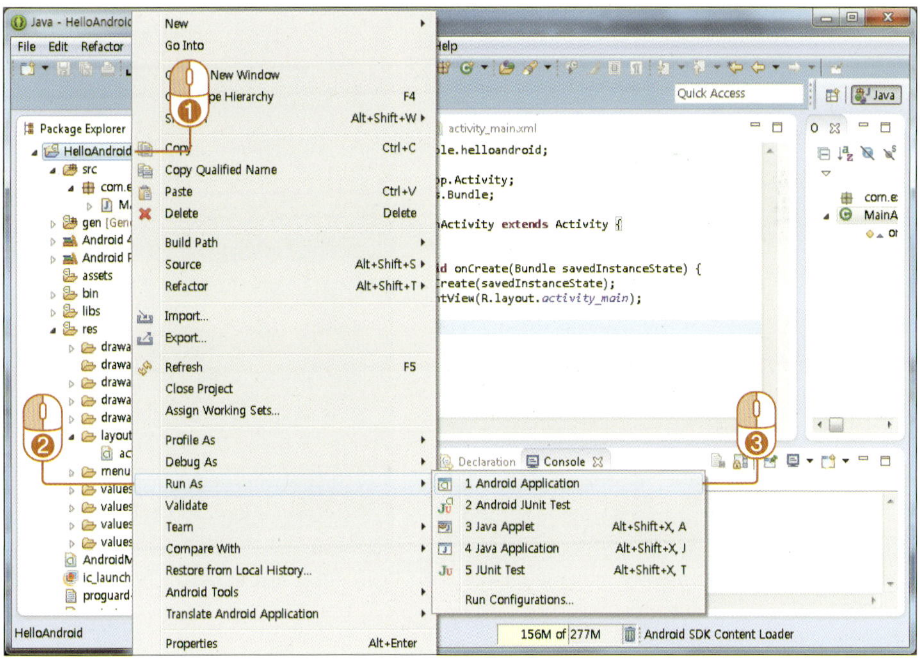

AVD는 다음 과정을 거쳐 실행결과를 출력한다.

잠금상태의 화면이 나타나면 마우스로 잠금해제 바를 오른쪽으로 드래깅하여 화면을 잠금해제한다(❶).

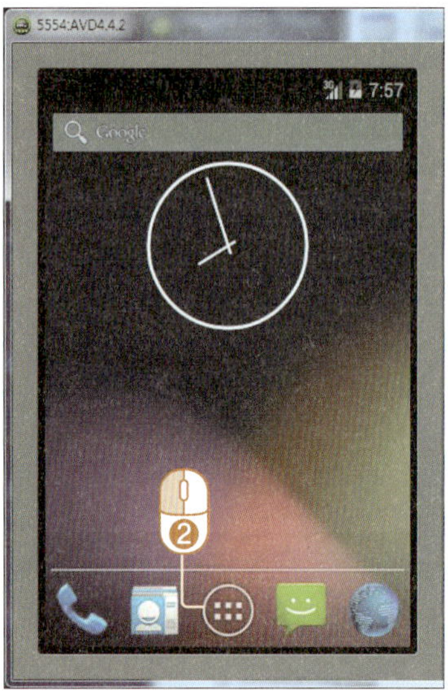

앱 화면으로 이동하는 아이콘을 클릭한다(❷).

'OK' 버튼을 클릭한다(❸).

개발된 앱 아이콘을 클릭한다(❹).

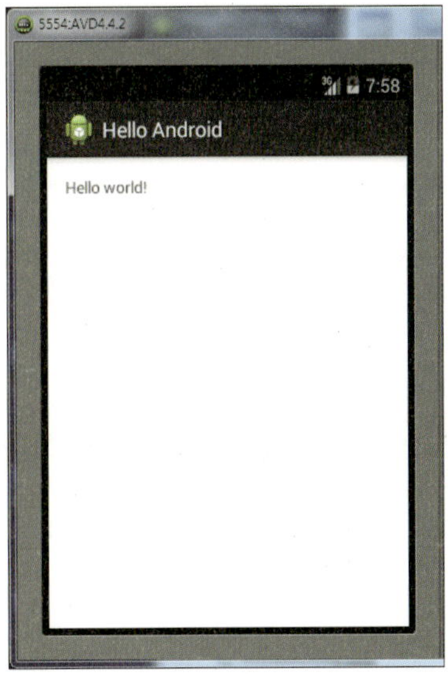

실행결과가 화면에 나타난다.

TIP 에뮬레이터 개요

에뮬레이터의 왼쪽은 **앱이 실행되는 가상 스마트폰 화면**이며, **오른쪽**은 **가상 스마트폰을 제어하기 위한 다양한 메뉴**들로 구성되어 있다. **앱 목록 보기**와 **웹브라우저를 실행할 수 있는 아이콘**이 있으며, **제어 메뉴**에는 **전원 끄기**, **볼륨 조정**, **카메라**, **통화**, **키보드** 등이 있다.

앱 목록 보기 및 실행

메인 화면에서 '앱 목록 보기' 아이콘을 클릭하면, 설치된 다양한 앱 목록이 나타난다. 실행하고자 하는 앱을 클릭하면 실행결과를 볼 수 있다.

웹브라우저 실행

웹브라우저를 실행해 보자. 초기 화면은 구글 홈페이지가 나타난다. URL을 입력하고 실행하면, 해당 사이트의 홈페이지로 이동하게 된다.

메뉴를 이용한 환경설정

화면은 영문자가 기본인데, 메뉴에서 한글로 바꾸어 보자. "메뉴 → 시스템 설정(System settings) → 언어 및 키보드(Language&Input) → 언어(Language) → 한국어" 과정을 거치게 되면 화면 메뉴가 한글로 나타나게 된다(안드로이드 4.4.2 버전에는 한국어를 지원하지 않음).

설치된 앱의 삭제

"메뉴 → 시스템 설정(System settings) → Apps → (설치된 앱 선택) → Uninstall" 과정을 거치게 되면, 설치된 앱이 삭제된다.

Case 2 스마트폰에서 앱의 실행

이제 스마트폰으로 직접 실행하는 방법을 알아보자.

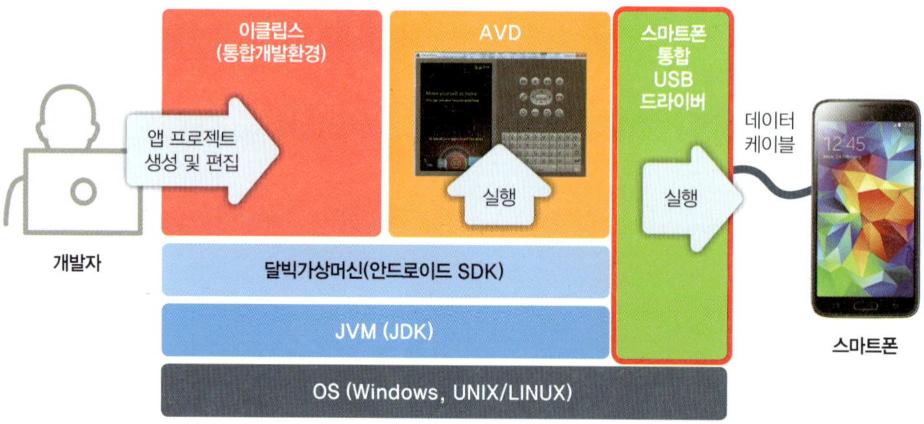

데이터 케이블로 스마트폰과 PC를 연결한다. 스마트폰 상단에 미디어 기기 **연결 아이콘**이 나타나면 실행 가능한 상태가 된다.

이클립스에서 프로젝트를 실행한다. **프로젝트명**을 **마우스 오른쪽 버튼**으로 클릭하면 (❶) 팝업메뉴가 나타나는데, '**Run As(❷) → Android Application(❸)**'을 클릭한다.

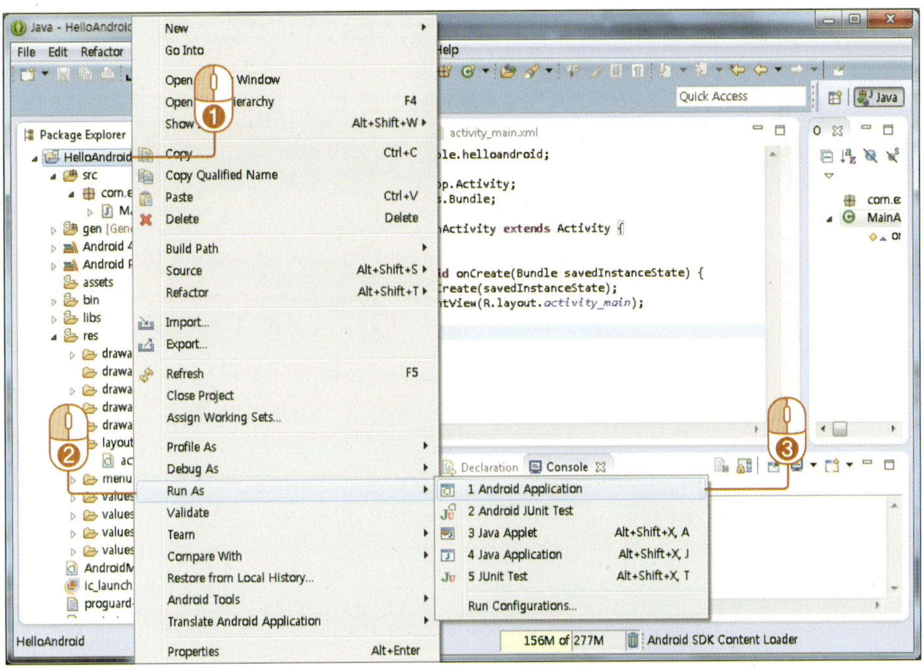

안드로이드 디바이스 선택 창에 AVD와 PC와 연결된 스마트폰 목록이 나타난다. 실행할 스마트폰을 선택하고(❹) 'OK' 버튼을 클릭한다(❺).

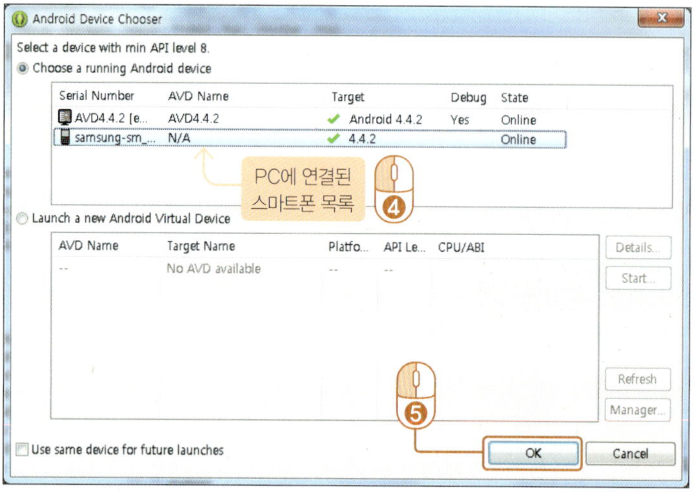

실행결과로 '안녕'이라는 액티비티 라벨과 '안녕 안드로이드!'라는 글자가 화면에 나타난다. 메인메뉴 화면으로 돌아가면 아이콘과 '안녕'이라는 어플리케이션 라벨이 나타난다. 현재 액티비티 라벨과 어플리케이션 라벨은 같이 설정되어 있는 상태이다.

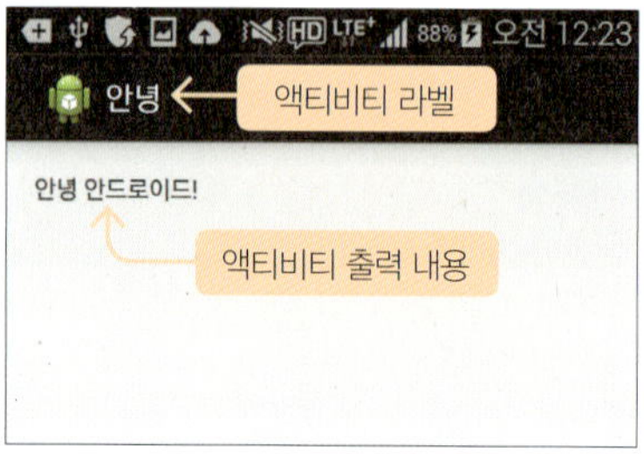

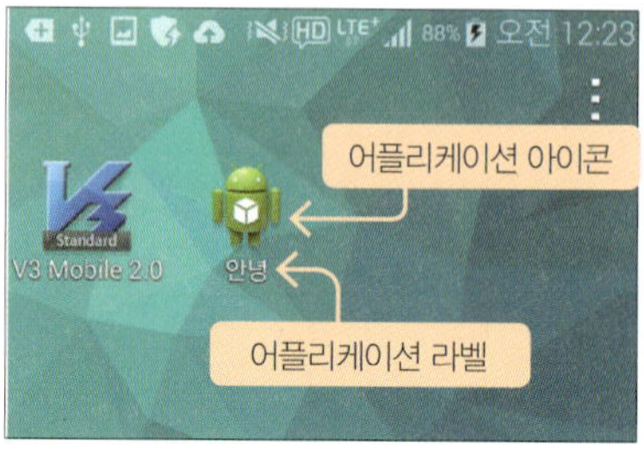

TIP 'No compatible target' 에러

앱 프로젝트 실행 시 AVD가 없는 경우, 연결된 스마트폰을 실행하게 되는데 **에러 창**이 나타나는 경우가 있다.

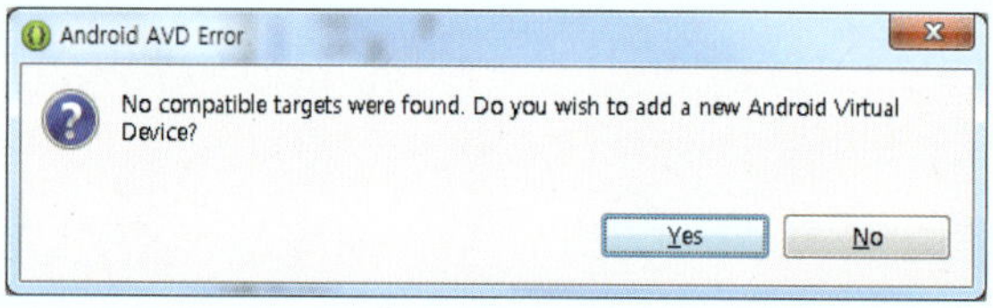

에러 해결을 위해, PC에 스마트폰 연결 시, 'USB 디버깅 허용'을 묻는 창이 뜨면 **허용**하는 것으로 확인하여야 한다.
스마트폰과 시스템 버전에 따라 다르지만, 메뉴화면의 '환경설정'에서 '응용 프로그램' 또는 '개발자 옵션' 관련 메뉴 내에서 '**USB 디버깅(USB가 연결된 경우 디버그 모드)**'이 가능하도록 체크하면 된다.

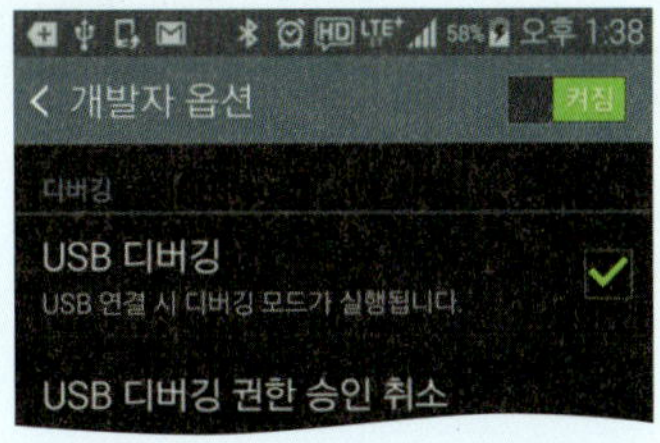

TIP 프로젝트의 소스 오류 및 실행 오류 정보

소스 코드 오류(소스 코드 편집기 영역)

소스 코드를 작성할 때, 문법적 오류가 발생하면 적색 마크로 표시해 준다. 적색 마크에 마우스를 대면 오류 메시지를 확인할 수 있다(❶). 노란색의 경우는 경고를 의미하며 실행에는 지장이 없다.

Console(Window → Show View → Console)

앱 실행 시 오류 확인 기능을 제공한다. 앱 프로젝트를 실행하면(Run As → Android Application) 아래 콘솔(Console) 부분에 AVD가 실행되고 앱 실행파일인 apk가 설치되며, 액티비티가 실행되는 과정이 나타난다. 에러가 발생하면 콘솔에 적색으로 나타나기 때문에 상황에 따른 에러 내용을 보고 해결하면 된다(❷).

LogCat(Window → Show View → LogCat)

안드로이드 운영체제에서 앱과 디바이스 간의 상호작용하는 정보를 실시간으로 기록해서 보여준다(❸).

Lint(Window → Show View → Other··· → Litn Warnings)

프로젝트를 선택하고 'Runs Android Lint' 메뉴를 클릭하면(❹), 앱이 실행되기 전에 해당 프로젝트에 발생된 문제점을 경고해 준다(❺).

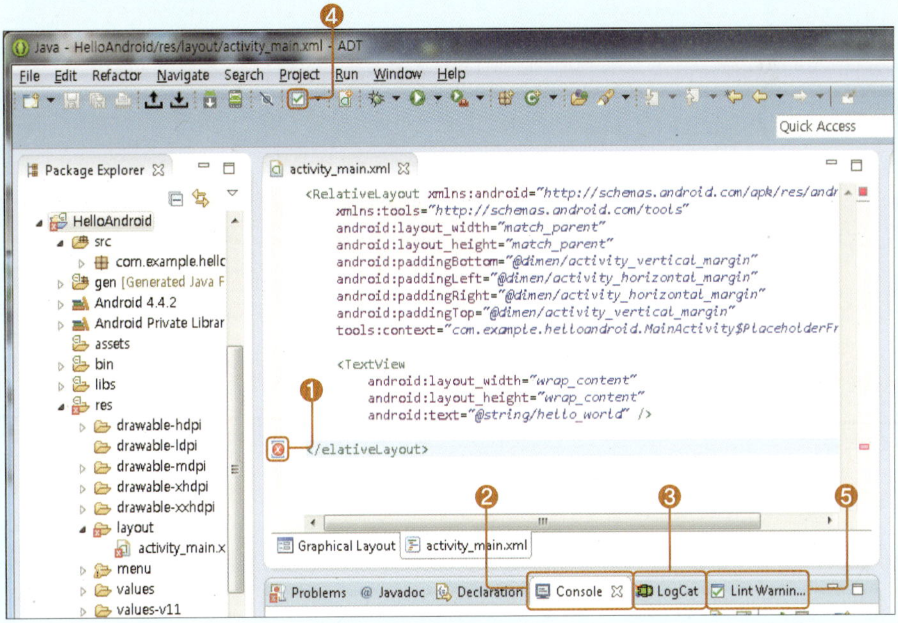

03 ③ 앱 프로젝트 구조와 실행원리

(1) 앱 프로젝트 구조와 주요 파일

앱 프로젝트 구조에서 실행원리를 이해하기 위해 필요한 폴더는 **src**, **gen**, **assets**, **res**, **bin**이며, 각 역할은 다음과 같다.

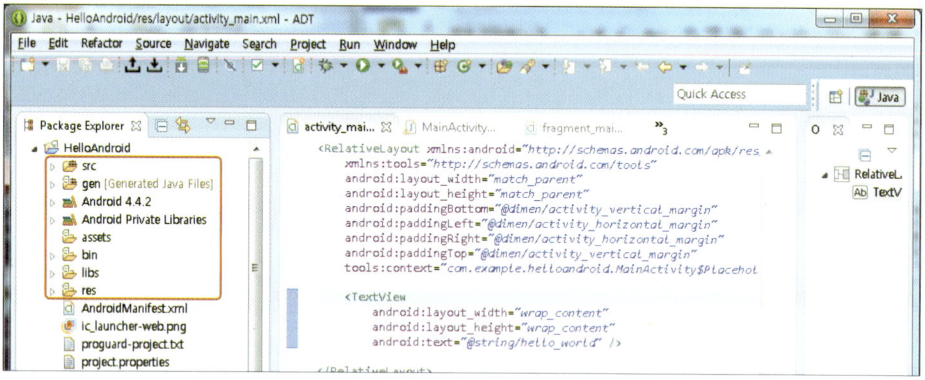

● 기본 폴더의 역할

폴더명	역할
src	자바 클래스의 소스를 패키지로 구분하여 관리함. 'com.example.**프로젝트명**' 패키지에는 액티비티 자바 클래스(MainActivity.java 등)가 있음.
gen	프로젝트에서 사용되는 리소스에 대한 메모리를 관리하는 R.java 파일이 'com.example.**프로젝트명**' 패키지에 저장되어 있음.
assets	파일들을 저장하고 사용하는데, 저장된 파일은 R.java 내에 리소스 ID가 부여되지 않음. 사용빈도가 낮음.
res	어플리케이션이 사용하는 리소스를 관리함. R.java 내에 리소스 ID가 자동으로 부여되고, 리소스 ID를 이용해서 쉽게 활용할 수 있음. • drawable 폴더에는 이미지(ic_launcher.png 등), 오디오, 비디오 관련 파일을 저장함. • layout 폴더에는 화면 레이아웃을 기술하는 xml 파일(activity_main.xml) 등을 관리함. • values 폴더에는 문자열 리소스를 정의하는 xml 파일(strings.xml)이 있음.
bin	개발된 앱의 실행파일(**프로젝트명**.apk)이 생성됨.

앱의 주요 파일들은 **텍스트 리소스**들을 **정의하는 strings.xml**, **레이아웃**을 설계하여 텍스트 리소스를 출력할 위치에 배치하는 **activity_main.xml**, 텍스트 리소스와 레이아웃들의 리소스에 대한 **메모리**를 관리하는 클래스인 **R.java**, 액티비티를 생성하고 레이아웃을 출력하는 메인 **액티비티 자바 클래스**인 **MainActivity.java**, **어플리케이션의 기본 정보**를 담고 있는 **AndroidManifest.xml**들로 구성된다. 이런 구분은 각 파일 간의 독립성을 높이고, 변화에 따른 파일 간의 영향을 줄이며, 각 구성요소별로 개발이 가능할 뿐만 아니라 관리를 편리하게 해 주는 장점이 있다. 기본 파일들의 내용은 다음과 같다.

● **기본 파일의 내용**

파일명	구분	내용
strings.xml	텍스트 리소스	어플리케이션 라벨과 액티비티 라벨을 포함하여 액티비티 화면에 출력될 여러 **텍스트 리소스**를 정의함.
activity_main.xml	레이아웃	액티비티 실행 시에 화면에 나타나는 **레이아웃**을 설계함. strings.xml에 정의된 텍스트 리소스를 출력할 위치에 배치함.
R.java	메모리	strings.xml 파일에 정의된 텍스트 리소스, res/drawablw 폴더 내의 이미지 리소스, res/layout 폴더 내의 xml 파일 등의 리소스들에 대한 **메모리**를 관리함. ➡ **자동으로 메모리를 관리함으로 수정하지 말아야 함.**
MainActivity.java	액티비티 자바 클래스	어플리케이션을 구성하는 액티비티를 구현하는 **자바 클래스**임. 어플리케이션 실행 시, 최초에 실행되는 자바 클래스임. 클래스 이름은 변경 가능함.
AndroidManifest.xml	어플리케이션 기본정보	**어플리케이션에 관한 정보**들이 설정되어 있음. 어플리케이션 라벨, 어플리케이션 아이콘, 액티비티 라벨, 처음 실행될 액티비티명(자바 클래스)을 포함함. 또한, 어플리케이션이 실행될 때 필요한 권한 등이 기술됨. 예를 들면 인터넷 접속을 필요로 하는 어플리케이션의 경우, 인터넷 접속 허용을 설정함(12장 웹서버 통신 참조).

(2) 앱의 실행원리

자바와 xml 파일로 구성되는 기본 파일들은 서로 연관성을 가지고 있다. **strings.xml**에는 화면에 출력될 텍스트 리소스들이 정의되어 있다. **activity_main.xml** 파일은

strings.xml 파일에 정의된 문자열 중 출력하고자 하는 문자열에 대해 레이아웃을 지정하여 사용자 인터페이스(UI)를 설계한다. **R.java** 파일은 main.xml 파일에 대한 메모리 주소와 strings.xml 파일에 정의된 텍스트 리소스들에 대한 메모리 주소를 할당한다. 주소는 자동으로 할당되며, R.java 파일은 수정하지 않아야 한다. **MainActivity.java** 파일은 액티비티를 생성하고 **activity_main.xml**에 정의된 레이아웃을 출력한다. 어플리케이션 아이콘, 어플리케이션 라벨, 액티비티 라벨은 **AndroidManifest.xml** 파일에서 지정한다.

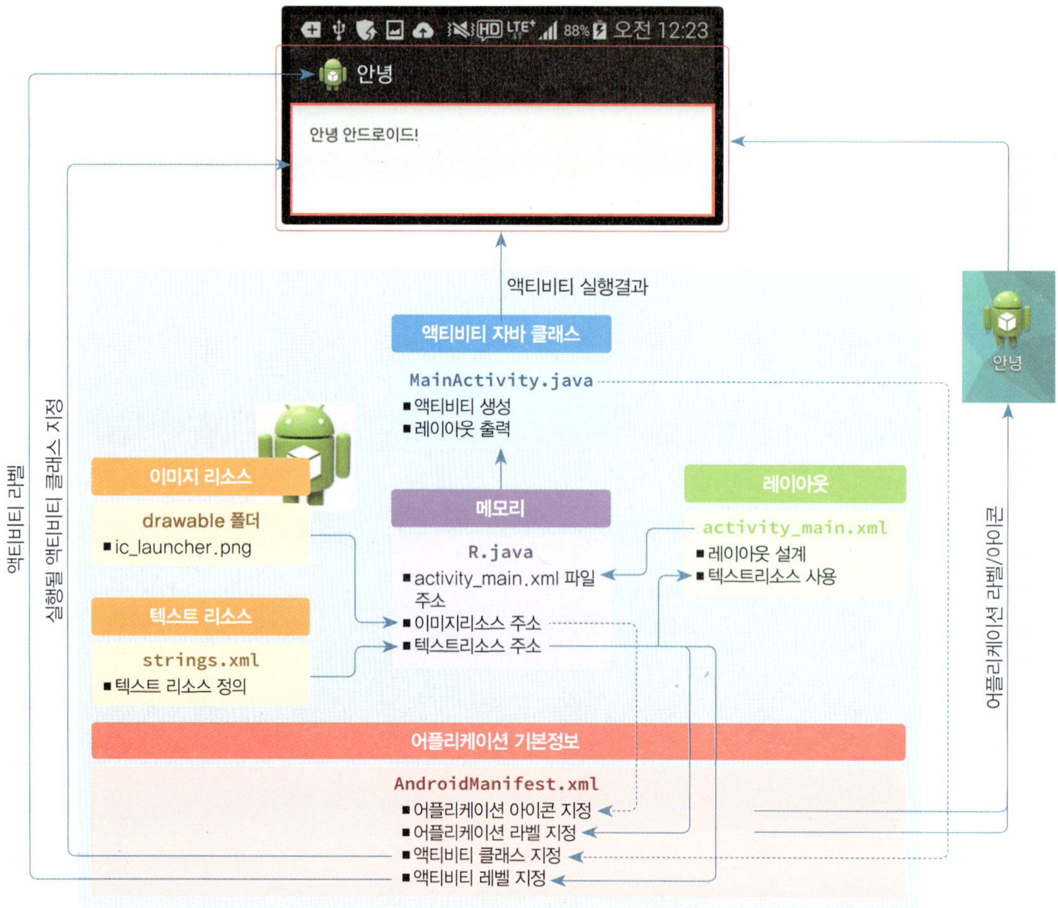

▲ 기본 파일 간의 상호작용과 실행원리

다음 그림은 기본파일 간의 상호작용과 실행원리를 각 파일의 주요 소스와 메모리 관리 관점에서 표현한 것이다. 레이아웃과 리소스는 R.java에서 관리되는 메모리를 통해 사용된다.

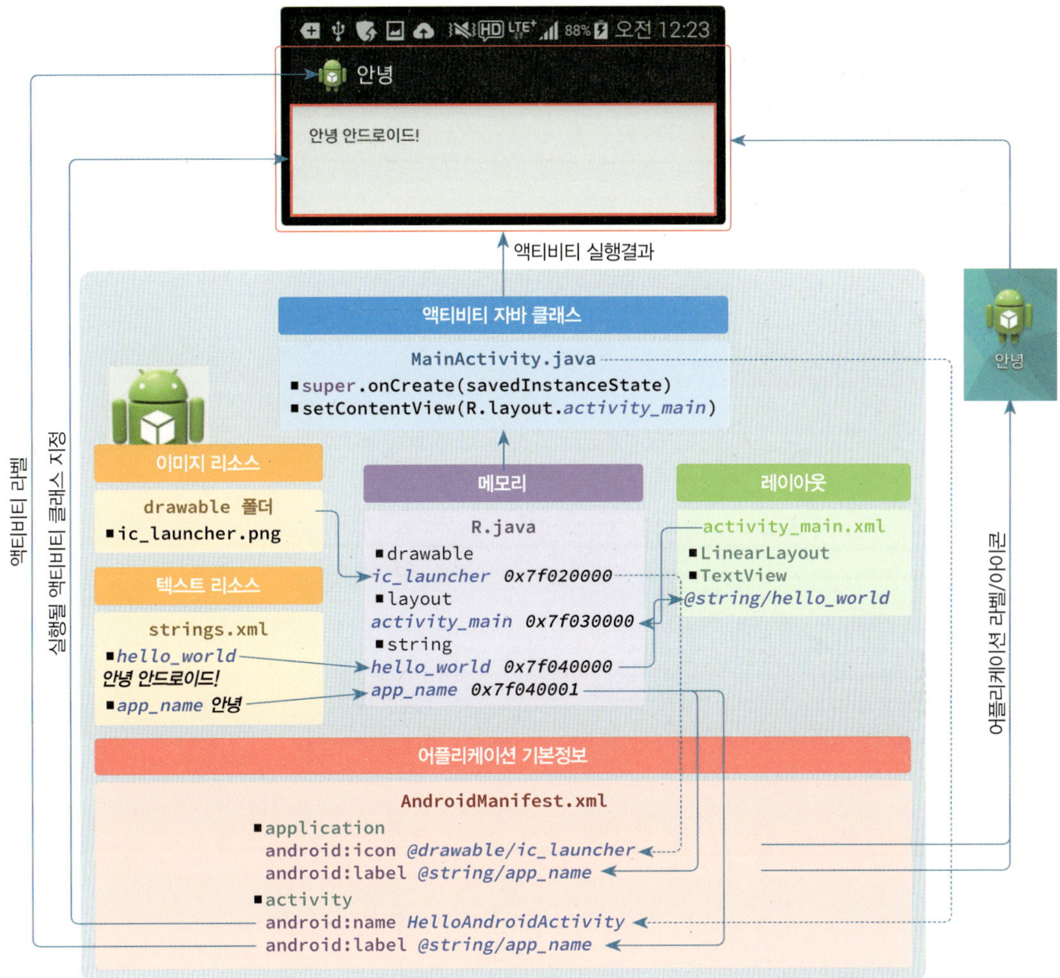

▲ **기본 파일 간의 상호작용과 실행원리**(소스의 주요 코드와 메모리 관리 관점)

02 PART

콘텐츠 출력

ANDROID PROGRAMMING

Contents

XML의 이해

XML(Extensible Markup Language)은 W3C(인터넷 표준제정 단체)에서 제안한 기계가 읽을 수 있는 형태의 도큐먼트로, 부호화할 수 있는 규칙들의 집합이다. 특히 인터넷에 연결된 시스템끼리 데이터를 쉽게 주고 받을 수 있게 할 목적으로 만들어졌다.

XML 문서는 **선언부분**과 **엘리먼트(element)**들로 구성된다.

선언

```
<?xml version="1.0" encoding="utf-8"?>
```

XML 버전과 XML 문서 저장 시의 인코딩에 이용되는 문자코드셋을 지정한다. XML 버전은 ‘1.0’이며, 문자코드셋은 ‘utf-8’을 의미한다. 한글의 경우, ‘utf-8’ 또는 ‘euc-kr’을 지정하면 된다. 지정하지 않을 때의 디폴트 값은 ‘utf-8’이다.

엘리먼트

XML은 하나의 **root element**를 가지며, root element는 하나 이상의 **child element**를 가진다. 각 **child element**도 하나 이상의 subchild element를 가질 수 있다.

```
<root element>
    <child element>
        <subchile element>데이터</subchild element>
    </child element>
</root element>
```

데이터가 없는 element를 **empty element**라고 하며, 〈element〉〈/element〉 또는 〈element /〉로 표현한다.

element는 여러 개의 **속성**을 지정할 수 있으며, 각 속성은 **속성명**과 **속성값**으로 표현된다.

```
<element 속성명="속성값">
```

주석문은 컴퓨터가 실행하지 않는 문장으로 개발자의 이해를 돕기 위해 사용된다. “〈!--” 와 “--〉” 내의 내용은 주석문으로 처리된다.

```
<!-- 주석문 -->
```

XML의 예

'장발장'과 '코제트'의 두 학생의 학번(stud_id), 성명(name), 전화번호(tel)를 XML로 나타낸 예는 다음과 같다.

```
<?xml version="1.0" encoding="utf-8"?>
<students>
    <student stud_id="2014001">
        <name>장발장</name>
        <tel>010-9001-001</tel>
    </student>
    <student stud_id="2014002">
        <name>코제트</name>
        <tel>010-9001-002</tel>
    </student>
</students>
```

자바 쉼터 1

자바 클래스의 이해

자바(Java)는 썬 마이크로시스템즈(현재는 오라클로 인수됨)의 제임스 고슬링(James Gosling)이 개발한 객체 지향 프로그래밍 언어이다.

객체와 클래스

객체(object)란 "실세계에 존재하는 다른 것과 구별되는 추상적인 것 또는 구체적인 것"으로 정의되는데, 프로그램에서 데이터를 임시로 저장하는 **변수**와 유사하다고 생각하면 된다. 차이점은 데이터를 저장하는 속성(변수에 해당) 외에 행위에 대한 절차를 기술하는 **메소드**가 있다. 데이터 타입(int, char 등)에 의해 변수가 생성되듯이 **객체**는 **클래스**에 의해 생성된다. **객체를 생성하는 템플릿**인 클래스(class)는 객체의 특성을 기술하는 속성(attribute)과 객체의 기능과 행위를 기술하는 메소드(method)로 구성되어 있다.

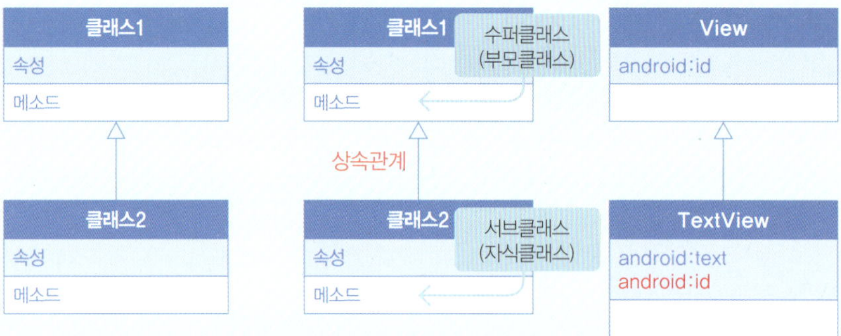

클래스 계층도

클래스 간에는 계층적 구조를 갖기도 하는데, 계층도에서 위에 있는 클래스를 수퍼 클래스(super class, 부모클래스), 아래에 있는 클래스를 서브 클래스(sub class, 자식 클래스)라 한다. 이 경우, 서브 클래스는 수퍼 클래스의 속성과 메소드를 상속 받는다. 클래스1과 클래스2가 각각 수퍼 클래스와 서브 클래스이면, 클래스2는 클래스1이 가지고 있는 속성과 메소드를 상속받기 때문에 클래스1의 속성과 메소드를 사용할 수 있다(그림에서 Δ 표시는 상속관계를 나타낸다).

View 클래스와 **TextView 클래스**의 예를 보자. **TextView 클래스**는 **View 클래스**의 서브 클래스이다. 따라서, **TextView 클래스**는 **View 클래스**의 **속성**과 **메소드**를 모두 상속 받는다. **TextView 클래스**는 원래 **android:id** 속성을 가지고 있지 않지만, **View 클래스**에 android.id 속성이 정의되어 있기 때문에 **TextView 클래스**는 **View 클래스**의 android:id 속성을 사용할 수 있다. **TextView 클래스**의 수퍼 클래스와 서브 클래스는 다음 안드로이드 개발자 센터에서 그 관계를 파악할 수 있다.

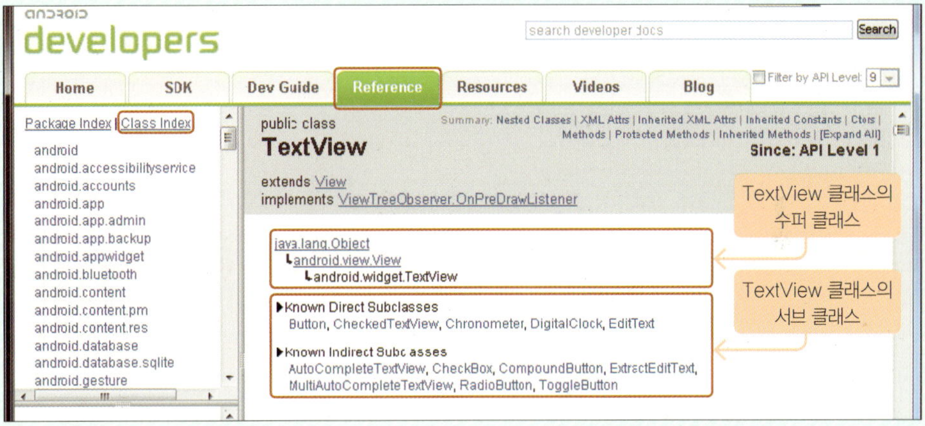

안드로이드 개발자센터(www.android.com)

● 안드로이드 자바 클래스 계층도

클래스 계층의 최상위에 있는 자바에서 정의되어 있는 Obejct 클래스가 있다. 서브 클래스인 **뷰**(View) 클래스는 UI 컴포넌트들을 위한 기본적인 구현 영역을 기술하고 있다. 하나의 뷰는 화면 상의 사각영역을 차지하며, 그리기와 이벤트를 처리한다. 뷰는 위젯(Widget)의 기반이 되는 클래스이다. **위젯**은 버튼, 텍스트 필드 또는 사용자와 상호 작용하는 UI 컴포넌트를 말한다. **뷰그룹**(ViewGroup)은 다른 뷰나 뷰클래스를 담고 레이아웃 특성을 정의하며, 눈에는 보이지 않는 컨테이너인 레이아웃의 기반이 되는 클래스이다.

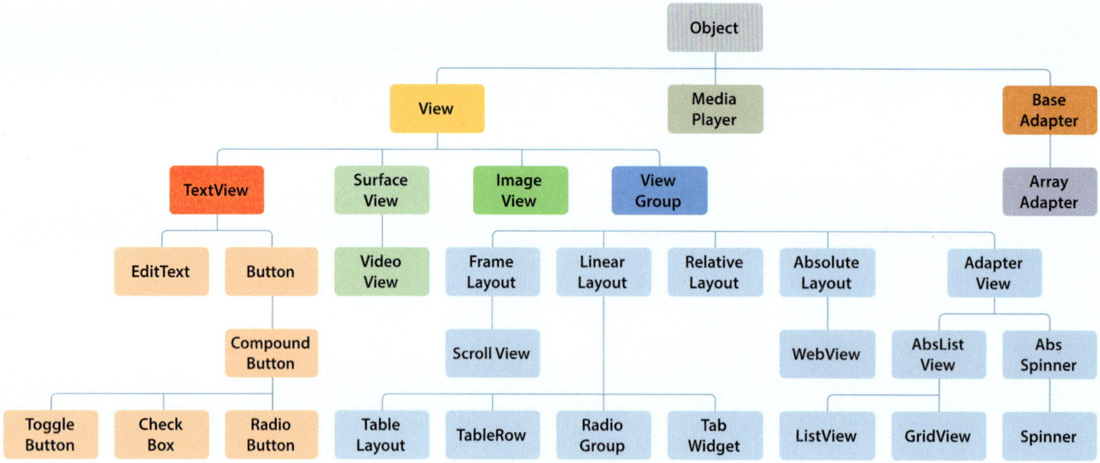

● ANDROID SDK 자바 클래스의 위치

안드로이드 자바 클래스는 안드로이드 SDK가 설치된 폴더 내의 platforms/android-19폴더에 있는 **android.jar** 파일에 포함되어 있다. android.jar 파일에 어떤 클래스들이 있는지 보기 위하여 temp 폴더로 복사하여 android.jar 파일의 압축을 풀어 보자. 패키지는 유사한 클래스를 묶어 놓은 폴더에 해당한다. view 패키지에는 View.class가 있다. widget 패키지에는 TextView.class를 볼 수 있다.

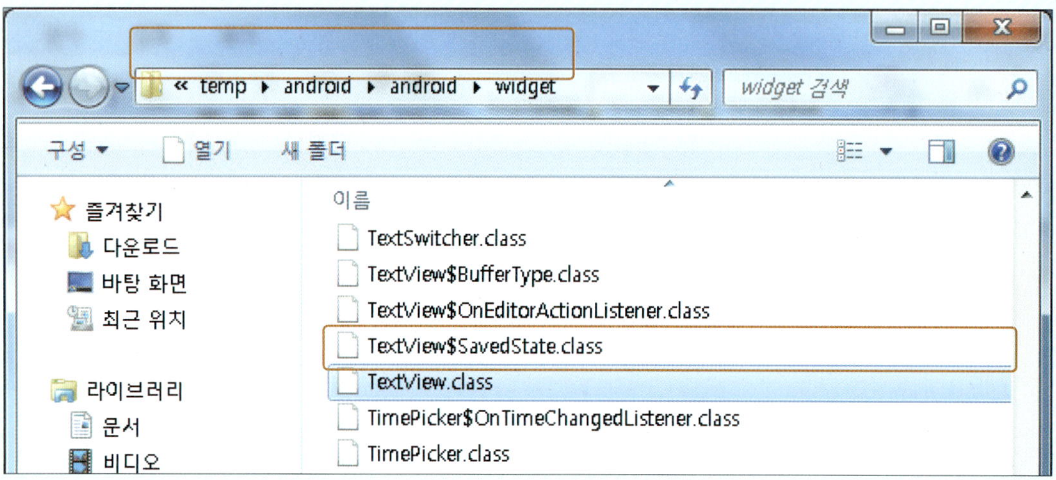

자바의 주석문

주석문은 개발자의 이해를 돕기 위한 설명문으로, 컴퓨터가 실행을 하지 않는다. 행 단위의 **라인 주석문**(//)과 여러 행에 걸친 **블록 주석문**(/* */)이 있다.

```
// 주석문
```

➥ 같은 줄에서 // 뒤의 내용은 주석문으로 처리됨

```
/*
주석문1
주석문2
*/
```

➥ /* … */ 범위 내의 명령은 주석문으로 처리됨

자바 클래스의 구현과 상속을 통한 재사용

클래스의 정의

```

접근제한자 class 클래스명 {
        ......
}
```

접근제한자는 **public**, **private**, **protected** 등이 있다. **public**은 다른 클래스에서 접근(사용) 가능하며, **private**은 해당 클래스 내에서만 접근 가능하고, **protected**는 해당 클래스와 상속받은 클래스에서만 접근을 허용한다. **클래스명**은 영문자 및 숫자 등이 가능하며, 첫문자는 대문자로 한다. 복합단어의 경우는 붙여 사용하되, 각 단어의 첫 문자는 대문자로 하여 구분한다.

수퍼클래스를 갖는 클래스의 정의

```
접근제한자 class 클래스명 extends 수퍼클래스명 {
        .....
}
```

자바 클래스 간에 상속관계를 정의하는 예약어는 extends이다. 액티비티 클래스로 지정된 MainActivity 클래스는 시스템에서 파일 생성 시에 자동으로 Activity 클래스를 수퍼클래스로 지정하며 다음과 같이 정의된다. 클래스 계층 간의 상속관계가 형성되면 자식클래스는 부모 클래스의 속성과 메소드를 상속받아 재사용할 수 있다.

```
public class MainActivity extends Activity {
```

```
        .....
}
```

메소드의 정의

```
접근제한자 반환데이터유형 메소드명(매개변수 리스트) {
    ......
    return 반환데이터
}
```

반환데이터가 없는 경우는 반환데이터의 유형을 '**void**'로 지정한다.

클래스명과 동일한 메소드를 생성자라고 한다. 생성자는 객체를 생성할 때 사용된다. 생성자를 정의하지 않으면 컴파일러가 자동으로 만들어준다.

속성과 메소드의 구현과 사용

Customers 클래스에는 속성으로 name과 address가 있고, Customers() 생성자(클래스 이름과 같으며, 객체 생성 시 호출되는 메소드임), updateAddress() 메소드가 정의되어 있다. 각각 String 타입의 매개변수 n과 a가 있다.

```
public class Customers {
      private String name;      // 속성
      private String address;   // 속성
      public Customers(String n) {   // 생성자 정의
          name = n;
      }
      public void setAddress(String a) {   // 메소드 정의
          address = addr;
    }
}
```

클래스 **MainCustomers**가 updateAddress() 메소드를 이용하여, **Customers** 클래스 타입의 "홍길동" 객체를 생성하고 주소를 변경하기 위해 setAddress() 메소드를 호출하는 방법은 다음과 같다.

```
public class MainCustomers {
    ......
    public void updateAddress() {
        Customers customer = new Customers("홍길동");
        customer.updateAddress("서울 강남구");
    }
    ......
}
```

자바에서 객체 간의 메시지 전달은 한 객체에서 다른 객체의 메소드를 호출함으로써 실행된다. 매개변수가 없는 메소드를 호출하는 경우의 메시지는

```
객체.메소드();
```

매개변수가 있는 경우의 메소드를 호출하는 경우는 customer.setAddress("서울 강남구")와 같이

```
객체.메소드(매개변수값);
```

으로 사용하면 된다.

● 자바 클래스 간의 연관관계

앞에서 정의한 **MainCustomers 클래스**는 **Customers 클래스**의 객체를 생성하여 사용하고 있으며, **Customers 클래스**의 메소드 **setAddress()**는 **String** 클래스 타입의 매개변수를 가지고 있다. 이와 같은 관계를 **연관관계**라 하고 **클래스 다이어그램**에서 다음과 같이 표시한다.

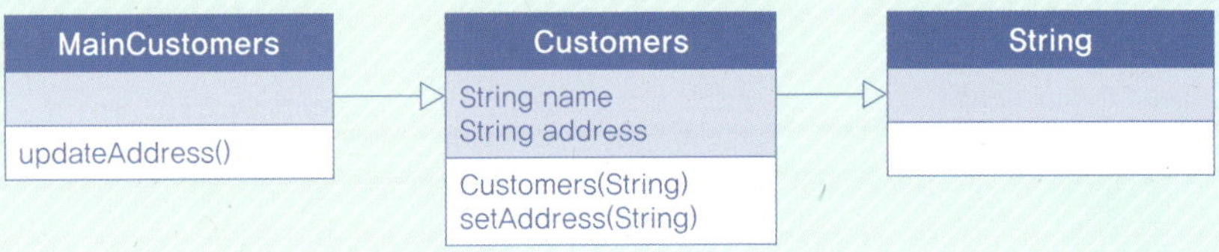

04 CHAPTER

텍스트 출력과 리니어 레이아웃

04 1 텍스트 출력 원리와 레이아웃

04.1.1 텍스트 중심 출력 앱의 예

다음은 텍스트를 출력하는 앱의 예이다. 왼쪽의 알람/시계 앱은 대부분 스마트폰에 내장되어 있는데, 현재 시각, 각 나라의 도시명, 날짜와 요일을 비교해 준다. 오른쪽은 시를 출력하는 앱으로 시와 해설을 볼 수 있다.

세계시각

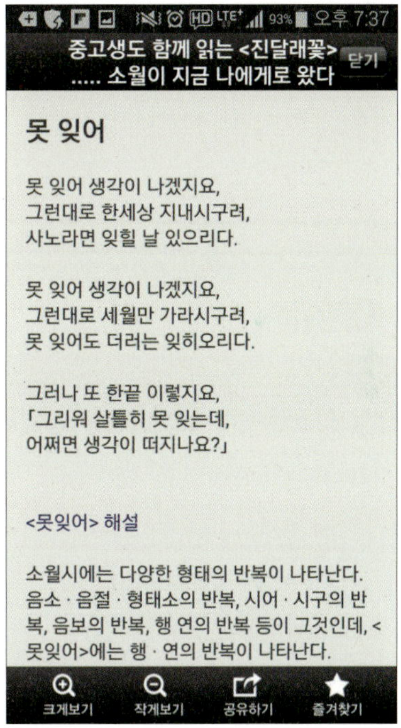

시집

▲ 문자 중심 앱의 예

04.1.2 텍스트 출력 원리

텍스트는 정해진 레이아웃에 따라 출력된다. **strings.xml**에서 **텍스트 리소스**들을 정의하고, **activity_main.xml**에서 **레이아웃**을 설계하면서 출력할 위치에 **TextView** 클래스를 적절히 배치하고 각 TextView에 텍스트 리소스를 설정한다. **MainActivity.java** 클래스는 **액티비티**를 만들고 **activity_main.xml**을 **출력**하면 설계된 레이아웃에 따라 텍스트가 나타난다.

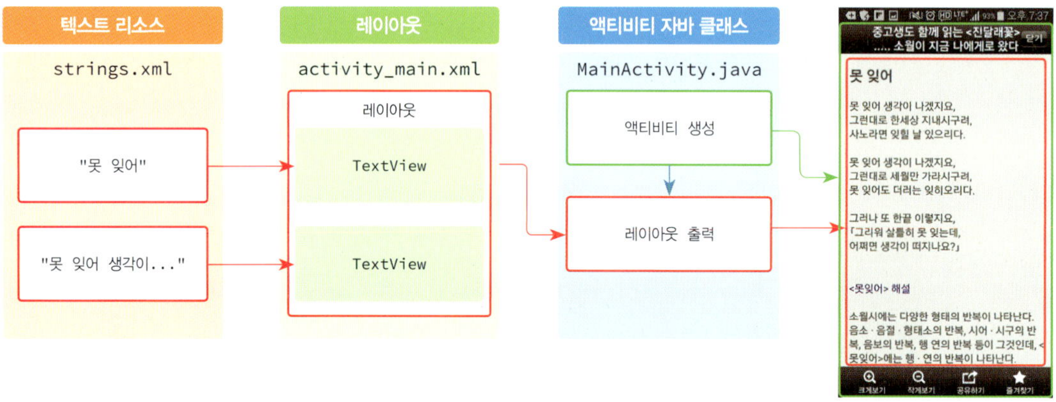

04.1.3 레이아웃 유형

안드로이드가 제공하는 레이아웃에 대해 살펴보자. 기본 레이아웃에는 콘텐츠를 수평 또는 수직으로 배치하는 **Linear Layout**, 개체들 간의 상대적인 위치에 따라 배치하는 **Relative Layout**, 웹 문서를 출력하는 **Web View**가 있다.

Linear Layout: 수평 또는 수직 방향의 화면 배치 (화면 길이 초과 시는 스크롤바가 나타남)

Relative Layout: 개체들 간의 상대적인 위치에 의한 배치

Web View: 웹 문서의 출력

▲ **기본 레이아웃**(자료원: developer.android.com)

한편, 어댑터를 이용한 레이아웃에는 단일 열들을 목록으로 출력하는 **List View**, 정해진 수의 열과 행으로 구성되는 격자모양으로 출력하는 **Grid View**가 있다.

List View:
단일 열의 목록 출력(수직 방향의 화면 길이 초과 시는 스크롤바가 나타남)

Grid View:
정해진 수의 열과 행으로 구성되는 격자모양의 출력(화면 길이 초과 시는 스크롤바가 나타남)

▲ **어댑터를 이용한 레이아웃**(자료원: developer.android.com)

TIP ▸ 어댑터(Adapter)

어댑터(Adapter)란 레이아웃과 그 레이아웃에 출력될 데이터를 바인딩하는 클래스를 의미한다.

각 레이아웃마다 쓰임새가 다르기 때문에 개발할 앱의 특성에 맞는 레이아웃을 이용하면 된다. 초보자는 Linear Layout을 이용하는 것이 쉽기 때문에 본 책은 Linear Layout을 중심으로 예시하도록 한다.

➥ 렐러티브 레이아웃은 7장을 참고하기 바란다.

04.1.4 리니어 레이아웃 개요

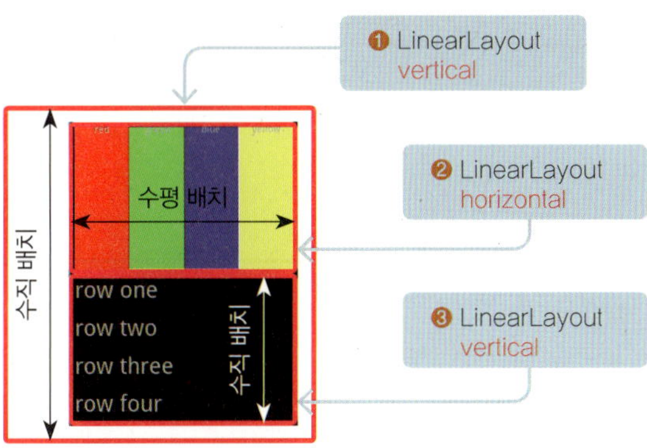

리니어 레이아웃은 자식 뷰(child view)들을 수직 또는 수평으로 배치할 때 사용한다. 왼쪽 그림에서 LinearLayout ❶은 자식 뷰의 LinearLayout ❷와 ❸을 수직(**vertical**)으로 배치하게 하며, LinearLayout ❷는 자식 뷰인 4개의 뷰들을 수평(**horizontal**)으로 배치하고, LinearLayout ❸은 4개의 자식 뷰들을 수직(**vertical**)으로 배치한 예이다.

04 ② 텍스트 출력

BASIC Text Display1 프로젝트

04.2.1 프로젝트 개요

내 친구들의 목록을 작성해 보자. **성명**, **주소**, **전화번호**를 순서대로 나열하고, **액티비티 라벨**은 '**친구1**'로 표시한다.

프로젝트 개요: **친구 목록 출력**

Application Name: **Text Display1**

어플리케이션 라벨: **친구1**

- 액티비티 라벨
  친구1
- 액티비티 출력 내용
  성명, 주소, 전화번호

04.2.1 앱 프로젝트 개발

STEP 1 프로젝트 생성

➡ '3.2절 [Step 1] **프로젝트 생성**'을 참고하여 프로젝트를 생성한다.

절차	내용
❶ 프로젝트 시작	메뉴에서 'File → New → Android Application Project' 클릭
❷ 어플리케이션 기본정보 설정	아래 두 항목을 변경하고 그 외는 디폴트로 설정함(❶과 ❷ 참조). Application Name : Text Display1 Minimum Required SDK : API 19 Android 4.4(KitKat) 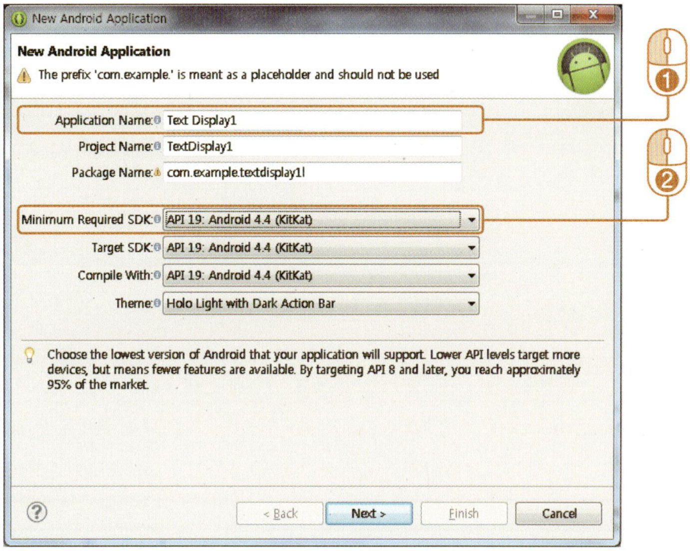
❸ 프로젝트 구성	디폴트 값으로 설정
❹ 아이콘 설정	디폴트 값으로 설정
❺ 액티비티 종류 설정	디폴트 값으로 설정
❻ 액티비티와 레이아웃 이름 설정	디폴트 값으로 설정

STEP 2 프로젝트 기본 편집

➥ '3.2절 [Step 2] 프로젝트 기본 편집' 절차에 따라 수정한다.

절차	내용
❶ activity_main.xml 수정	fragment_main.xml 파일 소스를 activity_main.xml로 복사
❷ fragment_main.xml 파일 삭제	–
❸ MainActivity.java 소스 수정	삭제한 fragment_main.xml 관련 부분과 메뉴 관련 부분 삭제
❹ AndroidManifest.xml 소스 수정	<uses-sdk> 태그 속성인 'android:minSdkVersion'에 19로 설정된 속성값을 8로 수정

STEP 3 소스 편집

● 기본파일 간의 연관관계

strings.xml에는 각 파일에서 사용될 텍스트 리소스들을 정의하고, activity_main.xml은 레이아웃 내에 **strings.xml**에서 정의한 텍스트 리소스를 할당한다. 액티비티 클래스인 MainActivity.java는 액티비티를 생성하고, **activity_main.xml**에 정의된 레이아웃을 출력한다. AndroidMainifest.xml 파일은 **MainActivity** 클래스를 액티비티로 설정하고, 어플리케이션 라벨과 액티비티 라벨은 **strings.xml**에서 정의한 **app_name**을 사용하고 있다.

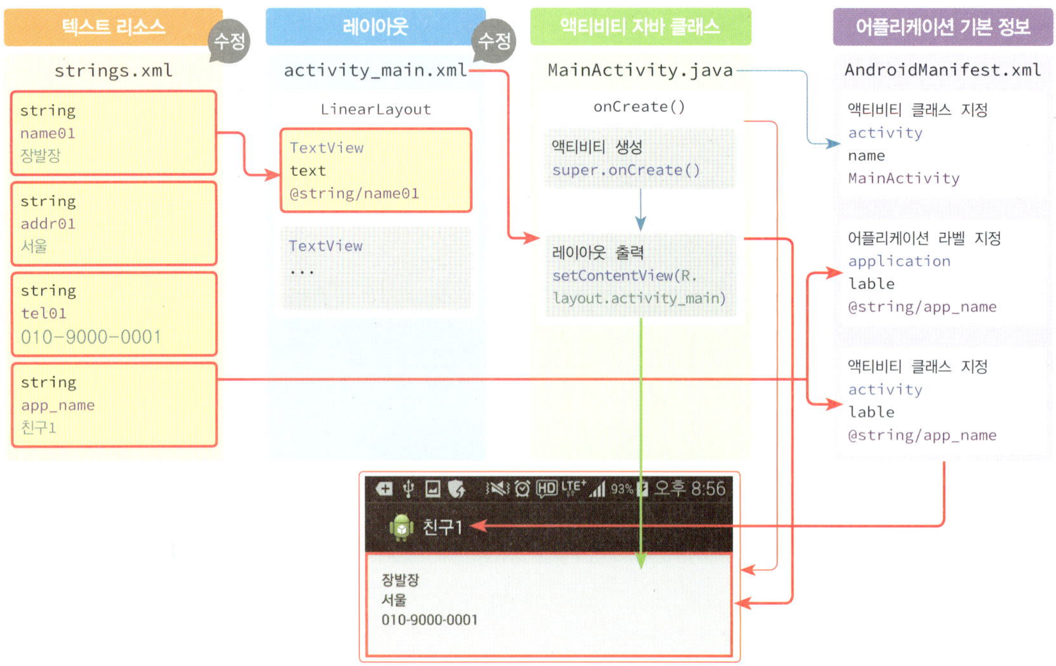

▲ 기본 파일 간의 연관관계

(1) strings.xml 편집

어플리케이션 이름을 수정하기 위해 **app_name** 속성값에 해당하는 데이터를 '**친구1**'로 수정한다. **친구**의 **성명**, **주소**, **전화번호**에 대응하는 속성값으로 **name01**, **addr01**, **tel01**을 추가한다. 각 속성값에 대응하는 데이터에는 각각 '**장발장**', '**서울**', '**010-9000-0001**'을 할당한다.

소스 | strings.xml

```
<?xml version="1.0" encoding="utf-8"?>
<resources>

    <string name="app_name">친구1</string>
    <string name="hello_world">Hello world!</string>
    <string name="action_settings">Settings</string>

    <string name="name01">장발장</string>
    <string name="addr01">서울</string>
    <string name="tel01">010-9000-0001</string>

</resources>
```

어플리케이션 이름

친구 정보를 텍스트 리소스로 정의함

(2) activity_main.xml 편집

strings.xml에서 정의된 3개의 속성값들인 **name01(성명)**, **addr01(주소)**, **tel01(전화번호)**를 3개의 **TextView**에 할당한다. 할당하는 방법은 **android:text** 속성에 '**@string/name01**', '**@string/addr01**', '**@string/tel01**'로 설정하면 된다.

소스 | activity_main.xml

```
<?xml version="1.0" encoding="utf-8"?>
<LinearLayout xmlns:android="http://schemas.android.com/apk/res/android"
    android:layout_width="match_parent"
    android:layout_height="match_parent"
    android:orientation="vertical"
    android:paddingBottom="@dimen/activity_vertical_margin"
    android:paddingLeft="@dimen/activity_horizontal_margin"
    android:paddingRight="@dimen/activity_horizontal_margin"
    android:paddingTop="@dimen/activity_vertical_margin" >

    <TextView
        android:layout_width="wrap_content"
        android:layout_height="wrap_content"
        android:text="@string/name01" />

    <TextView
        android:layout_width="wrap_content
        android:layout_height="wrap_content"
        android:text="@string/addr01" />

    <TextView
        android:layout_width="wrap_content"
        android:layout_height="wrap_content"
        android:text="@string/tel01" />

</LinearLayout>
```

LinearLayout을 이용한 레이아웃 구성

뷰의 너비와 높이

LinearLayout내의 뷰들을 수직으로 배치함

LinearLayout의 패딩(values 폴더의 dimens.xml에 정의되어 있음)

strings.xml에 정의된 텍스트 리소스 name01의 사용

친구 목록

activity_main.xml에서 활용하고 있는 **LinearLayout**과 **TextView** 클래스의 XML 속성을 살펴보자. 안드로이드 SDK의 클래스 계층도(**자바 쉼터 참조**)에 의하면 **LinearLayout**은 **ViewGroup** 클래스의 서브 클래스이며 **ViewGroup** 클래스는 **View**의 서브 클래스이고, **TextView**는 **View**의 **서브 클래스**이다. **View** 클래스에는 **android:id**, **android:paddingTop**, **android:paddingBottom**, **android:paddingLeft**, **android:paddingRight** 속성들이 있고, **Textview** 클래스에는 **android:text** 속성이 있다. 또한, **ViewGroup** 클래스에는 **android:layout_width**, **android:layout_height** 속성이 있다. 정확하게는 android:layout_width, android:layout_height 속성은 ViewGroup의 내부 클래스인 **ViewGroup.LayoutParams**의 속성으로 정의되어 있다. **LinearLayout** 클래스에는 **android:orientation** 속성이 있다. 각 서브 클래스는 자신의 수퍼 클래스 속성들을 상속 받아 사용할 수 있다. 그런데, **TextView** 클래스는 원래 정의되어 있지 않거나 상속받은 속성이 아닌 **android:layout_width**와 **android:layout_height** 속성을 사용하고 있음을 알 수 있다. 그 이유는 **activity_main.xml**에서 TextView를 LinearLayout의 자식 엘리먼트로 설정하고 있기 때문이다. 따라서, **TextView** 클래스는 **수퍼 클래스**인 **View** 클래스 외에 **LinearLayout** 클래스의 속성들을 상속받아 사용할 수 있다. **LinearLayout** 클래스는 **ViewGroup** 클래스로부터 상속받은 **android:layout_width**와 **android:layout_height** 속성들이 있다.

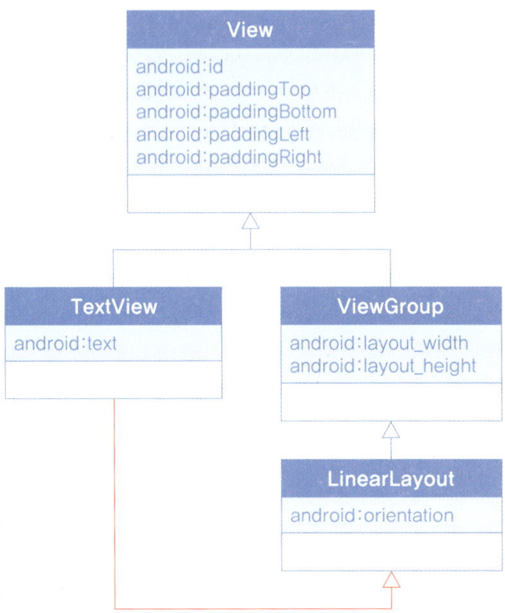

- **자바 클래스 다이어그램**
  View 클래스를 수퍼 클래스로 갖는 TextView 클래스는 activity_main.xml에서 LinearLayout 클래스의 자식 엘리먼트로 설정되어 있기 때문에, 안드로이드 SDK에 정의된 클래스 간의 계층 구조에 상속관계가 추가된다(적색 선).

● XML 문서의 name space 정의

속성	설명
xmlns:android	XML에서 사용되는 속성들의 이름영역(name space)을 "android"로 선언함. 이는 한 문서 내에서 의미가 다른 동일 속성명이 같이 사용될 때 각 속성을 구분하기 위한 것임.

● 클래스

클래스	설명
View	UI 컴포넌트들을 위한 기본적인 구현 영역을 기술함.
ViewGroup	뷰클래스를 담고 레이아웃 특성을 정의하며 눈에는 보이지 않는 컨테이너인 레이아웃의 기반이 됨.
LinearLayout	열 또는 행 단위로 포함된 뷰들을 배치함.
TextView	사용자에게 텍스트를 출력함.

● 클래스의 XML 속성

<table>
<tr><th>클래스</th><th>속성</th><th>설명</th></tr>
<tr><td rowspan="5">View</td><td>android:id</td><td>생성된 뷰의 식별을 위한 이름 즉, 식별자를 의미함.</td></tr>
<tr><td>android:
paddingBottom</td><td>가장자리 아래 부분의 패딩(단위는 픽셀)
activity_horizontal_margin과 activity_vertical_margin은 res/values 폴더의 dimens.xml에 16dp로 정의되어 있다.</td></tr>
<tr><td>android:paddingLeft</td><td>가장자리 왼쪽 부분의 패딩(단위는 픽셀)</td></tr>
<tr><td>android:paddingRight</td><td>가장자리 오른쪽 부분의 패딩(단위는 픽셀)</td></tr>
<tr><td>android:paddingTop</td><td>가장자리 위쪽 부분의 패딩(단위는 픽셀)</td></tr>
<tr><td rowspan="2">ViewGroup</td><td>android:layout_width</td><td>뷰의 너비를 의미한다. 속성값은 'match_parent', 'wrap_content', '정수'를 가질 수 있음.
속성값과 의미
<table>
<tr><th>속성값</th><th>의미</th></tr>
<tr><td>match_parent</td><td>부모의 영역을 가득 채움.</td></tr>
<tr><td>wrap_content</td><td>뷰의 컨텐츠 크기만큼 나타남.</td></tr>
<tr><td>정수</td><td>지정한 정수값만큼 나타남. 사용 가능한 단위는 px(pixels), dp(density-independent pixels), sp(scaled pixels based on preferred font size), in(inches), mm(millimeters)임.</td></tr>
</table>
➡ fill_parent는 match_parent와 같은 의미이며, match_parent의 사용을 권장함.</td></tr>
<tr><td>android:
layout_height</td><td>뷰의 높이를 의미하며, 속성값은 android:layout_width와 같음.</td></tr>
</table>

<table>
<tr><td>Linear
Layout</td><td>android:orientation</td><td>화면 레이아웃의 방향을 의미하며, 행에 대해서는 vertical(수직)을, 열에 대해서는 horizontal(수평)을 지정함.</td></tr>
<tr><td>TextView</td><td>android:text</td><td>TextView가 출력하는 문자를 의미함. 속성값은 문자열을 하드 코딩하거나 string 리소스를 정의하여 사용할 수 있음.
속성값 지정의 예<table><tr><td>하드 코딩의 예</td><td>android:text="문자열"</td></tr><tr><td>strings.xml의 텍스트 리소스 활용 예</td><td>android:text="@strings/hello"
res/values/strings.xml 파일에 정의되어 있는 string 자원인 hello의 사용을 의미함. 레이아웃과 문자열 값의 분리는 개발 및 운영 관리에 편리하기 때문에, 가능하면 string 리소스의 사용을 권고함.</td></tr></table></td></tr>
</table>

문법 | match_parent와 wrap_content에 의한 출력 변화

너비와 높이 속성들의 속성값인 'match_parent'와 'wrap_content'에 따라 뷰가 표현된다. activity_main.xml 내의 LinearLayout 클래스의 layout_width와 layout_height가 모두 match_parent로 설정되어 있으면 **레이아웃**은 **화면의 가로와 세로 전체**를 채우게 된다.

소스 | activity_main.xml

```
<?xml version="1.0" encoding="utf-8"?>
<!-- 리니어 레이아웃 지정: 03 ~ 15줄 -->
<LinearLayout
    xmlns:android="http://schemas.android.com/apk/res/android"
    android:orientation="vertical"
    android:layout_width="match_parent"
    android:layout_height="match_parent">

    <!—버튼뷰: 리니어 레이아웃 내의 버튼 배치 -->
    <Button android:id="@+id/but"
        android:layout_width="wrap_content"
        android:layout_height="match_parent"
        android:text="누르세요..."/>

</LinearLayout>
```

이 경우, Button 클래스의 layout_width와 layout_height의 속성값에 따른 출력 예는 다음과 같다. wrap_content는 **버튼**에 표시되는 text인 "누르세요…"의 **가로**와 **세로**의 크기만큼 화면을 채우게 된다.

<table>
<tr><th rowspan="2">속성</th><th></th><th colspan="2">android:layout_height</th></tr>
<tr><th>속성값</th><th>match_parent</th><th>wrap_content</th></tr>
<tr><td rowspan="2">android:
layout_width</td><td>match_parent</td><td>
</td><td>
</td></tr>
<tr><td>wrap_content</td><td>
</td><td>
</td></tr>
</table>

문법 | Android SDK가 사용하는 화면출력 단위

안드로이드는 화면 해상도에 따라 일정하게 변하는 dp와 sp의 사용을 권장한다. pixel과 dp의 관계는

$$pixel = dp \times dpi / 160$$

이다.

dpi(dots per inch)가 160는 경우는 1dp는 1pixel과 같다. 그러나, dpi가 240인 경우는 1dp는 1.5pixel이 된다. 즉, 모바일 기기의 해상도는 다르더라도 같은 배율로 화면에 출력된다. sp는 dp와 유사하며, **텍스트**의 크기에 사용된다. **텍스트 이외**에는 dp를 사용한다.

■ 160 dpi의 경우, 1pixel = 1dp × 160dpi / 160

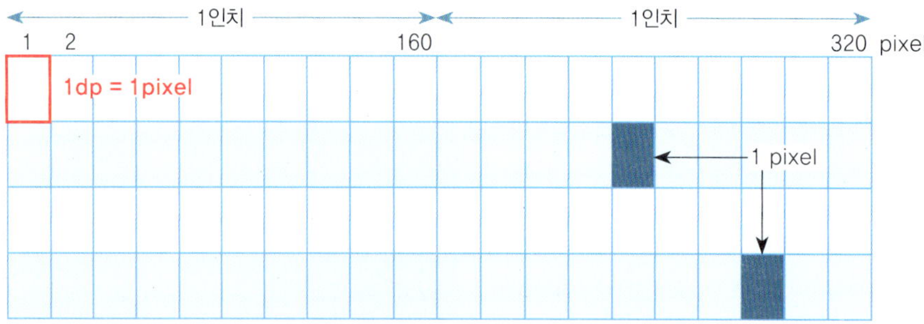

■ 240 dpi의 경우, 1.5pixel = 1dp × 240dpi / 160

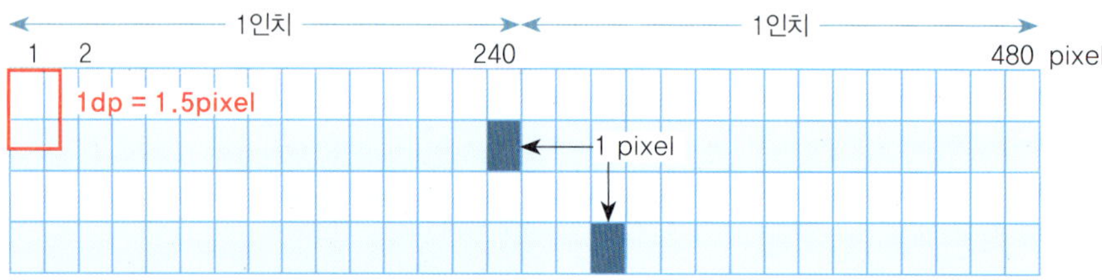

(3) MainActivity.java의 편집

➥ [Step 2]에서 수정한 파일을 그대로 사용하면 된다.

소스 | MainActivity.java

```java
package com.example.textdisplay1;

import android.app.Activity;
import android.os.Bundle;

public class MainActivity extends Activity {

    @Override
    protected void onCreate(Bundle savedInstanceState) {
        super.onCreate(savedInstanceState);
        setContentView(R.layout.activity_main);
    }
}
```

super는 부모클래스를 의미하며, Activity 클래스에 있는 onCreate() 메소드를 이용하여 액티비티를 생성함

layout 폴더의 activity_main.xml에 정의된 레이아웃을 출력함

MainActivity 클래스의 상속관계와 연관관계에 대한 **클래스 다이어그램**은 다음과 같다. MainActivity 클래스는 Activity 클래스로부터 상속받은 onCreate(Bundle) 메소드를 재정의하여 사용하고 있으며, Bundle 클래스를 매개변수로 사용하고 있다.

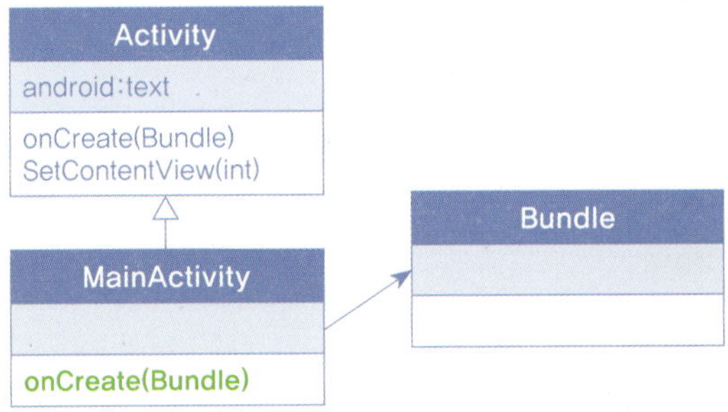

• **자바 클래스 다이어그램**
MainActivity 클래스는 Activity 클래스로부터 상속받으며, onCreate 메소드에서 Bundle 클래스를 매개변수로 사용하고 있다. onCreate(Bundle) 메소드는 재정의하여 사용하고 있다(녹색).

● 클래스

클래스	설명
Activity	사용자에게 UI를 배치할 수 있는 윈도우를 제공함.

● 클래스의 메소드

클래스	메소드	설명
Activity	void onCreate(Bundle savedInstanceState)	액티비티를 생성함. ➥ onCreate() 등에 관련된 액티비티 생명주기는 7장 참고

	void setContentView(int layoutResId)	레이아웃을 출력함(layoutResId는 레이아웃이 정의된 xml 파일의 메모리 주소인 R.layout.activity_main을 의미하며 R.java에 설정되어 있음). activity_main.xml 파일에 대한 메모리 주소는 R.java 파일에 다음과 같이 16진수로 생성되어 있음.
		`public final class R {`
		`    .....`
		`    public static final class layout {`
		`        public static final int activity_main =`
		`            0x7f030000;`
		`    }`
		`    .....`
		`}`

MainActivity.java 실행 시 onCreate() 메소드가 자동으로 호출되는데, onCreate() 메소드는 **액티비티를 생성**하고, 레이아웃이 설계되어 있는 **activity_main.xml을 출력**한다.

TIP ▶ MainActivity 클래스의 실행원리

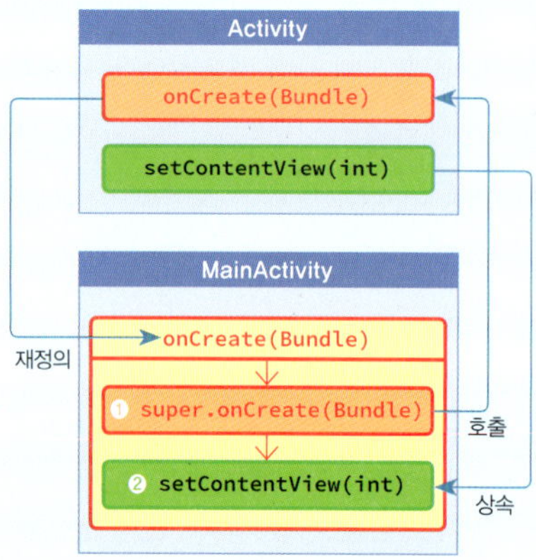

프로젝트에서 정의된 메인 클래스인 MainActivity **클래스**가 **실행**되면, **onCreate() 메소드가 자동으로 호출**된다. **onCreate() 메소드**에는 액티비티가 수행될 절차를 기술한다.

❶ 수퍼 클래스인 Activity 클래스의 onCreate() **메소드**를 이용하여(super.onCreate()) **액티비티를 생성함.**

❷ Activity **클래스**로부터 상속받은 serContentView() **메소드**를 이용하여 **레이아웃을 출력함.**

onCreate() **메소드**의 **파라미터**인 Bundle 클래스는 액티비티가 갑자기 정지(shut down)될 때 최근의 데이터를 가지고 있다가, 액티비티가 다시 초기화될 때 활용되는 역할을 한다.

문법 | import의 정의와 사용

import 패키지명.클래스명

패키지명은 자바 클래스 파일에서 사용되는 각 클래스가 정의되어 있는 경로를 지정한다. 예를 들어 프로젝트에서 정의하는 MainActivity 클래스가 Activity 클래스로부터 상속받는다면, Activity 클래스가 정의된 android.app 패키지를 지정해야 한다. 또는 클래스 내에 다른 클래스들이 사용된다면 마찬가지로 사용되는 클래스를 import해 주어야 한다.

```
import android.app.Activity;
import android.os.Bundle;
import android.widget.TextView;
public class MainActivity extends Activity {
    TextView tv;
    @Override
    public void onCreate(Bundle savedInstanceState) {
        .....
    }
    .....
}
```

문법 | @Override의 이해

@는 Annotation(주석)으로, @Override는 수퍼클래스로부터 상속받은 **메소드**를 **재정의**한다는 의미이다. 표시하지 않아도 문법적으로 문제는 없지만, 표시를 하게 되면 재정의 대상이 되는 메소드명을 잘못 기재한 경우에 에러가 나기 때문에 개발 시에 참고가 된다.

(4) AndroidManifest.xml의 이해

➡ [Step 2]에서 수정한 파일을 그대로 사용하면 된다.

소스 | AndroidManifest.xml

```
<?xml version="1.0" encoding="utf-8"?>
<manifest xmlns:android="http://schemas.android.com/apk/res/android"
    package="com.example.textdisplay1"
    android:versionCode="1"
    android:versionName="1.0" >

    <uses-sdk
        android:minSdkVersion="8"
        android:targetSdkVersion="19" />

    <application
        android:allowBackup="true"
        android:icon="@drawable/ic_launcher"
        android:label="@string/app_name"
        android:theme="@style/AppTheme" >
        <activity
            android:name="com.example.ztest100.MainActivity"
            android:label="@string/app_name" >
            <intent-filter>
                <action android:name="android.intent.action.MAIN" />

                <category android:name="android.intent.category.LAUNCHER" />
            </intent-filter>
        </activity>
    </application>

</manifest>
```

XML name space
패키지명
앱의 버전 코드
앱의 버전코드에 해당하는 버전 이름
어플리케이션 설정
액티비티 설정

AndroidManifest.xml은 **어플리케이션**의 아이콘과 라벨, **액티비티** 등에 관한 어플리케이션 기본정보를 담고 있다. 즉, XML 문서의 name space, 패키지명, 앱의 버전 코드에 해당하는 버전 이름이 앞 부분에 기술되어 있고, 어플리케이션과 액티비티에 관한 정보들이 기술되어 있다.

문법 | XML Name space, 패키지명, 버전코드, 버전명

```
<manifest xmlns:android="http://schemas.android.com/apk/res/android"
     package="com.andro.textviewproj"
     android:versionCode="1"
     android:versionName="1.0">
.....
```

name space는 android이며, 패키지명은 어플리케이션 생성 시 지정한 이름으로 할당된다. 버전은 어플리케이션 소스 변경 시의 버전 관리를 위한 것으로, 어플리케이션 소스가 업그레이드되면 버전을 올려주면 된다.

문법 | 어플리케이션의 아이콘과 라벨

어플리케이션의 아이콘과 라벨은 application 태그 내의 android:icon과 android:label의 값으로 정해진다.

```
<application
    android:icon="@drawable/icon파일명"
    android:label="@string/텍스트 리소스">
    .....
</application>
```

아이콘은 res 폴더 내의 **drawable** 폴더에 저장된 이미지 파일을 앱 목록화면에 보여준다. 안드로이드 프로젝트를 생성하면 해상도가 다른 **ic_launcher.png** 아이콘들이 drawable-mdpi(~160dpi), drawable-hdpi(~240dpi), drawable-xdpi(~320dpi), drawable-xxdpi(~480dpi) 폴더에 자동으로 생성된다. 앱의 실행 시에는 기기의 사양에 맞추어 최적의 아이콘 이미지 파일을 출력한다.

아이콘을 변경하기 위해서는 **@drawable/drawable 폴더에 저장된 "아이콘 파일명(확장자 제외)"**을 android:icon 속성의 속성값으로 할당하면 된다.

앱의 라벨은 어플리케이션을 설명하기 위한 것으로 아이콘 밑에 표시하며, strings.xml에 정의된 텍스트 리소스 app_name을 사용한다. app_name의 데이터는 프로젝트 생성 시에 입력한 Application Name의 값이 디폴트 값으로 할당된다. 프로젝트 편집 과정에서 변경할 수 있다.

문법 | 액티비티의 지정

앱의 실행 시에 실행되는 초기 액티비티는 **activity** 태그 내의 android:name에 지정된 자바 클래스이며, 화면 상단에 나타나는 액티비티 이름은 android:label의 값으로 정해진다. android:label은 프로젝트 생성 시에 입력한 Application Name의 값이 디폴트로 할당된다.

```
<activity
    android:name=".자바 클래스명"
    android:label="@string/텍스트 리소스">
    .....
</activity>
```

그런데, 지정한 자바 클래스가 어플리케이션 실행 시 최초 실행되는 메인 액티비티로 되기 위해서는 <intent-filter> 태그 내에서 **action**을 "*android.intent.action.MAIN*"으로 설정하여야 하며, 어플리케이션 목록 화면에서 아이콘을 통해 실행하려면 **category**를 "*android.intent.category.LAUNCHER*"로 지정하여야 한다.

```
<intent-filter>
    <action android:name="android.intent.action.MAIN"/>
    <category android:name="android.intent.category.LAUNCHER"/>
</intent-filter>
```

STEP 4 프로젝트 실행

(1) 프로젝트의 실행

➥ '3.2절 [Step 4] 프로젝트 실행' 절차에 따라 수정한다. 스마트폰을 사용할 경우, 데이터 케이블로 PC에 연결한다.

절차	내용
❶ 프로젝트 실행	**프로젝트명**을 **마우스 오른쪽 버튼**으로 클릭하여 팝업메뉴에서 'Run As → Android Application'을 클릭한다.
❷ 실행할 디바이스 선택	디바이스 선택 창의 목록에서 실행할 디바이스(AVD 또는 스마트폰)를 선택하고, 'OK' 버튼을 클릭한다.

(2) 실행결과 보기

실행결과는 레이아웃에 설정되어 있는 대로 **성명, 주소, 전화번호**가 출력된다. 상단에는 **액티비티 라벨**로 지정된 '**친구1**'이 나타난다.

04 3 텍스트 목록 출력

LAB Text Display2 프로젝트

04.3.1 프로젝트 개요

앞에서 개발한 앱에서 여러 **친구들의 목록**을 작성해 보자. 각 친구 아이템은 성명, 주소, 전화번호로 나열하고, 액티비티 라벨은 '**친구2**'로 표시한다.

프로젝트 개요: **친구들의 목록 출력**

Application Name: **Text Display2**

어플리케이션 라벨: **친구2**

- 액티비티 라벨
  친구2
- 액티비티 출력 내용
  성명, 주소, 전화번호

04.3.2 앱 프로젝트 개발

STEP 1 프로젝트 생성

➥ '3.2절 [Step 1] 프로젝트 생성'을 참고하여 프로젝트를 생성한다.

절차	내용
❶ 프로젝트 시작	메뉴에서 'File → New → Android Application Project' 클릭
❷ 어플리케이션 기본정보 설정	아래 두 항목을 변경하고 그 외는 디폴트로 설정함. Application Name : Text Display2 Minimum Required SDK : API 19 Android 4.4(KitKat)
❸ 프로젝트 구성	디폴트 값으로 설정
❹ 아이콘 설정	디폴트 값으로 설정
❺ 액티비티 종류 설정	디폴트 값으로 설정
❻ 액티비티와 레이아웃 이름 설정	디폴트 값으로 설정

STEP 2 프로젝트 기본 편집

➥ '3.2절 [Step 2] 프로젝트 기본 편집' 절차에 따라 수정한다.

절차	내용
❶ activity_main.xml 수정	fragment_main.xml 파일 소스를 activity_main.xml로 복사
❷ fragment_main.xml 파일 삭제	–
❸ MainActivity.java 소스 수정	삭제한 fragment_main.xml 관련 부분과 메뉴 관련 부분 삭제
❹ AndroidManifest.xml 소스 수정	〈uses-sdk〉 태그 속성인 'android:minSdkVersion'에 19로 설정된 속성값을 8로 수정

STEP 3 소스 편집

● **기본파일 간의 연관관계**

Text Display1 프로젝트와 다른 점은 **strings.xml**에는 친구 목록에 사용될 여러 친구들의 텍스트 리소스들을 정의하고 **activity_main.xml**의 **TextView**들에 할당하는 것이다.

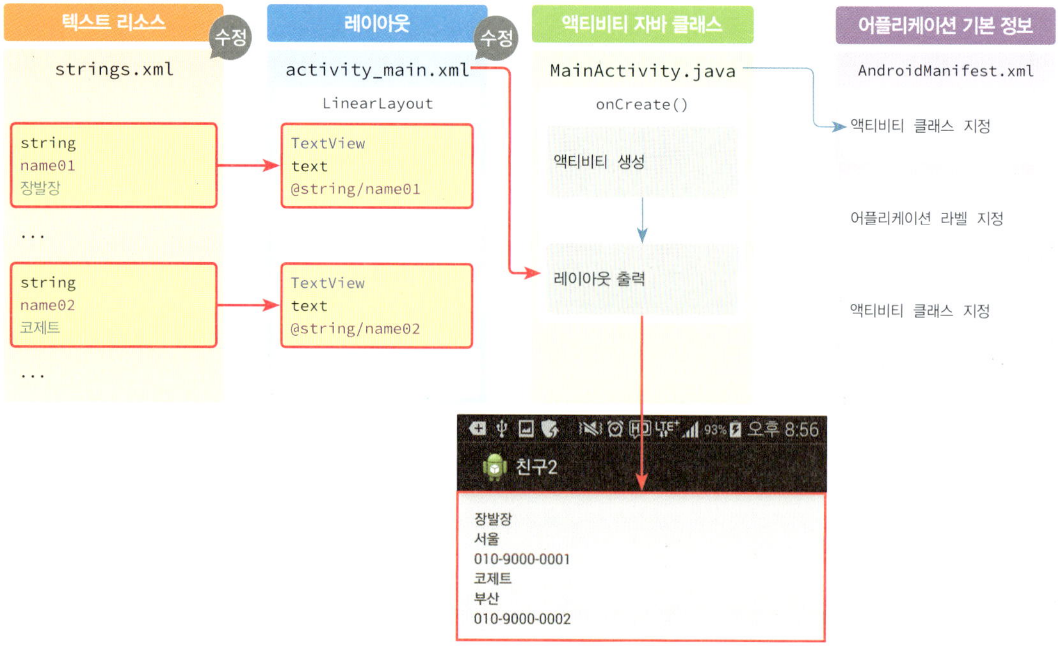

▲ 기본 파일 간의 연관관계

(1) strings.xml 편집

어플리케이션 이름을 수정하기 위해 **app_name** 속성값에 해당하는 데이터를 '**친구2**'로 수정한다. **두 명의 친구**에 대한 **성명**, **주소**, **전화번호**에 대응하는 속성값으로 **name01**, **addr01**, **tel01**과 **name02**, **addr02**, **tel02**를 추가한다. 각 속성값에 대응하는 데이터에는 각각 '**장발장**', '**서울**', '**010-9000-0001**'과 '**코제트**', '**부산**', '**010-9000-0002**'를 할당한다.

소스 | strings.xml

```
<?xml version="1.0" encoding="utf-8"?>
<resources>

    <string name="app_name">친구2</string>
    <string name="hello_world">Hello world!</string>
    <string name="action_settings">Settings</string>

```

어플리케이션 이름

```
    <string name="name01">장발장</string>
    <string name="addr01">서울</string>
    <string name="tel01">010-9000-0001</string>

    <string name="name02">코제트</string>
    <string name="addr02">부산</string>
    <string name="tel02">010-9000-0002</string>

</resources>
```

친구1의 정보를 텍스트 리소스로 정의함

친구2의 정보를 텍스트 리소스로 정의함

(2) activity_main.xml 편집

strings.xml에서 정의된 두 명의 친구들에 대한 텍스트 리소스를 각각 **TextView**에 할당한다.

소스 | activity_main.xml

```
<?xml version="1.0" encoding="utf-8"?>
<LinearLayout xmlns:android="http://schemas.android.com/apk/res/android"
    android:layout_width="match_parent"
    android:layout_height="match_parent"
    android:orientation="vertical"
    android:paddingBottom="@dimen/activity_vertical_margin"
    android:paddingLeft="@dimen/activity_horizontal_margin"
    android:paddingRight="@dimen/activity_horizontal_margin"
    android:paddingTop="@dimen/activity_vertical_margin" >

    <TextView
        android:layout_width="wrap_content"
        android:layout_height="wrap_content"
        android:text="@string/name01" />
    <TextView
        android:layout_width="wrap_content"
        android:layout_height="wrap_content"
        android:text="@string/addr01" />
    <TextView
        android:layout_width="wrap_content"
        android:layout_height="wrap_content"
        android:text="@string/tel01" />

```

친구1의 텍스트 리소스를 할당함

```
    <TextView
        android:layout_width="wrap_content"
        android:layout_height="wrap_content"
        android:text="@string/name02" />
    <TextView
        android:layout_width="wrap_content"
        android:layout_height="wrap_content"
        android:text="@string/addr02" />
    <TextView
        android:layout_width="wrap_content"
        android:layout_height="wrap_content"
        android:text="@string/tel02" />

</LinearLayout>
```

친구2의 텍스트 리소스를 할당함

STEP 4 프로젝트 실행

(1) 프로젝트의 실행

프로젝트명을 **마우스 오른쪽 버튼**으로 클릭하여 팝업메뉴에서 '**Run As → Android Application**'을 클릭하고, 디바이스 선택 창의 목록에서 실행할 디바이스(AVD 또는 스마트폰)를 선택하고, '**OK**' 버튼을 클릭한다.

(2) 실행결과 보기

실행결과는 레이아웃에 설정되어 있는 대로 친구들의 **성명, 주소, 전화번호**가 출력된다. 상단에는 **액티비티 라벨**로 지정된 '**친구2**'가 나타난다.

04 ④

텍스트 폰트의 변화

ADVANCED LAB

Text Display3 프로젝트

04.4.1 프로젝트 개요

친구 목록에 나타나는 텍스트에 대해 폰트 크기와 색의 변화를 주도록 해보자. **액티비티 라벨**은 '**친구3**'으로 표시한다.

프로젝트 개요: **친구들의 목록 출력과 폰트의 변화**

Application Name: **Text Display3**

어플리케이션 라벨: **친구3**

- 액티비티 라벨
  친구3
- 액티비티 출력 내용
  성명(초록 배경, 흑색 글씨)
  주소(적색)
  전화번호(청색)

04.4.2 앱 프로젝트 개발

STEP 1 프로젝트 생성

➥ '3.2절 [Step 1] 프로젝트 생성'을 참고하여 프로젝트를 생성한다.

절차	내용
❶ 프로젝트 시작	메뉴에서 'File → New → Android Application Project' 클릭
❷ 어플리케이션 기본정보 설정	아래 두 항목을 변경하고 그 외는 디폴트로 설정함. Application Name : Text Display3 Minimum Required SDK : API 19 Android 4.4(KitKat)
❸ 프로젝트 구성	디폴트 값으로 설정
❹ 아이콘 설정	디폴트 값으로 설정
❺ 액티비티 종류 설정	디폴트 값으로 설정
❻ 액티비티와 레이아웃 이름 설정	디폴트 값으로 설정

STEP 2 프로젝트 기본 편집

➥ '3.2절 [Step 2] 프로젝트 기본 편집' 절차에 따라 수정한다.

절차	내용
❶ activity_main.xml 수정	fragment_main.xml 파일 소스를 activity_main.xml로 복사
❷ fragment_main.xml 파일 삭제	-
❸ MainActivity.java 소스 수정	삭제한 fragment_main.xml 관련 부분과 메뉴 관련 부분 삭제
❹ AndroidManifest.xml 소스 수정	〈uses-sdk〉 태그 속성인 'android:minSdkVersion'에 19로 설정된 속성값을 8로 수정

STEP 3 소스 편집

● **기본파일 간의 연관관계**

strings.xml에는 각 파일에서 사용될 텍스트 리소스들을 정의하고, **activity_main.xml**의 레이아웃에 있는 **TextView**들에 할당하면서 폰트 크기와 색을 정한다. **MainActivity.java**는 액티비티를 생성하고, **activity_main.xml**에 정의된 레이아웃을 출력한다. **AndroidManifest.xml** 파일은 **MainActivity** 클래스를 액티비티로 설정하고, 어플리케이션 라벨과 액티비티 라벨은 **strings.xml**에서 정의한 **app_name**을 사용한다.

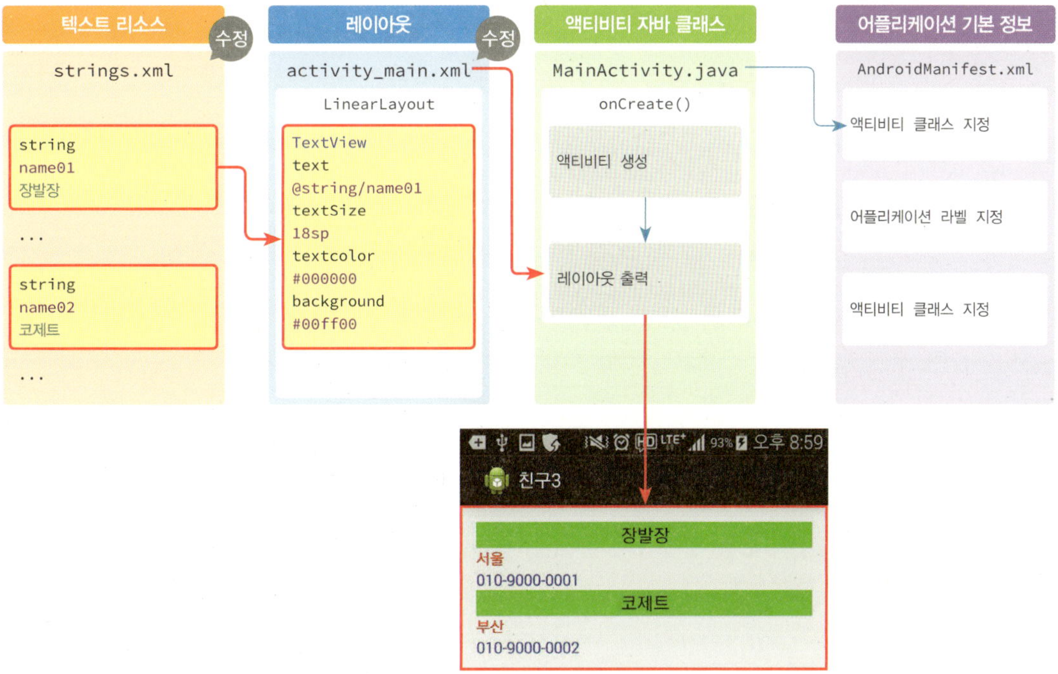

▲ 기본 파일 간의 연관관계

(1) strings.xml 편집

Text Display2 프로젝트와 같이 수정하되, 어플리케이션 이름은 '친구3'으로 한다.

소스 | strings.xml

```
<?xml version="1.0" encoding="utf-8"?>
<resources>

    <string name="app_name">친구3</string>
    <string name="hello_world">Hello world!</string>
    <string name="action_settings">Settings</string>

    <string name="name01">장발장</string>
    <string name="addr01">서울</string>
    <string name="tel01">010-9000-0001</string>

    <string name="name02">코제트</string>
    <string name="addr02">부산</string>
    <string name="tel02">010-9000-0002</string>

</resources>
```

어플리케이션 이름

친구1의 정보를 텍스트 리소스로 정의함

친구2의 정보를 텍스트 리소스로 정의함

(2) activity_main.xml 편집

strings.xml에서 정의된 두 명의 친구들에 대한 텍스트 리소스를 각각 TextView에 할당한다. 각 텍스트에 대해 폰트 크기와 색을 설정한다.

소스 | activity_main.xml

```
<?xml version="1.0" encoding="utf-8"?>
<LinearLayout xmlns:android="http://schemas.android.com/apk/res/android"
    android:layout_width="match_parent"
    android:layout_height="match_parent"
    android:orientation="vertical"
    android:paddingBottom="@dimen/activity_vertical_margin"
    android:paddingLeft="@dimen/activity_horizontal_margin"
    android:paddingRight="@dimen/activity_horizontal_margin"
    android:paddingTop="@dimen/activity_vertical_margin" >

    <TextView
        android:layout_width="wrap_content"
        android:layout_height="wrap_content"
        android:text="@string/name01"
        android:textSize="18sp"
        android:gravity="center"
        android:textColor="#000000"
        android:background="#00ff00" />
    <TextView
        android:layout_width="wrap_content"
        android:layout_height="wrap_content"
        android:text="@string/addr01"
        android:textSize="15sp"
        android:textColor="#ff0000" />
    <TextView
        android:layout_width="wrap_content"
        android:layout_height="wrap_content"
        android:text="@string/tel01"
        android:textSize="15sp"
        android:textColor="#0000ff" />

    <TextView
        android:layout_width="wrap_content"
        android:layout_height="wrap_content"
        android:text="@string/name02"
        android:textSize="18sp"
        android:gravity="center"
```

친구1의 텍스트 리소스를 할당함

텍스트의 크기, 배치 위치, 글자 색, 배경 색을 설정함

친구2의 텍스트 리소스를 할당함

```
        android:textColor="#000000"
        android:background="#00ff00" />
    <TextView
        android:layout_width="wrap_content"
        android:layout_height="wrap_content"
        android:text="@string/addr02"
        android:textSize="15sp"
        android:textColor="#ff0000" />
    <TextView
        android:layout_width="wrap_content"
        android:layout_height="wrap_content"
        android:text="@string/tel02"
        android:textSize="15sp"
        android:textColor="#0000ff" />

</LinearLayout>
```

클래스의 XML 속성

클래스	속성	설명
View	android:background	뷰의 배경색을 의미함. "#rgb", "#argb", "#rrggbb", 또는 "#aarrggbb"의 다양한 형태로 지정할 수 있음. ■ 초보자의 경우에는 간단히, HTML에서 사용하는 "#rrggbb" 형태를 사용하면 무난함. r은 빨간색(red), g는 초록색(green), b는 청색(blue)을 의미하며, 각 값은 16진수로 표현함. 빨간색: "#ff0000", 초록색: #00ff00", 청색: #0000ff", **흰색:**"#ffffff", **검정색:** "#000000". ■ 색상표 #000000 #800080 #000080 #808000 #0000ff #808080 #008000 #c0c0c0 #008080 #ff0000 #00ff00 #ff00ff #00ffff #ffff00 #800000 #ffffff ■ 색에 투명도를 사용하려면 "#aarrggbb" 유형을 이용하면 됨. aa는 투명도로 00는 완전 투명, ff는 완전 불투명을 의미함. "ffff0000"는 완전 불투명한 빨간색으로 나타남.

<table>
<tr><td rowspan="3">TextView</td><td>android:textSize</td><td>화면에 출력될 텍스트의 크기를 의미함.
사용 가능한 단위는 px(pixels), dp(density-independent pixels), sp(scaled pixels based on preferred font size), in(inches), mm(millimeters)이며, 텍스트의 경우에는 sp단위의 사용이 추천됨. 구체적인 설명은 android:layout_width를 참조하면 됨.</td></tr>
<tr><td>android:textColor</td><td>화면에 출력될 텍스트의 색을 의미함.
속성값은 View클래스의 속성 android:background의 속성값과 같음.</td></tr>
<tr><td>android:gravity</td><td>화면에 출력될 텍스트의 위치를 의미함.
속성값과 의미
<table>
<tr><th>속성값</th><th>설명</th></tr>
<tr><td>top</td><td>컨테이너의 위쪽에 배치</td></tr>
<tr><td>bottom</td><td>컨테이너의 아래쪽에 배치</td></tr>
<tr><td>left</td><td>컨테이너의 왼쪽에 배치</td></tr>
<tr><td>right</td><td>컨테이너의 오른쪽에 배치</td></tr>
<tr><td>center_vertical</td><td>컨테이너의 수직 중앙에 배치</td></tr>
<tr><td>center_horizontal</td><td>컨테이너의 수평 중앙에 배치</td></tr>
<tr><td>center</td><td>컨테이너의 수평과 수직의 중앙에 배치</td></tr>
</table></td></tr>
</table>

STEP 4 프로젝트 실행

(1) 프로젝트의 실행

프로젝트명을 **마우스 오른쪽 버튼**으로 클릭하여 팝업메뉴에서 '**Run As → Android Application**'을 클릭하고, 디바이스 선택 창의 목록에서 실행할 디바이스(AVD 또는 스마트폰)를 선택하고, '**OK**' 버튼을 클릭한다.

(2) 실행결과 보기

실행결과는 레이아웃에 설정되어 있는 대로 친구들의 **성명, 주소, 전화번호**가 출력되는데, **폰트의 크기와 색의 변화**를 볼 수 있다. 상단에는 **액티비티 라벨**로 지정된 '**친구3**'이 나타난다.

ANDROID
PROGRAMMING

ANDROID PROGRAMMING

05 CHAPTER

이미지의 출력

05-1 이미지 출력 앱과 출력 원리

05.1.1 이미지 출력 앱의 예

대부분의 앱은 정보전달 효과를 높이기 위해 텍스트에 이미지를 포함하여 출력한다. 그 예를 보자. 왼쪽은 CGV의 영화 광고에 대한 이미지이며, 오른쪽은 NASA에서 우주에 관한 다양한 이미지를 보여주는 예이다.

영화 광고 (CGV)

우주 이미지 목록 (NASA)

▲ 이미지 중심 앱의 예

05.1.2 이미지 출력 원리

이미지와 문자는 정해진 레이아웃에 따라 출력된다. 텍스트 리소스는 **strings.xml**에서 정의하여 사용하는 방법을 앞에서 익혔다. 이미지는 텍스트 리소스와 달리 **drawable** 폴더에 저장하여 사용한다. **activity_main.xml**에서 레이아웃을 설계할 때 이미지와 텍스트를 출력할 위치에 ImageView와 TextView를 적절히 배치하면 된다. **MainActivity.java** 클래스는 액티비티를 만들고 **activity_main.xml**을 출력하면 설계된 레이아웃에 따라 이미지와 텍스트가 나타난다.

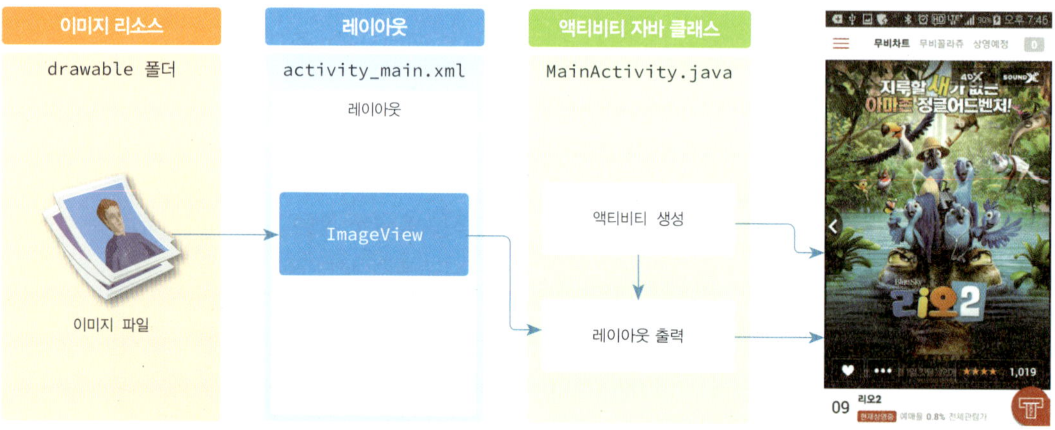

05 ② 이미지 출력

BASIC Image Display1 프로젝트

05.2.1 프로젝트 개요

이미지와 텍스트를 출력해 보자. **이미지** 아래에 **이미지 제목**, **아티스트**를 추가한다. 액티비티 라벨은 '명화1'로 표시한다.

프로젝트 개요: **이미지와 텍스트 출력**

Application Name: **Image Display1**

어플리케이션 라벨: **명화1**

- **액티비티 라벨**
  명화1
- **액티비티 출력 내용**
  이미지, 이미지 제목, 아티스트

05.2.2 앱 프로젝트 개발

STEP 1 프로젝트 생성

➥ '3.2절 [Step 1] 프로젝트 생성'을 참고하여 프로젝트를 생성한다.

절차	내용
❶ 프로젝트 시작	메뉴에서 'File → New → Android Application Project' 클릭
❷ 어플리케이션 기본정보 설정	아래 두 항목을 변경하고 그 외는 디폴트로 설정함. Application Name : Image Display1 Minimum Required SDK : API 19 Android 4.4(KitKat)
❸ 프로젝트 구성	디폴트 값으로 설정
❹ 아이콘 설정	디폴트 값으로 설정
❺ 액티비티 종류 설정	디폴트 값으로 설정
❻ 액티비티와 레이아웃 이름 설정	디폴트 값으로 설정

STEP 2 프로젝트 기본 편집

➥ '3.2절 [Step 2] 프로젝트 기본 편집' 절차에 따라 수정한다.

절차	내용
❶ activity_main.xml 수정	fragment_main.xml 파일 소스를 activity_main.xml로 복사
❷ fragment_main.xml 파일 삭제	–
❸ MainActivity.java 소스 수정	삭제한 fragment_main.xml 관련 부분과 메뉴 관련 부분 삭제
❹ AndroidManifest.xml 소스 수정	<uses-sdk> 태그 속성인 'android:minSdkVersion'에 19로 설정된 속성값을 8로 수정

STEP 3 소스 편집

● **기본파일 간의 연관관계**

strings.xml에는 텍스트 리소스가 정의되어 있으며, **res/drawable** 폴더에는 이미지 리소스인 **starry_night.png** 파일을 저장한다. **activity_main.xml**의 레이아웃 내에 텍스트 리소스와 res/drawable 폴더의 이미지 리소스를 각각 TextView와 ImageView에 할

당한다. 액티비티 클래스인 MainActivity.java는 액티비티를 생성하고, activity_main.xml에 정의된 레이아웃을 출력한다. AndroidMainifest.xml 파일은 **MainActivity** 클래스를 액티비티로 설정하고, 어플리케이션 라벨과 액티비티 라벨은 **strings.xml**에서 정의한 app_name을 사용한다.

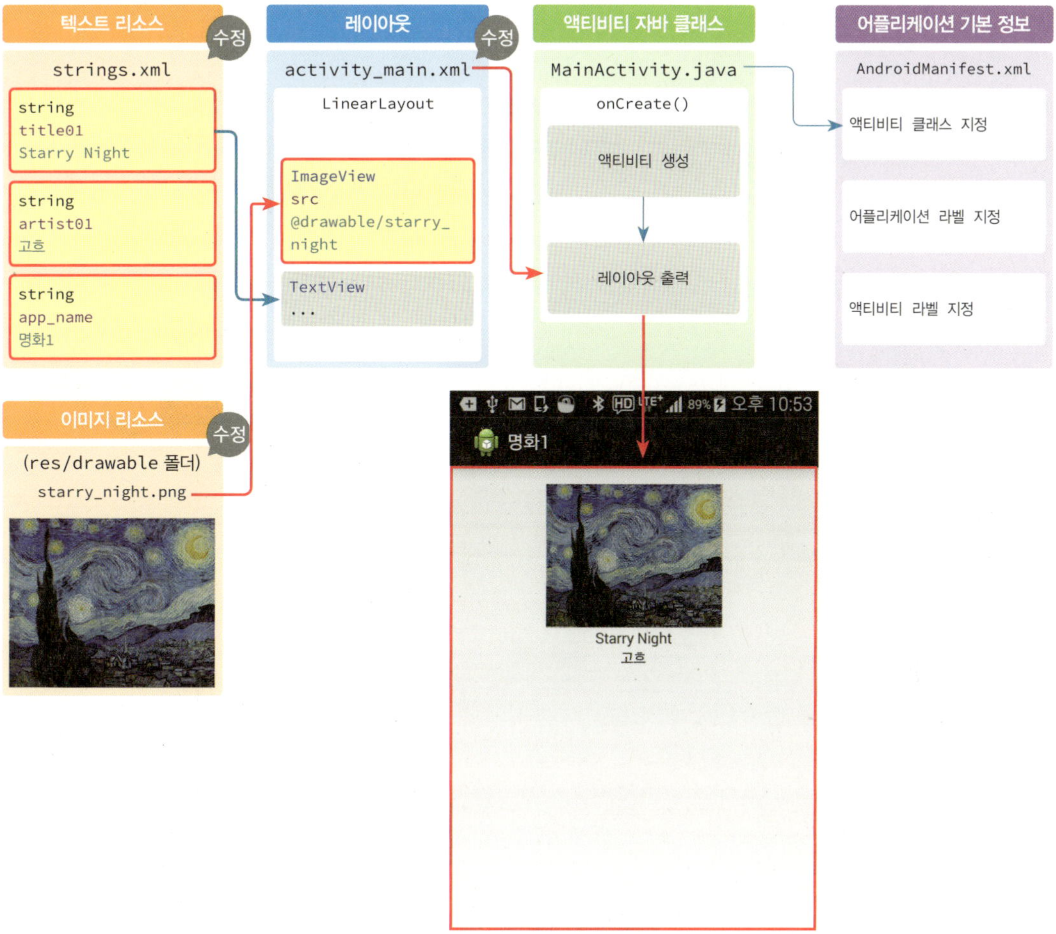

▲ 기본 파일 간의 연관관계

(1) 이미지 파일의 복사(res/drawable 폴더)

안드로이드는 다양한 화면(크기, 화면 밀도)의 디바이스를 지원한다. 이미지는 사용할 디바이스의 종류에 따라 res 폴더에 있는 **drawable-ldpi**(low dpi), **drawable-**

mdpi(medium dpi), **drawable-hdpi**(high dots per inch), **drawable-xhdpi**(extra hdpi), **drawable-xxhdpi** 등의 적당한 폴더에 저장하면 된다. 본 책은 **drawable-xxhdpi** 폴더에 저장하기로 한다. **starry_night.png** 파일을 **drawable-xxhdpi** 폴더에 저장한다.

drawable 폴더	이미지 파일
drawable-xxhdpi	 starry_night.png

TIP drawable 폴더에 이미지를 복사하기

복사할 파일 선정

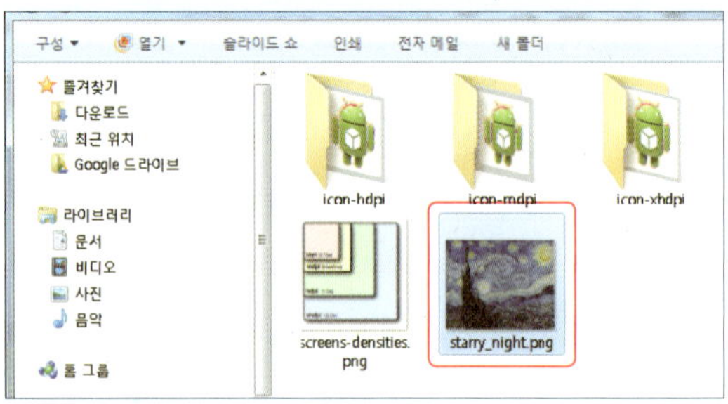

starry_night.png 이미지를 선택 후에 'Ctrl + C' 키를 누른다.

저장할 폴더에 붙여넣기

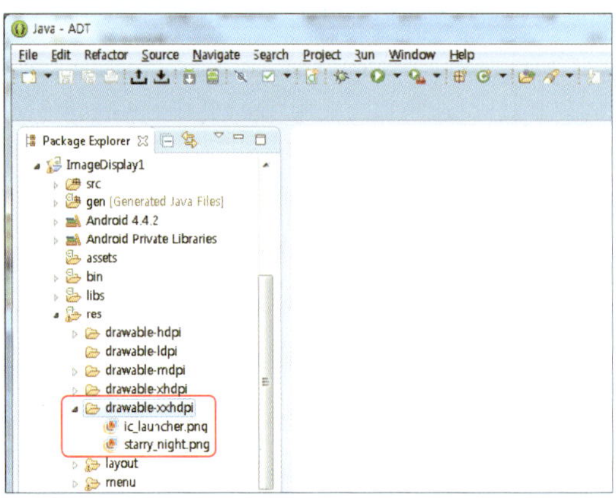

res/drawable-xxhdpi 폴더를 선택 후에 **단축 키** 'Ctrl + V' **키**를 누르면, starry_night.png 이미지가 복사된다.

TIP ▸ 이미지와 drawable 폴더

사용 가능한 이미지 파일 유형

스마트폰에서 이미지 파일 유형은 PNG(.png), JPEG(.jpg), GIF(.gif) 순으로 권장된다. png는 **알파 채널**이 있기 때문에 **반투명**을 지원하며 직사각형이 아닌 이미지도 만들 수 있어 실용성이 높다.

안드로이드 디바이스 크기와 화면 밀도에 대응하는 drawable 폴더

안드로이드는 질 높은 그래픽의 사용을 위해 다양한 종류(크기, 해상도)의 화면을 지원한다. 사용하고자 하는 안드로이드 디바이스의 크기와 해상도(dpi)에 대응하는 drawable 폴더는 다음과 같다.

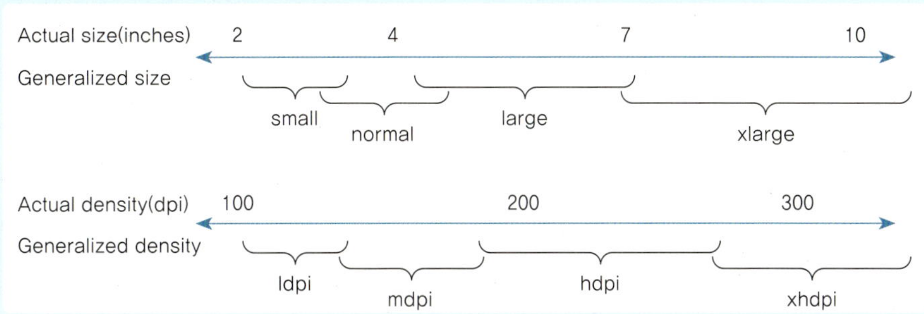

(자료원: developer.android.com)

ldpi 화면은 ~120dpi, mdpi 화면(기본 밀도)은 ~160dpi, hdpi 화면은 ~240dpi, xhdpi 화면은 ~320dpi로 각각 대응하는 drawable 폴더에 있는 이미지를 사용하게 된다.

➡ 이미지에서 사용하는 pixel과 dpi, dp의 화면출력 관계는 4.2.2절의 '**문법: Android SDK가 사용하는 화면출력 단위**'를 참조하기 바란다.

디바이스별 이미지 사용의 예

디바이스는 각 디바이스에 적당한 해상도로 만들어진 이미지를 사용하기 위해 대응하는 drawable 폴더를 찾는다. 즉, hdpi 디바이스는 drawable-hdpi 폴더에 있는 이미지를 사용하여 출력한다. 만일, 대응하는 drawable 폴더에 사용할 이미지가 없는 경우에는 다른 폴더의 이미지를 사용하게 되는데, 기본 밀도가 되는 mdpi를 기준으로 ldpi, hspi, xhdpi는 각각 0.75, 1.5, 2.0의 크기로 변한다.

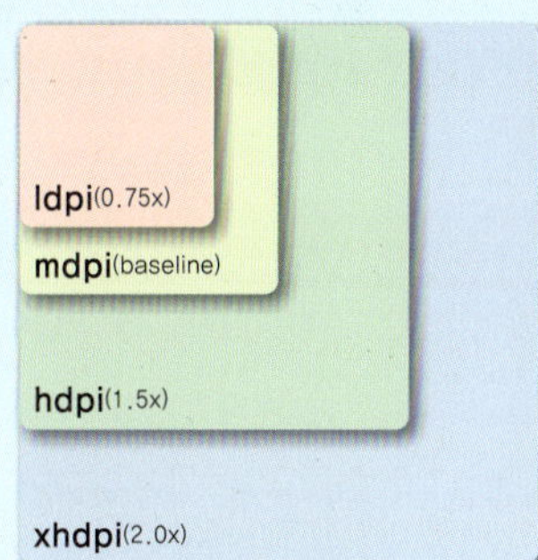

예를 들면, hdpi 디바이스가 mdpi 폴더의 bitmap 이미지를 사용할 때는 1.5배로 변환하여 사용하며, mdpi 디바이스가 hdpi 폴더의 bitmap 이미지를 사용할 때는 1/1.5배로 축소하여 사용하게 된다.

(2) strings.xml 편집

어플리케이션 이름을 수정하기 위해 **app_name** 속성값에 해당하는 데이터를 '**명화1**'로 수정한다. **그림 제목**과 **아티스트 이름**에 대응하는 속성값으로 **title01**, **artist01**을 추가한다. 각 속성값에 대응하는 데이터에는 각각 '**Starry Night**', '**고흐**'를 할당한다.

소스 | strings.xml

```
<?xml version="1.0" encoding="utf-8"?>
<resources>

    <string name="app_name">명화1</string>
    <string name="hello_world">Hello world!</string>
    <string name="action_settings">Settings</string>

    <string name="title01">Starry Night</string>
    <string name="artist01">고흐</string>

</resources>
```

어플리케이션 이름

이미지 설명을 위해 사용할 텍스트 리소스를 정의함

(3) activity_main.xml 편집

ImageView 클래스를 이용하여 출력하고자 하는 이미지 파일의 가로, 세로의 크기와 저장된 위치를 지정한다. **ImageView** 클래스의 **속성** '**android:src**'에 **res/drawable 폴더**에 있는 **이미지 파일**을 지정한다. 이미지 하단에는 **TextView**로 **그림 제목**과 **아티스트 이름**을 배치한다.

소스 | activity_main.xml

```
<?xml version="1.0" encoding="utf-8"?>

<LinearLayout xmlns:android="http://schemas.android.com/apk/res/android"
    android:layout_width="match_parent"
    android:layout_height="match_parent"
    android:orientation="vertical"
    android:paddingBottom="@dimen/activity_vertical_margin"
    android:paddingLeft="@dimen/activity_horizontal_margin"
    android:paddingRight="@dimen/activity_horizontal_margin"
    android:paddingTop="@dimen/activity_vertical_margin" >

```

```
    <ImageView
        android:layout_width="match_parent"
        android:layout_height="wrap_content"
        android:src="@drawable/starry_night" />

    <TextView
        android:layout_width="match_parent"
        android:layout_height="wrap_content"
        android:gravity="center"
        android:text="@string/title01" />

    <TextView
        android:layout_width="match_parent"
        android:layout_height="wrap_content"
        android:gravity="center"
        android:text="@string/artist01" />

</LinearLayout>
```

이미지 배치
이미지 파일은 화면의 가로를 채우고, 세로는 같은 비율로 자동 조정됨. android:src에 이미지 이름을 지정함(확장자 제외)

그림 제목

아티스트 이름

ImageView 클래스는 main.xml에 설정된 XML 구조에 따라 **LinearLayout** 클래스의 **서브 클래스**가 되어, **LinearLayout** 클래스의 속성을 상속받는다.

클래스

클래스	설명
ImageView	아이콘 등과 같은 임의의 이미지를 출력함.

클래스의 XML 속성

클래스	속성	설명
ImageView	android:src	출력 대상이 되는 이미지명으로, drawable 폴더에 있는 이미지를 지정함.

문법 | 출력할 이미지 파일의 지정

```
android:src="@drawable/이미지 파일명(확장자 제외)"
```

안드로이드 운영체제는 이미지 해상도에 따라 res/drawable-xxxx 폴더에서 모바일 기기에 맞는 가장 적합한 이미지를 불러 온다. 'res/drawable-xxxx' 폴더에 하나의 이미지만 있을 때는 해상도와 관계없이 불러 온다.

STEP 4 프로젝트 실행

(1) 프로젝트의 실행

프로젝트명을 마우스 오른쪽 버튼으로 클릭하여 팝업메뉴에서 '**Run As → Android Application**'을 클릭하고, 디바이스 선택 창의 목록에서 실행할 디바이스(AVD 또는 스마트폰)를 선택하고, '**OK**' 버튼을 클릭한다.

(2) 실행결과 보기

실행결과는 레이아웃에 설정되어 있는 대로 이미지가 출력되고, 하단부에 **이미지 제목**, **아티스트**가 출력된다. 상단에는 **액티비티 라벨**로 지정된 '**명화1**'이 나타난다.

05 ③ 다수 이미지 출력

LAB Image Display2 프로젝트

05.3.1 프로젝트 개요

여러 이미지를 2열의 테이블 형태로 출력하는 방법을 익혀 보자. 레이아웃은 **LinearLayout**, **GridView**, **TableLayout**, **RelativeLayout** 등을 이용할 수 있다. LinearLayout은 4장에서 활용하는 방법을 익혔기 때문에 이번에는 TableLayout을 이용해 보기로 한다. **GridView**는 처음에 활용하기에는 어렵기 때문에 14장을 참조하기 바란다. **RelativeLayout**도 14장에서 연습하면 될 것이다. 액티비티 라벨은 '명화2'로 표시한다.

프로젝트 개요: **다수 이미지 출력**

Application Name: **Image Display2**

어플리케이션 라벨: **명화2**

- 액티비티 라벨
  명화2
- 액티비티 출력 내용
  이미지 목록(테이블 배치: 2열)

05.3.2 앱 프로젝트 개발

STEP 1 프로젝트 생성

➥ '3.2절 [Step 1] 프로젝트 생성'을 참고하여 프로젝트를 생성한다.

절차	내용
❶ 프로젝트 시작	메뉴에서 'File → New → Android Application Project' 클릭
❷ 어플리케이션 기본정보 설정	아래 두 항목을 변경하고 그 외는 디폴트로 설정함. Application Name : Image Display2 Minimum Required SDK : API 19 Android 4.4(KitKat)
❸ 프로젝트 구성	디폴트 값으로 설정
❹ 아이콘 설정	디폴트 값으로 설정
❺ 액티비티 종류 설정	디폴트 값으로 설정
❻ 액티비티와 레이아웃 이름 설정	디폴트 값으로 설정

STEP 2 프로젝트 기본 편집

➥ '3.2절 [Step 2] 프로젝트 기본 편집' 절차에 따라 수정한다.

절차	내용
❶ activity_main.xml 수정	fragment_main.xml 파일 소스를 activity_main.xml로 복사
❷ fragment_main.xml 파일 삭제	-
❸ MainActivity.java 소스 수정	삭제한 fragment_main.xml 관련 부분과 메뉴 관련 부분 삭제
❹ AndroidManifest.xml 소스 수정	〈uses-sdk〉 태그 속성인 'android:minSdkVersion'에 19로 설정된 속성값을 8로 수정

STEP 3 소스 편집

● **기본파일 간의 연관관계**

strings.xml에는 어플리케이션 이름에 대한 텍스트 리소스가 정의되어 있으며, **res/drawable** 폴더에는 이미지 리소스인 **starry_night.png** 등 출력할 이미지 파일들을 저장한다. **activity_main.xml**은 TableLayout을 이용하여 이미지 리소스를 할당한다.

MainActivity.java는 액티비티를 생성하고, **activity_main.xml**에 정의된 레이아웃을 출력한다. **AndroidManifest.xml** 파일은 **MainActivity** 클래스를 액티비티로 설정하고, 어플리케이션 라벨과 액티비티 라벨은 **strings.xml**에서 정의한 **app_name**을 사용한다.

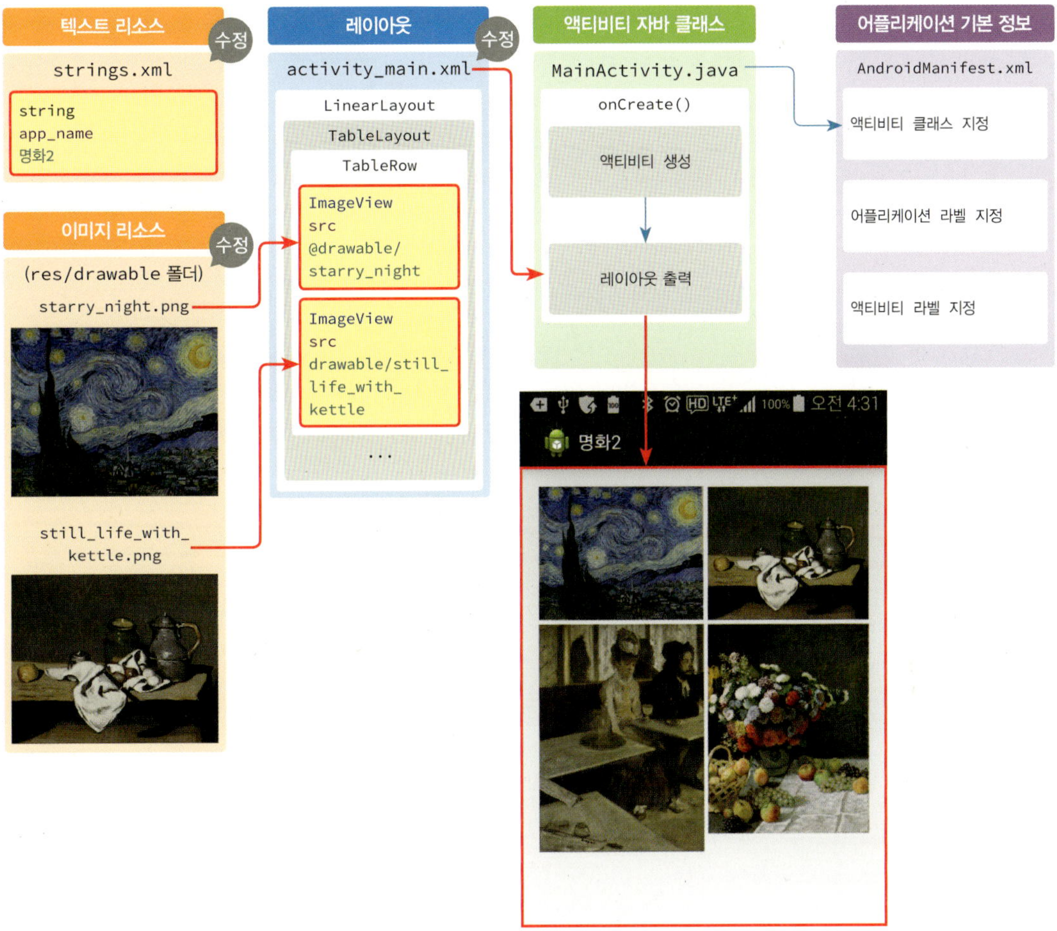

▲ 기본 파일 간의 연관관계

(1) 이미지 파일의 복사(res/drawable 폴더)

사용할 안드로이드 디바이스에 맞는 drawable 폴더에 이미지 파일들을 저장한다. 본 책은 **drawable-xxhdpi** 폴더에 저장하기로 한다.

drawable 폴더	이미지 파일			
drawable-xxhdpi				
	starry_night.png	still_life_with_kettle.png	in_a_cafe.png	still_life_with_flowers_and_fruit.png

(2) strings.xml 편집과 이해

어플리케이션 이름을 수정하기 위해 **app_name** 속성값에 해당하는 데이터를 '**명화2**'로 수정한다.

소스 | strings.xml

```
<?xml version="1.0" encoding="utf-8"?>
<resources>

    <string name="app_name">명화2</string>
    <string name="hello_world">Hello world!</string>
    <string name="action_settings">Settings</string>

</resources>
```

어플리케이션 이름

(3) activity_main.xml 편집과 이해

TableLayout 클래스 내에는 행의 수만큼 **TableRow** 클래스를 배치한다. 각 **TableRow**에는 출력할 열의 수만큼 **ImageView**를 할당한다.

소스 | activity_main.xml

```
<?xml version="1.0" encoding="utf-8"?>
<LinearLayout xmlns:android="http://schemas.android.com/apk/res/android"
    android:layout_width="match_parent"
    android:layout_height="match_parent"
    android:orientation="vertical"
    android:paddingBottom="@dimen/activity_vertical_margin"
    android:paddingLeft="@dimen/activity_horizontal_margin"
    android:paddingRight="@dimen/activity_horizontal_margin"
```

```
        android:paddingTop="@dimen/activity_vertical_margin" >

    <TableLayout
        android:layout_width="match_parent"
        android:layout_height="match_parent" >

        <TableRow
            android:layout_width="match_parent"
            android:layout_height="wrap_content" >
            <ImageView
                android:layout_width="0dp"
                android:layout_height="wrap_content"
                android:src="@drawable/starry_night"
                android:padding="2sp"
                android:layout_weight="1"
                android:adjustViewBounds="true" />
            <ImageView
                android:layout_width="0dp"
                android:layout_height="wrap_content"
                android:src="@drawable/still_life_with_kettle"
                android:padding="2sp"
                android:layout_weight="1"
                android:adjustViewBounds="true" />
        </TableRow>

        <TableRow
            android:layout_width="match_parent"
            android:layout_height="wrap_content" >
            <ImageView
                android:layout_width="0dp"
                android:layout_height="wrap_content"
                android:src="@drawable/in_a_cafe"
                android:padding="2sp"
                android:layout_weight="1"
                android:adjustViewBounds="true" />
            <ImageView
                android:layout_width="0dp"
                android:layout_height="wrap_content"
                android:src="@drawable/still_life_with_flowers_and_fruit"
                android:padding="2sp"
                android:layout_weight="1"
                android:adjustViewBounds="true" />
        </TableRow>

    </TableLayout>
</LinearLayout>
```

TableLayout 추가

1행

너비가 layout_weight에 설정된 상대적인 크기로 나타내기 위해 0dp로 지정함

같은 행에 있는 이미지들과의 상대적인 너비 크기의 비율을 의미함

이미지의 가로와 세로 크기가 같은 비율로 변하도록 설정함

2행

TIP LinearLayout과 TableLayout의 비교

테이블 배치는 행과 열로 구성된다. 2열의 테이블 배치에 대한 TableLayout 부분을 LinearLayout으로 수정하면 다음과 같다.

1행 1열	1행 2열
 starry_night.png	 still_life_with_kettle.png
2행 1열  in_a_cafe.png	2행 2열  still_life_with_flowers_and_fruit.png
......	......

1행

```
.....
<LinearLayout
    android:layout_width="match_parent"
    android:layout_height="wrap_content"
    android:orientation="horizontal" >
    <ImageView
        android:layout_width="0dp"
        android:layout_height="wrap_content"
        android:src="@drawable/starry_night"
        android:padding="2sp"
        android:layout_weight="1"
        android:adjustViewBounds="true" />
    <ImageView
        android:layout_width="0dp"
        android:layout_height="wrap_content"
        android:src="@drawable/still_life_with_kettle"
        android:padding="2sp"
        android:layout_weight="1"
        android:adjustViewBounds="true" />
</LinearLayout>
```

```
<LinearLayout
    android:layout_width="match_parent"
    android:layout_height="wrap_content"
    android:orientation="horizontal" >
    <ImageView
        android:layout_width="0dp"
        android:layout_height="wrap_content"
        android:src="@drawable/in_a_cafe"
        android:padding="2sp"
        android:layout_weight="1"
        android:adjustViewBounds="true" />
    <ImageView
        android:layout_width="0dp"
        android:layout_height="wrap_content"
        android:src="@drawable/still_life_with_flowers_and_fruit"
        android:padding="2sp"
        android:layout_weight="1"
        android:adjustViewBounds="true" />
</LinearLayout>
.....
```

2행

STEP 4 프로젝트 실행

(1) 프로젝트의 실행

프로젝트명을 **마우스 오른쪽 버튼**으로 클릭하여 팝업메뉴에서 **'Run As → Android Application'**을 클릭하고, 디바이스 선택 창의 목록에서 실행할 디바이스(AVD 또는 스마트폰)를 선택하고, **'OK'** 버튼을 클릭한다.

(2) 실행결과 보기

실행결과는 레이아웃에 설정되어 있는 대로 2행 2열의 이미지 목록이 출력되고, 상단에는 **액티비티 라벨**로 지정된 **'명화2'**가 나타난다.

05 ④ 리스트 형태의 이미지 출력

ADVANCED LAB Image Display3 프로젝트

05.4.1 프로젝트 개요

이미지와 텍스트를 목록으로 출력해 보자. 각 목록에는 왼쪽에는 이미지를 배치하고 오른쪽에는 이미지 제목과 아티스트를 수직으로 배치한다. 액티비티 라벨은 '명화3'으로 표시한다.

프로젝트 개요: 리스트 형태의 이미지 출력

Application Name: Image Display3

어플리케이션 라벨: 명화3

- 액티비티 라벨
  명화3
- 액티비티 출력 내용
  이미지, 이미지 제목, 아티스트

05.4.2 앱 프로젝트 개발

STEP 1 프로젝트 생성

➡ '3.2절 [Step 1] 프로젝트 생성'을 참고하여 프로젝트를 생성한다.

절차	내용
❶ 프로젝트 시작	메뉴에서 'File → New → Android Application Project' 클릭
❷ 어플리케이션 기본정보 설정	아래 두 항목을 변경하고 그 외는 디폴트로 설정함. Application Name : Image Display3 Minimum Required SDK : API 19 Android 4.4(KitKat)
❸ 프로젝트 구성	디폴트 값으로 설정
❹ 아이콘 설정	디폴트 값으로 설정
❺ 액티비티 종류 설정	디폴트 값으로 설정
❻ 액티비티와 레이아웃 이름 설정	디폴트 값으로 설정

STEP 2 프로젝트 기본 편집

➡ '3.2절 [Step 2] 프로젝트 기본 편집' 절차에 따라 수정한다.

절차	내용
❶ activity_main.xml 수정	fragment_main.xml 파일 소스를 activity_main.xml로 복사
❷ fragment_main.xml 파일 삭제	–
❸ MainActivity.java 소스 수정	삭제한 fragment_main.xml 관련 부분과 메뉴 관련 부분 삭제
❹ AndroidManifest.xml 소스 수정	〈uses-sdk〉 태그 속성인 'android:minSdkVersion'에 19로 설정된 속성값을 8로 수정

STEP 3 소스 편집

● **기본파일 간의 연관관계**

strings.xml에는 어플리케이션 이름에 대한 텍스트 리소스가 정의되어 있으며, **res/drawable** 폴더에는 이미지 리소스인 **starry_night.png** 등 출력할 이미지 파일들을 저장한다. **activity_main.xml**은 LinearLayout을 이용하여 리스트 형태의 이미지 리소스를 출력한다. **MainActivity.java**는 액티비티를 생성하고, **activity_main.xml**에 정의된 레이아웃을 출력한다. **AndroidManifest.xml** 파일은 **MainActivity** 클래스를 액티비티로 설정하고, 어플리케이션 라벨과 액티비티 라벨은 **strings.xml**에서 정의한 **app_name**을 사용한다.

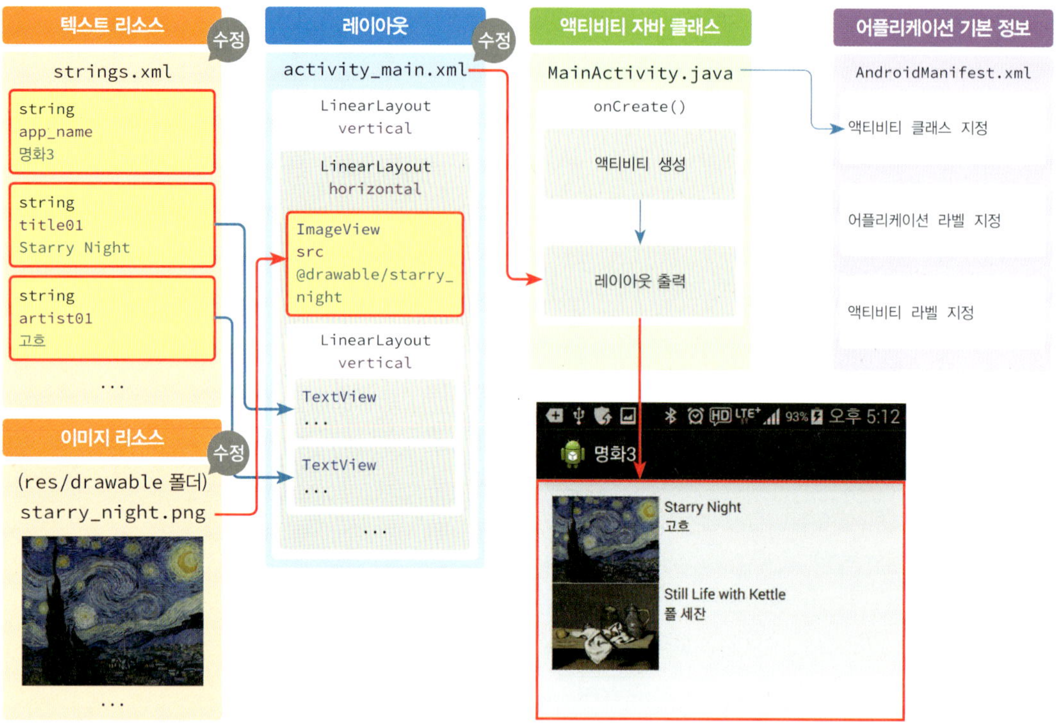

▲ 기본 파일 간의 연관관계

(1) 이미지 파일의 복사(res/drawable 폴더)

사용할 안드로이드 디바이스에 맞는 drawable 폴더에 이미지 파일들을 저장한다. 본 책은 **drawable-xxhdpi** 폴더에 저장하기로 한다.

drawable 폴더	이미지 파일	
drawable-xxhdpi		
	starry_night.png	still_life_with_kettle.png

(2) strings.xml 편집

어플리케이션 이름을 수정하기 위해 **app_name** 속성값에 해당하는 데이터를 '**명화3**'으로 수정한다. 두 그림에 대한 각각의 제목과 아티스트의 텍스트 리소스를 추가한다.

소스 | strings.xml

```
<?xml version="1.0" encoding="utf-8"?>
<resources>

    <string name="app_name">명화3</string>
    <string name="hello_world">Hello world!</string>
    <string name="action_settings">Settings</string>

    <string name="title01">Starry Night</string>
    <string name="artist01">고흐</string>

    <string name="title02">Still Life with Kettle</string>
    <string name="artist02">폴 세잔</string>

</resources>
```

어플리케이션 이름

아티스트1에 대한 텍스트 리소스

아티스트2에 대한 텍스트 리소스

(3) activity_main.xml 편집

행의 수만큼 **LinearLayout** 클래스를 배치하고, LinearLayout 내에 **이미지**와 **텍스트 리소스**(이미지 제목과 아티스트 이름)를 수평(horizontal)으로 배치한다. **텍스트 리소스**는 **LinearLayout**으로 묶고, 수직(vertical)으로 배치한다.

소스 | activity_main.xml

```
<?xml version="1.0" encoding="utf-8"?>
<LinearLayout xmlns:android="http://schemas.android.com/apk/res/android"
    android:layout_width="match_parent"
    android:layout_height="match_parent"
    android:orientation="vertical"
    android:paddingBottom="@dimen/activity_vertical_margin"
    android:paddingLeft="@dimen/activity_horizontal_margin"
    android:paddingRight="@dimen/activity_horizontal_margin"
    android:paddingTop="@dimen/activity_vertical_margin" >

```

```
<LinearLayout
    android:layout_width="match_parent"
    android:layout_height="wrap_content"
    android:orientation="horizontal" >
    <ImageView
        android:layout_width="0dp"
        android:layout_height="wrap_content"
        android:src="@drawable/starry_night"
        android:paddingRight="5sp"
        android:layout_weight="1"
        android:adjustViewBounds="true" />

    <LinearLayout
        android:layout_width="0dp"
        android:layout_height="wrap_content"
        android:layout_weight="2"
        android:orientation="vertical" >
        <TextView
            android:layout_width="wrap_content"
            android:layout_height="wrap_content"
            android:text="@string/title01" />
        <TextView
            android:layout_width="wrap_content"
            android:layout_height="wrap_content"
            android:text="@string/artist01" />
    </LinearLayout>
</LinearLayout>

<LinearLayout
    android:layout_width="match_parent"
    android:layout_height="wrap_content"
    android:orientation="horizontal" >
   <ImageView
        android:layout_width="0dp"
        android:layout_height="wrap_content"
        android:src="@drawable/still_life_with_kettle"
        android:paddingRight="5sp"
        android:layout_weight="1"
        android:adjustViewBounds="true" />

    <LinearLayout
        android:layout_width="0dp"
        android:layout_height="wrap_content"
        android:layout_weight="2"
        android:orientation="vertical" >
```

아티스트1에 대한 리소스 배치
ImageView(이미지 부분)와 LinearLayout(텍스트 부분)의 너비가 1:2로 분할되도록 layout_weight의 값이 각각 1과 2로 설정되어 있음

아티스트1에 대한 이미지 리소스

아티스트1에 대한 텍스트 리소스

아티스트2에 대한 리소스 배치

```
            <TextView
                android:layout_width="wrap_content"
                android:layout_height="wrap_content"
                android:text="@string/title02" />
            <TextView
                android:layout_width="wrap_content"
                android:layout_height="wrap_content"
                android:text="@string/artist02" />
        </LinearLayout>
    </LinearLayout>
</LinearLayout>
```

STEP 4 프로젝트 실행

(1) 프로젝트의 실행

프로젝트명을 **마우스 오른쪽 버튼**으로 클릭하여 팝업메뉴에서 '**Run As → Android Application**'을 클릭하고, 디바이스 선택 창의 목록에서 실행할 디바이스(AVD 또는 스마트폰)를 선택하고, '**OK**' 버튼을 클릭한다.

(2) 실행결과 보기

실행결과는 레이아웃에 설정되어 있는 대로 리스트 형태로 2명의 아티스트 목록이 출력된다. 상단에는 **액티비티 라벨**로 지정된 '**명화3**'이 나타난다.

자바 쉼터 2

변수, 데이터형, 연산자

변수는 컴퓨터 메모리에 데이터를 기록하는 임시 저장 장소를 가리키는 이름을 말하며, 자바에서 제공하는 **데이터형**에 따라 만들어 사용할 수 있다. **연산자**는 변수에 값을 할당하거나 수식을 계산하고 값들을 비교하는 데 사용된다.

● 변수의 정의

변수를 정의하는 방법은 다음과 같다.

```
데이터형 변수명;
```

'count'라는 정수형 변수를 선언하고 20의 값을 할당하려면

```
int count;
count = 20;
```

과 같이 사용하면 된다. 만일 변수 선언과 동시에 값을 할당하려면,

```
int count = 20;
```

과 같이 한 줄로 사용할 수 있다.

● 데이터형

변수가 가질 수 있는 데이터형은 문자형, 정수형, 부동소수형, 논리형이 있다.

구분	데이터형	유효값	사용 예	저장 단위
문자형	char	작은 따옴표로 묶인 1개의 문자	char ch = '가';	2 바이트
정수형	byte	−128~127	byte count = 10;	1 바이트
	short	−32768~32767	short count = 300;	2 바이트
	int	−2,147,483,648~2,147,483,647	int count = 1000;	4 바이트
	long	− 9223372036854775808~ 9223372036854775807	long count = 3000;	8 바이트
부동소수형	float	±3.4028235E+38	float sum = 10.3f;	4 바이트
	double	±1.797693134823157E+308	double sum = 20.4;	8 바이트
논리형	boolean	true/false	boolean check = true;	−

- **char** 형은 1문자만 취급하므로 실제 사용하기는 불편하다. **String** 클래스를 이용하면 1문자 이상의 열을 편리하게 다룰 수 있다(5.3절, 5.4절 참조).
- float는 double과 구분하기 위해 숫자 뒤에 F(또는 f)를 붙여야 하며, double의 경우는 숫자 뒤에 D(또는 d)를 붙이거나 붙이지 않아도 되기 때문에 double을 사용하는 것이 편리하다.
- 일반적으로 int, double, boolean, String의 데이터형을 많이 사용한다.

상수

상수는 값을 할당하면 변하는 않는 수로 상수는 **대문자**로 선언허고 **final** 키워드를 사용한다.

```
final PI = 3.14;
```

데이터형 변환

서로 다른 데이터형에 값을 할당하려면 먼저 할당하고자 하는 데이터형으로 변환해야 한다. 예를 들어 실수형 변수를 정수형 변수에 값을 할당하려면 다음과 같다. 결과적으로 20.4의 정수형인 20으로 변환되어 할당된다.

```
double sum_dbl = 20.4;
in sum_int = (int)sum_dbl;
```

연산자의 종류

연산자는 사칙연산을 위한 산술연산자, 변수의 증감을 위한 증감연산자, 값을 변수에 할당하는 할당연산자, 값을 비교하는 비교연산자, 참과 거짓을 판별하는 논리연산자 등이 있다. 비교와 논리연산자는 주로 조건문(if)과 함께 사용된다.

연산자 분류	연산자	예	의미
산술연산자	+	a = 5 + 2;	5와 2를 더하여 a에 할당(할당 연산자 참조)
	−	b = a − 2;	a의 값에서 2를 뺀 후, 그 값을 b에 할당
	*	c = 5 * 10;	5에 10을 곱하여 c에 할당
	/	d = c / 10;	c의 값을 10으로 나누어 d에 할당
	%	e = 10 % 3;	10을 3으로 나누었을 때 나머지를 e에 할당
증감연산자	++	a++; ++a;	a의 값에 1을 더함
	−−	a−−; −−a;	a의 값에서 1을 뺌
할당연산자	=	a = 10;	10을 a에 할당함
	+=	b += 20;	b = b + 20;
	−=	c −= 10;	c = c − 10;
	*=	d *= 5;	d = d * 5;
	/=	e /= 2;	e = e / 2;

비교연산자	==	a == 3	a와 3이 같으면 true, 그렇지 않으면 false
	!=	b != a	b와 3이 같지 않으면 true, 그렇지 않으면 false
	>	c > 10	c가 10보다 크면 true, 그렇지 않으면 false
	<	d < a	d가 a보다 작으면 true, 그렇지 않으면 false
	>=	e >= 20	e가 20이상이면 true, 그렇지 않으면 false
	<=	f <= e	f가 e이하이면 true, 그렇지 않으면 false
논리연산자	&&	(a > 5) && (b == 10)	a가 5보다 크고 b가 10이면 true, 그렇지 않으면 false 즉, &&의 좌우 논리값이 모두 true일 때 true가 됨.
	||	(c == 20) || (d <= 5)	c가 20이거나 d가 5이하이면 true, 그렇지 않으면 false 즉, ||의 좌우 논리값이 하나라도 true이면 true가 됨.

● 배열

배열이란 **같은 이름과 같은 데이터형을 가진 연속적인 저장 공간**으로서, 같은 의미를 가짐에도 불구하고 다른 변수명을 사용함으로 해서 생기는 불편을 해소하고 반복적인 처리가 필요할 때 유용하다. 배열은 1차원부터 다차원까지 가능하다. 1차원의 예를 살펴보기로 한다.

배열을 선언하고 생성하는 방법은 다음과 같다.

```
데이터형[] 배열변수명 = new 데이터형[요소 수];
```

또는

```
데이터형 배열변수명[] = new 데이터형[요소 수];
```

예를 들어 3개의 크기를 가진 정수형 1차원 배열인 성적에 대한 배열은 다음과 같이 선언하고 성적을 할당할 수 있다.

```
int[] score = new int[3];
score[0] = 90;
score[1] = 80;
score[2] = 85;
```

또는 선언과 동시에 값을 할당할 수 있다.

```
int[] score = {90, 80, 85};
```

ANDROID PROGRAMMING

06 CHAPTER

이벤트 처리와 액티비티 간 이동

06-1 이벤트 처리와 액티비티 간 이동의 이해

(1) 사용자 클릭 처리 앱의 예

사용자는 일반적으로 뷰에 클릭하고 스마트폰은 이에 반응하면서 서로 대화를 한다. 사용자로부터 클릭 이벤트를 받아 특정 기능을 수행하는 과정을 살펴보자. 계산기 앱의 경우, 숫자로 표시되는 많은 키보드가 있다. 아래 왼쪽은 계산기이며, 오른쪽은 여러 버튼을 이용하여 스톱워치를 제어하는 예이다.

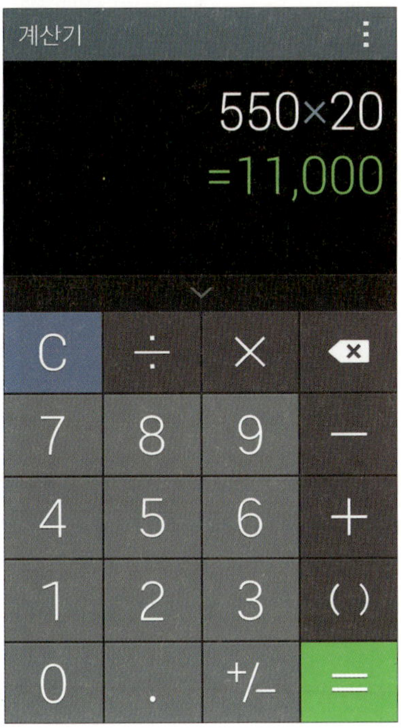

계산기(키보드 클릭과 계산의 예)

스톱워치(시작 버튼에 의한 작동 중인 상태)

▲ 사용자 클릭 이벤트 처리의 예

(2) 사용자 클릭 처리와 callback 메소드

뷰를 클릭하면 특정 기능을 수행하도록 하기 위해 **android:clickable**에 **true**를 설정하고 **android:onClick** 속성에는 클릭 이벤트 발생 시에 자동으로 수행될 **메소드명(예: press)**를 정의한다. 이렇게 특정 이벤트가 발생했을 때 시스템에 의해 자동으로 호출되는 메소드를 **callback 메소드**라고 한다. 사용자가 뷰를 클릭하면 뷰는 이벤트를 시스템에 통지하고, 시스템은 **MainActivity.java**에서 **callback 메소드**로 구현된 **press(View v)**를 호출한다. 호출 시에는 클릭된 뷰의 정보를 전달한다.

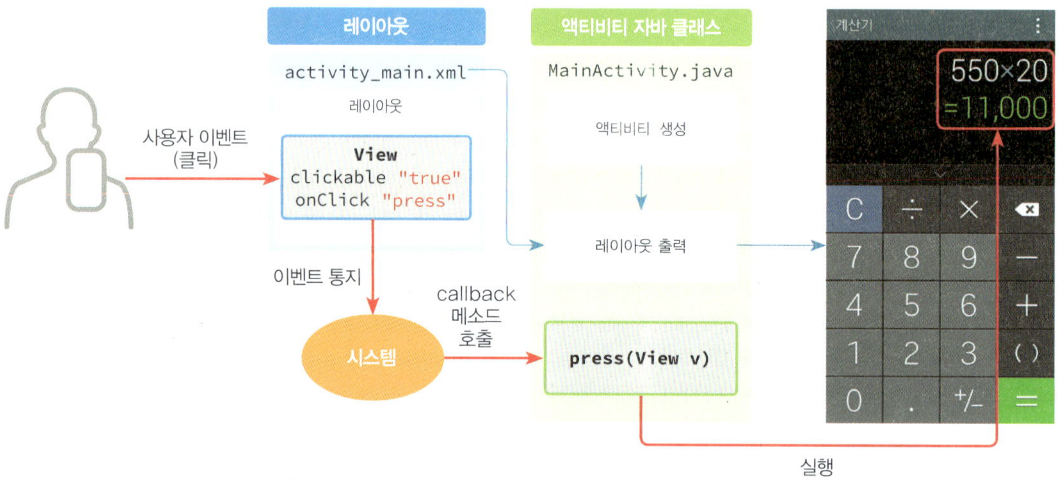

(3) 액티비티 간 이동과 정보전달

앱은 일반적으로 다수의 화면 즉, 다수의 액티비티로 구성되는 경우가 대부분이다. 액티비티들은 서로 간에 정보 송수신을 통하여 연결된다. 액티비티 호출 및 액티비티 간 정보 전달은 인텐트를 이용한다. 두 액티비티 간의 정보전달 원리는 다음과 같다. SendActivity 클래스는 ReceiveActivity 클래스를 호출할 인텐트를 생성한 후에(❶) 인텐트에 성명, 성별, 수신여부, 관심사항을 저장하고(❷), 인텐트를 통해 ReceiveActivity 클래스 액티비티를 실행한다(❸). 호출된 ReceiveActivity 클래스는 인텐트에 저장된 정보를 추출하고(❹) 나머지 처리 과정을 수행한다.

➥ 인텐트 클래스와 사용 예는 6.3절을 참고하기 바란다.

```
// ⑤ 자신을 호출한 인텐트 생성
Intent it     = getIntent();
// ⑥ 인텐트에서 데이터 추출
String str_name = it.getStringExtra("it_name");
```

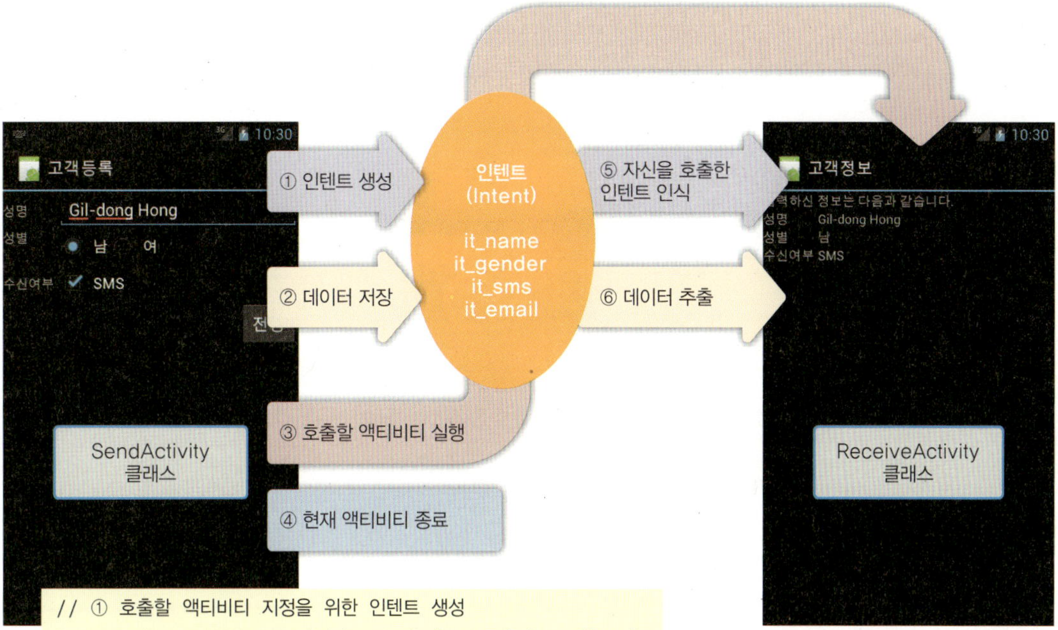


```
// ① 호출할 액티비티 지정을 위한 인텐트 생성
Intent it= new Intent(this, ReceiveActivity.class);
// ② 인텐트에 데이터 저장(성명)
// str_name의 값을 it_name 변수에 저장함
it.putExtra("it_name", str_name);
// ③ 인텐트에서 지정한 액티비티 실행
startActivity(it);
// ④ 현재 액티비티 종료
finish();
```

06 ② 친구목록과 사용자 클릭 인식

BASIC Event1 프로젝트

06.2.1 프로젝트 개요

친구목록에서 전화번호를 클릭하면 그 친구의 전화번호를 출력하도록 해보자. 이번 프로젝트는 클릭과 출력에 대한 단순한 원리 이해를 위해 Toast 클래스를 이용해 출력하기로 한다. 아래 그림은 하나의 액티비티에서 사용자 클릭 전후를 캡처한 것으로, 왼쪽은 사용자 클릭 전 대기 상태, 오른쪽은 클릭 시에 클릭된 전화번호를 Toast를 이용해 출력하는 예이다. 액티비티 라벨은 '이벤트1'로 표시한다.

프로젝트 개요: 친구목록과 사용자 클릭 인식

Application Name: Event1

어플리케이션 라벨: 이벤트1

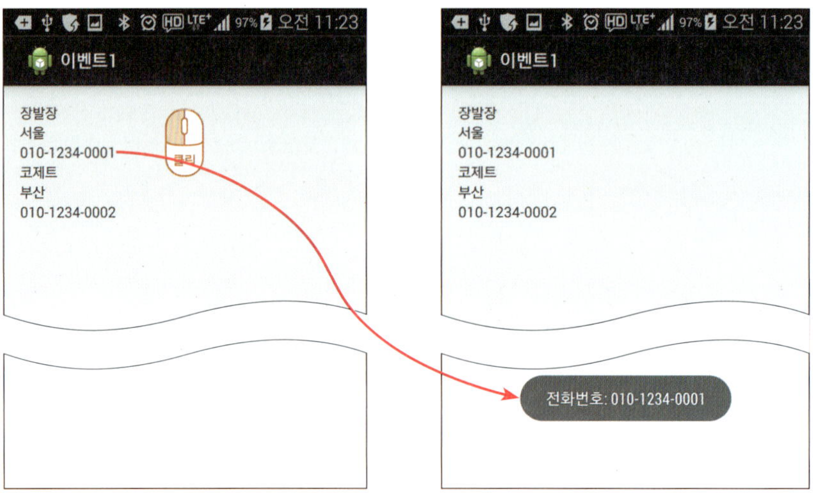

- 액티비티 라벨
  이벤트1
- 액티비티 화면 출력
  친구목록(성명, 주소, 전화번호)
- 사용자 클릭 처리
  전화번호 출력(Toast 이용)

06.2.2 앱 프로젝트 개발

STEP 1 프로젝트 생성

➥ '3.2절 [Step 1] 프로젝트 생성'을 참고하여 프로젝트를 생성한다.

절차	내용
❶ 프로젝트 시작	메뉴에서 'File → New → Android Application Project' 클릭
❷ 어플리케이션 기본정보 설정	아래 두 항목을 변경하고 그 외는 디폴트로 설정함. Application Name : Event1 Minimum Required SDK : API 19 Android 4.4(KitKat)
❸ 프로젝트 구성	디폴트 값으로 설정
❹ 아이콘 설정	디폴트 값으로 설정
❺ 액티비티 종류 설정	디폴트 값으로 설정
❻ 액티비티와 레이아웃 이름 설정	디폴트 값으로 설정

STEP 2 프로젝트 기본 편집

➥ '3.2절 [Step 2] 프로젝트 기본 편집' 절차에 따라 수정한다.

절차	내용
❶ activity_main.xml 수정	fragment_main.xml 파일 소스를 activity_main.xml로 복사
❷ fragment_main.xml 파일 삭제	–
❸ MainActivity.java 소스 수정	삭제한 fragment_main.xml 관련 부분과 메뉴 관련 부분 삭제
❹ AndroidManifest.xml 소스 수정	〈uses-sdk〉 태그 속성인 'android:minSdkVersion'에 19로 설정된 속성값을 8로 수정

STEP 3 소스 편집

● **기본파일 간의 연관관계**

strings.xml에는 친구정보에 대한 텍스트 리소스를 정의하고, **activity_main.xml**의 레이아웃에서 친구목록을 구성한다. TextView의 친구들의 전화번호에는 사용자 클릭이 가능하도록 onClick 속성에 callback 메소드로 **call() 메소드**를 지정한다.

MainActivity.java는 액티비티를 생성하고, activity_main.xml에 정의된 레이아웃을 출력하며, **call() 메소드**를 구현한다. **AndroidManifest.xml** 파일은 **MainActivity** 클래스를 액티비티로 설정하고, 어플리케이션 라벨과 액티비티 라벨은 **strings.xml**에서 정의한 **app_name**을 사용한다.

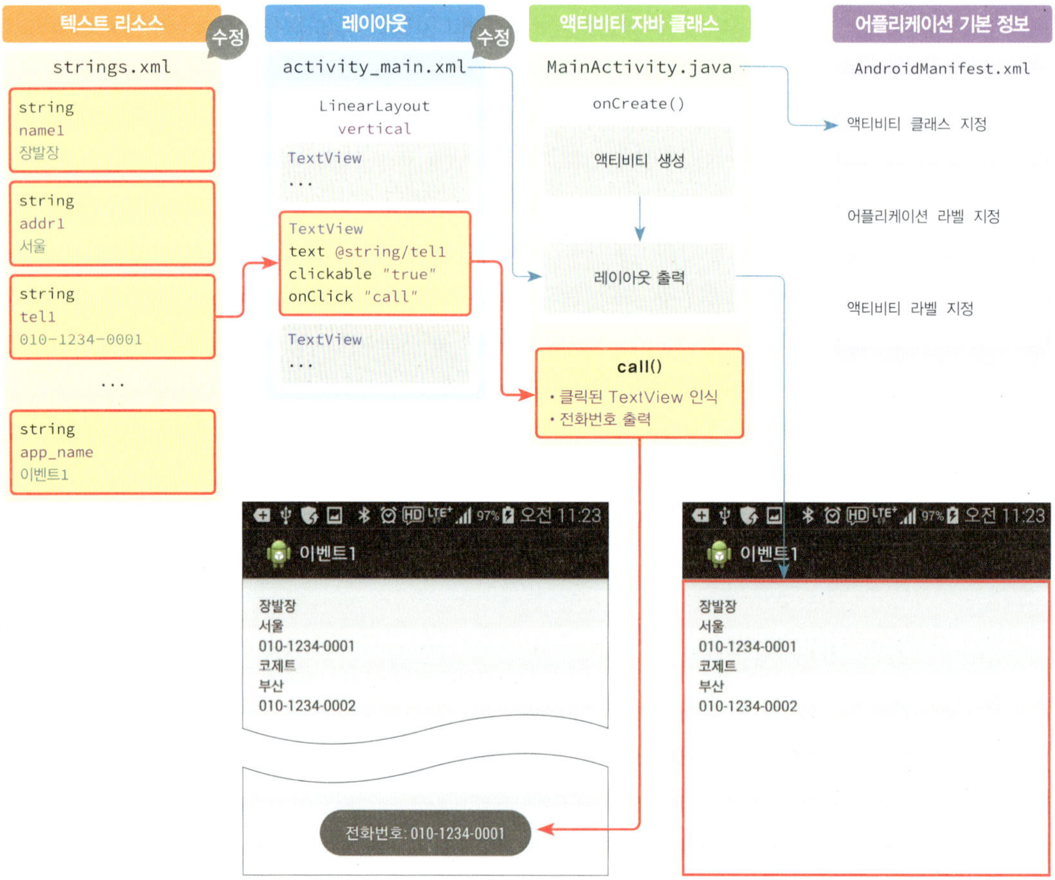

▲ 기본 파일 간의 연관관계

(1) strings.xml 편집

어플리케이션 이름을 수정하기 위해 **app_name** 속성값에 해당하는 데이터를 '**이벤트1**'로 수정한다. 친구들에 대한 **성명**, **주소**, **전화번호**에 대응하는 속성값으로 **name1**, **addr1**, **tel1**과 **name2**, **addr2**, **tel2**를 추가하고 각 데이터를 할당한다.

소스 | strings.xml

```xml
<?xml version="1.0" encoding="utf-8"?>
<resources>

    <string name="app_name">이벤트1</string>
    <string name="hello_world">Hello world!</string>
    <string name="action_settings">Settings</string>

    <string name="name1">장발장</string>
    <string name="addr1">서울</string>
    <string name="tel1">010-1234-0001</string>

    <string name="name2">코제트</string>
    <string name="addr2">부산</string>
    <string name="tel2">010-1234-0002</string>

</resources>
```

어플리케이션 이름

친구1에 대한 텍스트 리소스 정의

친구2에 대한 텍스트 리소스 정의

(2) activity_main.xml 편집

strings.xml에 정의된 친구들의 각 텍스트 리소스에 대응하는 **TextView**를 배치하고, **전화번호**에는 **클릭 가능한 상태**로 두고, 클릭 시 실행될 **callback 메소드**를 지정한다.

소스 | activity_main.xml

```xml
<?xml version="1.0" encoding="utf-8"?>

<LinearLayout xmlns:android="http://schemas.android.com/apk/res/android"
    android:layout_width="match_parent"
    android:layout_height="match_parent"
    android:orientation="vertical"
    android:paddingBottom="@dimen/activity_vertical_margin"
    android:paddingLeft="@dimen/activity_horizontal_margin"
    android:paddingRight="@dimen/activity_horizontal_margin"
    android:paddingTop="@dimen/activity_vertical_margin" >

    <TextView
        android:layout_width="wrap_content"
        android:layout_height="wrap_content"
        android:text="@string/name1" />
    <TextView
```

친구1의 정보 출력

```
        android:layout_width="wrap_content"
        android:layout_height="wrap_content"
        android:text="@string/addr1" />
    <TextView
        android:id="@+id/tel1"
        android:clickable="true"
        android:onClick="call"
        android:layout_width="wrap_content"
        android:layout_height="wrap_content"
        android:text="@string/tel1" />

    <TextView
        android:layout_width="wrap_content"
        android:layout_height="wrap_content"
        android:text="@string/name2" />
    <TextView
        android:layout_width="wrap_content"
        android:layout_height="wrap_content"
        android:text="@string/addr2" />
    <TextView
        android:id="@+id/tel2"
        android:clickable="true"
        android:onClick="call"
        android:layout_width="wrap_content"
        android:layout_height="wrap_content"
        android:text="@string/tel2" />

</LinearLayout>
```

ID를 tel1로 지정함

클릭 가능한 상태로 뷰를 설정함

클릭되면 실행될 MainActivity.java의 메소드명을 지정함

친구2의 정보 출력

TextView는 **View**가 부모클래스로 **android:clickable**과 **android:onClick** 속성을 상속받는다.

● **클래스의 XML 속성**

클래스	속성	설명
View	android:clickable	클릭 이벤트에 대한 반응 여부를 정의함(true, false).
	android:onClick	뷰가 클릭될 때 실행되는 메소드의 이름

(3) MainActivity.java 편집

activity_main.xml에서 텍스트뷰 클릭 시 실행될 callback 메소드인 **call() 메소드**를 구현한다.

소스 | MainActivity.java

```java
package com.example.event1;

import android.app.Activity;
import android.os.Bundle;
import android.view.View;
import android.widget.TextView;
import android.widget.Toast;

public class MainActivity extends Activity {

    @Override
    protected void onCreate(Bundle savedInstanceState) {
        super.onCreate(savedInstanceState);
        setContentView(R.layout.activity_main);
    }

    public void call(View v) {
        int id = v.getId();
        TextView tv = (TextView)v.findViewById(id);
        String tel = (String)tv.getText();

        Toast toast = Toast.makeText
                (this, "전화번호: " + tel, Toast.LENGTH_SHORT);
        toast.show();
    }

}
```

activity_main.xml에서 지정한 call 메소드로 전화번호 클릭 시 실행됨 클릭된 뷰 정보가 전달됨

클릭된 뷰의 id를 인식함

클릭된 뷰의 id를 가지는 TextView를 인식함

TextView에 설정된 text값을 추출함

Toast 객체에 출력할 내용과 출력시간을 지정함

Toast 객체를 화면에 나타냄

화면에 간단한 메시지를 띄우기 위해 Toast 클래스를 사용한다.

● 클래스

클래스	설명
String	문자열을 표현함.
Toast	화면에 작은 팝업 창을 통해 사용자에게 간단한 메시지를 전달하는 데 사용됨. 일정 시간이 지나면 자동으로 없어짐. 

● 클래스 속성

클래스	속성	설명
Toast	int LENGTH_SHORT	짧은 시간 동안 뷰나 텍스트를 보여줌. 2000밀리초로 정의됨.
	int LENGTH_LONG	긴 시간 동안 뷰나 텍스트를 보여줌. 3500밀리초로 정의됨.

● 클래스 메소드

클래스	메소드	설명
TextView	CharSequence getText()	TextView의 text에 할당된 데이터를 추출함.
Toast	static Toast makeText(Context context, CharSequence text, int duration)	문자를 포함하는 표준 toast를 정의함. makeText(this, "문자열", 출력시간)을 지정하면 현재 화면에 "문자열"을 지정한 출력시간(밀리초)만큼 나타내고 사라짐. 사용자가 임의로 지정할 수 있으며, 미리 정의된 LENGTH_SHORT와 LENGTH_LONG을 사용할 수 있음.
	void show()	지정한 시간 동안 뷰를 보여줌.
View	int getId()	View의 ID를 반환함.
	final View findViewById(int id)	id값에 해당하는 View를 인식함.

STEP 4 프로젝트 실행

(1) 프로젝트의 실행

프로젝트명을 마우스 오른쪽 버튼으로 클릭하여 팝업메뉴에서 '**Run As → Android Application**'을 클릭하고, 디바이스 선택 창의 목록에서 실행할 디바이스(AVD 또는 스마트폰)를 선택하고, '**OK**' 버튼을 클릭한다.

(2) 실행결과 보기

실행결과는 레이아웃에 설정되어 있는 대로 친구목록이 나타난다. 전화번호를 클릭하면 클릭된 전화번호가 나타난다.

06 ③ 친구목록과 전화걸기

LAB Event2 프로젝트

06.3.1 프로젝트 개요

친구목록에서 전화번호를 클릭하여 그 친구에게 전화를 걸도록 해보자. 아래 그림의 왼쪽은 사용자 클릭 전 대기 상태, 오른쪽은 클릭 시에 안드로이드 폰에 있는 전화걸기 기능을 이용해 전화를 거는 화면이다. 액티비티 라벨은 '이벤트2'로 표시한다.

프로젝트 개요: 친구목록과 전화걸기

Application Name: Event2

어플리케이션 라벨: 이벤트2

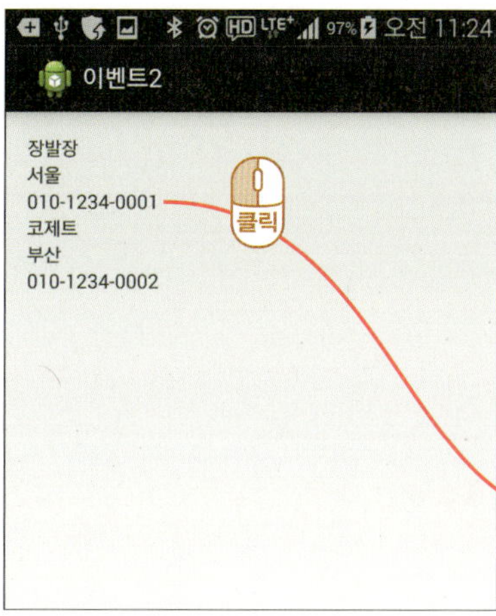

- **액티비티 라벨**
  이벤트2
- **액티비티 화면 출력**
  친구목록(성명, 주소, 전화번호)
- **사용자 클릭 처리**
  전화번호를 클릭하면 시스템에 있는 전화걸기 액티비티를 호출함

- **시스템의 전화걸기 액티비티**

06.3.2 앱 프로젝트 개발

STEP 1 프로젝트 생성

➡ '3.2절 [Step 1] 프로젝트 생성'을 참고하여 프로젝트를 생성한다.

절차	내용
❶ 프로젝트 시작	메뉴에서 'File → New → Android Application Project' 클릭
❷ 어플리케이션 기본정보 설정	아래 두 항목을 변경하고 그 외는 디폴트로 설정함. Application Name : Event2 Minimum Required SDK : API 19 Android 4.4(KitKat)
❸ 프로젝트 구성	디폴트 값으로 설정
❹ 아이콘 설정	디폴트 값으로 설정
❺ 액티비티 종류 설정	디폴트 값으로 설정
❻ 액티비티와 레이아웃 이름 설정	디폴트 값으로 설정

STEP 2 프로젝트 기본 편집

➡ '3.2절 [Step 2] 프로젝트 기본 편집' 절차에 따라 수정한다.

절차	내용
❶ activity_main.xml 수정	fragment_main.xml 파일 소스를 activity_main.xml로 복사
❷ fragment_main.xml 파일 삭제	–
❸ MainActivity.java 소스 수정	삭제한 fragment_main.xml 관련 부분과 메뉴 관련 부분 삭제
❹ AndroidManifest.xml 소스 수정	〈uses-sdk〉 태그 속성인 'android:minSdkVersion'에 19로 설정된 속성값을 8로 수정

STEP 3 소스 편집

strings.xml에는 친구정보에 대한 텍스트 리소스를 정의한다. **activity_main.xml**의 레이아웃에서 친구목록을 구성하며, 전화번호에는 사용자 클릭이 가능하도록 속성을 설정하고, callback 메소드로 **call() 메소드**를 설정한다. **MainActivity.java**는 액티비티를 생성하고, activity_main.xml에 정의된 레이아웃을 출력한다. **call() 메소드**는 클릭된 친구 전화를 받아 전화를 건다. **AndroidManifest.xml** 파일은 **MainActivity** 클래스를 액티비티로 설정하고, 어플리케이션 라벨과 액티비티 라벨은 **strings.xml**에서 정의한 **app_name**을 사용한다.

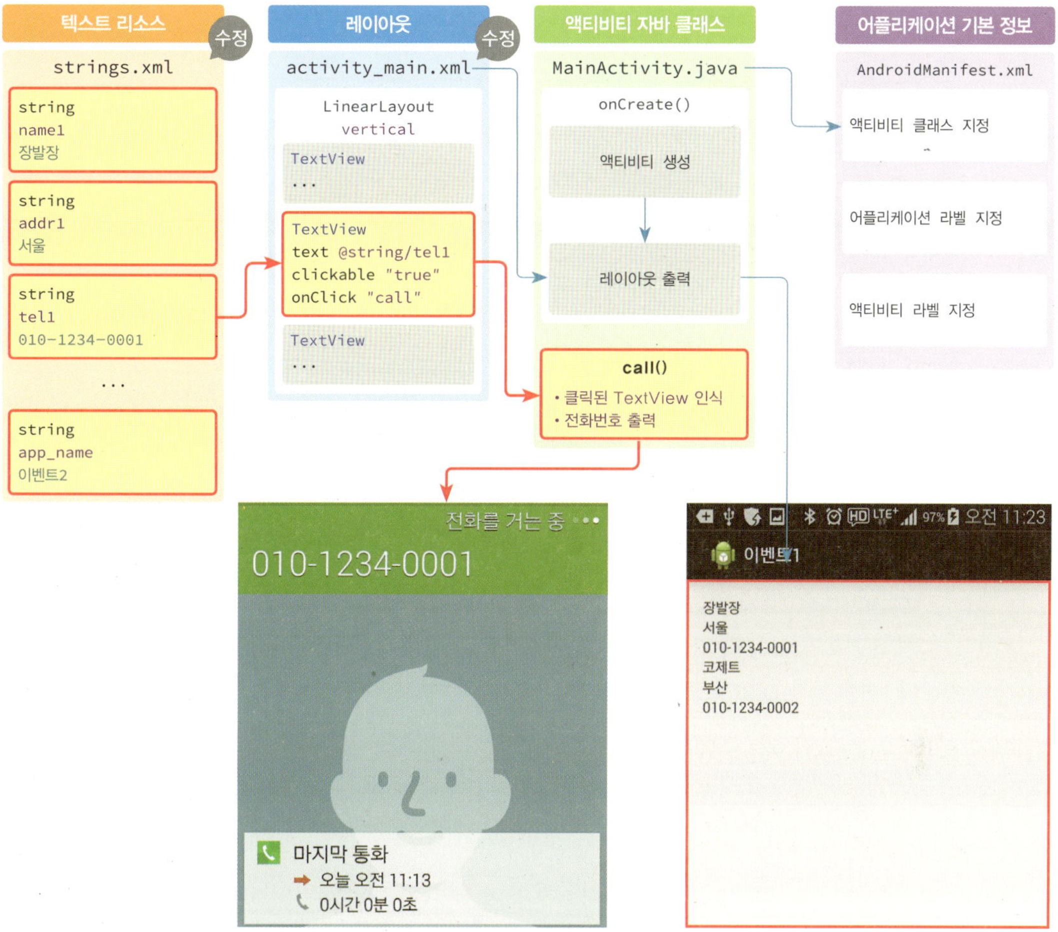

▲ 기본 파일 간의 연관관계

(1) strings.xml 편집

어플리케이션 이름을 수정하기 위해 **app_name** 속성값에 해당하는 데이터를 '**이벤트2**'로 수정한다. 친구들에 대한 **성명**, **주소**, **전화번호**에 대응하는 속성값으로 **name1**, **addr1**, **tel1**과 **name2**, **addr2**, **tel2**를 추가하고 각 데이터를 할당한다.

소스 | strings.xml

```
<?xml version="1.0" encoding="utf-8"?>
<resources>

    <string name="app_name">이벤트2</string>
    <string name="hello_world">Hello world!</string>
    <string name="action_settings">Settings</string>

    <string name="name1">장발장</string>
    <string name="addr1">서울</string>
    <string name="tel1">010-1234-0001</string>

    <string name="name2">코제트</string>
    <string name="addr2">부산</string>
    <string name="tel2">010-1234-0002</string>

</resources>
```

어플리케이션 이름

친구 1에 대한 텍스트 리소스 정의

친구 2에 대한 텍스트 리소스 정의

(2) activity_main.xml 편집

strings.xml에 정의된 친구들의 각 텍스트 리소스에 대응하는 **TextView**를 배치한다. **전화번호**에는 **클릭 가능한 상태**로 설정하고 클릭 시 실행될 **callback 메소드**를 지정한다. 여기서는 **call()**로 지정한다.

소스 | activity_main.xml

```
<?xml version="1.0" encoding="utf-8"?>

<LinearLayout xmlns:android="http://schemas.android.com/apk/res/android"
    android:layout_width="match_parent"
    android:layout_height="match_parent"
    android:orientation="vertical"
    android:paddingBottom="@dimen/activity_vertical_margin"
    android:paddingLeft="@dimen/activity_horizontal_margin"
    android:paddingRight="@dimen/activity_horizontal_margin"
    android:paddingTop="@dimen/activity_vertical_margin" >

    <TextView
        android:layout_width="wrap_content"
        android:layout_height="wrap_content"
        android:text="@string/name1" />
    <TextView
```

친구 1의 정보 출력

```
            android:layout_width="wrap_content"
            android:layout_height="wrap_content"
            android:text="@string/addr1" />
        <TextView
            android:id="@+id/tel1"
            android:clickable="true"
            android:onClick="call"
            android:layout_width="wrap_content"
            android:layout_height="wrap_content"
            android:text="@string/tel1" />

        <TextView
            android:layout_width="wrap_content"
            android:layout_height="wrap_content"
            android:text="@string/name2" />
        <TextView
            android:layout_width="wrap_content"
            android:layout_height="wrap_content"
            android:text="@string/addr2" />
        <TextView
            android:id="@+id/tel2"
            android:clickable="true"
            android:onClick="call"
            android:layout_width="wrap_content"
            android:layout_height="wrap_content"
            android:text="@string/tel2" />

</LinearLayout>
```

ID를 tel1로 지정함

클릭 가능한 상태로 뷰를 설정함

클릭되면 실행될 메소드를 지정함

친구 2의 정보 출력

(3) MainActivity.java 편집

activity_main.xml에서 지정한 **call() 메소드**를 구현한다. 전화를 거는 과정은 전화번호에 대한 Uri를 생성하고, 전화걸기 액션을 위한 인텐트를 생성하며, 인텐트에서 지정한 액티비티를 실행하는 단계로 진행된다.

소스 | MainActivity.java

```
package com.example.event1;

import android.app.Activity;
import android.os.Bundle;
import android.view.View;
import android.widget.TextView;
```

```java
import android.widget.Toast;

public class MainActivity extends Activity {

    @Override
    protected void onCreate(Bundle savedInstanceState) {
        super.onCreate(savedInstanceState);
        setContentView(R.layout.activity_main);
    }

    public void call(View v) {
        int id = v.getId();
        TextView tv = (TextView)v.findViewById(id);
        String tel = (String)tv.getText();

        Uri number;
        Intent intent;
        number = Uri.parse("tel:" + tel);
        intent = new Intent(Intent.ACTION_CALL, number);
        startActivity(intent);
    }

}
```

- activity_main.xml에서 지정한 call 메소드: 전화번호 클릭 시 실행됨. 클릭된 뷰 정보가 전달됨
- 클릭된 뷰의 id를 인식함
- 클릭된 뷰의 id를 가지는 TextView를 인식함
- TextView에 설정된 text 값을 추출함
- 전화번호에 대한 Uri를 생성함
- 전화번호 Uri에 대해 전화걸기를 하는 인텐트를 생성함
- 인텐트에서 지정한 액티비티를 실행함

클래스

클래스	설명
Intent	액티비티 호출과 정보전달에 사용됨.
Uri	URI 참조. URI란 Uniform Resource Identifier로서 인터넷에 있는 자원을 나타내는 유일한 주소를 의미함.

클래스 속성

클래스	속성	설명
Intent	static final String *ACTION_CALL*	주어진 전화번호로 전화를 검.

클래스 메소드

클래스	메소드	설명
Activity	void startActivity(intent)	인텐트에서 지정한 액티비티를 실행함.
Intent	Intent(String action, Uri uri)	주어진 uri에 대해 주어진 액션을 하는 인텐트를 생성함.
Uri	static Uri parse(String uriString)	주어진 uriString 문자열에 대한 Uri를 생성함.

STEP 4 프로젝트 실행

(1) 프로젝트의 실행

프로젝트명을 **마우스 오른쪽 버튼**으로 클릭하여 팝업메뉴에서 '**Run As → Android Application**'을 클릭하고, 디바이스 선택 창의 목록에서 실행할 디바이스(AVD 또는 스마트폰)를 선택하고, '**OK**' 버튼을 클릭한다.

(2) 실행결과 보기

실행결과는 레이아웃에 설정되어 있는 대로 친구목록이 나타난다. 전화번호를 클릭하면 클릭된 전화번호로 전화를 건다.

06 ④ 명화목록과 큰 이미지 보기

ADVANCED LAB Event3 프로젝트

06.4.1 프로젝트 개요

이미지 목록을 클릭하면 큰 이미지를 보여주도록 해보자. 이미지 목록은 왼쪽에는 이미지를 배치하고 오른쪽에는 이미지 제목과 아티스트를 수직으로 배치한다. 이미지 목록을 출력하는 액티비티의 라벨은 '이벤트3'으로 표시하고, 클릭된 큰 이미지를 보여주는 액티비티의 라벨은 '명화'로 한다.

프로젝트 개요: **명화목록과 큰 이미지 보기**

Application Name: **Event3**

어플리케이션 라벨: **이벤트3**

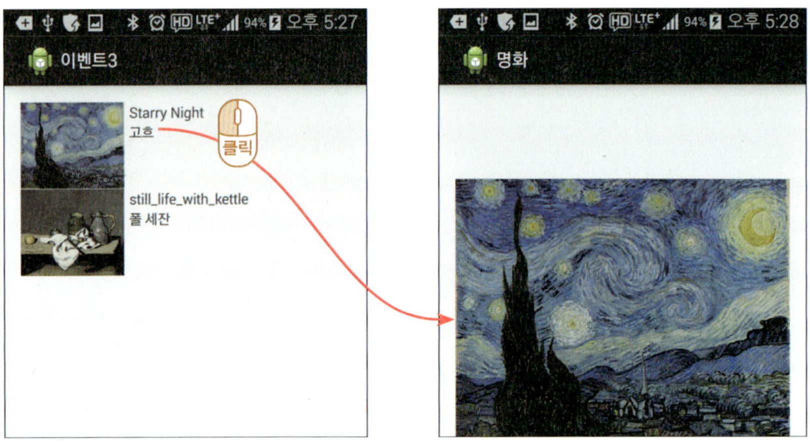

- **액티비티 라벨**
  이벤트3
- **액티비티 화면 출력**
  명화목록(이미지, 명화제목, 아티스트)
- **사용자 클릭 처리**
  명화목록에 대한 사용자 클릭 대기
  클릭 시 명화 액티비티 호출

- **액티비티 라벨**
  명화
- **액티비티 화면 출력**
  명화의 큰 이미지
- **사용자 클릭 처리**
  이미지 클릭 시 현재 액티비티 종료

06.4.2 앱 프로젝트 개발

STEP 1 프로젝트 생성

➥ '3.2절 [Step 1] 프로젝트 생성'을 참고하여 프로젝트를 생성한다.

절차	내용
❶ 프로젝트 시작	메뉴에서 'File → New → Android Application Project' 클릭
❷ 어플리케이션 기본정보 설정	아래 두 항목을 변경하고 그 외는 디폴트로 설정함. Application Name : Event3 Minimum Required SDK : API 19 Android 4.4(KitKat)
❸ 프로젝트 구성	디폴트 값으로 설정
❹ 아이콘 설정	디폴트 값으로 설정
❺ 액티비티 종류 설정	디폴트 값으로 설정
❻ 액티비티와 레이아웃 이름 설정	디폴트 값으로 설정

STEP 2 프로젝트 기본 편집

➥ '3.2절 [Step 2] 프로젝트 기본 편집' 절차에 따라 수정한다.

절차	내용
❶ activity_main.xml 수정	fragment_main.xml 파일 소스를 activity_main.xml로 복사
❷ fragment_main.xml 파일 삭제	–
❸ MainActivity.java 소스 수정	삭제한 fragment_main.xml 관련 부분과 메뉴 관련 부분 삭제
❹ AndroidManifest.xml 소스 수정	<uses-sdk> 태그 속성인 'android:minSdkVersion'에 19로 설정된 속성값을 8로 수정

STEP 3 소스 편집

[Step 3-1] 이미지 목록 액티비티 관련 소스 편집

● **기본파일 간의 연관관계**

두 개의 화면을 구현하는 각 액티비티들이 있다. **첫 번째 액티비티** 관련 파일 간의 연관관계는 다음과 같다. **strings.xml**에는 어플리케이션 이름에 대한 텍스트 리소스가 정의되어 있으며, res/drawable 폴더에는 이미지 리소스인 image1.png 등을 저장한다. activity_main.xml은 LinearLayout을 이용하여 이미지 목록을 출력하며, 각 이미지 목록은 클릭 시 실행할 callback 메소드로 displayLargeImage() 메소드를 지정한다. MainActivity.java는 액티비티를 생성하고, **activity_main.xml**에 정의된 레이아웃을 출력하며, displayLargeImage() 메소드를 구현한다. displayLargeImage() 메소드는 클릭된 뷰를 인식하고, 뷰의 tag 값을 인식하며, LargeImageActivity.java 클래스를 호출한다. AndroidManifest.xml 파일은 **MainActivity** 클래스를 액티비티로 설정하고, 어플리케이션 라벨과 액티비티 라벨은 **strings.xml**에서 정의한 **app_name**을 사용한다.

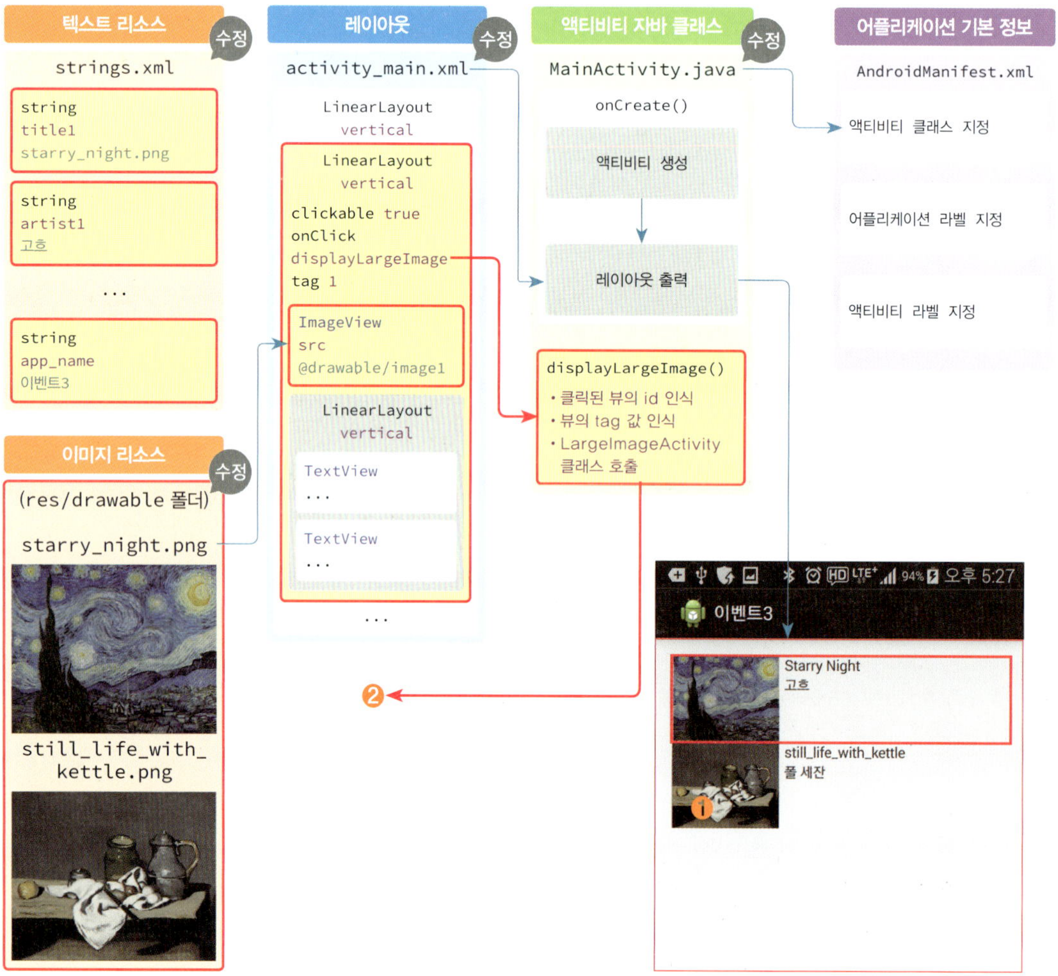

▲ 기본 파일 간의 연관관계

(1) 이미지 파일의 복사(res/drawable 폴더)

사용할 안드로이드 디바이스에 맞는 drawable 폴더에 이미지 파일들을 저장한다. 본 책은 **drawable-xxhdpi** 폴더에 저장하기로 한다.

drawable 폴더	이미지 파일	
drawable-xxhdpi		
	starry_night.png	still_life_with_kettle.png

(2) strings.xml 편집

어플리케이션 이름을 수정하기 위해 **app_name** 속성값에 해당하는 데이터를 '**이벤트3**'으로 수정하고, 명화 목록 관련 텍스트 리소스를 추가한다.

소스 | strings.xml

```
<?xml version="1.0" encoding="utf-8"?>
<resources>

    <string name="app_name">이벤트3</string>
    <string name="hello_world">Hello world!</string>
    <string name="action_settings">Settings</string>

    <string name="title1">Starry Night</string>
    <string name="artist1">고흐</string>

    <string name="title2">Still Life with Kettle</string>
    <string name="artist2">폴 세잔</string>

</resources>
```

어플리케이션 이름

아티스트 1에 대한 텍스트 리소스 정의

아티스트 2에 대한 텍스트 리소스 정의

(3) activity_main.xml 편집

행의 수만큼 **LinearLayout** 클래스를 배치하고 callback 메소드를 지정한다. 각 LinearLayout은 **이미지**와 **텍스트 리소스**(이미지 제목과 아티스트 이름)를 수평(horizontal)으로 배치한다. **텍스트 리소스**들은 **LinearLayout**으로 묶고, 수직(vertical)으로 배치한다.

소스 | activity_main.xml

```
<?xml version="1.0" encoding="utf-8"?>
<LinearLayout xmlns:android="http://schemas.android.com/apk/res/android"
    android:layout_width="match_parent"
    android:layout_height="wrap_content"
    android:orientation="vertical"
    android:paddingBottom="@dimen/activity_vertical_margin"
    android:paddingLeft="@dimen/activity_horizontal_margin"
    android:paddingRight="@dimen/activity_horizontal_margin"
    android:paddingTop="@dimen/activity_vertical_margin" >

    <LinearLayout
        android:id="@+id/item1"
        android:layout_width="match_parent"
        android:layout_height="wrap_content"
        android:orientation="horizontal"
        android:clickable="true"
        android:onClick="displayLargeImage"
        android:tag="starry_night" >
       <ImageView
           android:id="@+id/image1"
           android:layout_width="match_parent"
           android:layout_height="wrap_content"
           android:src="@drawable/starry_night"
           android:paddingRight="5sp"
           android:layout_weight="2"
           android:adjustViewBounds="true" />
       <LinearLayout
           android:layout_width="match_parent"
           android:layout_height="wrap_content"
           android:layout_weight="1"
           android:orientation="vertical" >
           <TextView
               android:layout_width="wrap_content"
               android:layout_height="wrap_content"
               android:text="@string/title1" />
           <TextView
               android:layout_width="wrap_content"
               android:layout_height="wrap_content"
               android:text="@string/artist1" />
        </LinearLayout>
    </LinearLayout>

```

이미지 목록 아이템 1의 id

이미지 1의 목록

이미지 1의 목록이 클릭 가능한 상태임을 나타냄

이미지 1의 목록이 클릭 시에 실행될 메소드 이름

이미지 목록의 첫 번째 아이템에 나타나는 이미지명을 설정(클릭 시 다른 액티비티에서 출력할 이미지 파일 설정에 활용함)

```xml
    <LinearLayout
        android:id="@+id/item2"
        android:layout_width="match_parent"
        android:layout_height="wrap_content"
        android:orientation="horizontal"
        android:clickable="true"
        android:onClick="displayLargeImage"
        android:tag="still_life_with_kettle" >
        <ImageView
           android:id="@+id/image2"
           android:layout_width="fill_parent"
           android:layout_height="wrap_content"
           android:src="@drawable/still_life_with_kettle"
           android:paddingRight="5sp"
           android:layout_weight="2"
           android:adjustViewBounds="true" />
        <LinearLayout
           android:layout_width="match_parent"
           android:layout_height="wrap_content"
           android:layout_weight="1"
           android:orientation="vertical" >
           <TextView
               android:layout_width="wrap_content"
               android:layout_height="wrap_content"
               android:text="@string/title2" />
           <TextView
               android:layout_width="wrap_content"
               android:layout_height="wrap_content"
               android:text="@string/artist2" />
        </LinearLayout>
    </LinearLayout>

</LinearLayout>
```

이미지 2의 목록

(4) MainActivity.java 편집

목록 클릭 시 수행할 **displayLargeImage() 메소드**를 구현한다. 먼저, 클릭된 뷰의 ID를 인식하고 tag 값을 읽어서 **LargeImageActivity 클래스**를 호출할 때 넘겨준다.

소스 | MainActivity.java

```java
package com.example.event3;

import android.app.Activity;
import android.content.Intent;
```

```java
import android.os.Bundle;
import android.view.View;
import android.widget.LinearLayout;
import android.widget.Toast;

public class MainActivity extends Activity {

    @Override
    protected void onCreate(Bundle savedInstanceState) {
        super.onCreate(savedInstanceState);
        setContentView(R.layout.activity_main);
    }

    public void displayLargeImage(View v) {
       int id = v.getId();
       LinearLayout layout = (LinearLayout)findViewById(id);
       String tag = (String)layout.getTag();

       Intent it = new Intent(this, LargeImageActivity.class);
       it.putExtra("it_tag",     tag);
       startActivity(it);
    }
}
```

이미지목록 아이템 클릭 시 수행되며 클릭된 View 객체 값이 전달됨

클릭된 뷰의 id를 추출함

클릭된 ID의 LinearLayout을 인식함

LinearLayout에 설정된 tag 값을 추출함

LargeImageActivity 클래스를 호출하기 위해 인텐트를 생성함

인텐트에 tag 값을 it_tag에 저장함

LargeImageActivity 클래스를 호출함

● 클래스

클래스	설명
Object	자바 클래스 계층의 최상위 클래스. 모든 클래스는 Object 클래스로부터 상속받음.

● 클래스 메소드

클래스	메소드	설명
View	Object getTag()	뷰의 tag 값을 반환함.
Intent	Intent putExtra(String name, String value)	인텐트에 name의 값을 value로 할당함.

[Step 3-2] 큰 이미지 출력 액티비티 관련 소스 편집

● 기본파일 간의 연관관계

두 번째 액티비티 관련 파일 간의 연관관계는 다음과 같다. **strings.xml**에는 두 번째 액티비티 라벨로 사용할 텍스트 리소스를 정의한다. **large_image.xml**은 클릭된 이미지가 출력될 수 있도록 이미지 리소스가 없는 **ImageView**를 배치한다. **ImageView**에는 클

릭 시에 실행할 **disappear() 메소드**를 지정한다. **LargeImageActivity.java**는 액티비티를 생성하고, **large_image.xml**에 정의된 레이아웃을 출력한다. tag 값에 해당하는 이미지를 인식해서 ImageView에 이미지를 출력하도록 한다. **disappear() 메소드**는 현재 액티비티를 종료하도록 구현한다. **AndroidManifest.xml**에는 **LargeImageActivity** 클래스를 액티비티로 등록하고 액티비티 라벨은 **strings.xml**에서 추가로 정의한 **act_name**을 설정한다.

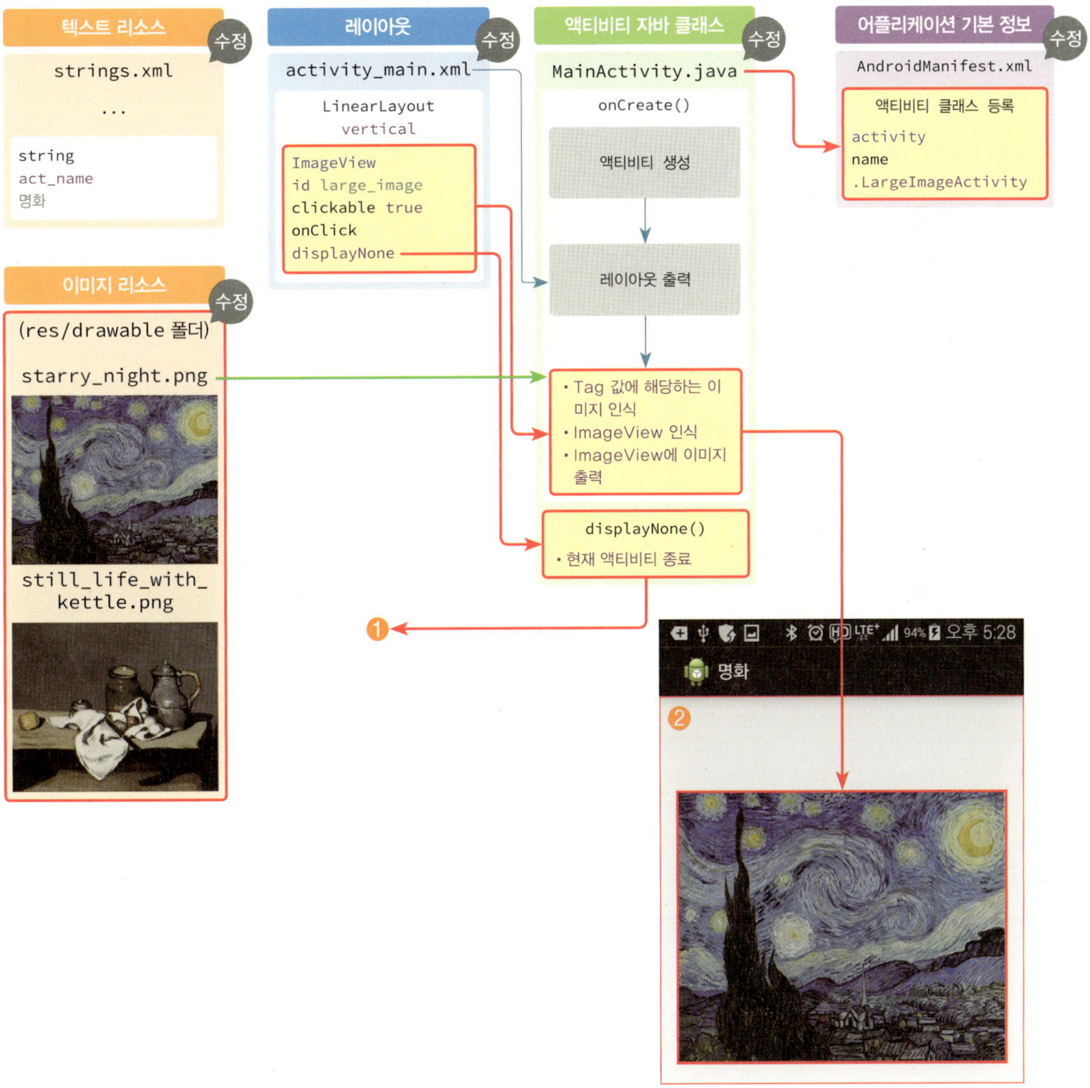

▲ 기본 파일 간의 연관관계

(1) strings.xml 편집

큰 이미지를 출력하는 액티비티의 라벨로 사용할 텍스트 리소스를 추가한다. **act_name** 속성값에 해당하는 데이터를 '**명화**'로 하자.

소스 | strings.xml

```
<?xml version="1.0" encoding="utf-8"?>
<resources>

    <string name="app_name">이벤트3</string>
    <string name="hello_world">Hello world!</string>
    <string name="action_settings">Settings</string>

    <string name="title1">Starry Night</string>
    <string name="artist1">고흐</string>

    <string name="title2">Still Life with Kettle</string>
    <string name="artist2">폴 세잔</string>

    <string name="act_name">명화</string>

</resources>
```

큰 이미지 출력 액티비티 라벨에 사용될 텍스트 리소스

(2) large_image.xml 파일의 생성과 편집

큰 이미지 출력을 위한 레이아웃을 설정하기 위해 새로운 레이아웃 파일을 만든다. **large_image.xml**에는 클릭된 이미지를 동적으로 출력해야 하기 때문에 **id**만 있는 **ImageView**를 배치한다.

TIP large_image.xml 파일의 생성

res/layout 폴더를 마우스 오른쪽 버튼으로 클릭하고(❶) New(❷) → Android XML File(❸) 순으로 메뉴를 클릭한다.

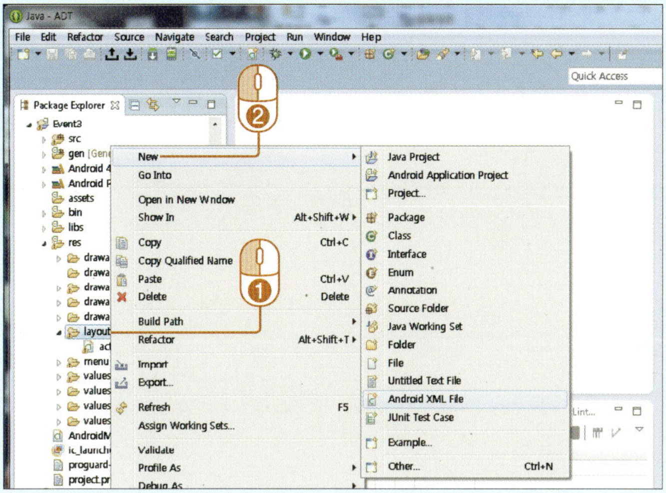

File 이름으로 'large_image'를 입력하고(❹) Root Element를 LinearLayout을 선택 후에(❺) 'Finish' 버튼을 클릭한다(❻).

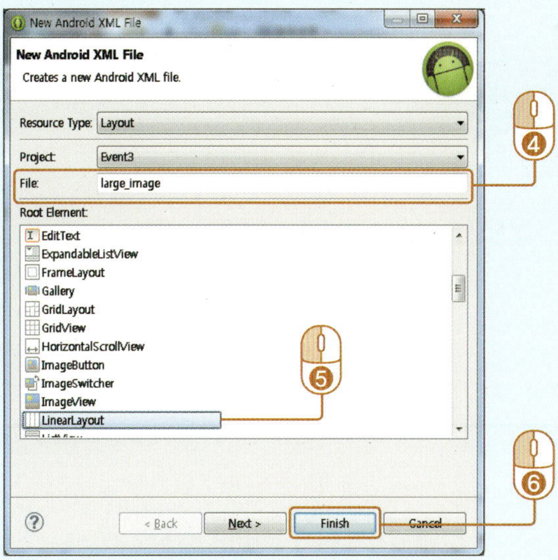

res/layout 폴더에 large_image.xml 파일이 만들어진 것을 볼 수 있다(❼).

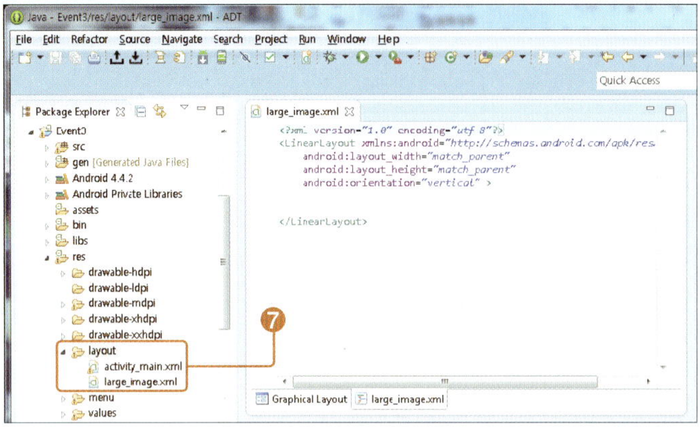

소스 | large_image.xml

```
<?xml version="1.0" encoding="utf-8"?>
<LinearLayout xmlns:android="http://schemas.android.com/apk/res/android"
    android:layout_width="match_parent"
    android:layout_height="wrap_content"
    android:orientation="vertical"
    android:paddingBottom="@dimen/activity_vertical_margin"
    android:paddingLeft="@dimen/activity_horizontal_margin"
    android:paddingRight="@dimen/activity_horizontal_margin"
    android:paddingTop="@dimen/activity_vertical_margin" >

    <ImageView
        android:id="@+id/large_image"
        android:clickable="true"
        android:onClick="disappear"
        android:layout_width="match_parent"
        android:layout_height="wrap_content" />

</LinearLayout>
```

큰 이미지가 출력될 ImageView를 배치함

ImageView의 ID를 지정함

이미지가 클릭 가능한 상태임을 나타냄

이미지가 클릭 시에 실행될 메소드 이름

(3) LargeImageActivity.java 파일의 생성과 편집

큰 이미지 출력을 위한 액티비티 자바 클래스 파일을 만든다. 클릭된 이미지 리소스를 인식해서 **large_image.xml**에 있는 **ImageView**에 추가한다. 이미지가 클릭되면 실행될

disappear() 메소드를 구현한다. **disappear() 메소드**는 현재 액티비티를 종료하는 기능을 가지고 있는데, 종료되면 그 뒷면에 남아 있던 **이미지 목록 액티비티**가 나타난다.

TIP LargeImageActivity.java 파일의 생성

src/com.example/event3 폴더를 마우스 오른쪽 버튼으로 클릭하고(❶) New(❷) → Classe(❸) 순으로 메뉴를 클릭한다.

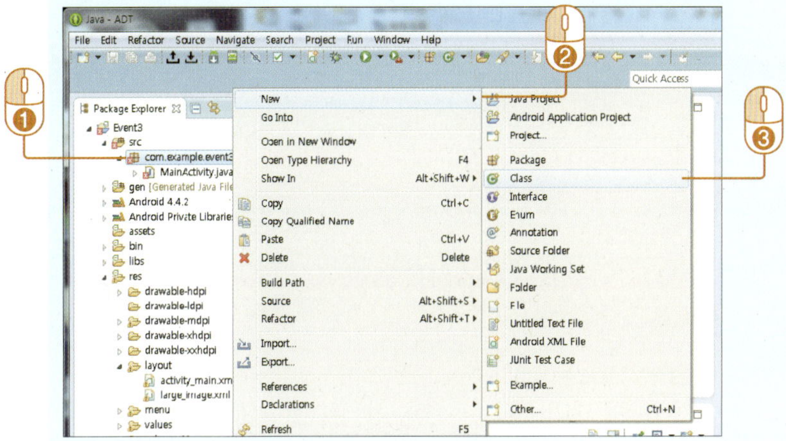

Name으로 자바 클래스명인 'LargeImageActivity'를 입력하고(❹) 'Finish' 버튼을 클릭한다(❺).

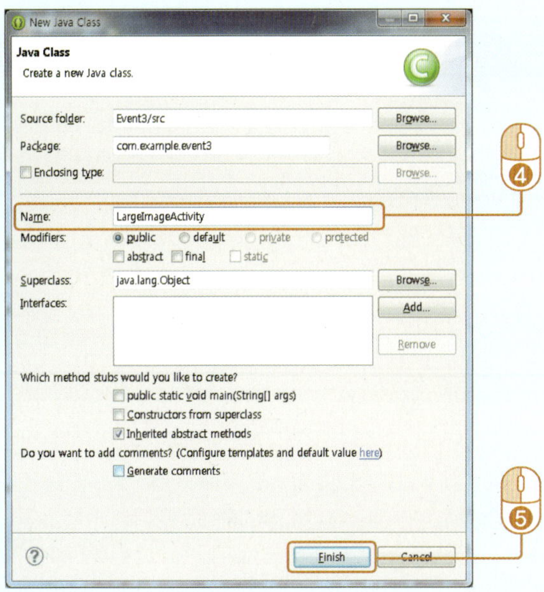

src/com.example/event3 폴더에 'LargeImageActivity.java' 파일이 만들어진 것을 볼 수 있다(❻).

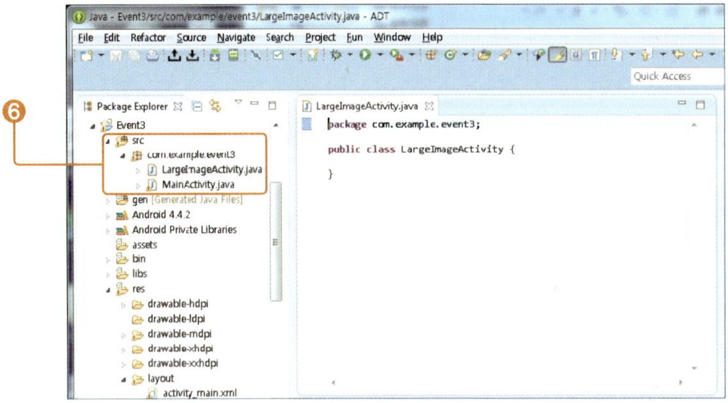

소스 | LargeImageActivity.java

```
package com.example.event3;

import android.app.Activity;
import android.content.Intent;
import android.os.Bundle;
import android.view.View;
import android.widget.ImageView;
import android.widget.LinearLayout;

public class LargeImageActivity extends Activity {

    @Override
    protected void onCreate(Bundle savedInstanceState) {
        super.onCreate(savedInstanceState);
        setContentView(R.layout.large_image);

        Intent it = getIntent();
        String tag = it.getStringExtra("it_tag");

        int id_image = getResources().getIdentifier(tag,
                       "drawable", getPackageName());
        ImageView imageview = (ImageView)findViewById(R.id.large_image);
        imageview.setImageResource(id_image);
    }

```

- 현재 액티비티를 실행한 인텐트를 반환함
- 인텐트에 저장된 it_tag 값을 추출함
- drawable 폴더에서 tag 값으로 지정된 이미지 파일명에 해당하는 이미지 ID를 인식함
- large_image라는 ID를 가진 ImageView를 인식함
- large_image에 'image'+tag 값의 이미지를 출력함

```
    public void disappear(View v) {
        finish();
    }
}
```

이미지 목록 클릭 시 실행되는 callback 메소드

현재 액티비티 종료

- **클래스**

클래스	설명
Context	어플리케이션 환경의 전반적인 정보에 대한 인터페이스
Resources	어플리케이션의 리소스에 접근하기 위한 클래스

- **클래스 메소드**

클래스	메소드	설명
Activity	Intent getIntent()	액티비티를 실행한 인텐트를 반환함.
Context	abstract Resources getResources()	현재 어플리케이션에 대한 리소스 인스턴스를 반환함.
	abstract String getPackageName()	현재 어플리케이션의 패키지 이름을 반환함.
ImageView	void setImageResource(int resId)	drawable에 있는 리소스 id에 해당하는 이미지를 현재 ImageView에 설정함.
Intent	String getStringExtra(String name)	인텐트로부터 name에 저장된 데이터를 추출함.
Resources	int getIdentifier(String name, String defType, String defPackage)	주어진 리소스 이름에 대한 리소스 ID를 반환함.

(4) AndroidManifest.xml 편집과 이해

액티비티 자바 클래스가 만들어지면 **AndroidManifest.xml**에 등록해야 한다. **액티비티 자바 클래스명**과 **액티비티 라벨**을 설정한다.

소스 | AndroidManifest.xml

```
<?xml version="1.0" encoding="utf-8"?>
<manifest xmlns:android="http://schemas.android.com/apk/res/android"
    package="com.example.event3"
    android:versionCode="1"
    android:versionName="1.0" >

```

```
    <uses-sdk
        android:minSdkVersion="8"
        android:targetSdkVersion="19" />

    <application
        android:allowBackup="true"
        android:icon="@drawable/ic_launcher"
        android:label="@string/app_name"
        android:theme="@style/AppTheme" >
        <activity
            android:name="com.example.event3.MainActivity"
            android:label="@string/app_name" >
            <intent-filter>
                <action android:name="android.intent.action.MAIN" />

                <category android:name="android.intent.category.LAUNCHER" />
            </intent-filter>
        </activity>
        <activity
            android:name="com.example.event3.LargeImageActivity"
            android:label="@string/act_name" >
        </activity>
    </application>

</manifest>
```

LargeImageActivity 자바 클래스의 등록과 액티비티 라벨 지정

STEP 4 프로젝트 실행

(1) 프로젝트의 실행

프로젝트명을 **마우스 오른쪽 버튼**으로 클릭하여 팝업메뉴에서 '**Run As → Android Application**'을 클릭하고, 디바이스 선택 창의 목록에서 실행할 디바이스(AVD 또는 스마트폰)를 선택하고, '**OK**' 버튼을 클릭한다.

(2) 실행결과 보기

실행결과는 레이아웃에 설정되어 있는 대로 리스트 형태로 2명의 아티스트 목록이 출력된다. 상단에는 **액티비티 라벨**로 지정된 '**이벤트3**'이 나타난다. 각 이미지 목록을 클릭하면 큰 이미지를 보여주는 화면으로 바뀌고 이미지를 클릭하면 현재 액티비티가 종료되어 이전 액티비티인 이미지 목록이 다시 나타난다.

ANDROID
PROGRAMMING

자바 쉼터 3

조건문

조건문은 조건절의 참과 거짓 상황에 따라 각기 다른 처리를 하게 한다. 조건문에는 **if 문**과 **switch 문**이 있다.

● if 문 유형별 비교

<table>
<tr><th>유형</th><th>처리 과정</th><th>문법과 사용 예</th></tr>
<tr><td>if 문</td><td>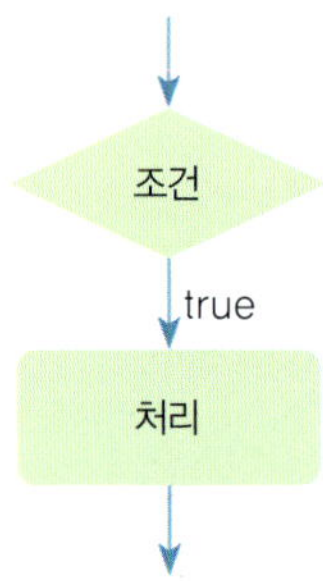
</td><td>• 문법<pre>if (조건) {
    처리;
}</pre>• 사용 예<pre>int score = 80;
String grade;
if (score >= 85)
    grade = "A";</pre>➥ if 문 내에 처리해야 할 명령어가 1개이면 중괄호({ }) 필요 없음</td></tr>
<tr><td>if else 문</td><td>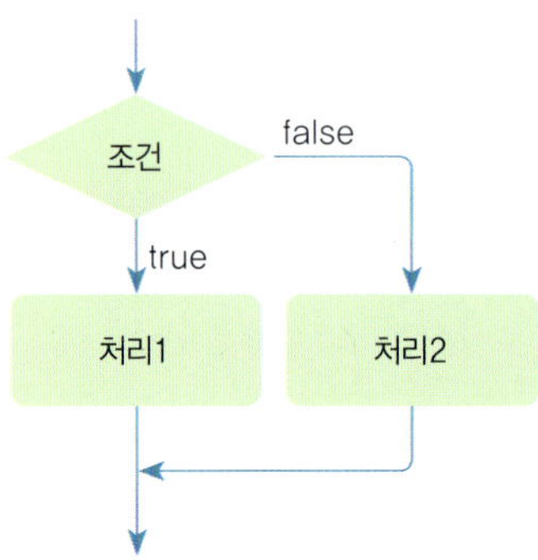
</td><td>• 문법<pre>if (조건) {
    처리1;
} else {
    처리2;
}</pre>• 사용 예<pre>int score = 80;
String grade;
if (score >= 85)
    grade = "Pass";
else
    grade = "Fail";</pre></td></tr>
</table>

if else if 문

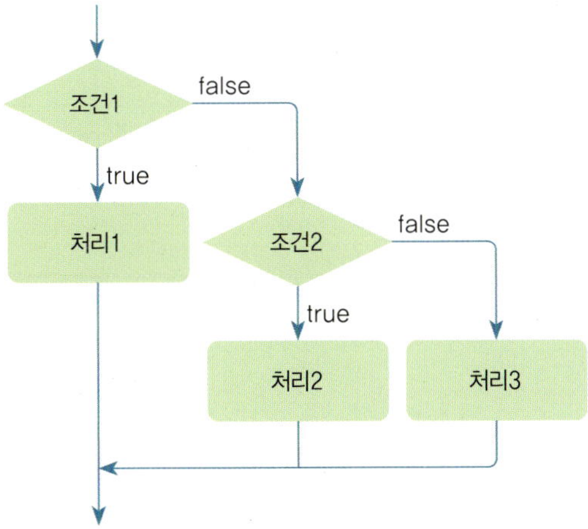

• 문법

```
if (조건1) {
    처리1;
} else if (조건2) {
    처리2;
} else {
    처리3;
}
```

• 사용 예

```
int score = 80;
String grade;
if (score >= 90)
    grade = "A";
else if ((score >= 80)
    grade = "B";
else if ((score >= 70)
    grade = "C";
else
    grade = "F";
```

● if 문과 연산자

조건절에는 일반적으로 비교연산자를 이용하여 참과 거짓의 조건을 비교하지만, 한 개 이상의 비교연산자를 이용한 병렬 비교에는 논리연산자가 추가로 사용된다.

if (비교연산자)	if (a >= 10)
if (비교연산자 논리연산자 비교연산자)	if (a>=10 && b<100)

● switch 문과 if 문의 비교

switch 문은 if 문의 변형으로 하나의 변수가 다양한 값을 가질 때 구조적으로 표현이 가능하다. 이때 사용되는 변수는 정수 값을 결과로 갖는 byte, short, int, char, String 타입 등이 가능하다. default는 case 값에 해당되지 않는 모든 경우에 해당한다.

<table>
<tr><th>if 문</th><th>switch 문</th></tr>
<tr><td><pre>int a = 3;
int b;
if (a == 1)
    b = 10;
else if (a == 2)
    b = 20;
else if (a == 3)
    b = 30;
else
    b = 40;</pre></td><td><pre>int a = 3;
int b;
switch(a) {
    case 1:
        b = 10;
        break;
    case 2:
        b = 20;
        break;
    case 3:
        b = 30;
        break;
    default:
        b = 40;
        break;
}</pre></td></tr>
</table>

android
PROGRAMMING

ANDROID PROGRAMMING

07 CHAPTER

오디오 재생과 렐러티브 레이아웃

07 ① 오디오 재생 원리

(1) 오디오 재생 앱의 예

소리바다는 음악 관련 인기 앱의 하나이다. 왼쪽 그림은 소리바다 앱의 초기화면을 나타낸 것으로 다양한 음악을 들을 수 있다. 오른쪽은 KBS Classic 앱으로 생방송은 물론 다양한 클래식 곡을 선택해서 들을 수 있다.

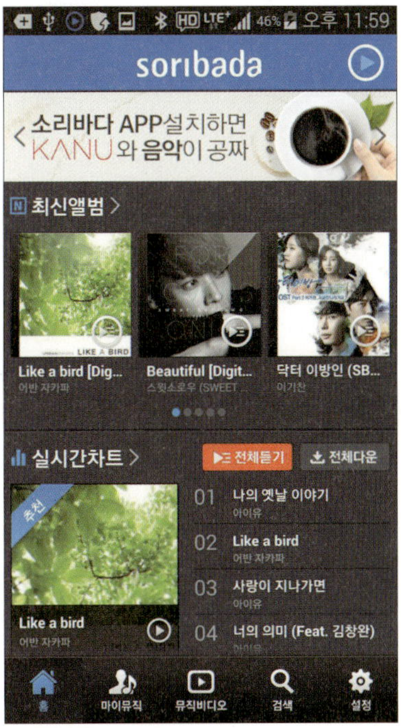

소리바다

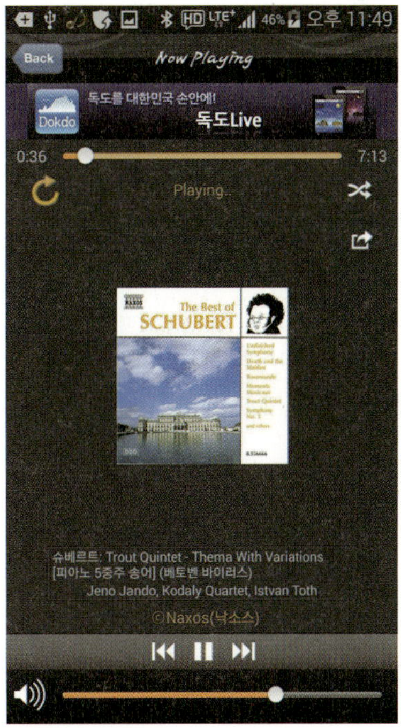

KBS Classic

▲ 음악 앱

(2) 오디오 재생 원리

오디오 재생은 **MediaPlayer 클래스**를 이용한다. 오디오 리소스에 대해 **MediaPlayer** 객체를 생성하고 시작하면 된다.

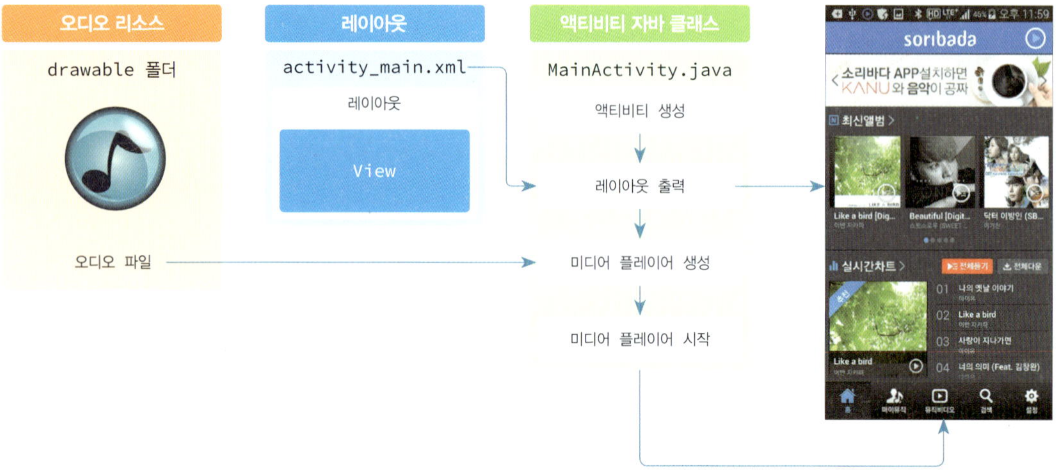

(3) 렐러티브 레이아웃 개요

오디오 목록을 렐러티브 레이아웃을 이용해 배치해 보자. 렐러티브 레이아웃은 자식 뷰(child view)들을 부모 뷰(parent view) 또는 ID로 지정한 다른 뷰와 상대적인 위치에 배치한다. 그 예는 다음과 같다.

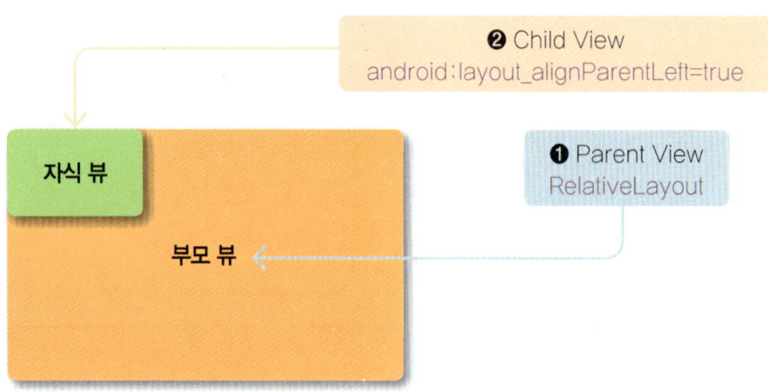

ReletiveLayout인 부모 뷰를 기준으로 자식 뷰는 좌측에 배치된다.

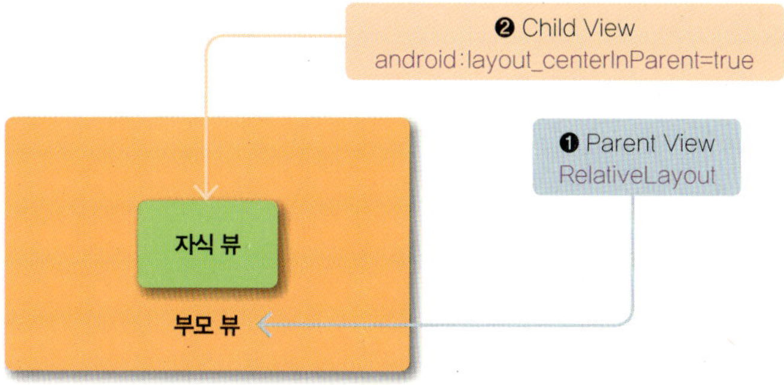

ReletiveLayout인 부모 뷰를 기준으로 자식 뷰는 수평과 수직의 중앙에 배치된다.

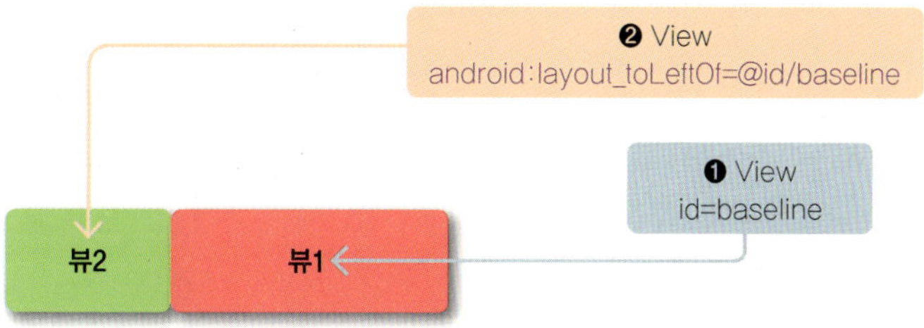

View ❶을 기준으로 View ❷는 좌측에 배치된다.

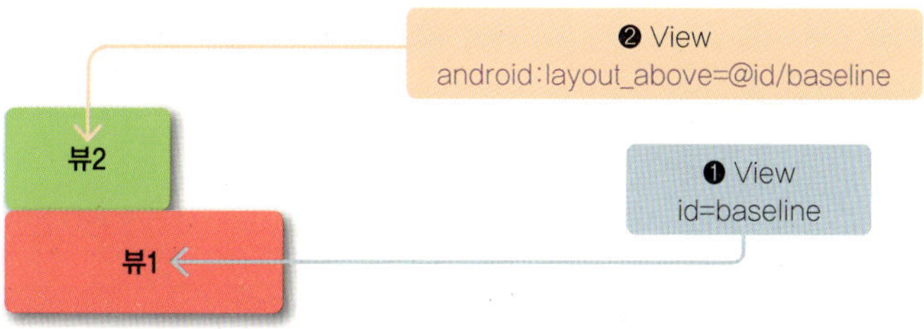

View ❶을 기준으로 View ❷는 위에 배치된다.

07 ②

오디오 자동 재생

BASIC Audio Playback1 프로젝트

07.2.1 프로젝트 개요

오디오 제목, 아티스트, 재생시간을 출력하고, 자동으로 오디오를 재생하는 앱을 개발해 보자. **렐러티브 레이아웃**을 이용하여 목록을 구성하는 방법도 같이 살펴보기로 한다. 액티비티 라벨은 '오디오1'로 표시한다.

프로젝트 개요: **오디오 자동 재생**

Application Name: **Audio Playback1**

어플리케이션 라벨: **오디오1**

- 액티비티 라벨
  오디오1
- 액티비티 화면 출력
  오디오 제목
  아티스트(왼쪽), 재생시간(오른쪽)

07.2.2 앱 프로젝트 개발

STEP 1 프로젝트 생성

➥ '3.2절 [Step 1] 프로젝트 생성'을 참고하여 프로젝트를 생성한다.

절차	내용
❶ 프로젝트 시작	메뉴에서 'File → New → Android Application Project' 클릭
❷ 어플리케이션 기본정보 설정	아래 두 항목을 변경하고 그 외는 디폴트로 설정함. Application Name : Audio Playback1 Minimum Required SDK : API 19 Android 4.4(KitKat)
❸ 프로젝트 구성	디폴트 값으로 설정
❹ 아이콘 설정	디폴트 값으로 설정
❺ 액티비티 종류 설정	디폴트 값으로 설정
❻ 액티비티와 레이아웃 이름 설정	디폴트 값으로 설정

STEP 2 프로젝트 기본 편집

➥ '3.2절 [Step 2] 프로젝트 기본 편집' 절차에 따라 수정한다.

절차	내용
❶ activity_main.xml 수정	fragment_main.xml 파일 소스를 activity_main.xml로 복사
❷ fragment_main.xml 파일 삭제	–
❸ MainActivity.java 소스 수정	삭제한 fragment_main.xml 관련 부분과 메뉴 관련 부분 삭제
❹ AndroidManifest.xml 소스 수정	<uses-sdk> 태그 속성인 'android:minSdkVersion'에 19로 설정된 속성값을 8로 수정

STEP 3 소스 편집

● **기본파일 간의 연관관계**

strings.xml에는 **오디오 목록**에 대한 텍스트 리소스를 정의하고, **activity_main.xml**에서는 strings.xml에서 정의한 오디오 목록을 할당한다. **MainActivity.java**는 **activity_main.xml**에서 정의한 레이아웃을 출력하고 오디오를 자동으로 재생한다.

AndroidManifest.xml 파일은 MainActivity 클래스를 액티비티로 설정하고, 어플리케이션 라벨과 액티비티 라벨은 strings.xml에서 정의한 app_name을 사용한다.

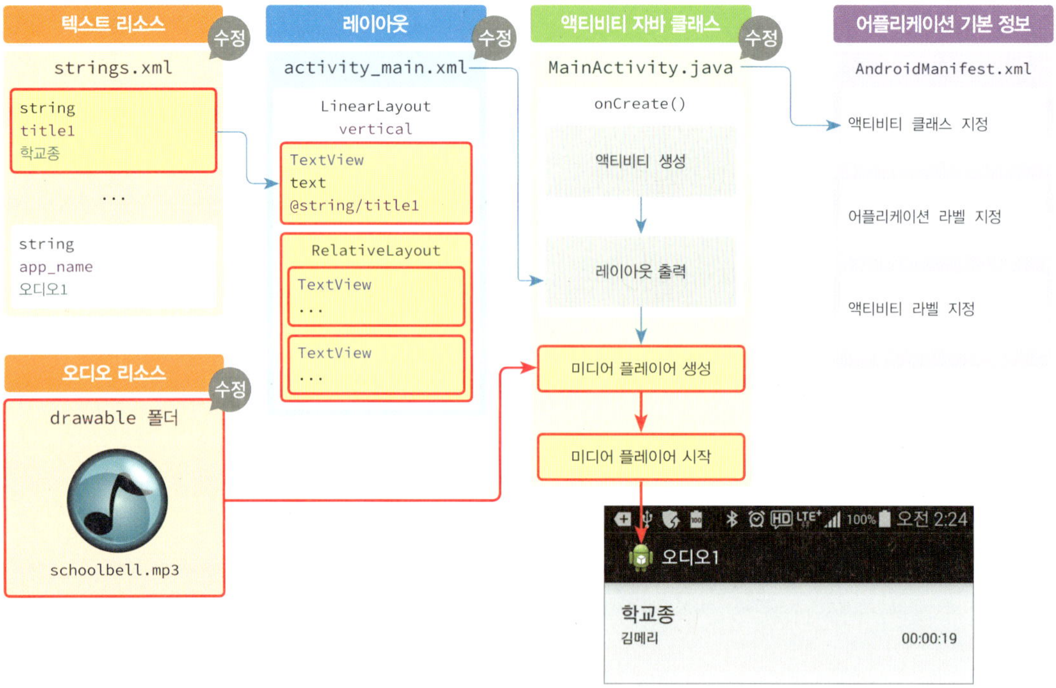

▲ 기본 파일 간의 연관관계

(1) 오디오 파일의 복사(res/drawable 폴더)

오디오 리소스인 schoolbell.mp3 파일을 drawable-xxhdpi 폴더에 저장한다(5장 이미지 파일 복사 참조).

TIP drawable 폴더에 오디오 파일 복사하기

복사할 파일 선정

schoolbell.mp3 파일을 **마우스 오른쪽 버튼**으로 누르고 **팝업 메뉴**에서 **'복사'**를 클릭한다(단축 키를 사용하려면, 파일을 선택하고 'Ctrl+C' **키**를 누르면 된다).

저장할 폴더에 붙여넣기

res/drawable-xxhdpi 폴더를 **마우스 오른쪽 버튼**으로 클릭하고 **팝업 메뉴**의 'paste'를 클릭하면 schoolbell.mp3 파일이 복사된다(단축 키를 사용하려면 'res/drawable-xxhdpi' 폴더를 선택하고 'Ctrl+V' **키**를 누르면 된다).

TIP 안드로이드에서 사용하는 주요 오디오 파일 유형

사용 가능한 주요 오디오 파일 유형은 .3gp, .mp3, .mp4, .mid, .ogg, .wav 등이다.

(2) strings.xml 편집

어플리케이션 이름을 수정하기 위해 **app_name** 속성값에 해당하는 데이터를 '**오디오 1**'로 수정한다. 오디오에 대한 **제목**, **아티스트**, **재생시간**에 대응하는 속성값으로 **title1**, **artist1**, **time1**을 추가하고 각 데이터를 할당한다.

소스 | strings.xml

```
<?xml version="1.0" encoding="utf-8"?>
<resources>

    <string name="app_name">오디오1</string>
    <string name="hello_world">Hello world!</string>
    <string name="action_settings">Settings</string>

    <string name="title1">학교종</string>
    <string name="artist1">김메리</string>
    <string name="time1">00:00:19</string>

</resources>
```

어플리케이션 이름

오디오 제목, 아티스트, 재생시간에 대한 텍스트 리소스 정의

(3) activity_main.xml 편집

strings.xml에 정의된 오디오 제목과 Relative Layout을 수직으로 배치하고 Relative Layout 내에서 아티스트는 왼쪽에, 재생시간은 오른쪽에 배치한다.

소스 | activity_main.xml

```
<?xml version="1.0" encoding="utf-8"?>
<LinearLayout xmlns:android="http://schemas.android.com/apk/res/android"
    android:layout_width="match_parent"
    android:layout_height="match_parent"
    android:orientation="vertical"
    android:paddingBottom="@dimen/activity_vertical_margin"
    android:paddingLeft="@dimen/activity_horizontal_margin"
    android:paddingRight="@dimen/activity_horizontal_margin"
    android:paddingTop="@dimen/activity_vertical_margin" >
```

```xml

    <TextView
        android:layout_width="wrap_content"
        android:layout_height="wrap_content"
        android:text="@string/title1"
        android:textSize="20sp" />

    <RelativeLayout
        android:layout_width="match_parent"
        android:layout_height="wrap_content" >
        <TextView
            android:layout_width="wrap_content"
            android:layout_height="wrap_content"
            android:text="@string/artist1"
            android:layout_alignParentLeft="true" />
        <TextView
            android:layout_width="wrap_content"
            android:layout_height="wrap_content"
            android:text="@string/time1"
            android:layout_alignParentRight="true" />
    </RelativeLayout>

</LinearLayout>
```

오디오 제목을 배치함

렐러티브 레이아웃을 배치함

아티스트 이름의 왼쪽 끝을 부모인 RelativeLayout의 왼쪽 끝과 일치시킴

재생시간의 오른쪽 끝을 부모인 RelativeLayout의 오른쪽 끝과 일치시킴

RelativeLayout과 관련된 레이아웃 정보는 RelativeLayout 클래스 내의 내부 클래스로 선언된 LayoutParams 클래스에 정의되어 있다.

클래스

클래스	설명
RelativeLayout.LayoutParams	RelativeLayout과 관련된 레이아웃 정보

클래스의 XML 속성

클래스	속성	설명
View	android:layout_alignParentLeft	현재 뷰의 왼쪽 끝을 부모 뷰의 왼쪽 끝과 일치시킴 (true 또는 false).
	android:layout_alignParentRight	현재 뷰의 오른쪽 끝을 부모 뷰의 오른쪽 끝과 일치시킴 (true 또는 false).

(4) MainActivity.java 편집과 이해

액티비티를 생성하고 activity_main.xml을 출력한다. **오디오 리소스**에 대한 **MediaPlayer**를 생성하고 **오디오를 재생**한다. 오디오 재생 중에 액티비티를 종료하면 오디오도 자동으로 종료하도록 **onDestroy() 메소드**에 구현한다.

소스 | MainActivity.java

```
package com.example.audioplay1;

import android.app.Activity;
import android.graphics.Color;
import android.media.MediaPlayer;
import android.os.Bundle;
import android.view.View;
import android.widget.TextView;

public class MainActivity extends Activity {

    MediaPlayer mp = new MediaPlayer();

    @Override
    protected void onCreate(Bundle savedInstanceState) {
        super.onCreate(savedInstanceState);
        setContentView(R.layout.activity_main);

        mp = MediaPlayer.create(this, R.drawable.schoolbell);
        mp.setLooping(false);;
        mp.start();
    }

    protected void onDestroy() {
      mp.stop();
      mp.release();
      super.onDestroy();
    }

}
```

MediaPlayer의 객체 선언과 생성

Drawable 폴더의 schoolbell(확장자 제외) 오디오에 대한 MediaPlayer를 생성함

반복 재생을 하지 않음

MediaPlayer를 시작함

액티비티가 소멸될 때 자동으로 실행되는 메소드(Activity 클래스에 정의된 onDesproy 메소드를 재정의함)

MediaPlayer를 중지함

MediaPlayer에 할당된자원을 해제함

Activity 클래스에 정의된 onDesproy 메소드를 이용하여 액티비티를 종료함

오디오 재생을 위해 **MediaPlayer 클래스**를 사용한다.

● 클래스

클래스	설명
MediaPlayer	오디오/비디오 재생의 제어를 위해 사용됨.

● 클래스 메소드

클래스	메소드	설명
Activity	void onDestroy()	액티비티가 소멸될 때 불려짐.
MediaPlayer	static MediaPlayer create(Context context, int resId)	주어진 리소스 ID에 대한 MediaPlayer를 생성함.
	void setLooping(boolean looping	미디어 재생을 반복(true) 또는 비반복(false)으로 정함.
	void start()	미디어를 재생함.
	void stop()	미디어 재생을 중지함.
	void release()	MediaPlayer 객체에 할당된 자원을 해제함.

문법 | 액티비티의 생명주기

하나의 액티비티가 시작되면 시스템은 onCreate(), onStart(), onResume()의 callback 메소드를 단계적으로 실행하면서 액티비티가 작동되게 한다. 그 과정에서 다른 액티비티와의 관계 또는 시스템에 의해 onPause(), onStop(), onDestroy()의 callback 메소드가 실행되면서 액티비티는 종료되거나, 사용자에 의해 다시 호출되면 그 액티비티는 작동하게 된다.

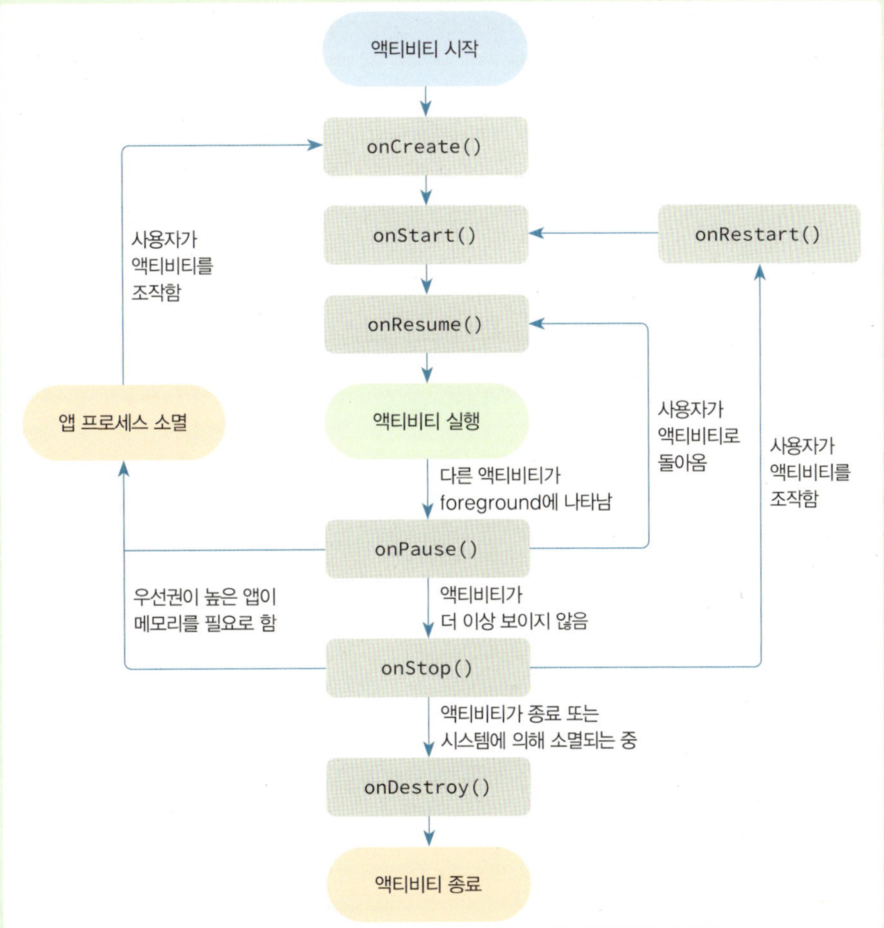

▲ **액티비티 생명주기**(자료원: www.android.com)

각 액티비티가 불려지는 상황은 다음과 같다.

클래스	설명
onCreate()	액티비티가 생성될 때 불려짐.
onRestart()	액티비티가 중지되었다가 다시 시작하기 전에 불려짐.
onStart()	액티비티가 사용자에게 보여질 때 불려짐.
onResume()	액티비티가 사용자와 상호작용할 때 불려짐.
onPause()	이전의 액티비티를 다시 시작할 때 불려짐.
onStop()	액티비티가 사용자에게 더 이상 보여지지 않을 때 불려짐.
onDestroy()	액티비티가 소멸될 때 불려짐.

다음은 액티비티의 각 callback 메소드의 틀을 기술한 것인데, 각 callback 메소드는 상황에 따라 재정의하여 사용할 수 있다.

```
public class CurrentActivity extends SuperActivity {
    @Override
    public void onCreate(Bundle savedInstanceState) {
        super.onCreate(savedInstanceState);
        // 재정의
    }
    @Override
    protected void onStart() {
        super.onStart();
        // 재정의
    }
    @Override
    protected void onResume() {
        super.onResume();
        // 재정의
    }
    @Override
    protected void onPause() {
        super.onPause();
        // 재정의
    }
    @Override
    protected void onStop() {
        super.onStop();
        // 재정의
    }
    @Override
    protected void onDestroy() {
        super.onDestroy();
        // 재정의
    }
}
```

액티비티가 사용자에게 보이지는 않더라도 메모리 상에 있는 경우에는 현재 상태가 살아 있어 그 상태로 복원이 가능하지만, 사용자가 모르는 사이에 시스템에 의해 메모리 상에서 없어진 경우에는 상황이 다르다. 이 경우에는 시스템이 액티비티의 상태 정보를 저장했다가(onSaveInstanceState()의 callback 메소드 이용) 다시 복원하게 되는데, onCreate()의 callback 메소드를 부를 때 Bundle 객체에 당시의 상태를 넘겨주어 복원되게 한다.

STEP 4 프로젝트 실행

(1) 프로젝트의 실행

프로젝트명을 **마우스 오른쪽 버튼**으로 클릭하여 팝업메뉴에서 '**Run As → Android Application**'을 클릭하고, 디바이스 선택 창의 목록에서 실행할 디바이스(AVD 또는 스마트폰)를 선택하고, '**OK**' 버튼을 클릭한다.

(2) 실행결과 보기

실행결과는 레이아웃에 설정되어 있는 대로 오디오 제목, 아티스트, 재생시간이 나타나면서, 자동으로 오디오가 재생된다.

07 ③ 클릭과 오디오 재생

LAB Audio Playback2 프로젝트

07.3.1 프로젝트 개요

오디오 제목, 아티스트, 재생시간을 포함하는 오디오 아이템을 클릭하면 오디오가 재생 또는 정지하는 앱을 개발해 보자. 오디오가 정지된 상태에서 클릭하면 오디오가 실행되면서 오디오 아이템의 배경이 노란색으로 변하고, 오디오가 실행 중에 클릭하면 오디오가 정지하면서 목록이 원래 색인 흰색으로 변하게 된다. 액티비티 라벨은 '오디오2'로 표시한다.

프로젝트 개요: 음악목록 클릭과 재생

Application Name: Audio Playback2

어플리케이션 라벨: 오디오2

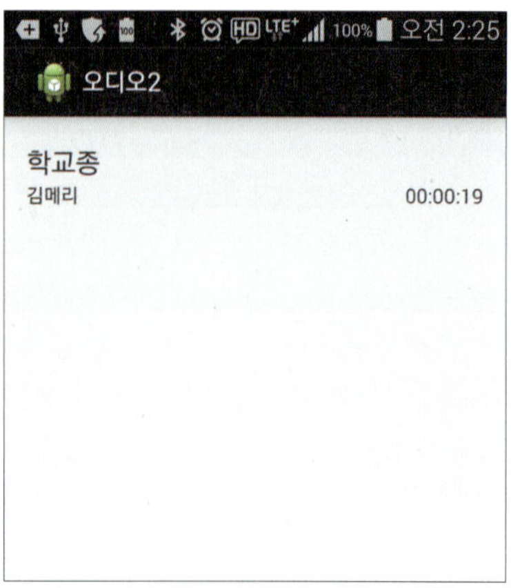

- **액티비티 라벨**
  오디오1
- **액티비티 화면 출력**
  오디오 제목
  아티스트 이름(왼쪽),
  재생시간(오른쪽)

- **클릭 이벤트에 대한 반응**
  오디오가 중지 시에는 목록이 노란색으로 변하고 오디오가 실행되며, 오디오가 실행 중일 때는 목록이 흰색으로 변하고 오디오가 중지됨
- **액티비티 종료 시**
  오디오가 자동으로 중지됨

07.3.2 앱 프로젝트 개발

STEP 1 프로젝트 생성

➥ '3.2절 [Step 1] 프로젝트 생성'을 참고하여 프로젝트를 생성한다.

절차	내용
❶ 프로젝트 시작	메뉴에서 'File → New → Android Application Project' 클릭
❷ 어플리케이션 기본정보 설정	아래 두 항목을 변경하고 그 외는 디폴트로 설정함. Application Name : Audio Playback2 Minimum Required SDK : API 19 Android 4.4(KitKat)
❸ 프로젝트 구성	디폴트 값으로 설정
❹ 아이콘 설정	디폴트 값으로 설정
❺ 액티비티 종류 설정	디폴트 값으로 설정
❻ 액티비티와 레이아웃 이름 설정	디폴트 값으로 설정

STEP 2 프로젝트 기본 편집

➥ '3.2절 [Step 2] 프로젝트 기본 편집' 절차에 따라 수정한다.

절차	내용
❶ activity_main.xml 수정	fragment_main.xml 파일 소스를 activity_main.xml로 복사
❷ fragment_main.xml 파일 삭제	–
❸ MainActivity.java 소스 수정	삭제한 fragment_main.xml 관련 부분과 메뉴 관련 부분 삭제
❹ AndroidManifest.xml 소스 수정	<uses-sdk> 태그 속성인 'android:minSdkVersion'에 19로 설정된 속성값을 8로 수정

STEP 3 소스 편집

● **기본파일 간의 연관관계**

strings.xml에는 **오디오 목록**에 대한 텍스트 리소스를 정의하고, **activity_main.xml**은 레이아웃 내에 strings.xml에서 정의한 오디오 목록을 할당한다. **MainActivity.java**는 **activity_main.xml**의 레이아웃을 출력하고, 오디오 목록의 아이템을 클릭하면 오디오가 재생된다. **AndroidManifest.xml** 파일은 **MainActivity** 클래스를 액티비티로 설정하고, 어플리케이션 라벨과 액티비티 라벨은 **strings.xml**에서 정의한 **app_name**을 사용한다.

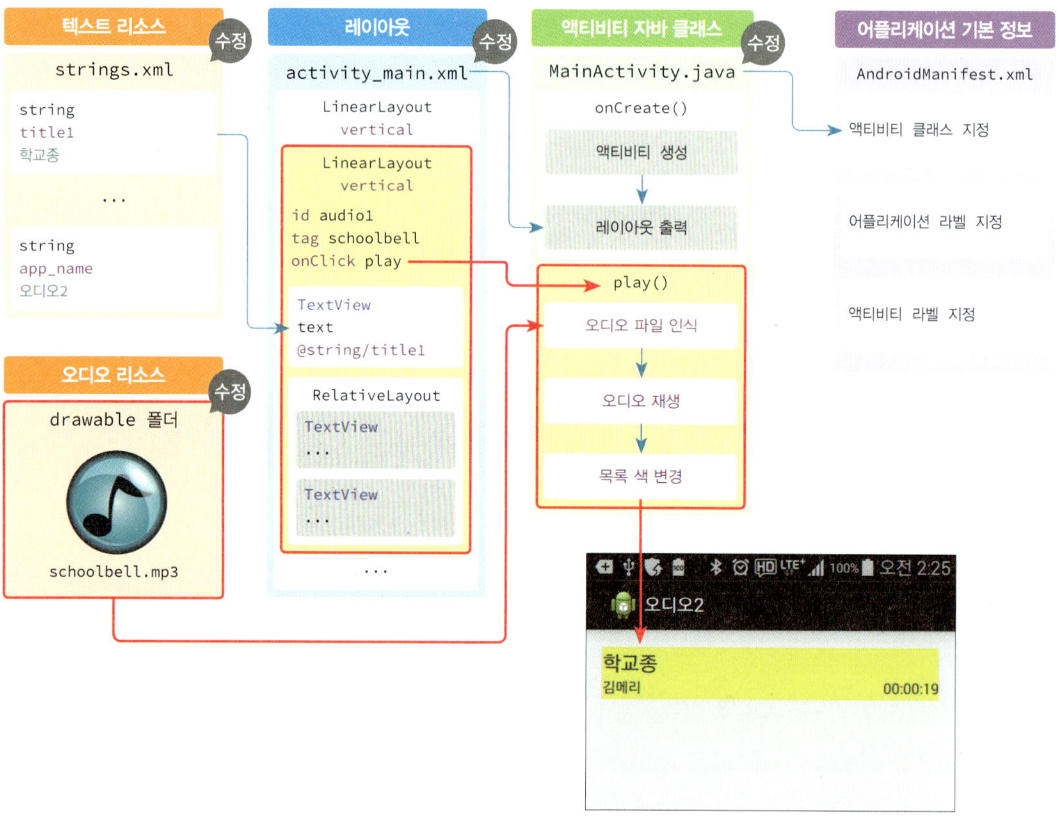

▲ 기본 파일 간의 연관관계

(1) 오디오 파일의 복사(res/drawable 폴더)

오디오 리소스인 **schoolbell.mp3** 파일을 **drawable-xxhdpi** 폴더에 저장한다.

(2) strings.xml 편집

어플리케이션 이름을 수정하기 위해 **app_name** 속성값에 해당하는 데이터를 '**오디오 2**'로 수정한다. 오디오에 대한 **제목**, **아티스트**, **재생시간**에 대응하는 속성값으로 **title1**, **artist1**, **time1**을 추가하고 각 데이터를 할당한다.

소스 | strings.xml

```
<?xml version="1.0" encoding="utf-8"?>
<resources>

    <string name="app_name">오디오2</string>
    <string name="hello_world">Hello world!</string>
    <string name="action_settings">Settings</string>

    <string name="title1">학교종</string>
    <string name="artist1">김메리</string>
    <string name="time1">00:00:19</string>

</resources>
```

어플리케이션 이름

오디오 제목, 아티스트, 재생시간에 대한 텍스트 리소스 정의

(3) activity_main.xml 편집

strings.xml에 정의된 오디오 제목과 Relative Layout을 수직으로 배치하고, Relative Layout 내에서 아티스트는 왼쪽에, 재생시간은 오른쪽에 배치한다. 오디오 아이템을 클릭하면 재생과 정지를 반복하도록 하기 위해 오디오 제목과 Relative Layout을 하나의 Linear Layout으로 감싸고, ID와 tag를 설정한다. tag에는 클릭 시 실행할 오디오 파일 즉, drawable 폴더에 저장한 오디오 파일명(확장자 제외)을 적는다. ID와 tag는 MainActivity.java에서 인식하기 위해 사용된다.

소스 | activity_main.xml

```
<?xml version="1.0" encoding="utf-8"?>
<LinearLayout xmlns:android="http://schemas.android.com/apk/res/android"
    android:layout_width="match_parent"
    android:layout_height="match_parent"
    android:orientation="vertical"
    android:paddingBottom="@dimen/activity_vertical_margin"
    android:paddingLeft="@dimen/activity_horizontal_margin"
    android:paddingRight="@dimen/activity_horizontal_margin"
    android:paddingTop="@dimen/activity_vertical_margin" >

    <LinearLayout
        android:id="@+id/audio1"
        android:tag="schoolbell"
        android:layout_width="match_parent"
        android:layout_height="wrap_content"
```

하나의 오디오 아이템에 대한 레이아웃

LinearLayout에 대한 ID. play() 메소드에서 인식하기 위해 사용됨

LinearLayout에 대한 tag. play() 메소드에서 오디오 파일을 인식하고 재생하기 위해 지정함

```
        android:orientation="vertical"
        android:paddingTop="2sp"
        android:paddingBottom="2sp"
        android:clickable="true"
        android:onClick="play" >

        <TextView
            android:layout_width="wrap_content"
            android:layout_height="wrap_content"
            android:text="@string/title1"
            android:textSize="20sp" />

        <RelativeLayout
            android:layout_width="match_parent"
            android:layout_height="wrap_content" >
            <TextView
                android:layout_width="wrap_content"
                android:layout_height="wrap_content"
                android:text="@string/artist1"
                android:layout_alignParentLeft="true" />
            <TextView
                android:layout_width="wrap_content"
                android:layout_height="wrap_content"
                android:text="@string/time1"
                android:layout_alignParentRight="true" />
        </RelativeLayout>
    </LinearLayout>

</LinearLayout>
```

클릭 시 실행될 메소드명

오디오 제목을 배치함

아티스트 이름과 재생시간

(4) MainActivity.java 편집

액티비티를 생성하고 activity_main.xml을 출력한다. 오디오 아이템을 클릭하면 callback 메소드인 play() 메소드에서 클릭한 뷰를 인식하고 뷰의 tag에 있는 오디오 파일명을 인식한다. 인식한 **오디오 리소스**에 대한 **MediaPlayer**를 생성하고 **오디오를 재생**하며 목록의 색을 노란색으로 변하게 한다. 오디오가 재생 중일 때 클릭하면 오디오를 중지시키고 목록의 색을 원래 색인 흰색으로 변하게 한다. 오디오 재생 중에 액티비티를 종료하면 오디오도 자동으로 종료하도록 **onDestroy() 메소드**에 구현한다.

소스 | MainActivity.java

```java
package com.example.audioplay2;

import android.app.Activity;
import android.graphics.Color;
import android.media.MediaPlayer;
import android.os.Bundle;
import android.view.View;
import android.widget.LinearLayout;

public class MainActivity extends Activity {

    MediaPlayer mp = new MediaPlayer();

    @Override
    protected void onCreate(Bundle savedInstanceState) {
        super.onCreate(savedInstanceState);
        setContentView(R.layout.activity_main);
    }

    public void play(View v) {
        int id = v.getId();
        LinearLayout layout = (LinearLayout)findViewById(id);

        if (mp.isPlaying()) {
            mp.pause();
            layout.setBackgroundColor(Color.WHITE);
        } else {
            String tag = (String)layout.getTag();
            int id_audio = getResources().getIdentifier(tag, "drawable",
                getPackageName());

            mp = MediaPlayer.create(this, id_audio);
            mp.setLooping(false);;
            mp.start();
            layout.setBackgroundColor(Color.YELLOW);
        }
    }

    protected void onDestroy() {
        mp.stop();
        mp.release();
        super.onDestroy();
    }

}
```

MediaPlayer 객체 생성

오디오 목록의 아이템 클릭시 실행

클릭한 뷰의 ID 인식함

클릭한 뷰의 ID를 이용한 LinearLayout 인식

MediaPlayer 실행 중인 경우

MediaPlayer 실행을 정지함

클릭한 목록을 흰색으로 설정함

LinearLayout에 있는 tag 값 인식(오디오 파일명)

drawable 폴더에 tag 값과 일치하는 오디오 파일의 ID 인식

반복 재생 비활성화

재생 실행

클릭된 오디오 파일 ID에 대한 MediaPlayer를 생성

클릭된 오디오 목록의 아이템은 노란색으로 설정함

● 클래스

클래스	설명
Color	색을 변화시키거나 만드는 방법을 정의함.

● 클래스 속성

클래스	속성	설명
Color	static final int WHITE	흰색. 상수 값: -1(0xffffffff)
	static final int YELLOW	노란색. 상수 값: -256(0xffffff00)

● 클래스 메소드

클래스	메소드	설명
MediaPlayer	boolean isPlaying()	MediaPlayer가 실행 중인지 아닌지 체크함.
	void setBackgroundColor(int color)	현재 뷰에 대해 color 색으로 배경을 설정함.

STEP 4 프로젝트 실행

(1) 프로젝트의 실행

프로젝트명을 **마우스 오른쪽 버튼**으로 클릭하여 팝업메뉴에서 '**Run As → Android Application**'을 클릭하고, 디바이스 선택 창의 목록에서 실행할 디바이스(AVD 또는 스마트폰)를 선택하고, '**OK**' 버튼을 클릭한다.

(2) 실행결과 보기

실행결과는 레이아웃에 설정되어 있는 대로 오디오 제목, 아티스트, 재생시간이 나타난다. 목록을 클릭하면 오디오가 재생되거나 정지하게 된다.

07.4 오디오 목록의 클릭과 재생

ADVANCED LAB Audio Playback3 프로젝트

07.4.1 프로젝트 개요

오디오 제목, 아티스트, 재생시간을 포함하는 오디오 목록의 아이템을 클릭하면 오디오가 재생 또는 정지하는 앱을 개발해 보자. 오디오가 정지된 상태에서 클릭하면 오디오가 실행되면서 오디오 아이템의 배경이 노란색으로 변하고, 오디오가 실행 중에 클릭하면 오디오 실행 정지하면서 목록이 원래 색인 흰색으로 변하게 된다. 액티비티 라벨은 '오디오3'으로 표시한다.

프로젝트 개요: 음악목록 클릭과 재생

Application Name: Audio Playback3

어플리케이션 라벨: 오디오3

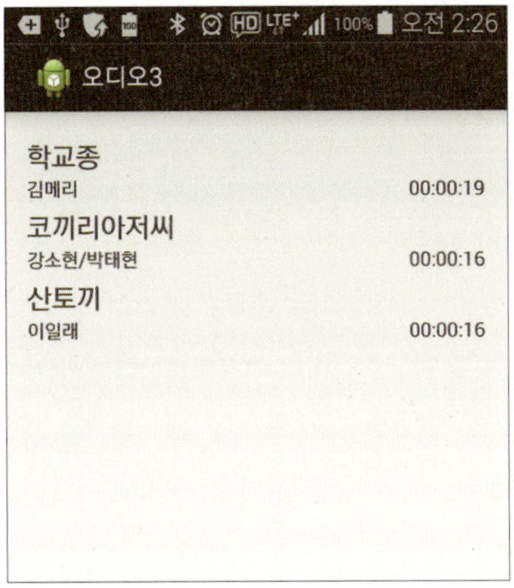

- 액티비티 라벨
  오디오3
- 액티비티 화면 출력
  오디오 제목
  아티스트 이름(왼쪽),
  재생시간(오른쪽)

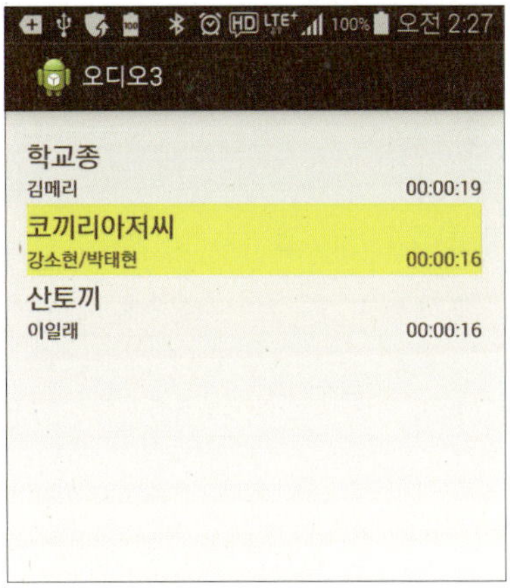

- 클릭 이벤트에 대한 반응
  오디오가 실행되면 목록 아이템이 노란색으로 변하고, 오디오가 정지되면 흰색으로 변함
- 액티비티 종료 시
  오디오가 자동으로 중지됨

07.4.2 앱 프로젝트 개발

STEP 1 프로젝트 생성

➥ '3.2절 [Step 1] 프로젝트 생성'을 참고하여 프로젝트를 생성한다.

절차	내용
❶ 프로젝트 시작	메뉴에서 'File → New → Android Application Project' 클릭
❷ 어플리케이션 기본정보 설정	아래 두 항목을 변경하고 그 외는 디폴트로 설정함. Application Name : Audio Playback3 Minimum Required SDK : API 19 Android 4.4(KitKat)
❸ 프로젝트 구성	디폴트 값으로 설정
❹ 아이콘 설정	디폴트 값으로 설정
❺ 액티비티 종류 설정	디폴트 값으로 설정
❻ 액티비티와 레이아웃 이름 설정	디폴트 값으로 설정

STEP 2 프로젝트 기본 편집

➥ '3.2절 [Step 2] 프로젝트 기본 편집' 절차에 따라 수정한다.

절차	내용
❶ activity_main.xml 수정	fragment_main.xml 파일 소스를 activity_main.xml로 복사
❷ fragment_main.xml 파일 삭제	–
❸ MainActivity.java 소스 수정	삭제한 fragment_main.xml 관련 부분과 메뉴 관련 부분 삭제
❹ AndroidManifest.xml 소스 수정	〈uses-sdk〉 태그 속성인 'android:minSdkVersion'에 19로 설정된 속성값을 8로 수정

STEP 3 소스 편집

● **기본파일 간의 연관관계**

strings.xml에는 **오디오 목록**에 대한 텍스트 리소스를 정의하고, **activity_main.xml**은 레이아웃 내에 strings.xml에서 정의한 오디오 목록을 할당한다. **MainActivity.java**는 **activity_main.xm**에서 정의한 레이아웃을 출력하고 오디오가 자동으로 재생된다.

AndroidManifest.xml 파일은 MainActivity 클래스를 액티비티로 설정하고, 어플리케이션 라벨과 액티비티 라벨은 strings.xml에서 정의한 app_name을 사용한다.

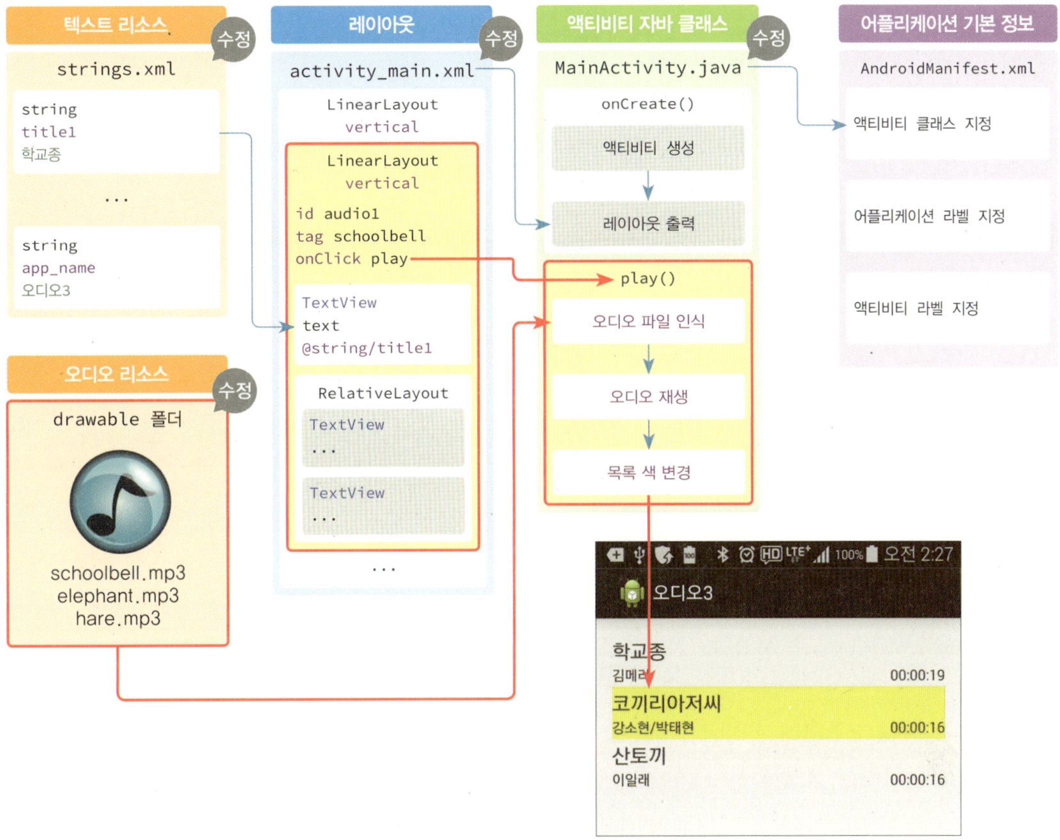

▲ 기본 파일 간의 연관관계

(1) 오디오 파일의 복사(res/drawable 폴더)

오디오 리소스인 schoolbell.mp3, elephant.mp3, hare.mp3 파일을 drawable-xxhdpi 폴더에 저장한다.

(2) strings.xml 편집

어플리케이션 이름을 수정하기 위해 app_name 속성값에 해당하는 데이터를 '오디오3'으로 수정한다. 3개의 오디오 목록 아이템에 대한 **제목**, **아티스트**, **재생시간**에 대응하는 속성값을 추가하고 각 데이터를 할당한다.

소스 | strings.xml

```
<?xml version="1.0" encoding="utf-8"?>
<resources>

    <string name="app_name">오디오3</string>
    <string name="hello_world">Hello world!</string>
    <string name="action_settings">Settings</string>

    <string name="title1">학교종</string>
    <string name="artist1">김메리</string>
    <string name="time1">00:00:19</string>

    <string name="title2">코끼리아저씨</string>
    <string name="artist2">강소현/박태현</string>
    <string name="time2">00:00:16</string>

    <string name="title3">산토끼</string>
    <string name="artist3">이일래</string>
    <string name="time3">00:00:16</string>

</resources>
```

어플리케이션 이름

오디오 아이템 1에 대한 오디오 제목, 아티스트, 재생시간에 대한 텍스트 리소스 정의

오디오 아이템 2에 대한 오디오 제목, 아티스트, 재생시간에 대한 텍스트 리소스 정의

오디오 아이템 3에 대한 오디오 제목, 아티스트, 재생시간에 대한 텍스트 리소스 정의

(3) activity_main.xml 편집

strings.xml에 정의된 3개의 오디오 아이템에 대해 각각 오디오 제목과 Relative Layout을 수직으로 배치하고 Relative Layout 내에서 아티스트는 왼쪽에, 재생시간은 오른쪽에 배치한다. 오디오 아이템을 클릭하며 재생과 정지를 반복하도록 하기 위해 오디오 제목과 Relative Layout을 하나의 Linear Layout으로 감싸고, ID와 tag를 설정한다. tag에는 클릭 시 실행할 오디오 파일 즉, drawable 폴더에 저장한 오디오 파일명(확장자 제외)을 적는다. ID와 tag는 MainActivity.java에서 인식하기 위해 사용된다.

소스 | activity_main.xml

```
<?xml version="1.0" encoding="utf-8"?>
<LinearLayout xmlns:android="http://schemas.android.com/apk/res/android"
    android:layout_width="match_parent"
    android:layout_height="match_parent"
    android:orientation="vertical"
    android:paddingBottom="@dimen/activity_vertical_margin"
    android:paddingLeft="@dimen/activity_horizontal_margin"
```

```
    android:paddingRight="@dimen/activity_horizontal_margin"
    android:paddingTop="@dimen/activity_vertical_margin" >

    <LinearLayout
        android:id="@+id/audio1"
        android:tag="schoolbell"
        android:layout_width="match_parent"
        android:layout_height="wrap_content"
        android:orientation="vertical"
        android:paddingTop="2sp"
        android:paddingBottom="2sp"
        android:clickable="true"
        android:onClick="play" >
        <TextView
            android:layout_width="wrap_content"
            android:layout_height="wrap_content"
            android:text="@string/title1"
            android:textSize="20sp" />
        <RelativeLayout
            android:layout_width="match_parent"
            android:layout_height="wrap_content" >
            <TextView
                android:layout_width="wrap_content"
                android:layout_height="wrap_content"
                android:text="@string/artist1"
                android:layout_alignParentLeft="true" />
            <TextView
                android:layout_width="wrap_content"
                android:layout_height="wrap_content"
                android:text="@string/time1"
                android:layout_alignParentRight="true" />
        </RelativeLayout>
    </LinearLayout>

    <LinearLayout
        android:id="@+id/audio2"
        android:tag="elephant"
        android:layout_width="match_parent"
        android:layout_height="wrap_content"
        android:orientation="vertical"
        android:paddingTop="2sp"
        android:paddingBottom="2sp"
        android:clickable="true"
        android:onClick="play" >
        <TextView
```

오디오 아이템 1에 대한 레이아웃
(Audio Play2 프로젝트와 동일)

오디오 아이템 2에 대한 레이아웃

```
        android:layout_width="wrap_content"
        android:layout_height="wrap_content"
        android:text="@string/title2"
        android:textSize="20sp" />
    <RelativeLayout
        android:layout_width="match_parent"
        android:layout_height="wrap_content" >
        <TextView
            android:layout_width="wrap_content"
            android:layout_height="wrap_content"
            android:text="@string/artist2"
            android:layout_alignParentLeft="true" />
        <TextView
            android:layout_width="wrap_content"
            android:layout_height="wrap_content"
            android:text="@string/time2"
            android:layout_alignParentRight="true" />
    </RelativeLayout>
</LinearLayout>

<LinearLayout
    android:id="@+id/audio3"
    android:tag="hare"
    android:layout_width="match_parent"
    android:layout_height="wrap_content"
    android:orientation="vertical"
    android:paddingTop="2sp"
    android:paddingBottom="2sp"
    android:clickable="true"
    android:onClick="play" >
    <TextView
        android:layout_width="wrap_content"
        android:layout_height="wrap_content"
        android:text="@string/title3"
        android:textSize="20sp" />
    <RelativeLayout
        android:layout_width="match_parent"
        android:layout_height="wrap_content" >
        <TextView
            android:layout_width="wrap_content"
            android:layout_height="wrap_content"
            android:text="@string/artist3"
            android:layout_alignParentLeft="true" />
        <TextView
            android:layout_width="wrap_content"
```

오디오 아이템 3에 대한 레이아웃

```
                android:layout_height="wrap_content"
                android:text="@string/time3"
                android:layout_alignParentRight="true" />
        </RelativeLayout>
    </LinearLayout>

</LinearLayout>
```

(4) MainActivity.java 편집

액티비티를 생성하고 activity_main.xml을 출력한다. 오디오 아이템을 클릭하면 callback 메소드인 play() 메소드에서 클릭한 뷰를 인식하고 뷰의 tag에 있는 오디오 파일명을 인식한다. 인식한 **오디오 리소스**에 대한 **MediaPlayer**를 생성하고 **오디오를 재생**하며 목록의 색을 노란색으로 변하게 한다. 이전에 실행되던 오디오가 있으면 중지되고 오디오 목록은 원래의 흰색으로 돌아간다. 오디오 재생 중에 액티비티를 종료하면 오디오도 자동으로 종료하도록 **onDestroy() 메소드**에 구현한다.

소스 | MainActivity.java

```
package com.example.audioplay3;

import android.app.Activity;
import android.graphics.Color;
import android.media.MediaPlayer;
import android.os.Bundle;
import android.view.View;
import android.widget.LinearLayout;

public class MainActivity extends Activity {
    MediaPlayer mp = new MediaPlayer();
    LinearLayout layout_before = null;
    int id_before = -1;

    @Override
    protected void onCreate(Bundle savedInstanceState) {
        super.onCreate(savedInstanceState);
        setContentView(R.layout.activity_main);
    }

    public void play(View v) {
        if (mp.isPlaying())
            mp.pause();
```

오디오 아이템 클릭시 실행

MediaPlayer가 실행 중이면 정지함

```

        if (id_before != -1) {
            layout_before = (LinearLayout)findViewById(id_before);
            layout_before.setBackgroundColor(Color.WHITE);
        }

        int id = v.getId();
        LinearLayout layout = (LinearLayout)findViewById(id);
        String tag = (String)layout.getTag();
        int id_audio = getResources().getIdentifier(tag,
                      "drawable", getPackageName());

        mp = MediaPlayer.create(this, id_audio);
        mp.setLooping(false);
        mp.start();
        layout.setBackgroundColor(Color.YELLOW);

        id_before = id;
    }

    protected void onDestroy() {
        mp.stop();
        mp.release();
        super.onDestroy();
    }
}
```

이전에 클릭된 오디오 아이템을 인식해서 배경색을 흰색으로 설정함

클릭한 뷰의 ID 인식하고, ID를 이용하여 LinearLayout 인식하며, LinearLayout에 있는 tag를 인식해서, tag 값과 일치하는 오디오 파일(drawable 폴더)의 ID를 인식함

클릭된 오디오 파일 ID에 대한 MediaPlayer를 생성하고, 반복 재생을 비활성화하며, 재생을 실행함. 클릭된 오디오 목록의 아이템은 노란색으로 설정함

STEP 4 프로젝트 실행

(1) 프로젝트의 실행

프로젝트명을 **마우스 오른쪽 버튼**으로 클릭하여 팝업메뉴에서 **'Run As → Android Application'**을 클릭하고, 디바이스 선택 창의 목록에서 실행할 디바이스(AVD 또는 스마트폰)를 선택하고, **'OK'** 버튼을 클릭한다.

(2) 실행결과 보기

실행결과는 레이아웃에 설정되어 있는 대로 오디오 목록이 나타난다. 오디오 아이템을 클릭하면 클릭된 아이템에 대한 오디오가 실행되고 배경색이 노란색으로 변한다. 이전 오디오가 실행중이면 중지되고 배경색은 흰색으로 변한다.

ANDROID PROGRAMMING

08 CHAPTER

비디오 재생

08 1 비디오 재생 원리

(1) 비디오 재생 앱의 예

비디오는 기업 홍보와 방송은 물론, 교육 콘텐츠 등으로 다양하게 활용되고 있다. 유튜브 앱을 통해 다양한 동영상 등록 및 재생이 가능하며, CNN의 경우 이전 뉴스 방송 서비스를 하고 있다.

YouTube 동영상

CNN Video

▲ 비디오 앱

(2) 비디오 재생 원리

비디오는 오디어 재생과 같이 **MediaPlayer 클래스**를 이용해 재생할 수 있지만, **비디오 리소스**를 인식하고 **VideoView**를 통해 **재생**하면 된다.

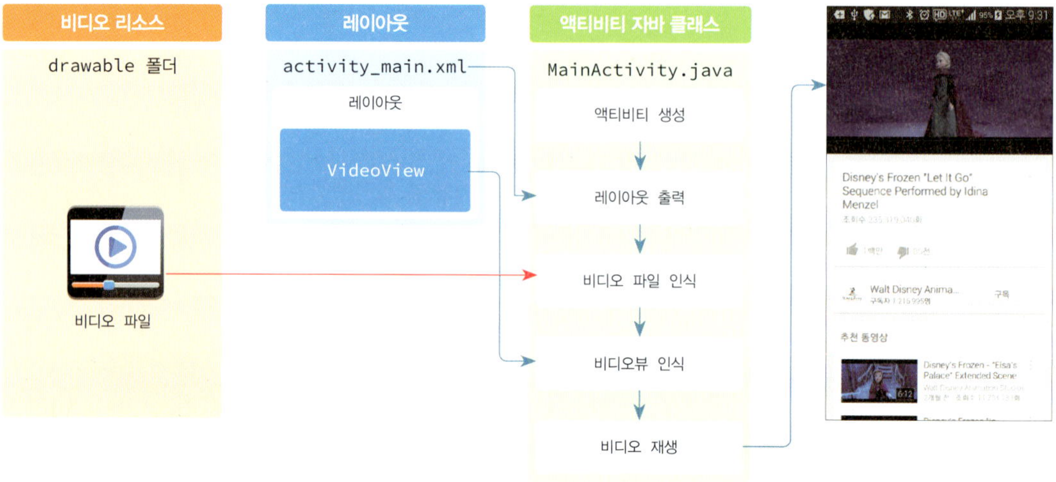

08 ② 비디오 자동 재생

BASIC Video Playback1 프로젝트

08.2.1 프로젝트 개요

비디오 제목, 장소, 재생시간을 출력하고, 자동으로 비디오를 재생하는 앱을 개발해 보자. 오디오 프로젝트에서와 같이 **렐러티브 레이아웃**을 이용하여 목록을 구성한다. 액티비티 라벨은 '비디오1'로 표시한다.

프로젝트 개요: **비디오 자동 재생**

Application Name: **Video Playback1**

어플리케이션 라벨: **비디오1**

- **액티비티 라벨**
  비디오1
- **액티비티 화면 출력**
  비디오 제목
  장소(왼쪽), 재생시간(오른쪽)

8.2.2 앱 프로젝트 개발

STEP 1 프로젝트 생성

➥ '3.2절 [Step 1] 프로젝트 생성'을 참고하여 프로젝트를 생성한다.

절차	내용
❶ 프로젝트 시작	메뉴에서 'File → New → Android Application Project' 클릭
❷ 어플리케이션 기본정보 설정	아래 두 항목을 변경하고 그 외는 디폴트로 설정함. Application Name : Video Playback1 Minimum Required SDK : API 19 Android 4.4(KitKat)
❸ 프로젝트 구성	디폴트 값으로 설정
❹ 아이콘 설정	디폴트 값으로 설정
❺ 액티비티 종류 설정	디폴트 값으로 설정
❻ 액티비티와 레이아웃 이름 설정	디폴트 값으로 설정

STEP 2 프로젝트 기본 편집

➥ '3.2절 [Step 2] 프로젝트 기본 편집' 절차에 따라 수정한다.

절차	내용
❶ activity_main.xml 수정	fragment_main.xml 파일 소스를 activity_main.xml로 복사
❷ fragment_main.xml 파일 삭제	-
❸ MainActivity.java 소스 수정	삭제한 fragment_main.xml 관련 부분과 메뉴 관련 부분 삭제
❹ AndroidManifest.xml 소스 수정	〈uses-sdk〉 태그 속성인 'android:minSdkVersion'에 19로 설정된 속성값을 8로 수정

STEP 3 소스 편집

● **기본파일 간의 연관관계**

strings.xml에는 **비디오 목록**에 대한 텍스트 리소스를 정의하고, activity_main.xml에서는 strings.xml에서 정의한 비디오 목록을 할당한다. MainActivity.java는 activity_main.xml의 레이아웃을 출력하고 비디오를 자동으로 재생한다. AndroidManifest.

xml 파일은 MainActivity 클래스를 액티비티로 설정하고, 어플리케이션 라벨과 액티비티 라벨은 strings.xml에서 정의한 app_name을 사용한다.

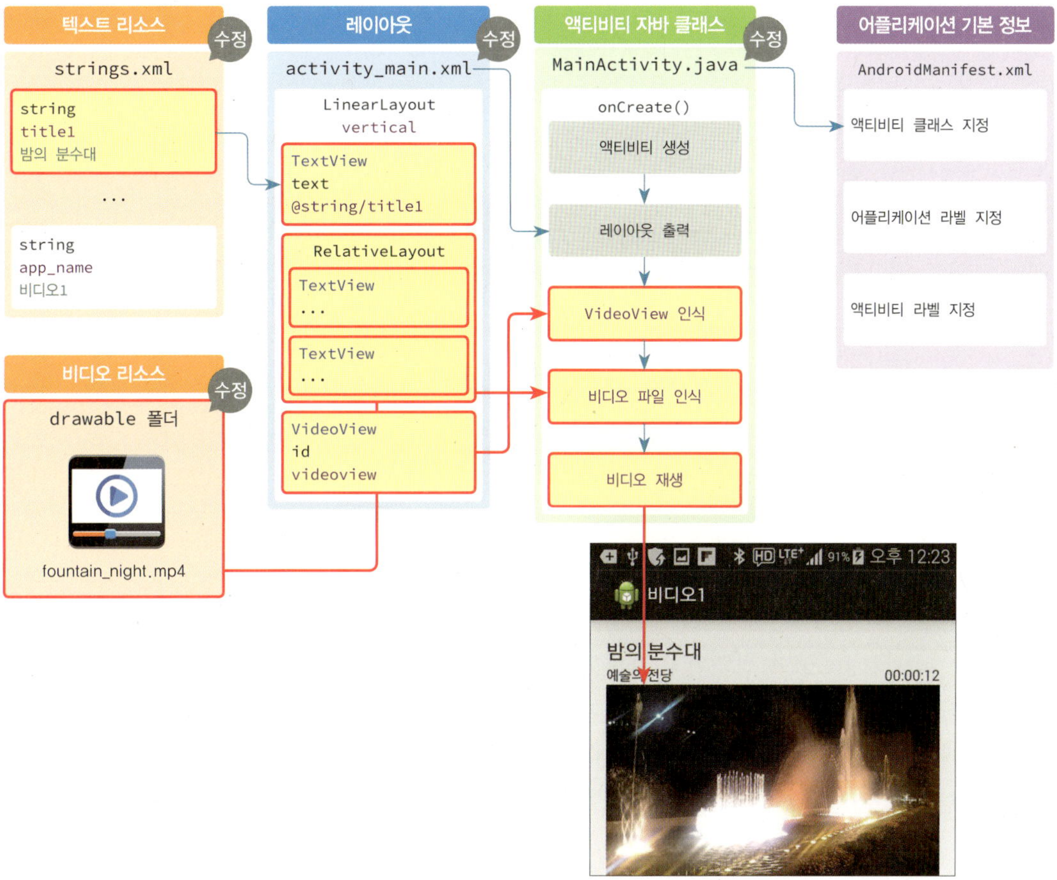

▲ 기본 파일 간의 연관관계

(1) 비디오 파일의 복사(res/drawable 폴더)

비디오 리소스인 fountain_night.mp4 파일을 drawable-xxhdpi 폴더에 저장한다(5장 이미지 파일 복사 참조).

TIP 안드로이드에서 사용하는 주요 비디오 파일 유형

사용 가능한 주요 비디오 파일 유형은 3GPP(.3gp)와 MPEG-4(.mp4)이다.

(2) strings.xml 편집

어플리케이션 이름을 수정하기 위해 **app_name** 속성값에 해당하는 데이터를 '**비디오1**'로 수정한다. 비디오에 대한 **제목**, **장소**, **재생시간**에 대응하는 속성값으로 **title1**, **place1**, **time1**을 추가하고 각 데이터를 할당한다.

소스 | strings.xml

```
<?xml version="1.0" encoding="utf-8"?>
<resources>

    <string name="app_name">비디오1</string>
    <string name="hello_world">Hello world!</string>
    <string name="action_settings">Settings</string>

    <string name="title1">밤의 분수대</string>
    <string name="place1">예술의 전당</string>
    <string name="time1">00:00:12</string>

</resources>
```

어플리케이션 이름

비디오 제목, 장소, 재생시간에 대한 텍스트 리소스 정의

(3) activity_main.xml 편집

strings.xml에 정의된 비디오 제목과 Relative Layout을 수직으로 배치하고 Relative Layout 내에서 장소는 왼쪽에, 재생시간은 오른쪽에 배치한다. 그 하단부에 비디오 출력을 위한 VideoView를 배치한다.

소스 | activity_main.xml

```
<?xml version="1.0" encoding="utf-8"?>
<LinearLayout xmlns:android="http://schemas.android.com/apk/res/android"
    android:layout_width="match_parent"
    android:layout_height="match_parent"
    android:orientation="vertical"
    android:paddingBottom="@dimen/activity_vertical_margin"
    android:paddingLeft="@dimen/activity_horizontal_margin"
    android:paddingRight="@dimen/activity_horizontal_margin"
    android:paddingTop="@dimen/activity_vertical_margin" >

    <TextView
        android:layout_width="wrap_content"
        android:layout_height="wrap_content"
        android:text="@string/title1"
        android:textSize="20sp" />
```

비디오 제목을 배치함

```
    <RelativeLayout
        android:layout_width="match_parent"
        android:layout_height="wrap_content" >
        <TextView
            android:layout_width="wrap_content"
            android:layout_height="wrap_content"
            android:text="@string/place1"
            android:layout_alignParentLeft="true" />
        <TextView
            android:layout_width="wrap_content"
            android:layout_height="wrap_content"
            android:text="@string/time1"
            android:layout_alignParentRight="true" />
    </RelativeLayout>

    <VideoView
        android:id="@+id/videoview"
        android:layout_width="match_parent"
        android:layout_height="wrap_content" />

</LinearLayout>
```

렐러티브 레이아웃을 배치함

장소의 왼쪽 끝을 부모 뷰인 RelativeLayout의 왼쪽 끝과 일치시킴

재생시간의 오른쪽 끝을 부모 뷰인 RelativeLayout의 오른쪽 끝과 일치시킴

비디오 출력을 위한 클래스이며, ID를 부여함

VideoView 클래스는 비디오 출력을 위한 클래스이다.

● **클래스**

클래스	설명
VideoView	비디오 파일을 출력함.

(4) MainActivity.java 편집

액티비티를 생성하고 activity_main.xml을 출력한다. **비디오 리소스**를 인식하고 **VideoView**에 **비디오를 재생**한다.

소스 | MainActivity.java

```
package com.example.audioplay1;

import android.app.Activity;
import android.graphics.Color;
import android.media.MediaPlayer;
```

```
import android.os.Bundle;
import android.view.View;
import android.widget.TextView;

public class MainActivity extends Activity {

    @Override
    protected void onCreate(Bundle savedInstanceState) {
        super.onCreate(savedInstanceState);
        setContentView(R.layout.activity_main);

        Uri uri = Uri.parse("android.resource:
         //com.example.videoplayback1/" +R.drawable.fountain_night);

        VideoView videoview = (VideoView)findViewById(R.id.videoview);
        videoview.setVideoURI(uri);
        videoview.start();
    }

}
```

drawable 폴더에 저장한 비디오 파일(fountain_night.mp4)의 Uri를 인식함

videoview라는 ID를 가진 VideoView 클래스를 인식함

uri로 인식되는 비디오 자원을 설정함

비디오를 재생함

클래스 메소드

클래스	메소드	설명
Activity	void setVideoURIy(URI uri)	uri로 인식되는 비디오 자원을 설정함.
	void start()	비디오를 재생함.

STEP 4 프로젝트 실행

(1) 프로젝트의 실행

프로젝트명을 **마우스 오른쪽 버튼**으로 클릭하여 팝업메뉴에서 '**Run As → Android Application**'을 클릭하고, 디바이스 선택 창의 목록에서 실행할 디바이스(AVD 또는 스마트폰)를 선택하고, '**OK**' 버튼을 클릭한다.

(2) 실행결과 보기

실행결과는 레이아웃에 설정되어 있는 대로 비디오 제목, 장소, 재생시간이 나타나면서, 자동으로 비디오가 재생된다.

08 ③ 클릭과 비디오 재생

LAB Video Playback2 프로젝트

08.3.1 프로젝트 개요

비디오 제목, 장소, 재생시간을 포함하는 비디오 목록의 아이템을 클릭하면 클릭된 뷰에 설정된 비디오 파일을 인식해서 재생하는 앱을 개발해 보자. 비디오 목록에는 여러 아이템이 있을 수 있기 때문에 확장성을 고려하여 각 비디오 아이템은 LinearLayout으로 감싼다. 비디오뷰에 **미디어 제어기**를 설정한다. 액티비티 라벨은 '비디오2'로 표시한다.

프로젝트 개요: 음악목록 클릭과 재생

Application Name: Video Playback2

어플리케이션 라벨: 비디오2

- **액티비티 라벨**
  비디오2
- **액티비티 화면 출력**
  비디오 제목
  장소(왼쪽), 재생시간(오른쪽)
- **사용자 이벤트**
  클릭된 뷰에 설정된 비디오가 재생되고, 미디어 제어기가 나타남

08.3.2 앱 프로젝트 개발

STEP 1 프로젝트 생성

➥ '3.2절 [Step 1] 프로젝트 생성'을 참고하여 프로젝트를 생성한다.

절차	내용
❶ 프로젝트 시작	메뉴에서 'File → New → Android Application Project' 클릭
❷ 어플리케이션 기본정보 설정	아래 두 항목을 변경하고 그 외는 디폴트로 설정함. Application Name : Video Playback2 Minimum Required SDK : API 19 Android 4.4(KitKat)
❸ 프로젝트 구성	디폴트 값으로 설정
❹ 아이콘 설정	디폴트 값으로 설정
❺ 액티비티 종류 설정	디폴트 값으로 설정
❻ 액티비티와 레이아웃 이름 설정	디폴트 값으로 설정

STEP 2 프로젝트 기본 편집

➥ '3.2절 [Step 2] 프로젝트 기본 편집' 절차에 따라 수정한다.

절차	내용
❶ activity_main.xml 수정	fragment_main.xml 파일 소스를 activity_main.xml로 복사
❷ fragment_main.xml 파일 삭제	–
❸ MainActivity.java 소스 수정	삭제한 fragment_main.xml 관련 부분과 메뉴 관련 부분 삭제
❹ AndroidManifest.xml 소스 수정	<uses-sdk> 태그 속성인 'android:minSdkVersion'에 19로 설정된 속성값을 8로 수정

STEP 3 소스 편집

● **기본파일 간의 연관관계**

strings.xml에는 **비디오 목록**에 대한 텍스트 리소스를 정의하고, activity_main.xml은 레이아웃 내에 strings.xml에서 정의한 비디오 목록을 할당한다. MainActivity.java는 activity_main.xml의 레이아웃을 출력하고 비디오 목록의 아이템을 클릭하면 비디오가 재생된다. AndroidManifest.xml 파일은 MainActivity 클래스를 액티비티로 설정하고, 어플리케이션 라벨과 액티비티 라벨은 strings.xml에서 정의한 app_name을 사용한다.

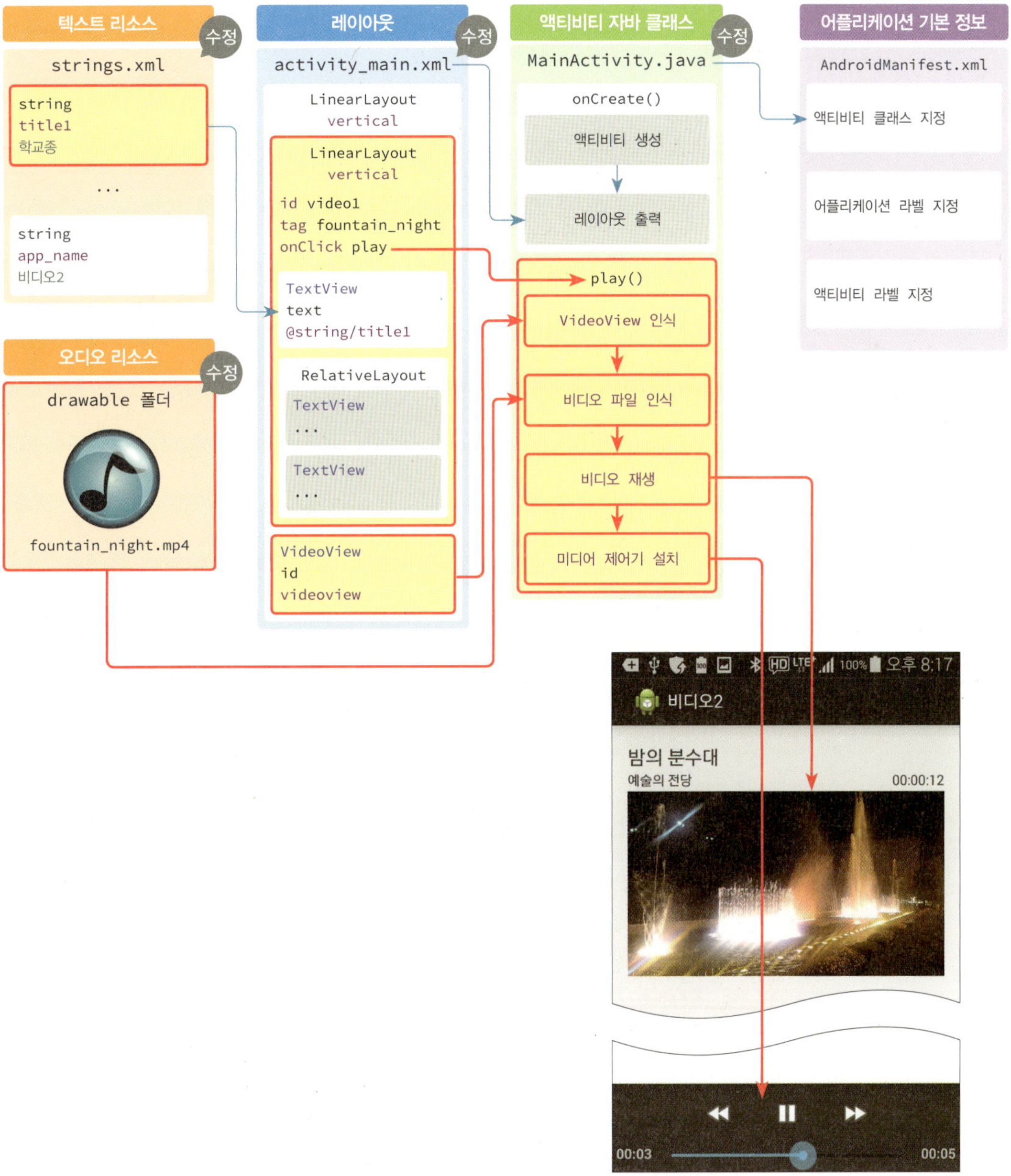

▲ 기본 파일 간의 연관관계

(1) 비디오 파일의 복사(res/drawable 폴더)

비디오 리소스인 **fountain_night.mp4** 파일을 **drawable-xxhdpi** 폴더에 저장한다.

(2) strings.xml 편집

어플리케이션 이름을 수정하기 위해 **app_name** 속성값에 해당하는 데이터를 '**비디오2**'로 수정한다. 비디오에 대한 **제목**, **장소**, **재생시간**에 대응하는 속성값으로 **title1**, **place1**, **time1**을 추가하고 각 데이터를 할당한다.

소스 | strings.xml

```
<?xml version="1.0" encoding="utf-8"?>
<resources>

    <string name="app_name">비디오2</string>
    <string name="hello_world">Hello world!</string>
    <string name="action_settings">Settings</string>

    <string name="title1">밤의 분수대</string>
    <string name="place1">예술의 전당</string>
    <string name="time1">00:00:12</string>

</resources>
```

어플리케이션 이름

비디오 제목, 장소, 재생시간에 대한 텍스트 리소스 정의

(3) activity_main.xml 편집

strings.xml에 정의된 오디오 제목과 Relative Layout을 수직으로 배치하고 Relative Layout 내에서 장소는 왼쪽에, 재생시간은 오른쪽에 배치한다. 비디오 아이템을 클릭하면 비디오를 재생하도록 하기 위해 비디오 제목과 Relative Layout을 하나의 Linear Layout으로 감싸고, ID와 tag를 설정한다. tag에는 클릭 시 실행할 비디오 파일 즉, drawable 폴더에 저장한 비디오 파일명(확장자 제외)을 적는다. ID와 tag는 MainActivity.java에서 인식하기 위해 사용된다.

소스 | activity_main.xml

```
<?xml version="1.0" encoding="utf-8"?>
<LinearLayout xmlns:android="http://schemas.android.com/apk/res/android"
```

```
    android:layout_width="match_parent"
    android:layout_height="match_parent"
    android:orientation="vertical"
    android:paddingBottom="@dimen/activity_vertical_margin"
    android:paddingLeft="@dimen/activity_horizontal_margin"
    android:paddingRight="@dimen/activity_horizontal_margin"
    android:paddingTop="@dimen/activity_vertical_margin" >

    <LinearLayout
        android:id="@+id/video1"
        android:tag="fountain_night"
        android:layout_width="match_parent"
        android:layout_height="wrap_content"
        android:orientation="vertical"
        android:paddingTop="2sp"
        android:paddingBottom="2sp"
        android:clickable="true"
        android:onClick="play" >

        <TextView
            android:layout_width="wrap_content"
            android:layout_height="wrap_content"
            android:text="@string/title1"
            android:textSize="20sp" />

        <RelativeLayout
            android:layout_width="match_parent"
            android:layout_height="wrap_content" >
            <TextView
                android:layout_width="wrap_content"
                android:layout_height="wrap_content"
                android:text="@string/place1"
                android:layout_alignParentLeft="true" />
            <TextView
                android:layout_width="wrap_content"
                android:layout_height="wrap_content"
                android:text="@string/time1"
                android:layout_alignParentRight="true" />
        </RelativeLayout>
    </LinearLayout>

    <VideoView
        android:id="@+id/videoview"
        android:layout_width="match_parent"
        android:layout_height="wrap_content" />
```

하나의 비디오 아이템에 대한 레이아웃

LinearLayout에 대한 ID

play() 메소드에서 재생할 비디오 파일명

클릭 시 실행될 메소드명

비디오 제목을 배치함

장소와 재생시간

비디오를 재생할 VideoView

```
</LinearLayout>
```

(4) MainActivity.java 편집

액티비티를 생성하고 activity_main.xml을 출력한다. 비디오 아이템을 클릭하면 callback 메소드인 play() 메소드에서 클릭한 뷰를 인식하고 뷰의 tag에 있는 비디오 파일명을 인식한다. 비디오를 출력하는 영역으로 설정되어 있는 VideoView 클래스를 인식하고 비디오를 재생한다. 미디어 제어기를 비디오뷰에 설치한다. 비디오를 클릭하면 하단부에 미디어 제어기가 나타난다.

소스 | MainActivity.java

```
package com.example.videoplayback2;

import android.app.Activity;
import android.net.Uri;
import android.os.Bundle;
import android.view.View;
import android.widget.LinearLayout;
import android.widget.MediaController;
import android.widget.VideoView;

public class MainActivity extends Activity {

    @Override
    protected void onCreate(Bundle savedInstanceState) {
        super.onCreate(savedInstanceState);
        setContentView(R.layout.activity_main);
    }

    public void play(View v) {
        int id = v.getId();
        LinearLayout layout = (LinearLayout)findViewById(id);

        String tag = (String)layout.getTag();
        int id_video = getResources().getIdentifier(tag,
            "drawable", getPackageName());
        Uri uri = Uri.parse("android.resource:
            //com.example.videoplayback2/" + id_video);

```

비디오 목록의 아이템 클릭 시 실행

클릭한 뷰의 ID 인식

ID를 이용한 LinearLayout 인식

LinearLayout에 있는 tag 인식

drawable 폴더에 tag 값과 일치하는 비디오 파일의 ID 인식

비디오 파일의 ID에 해당하는 리소스 인식

```java
        VideoView videoview = (VideoView)findViewById(R.id.videoview);
        videoview.setVideoURI(uri);
        videoview.start();

        MediaController mcontroller = new MediaController(this);
        videoview.setMediaController(mcontroller);
    }

}
```

비디오 재생

인식한 VideoView에 비디오 리소스 설정

비디오 실행을 위한 VideoView 클래스 인식

미디어 제어기 생성

VideoView에 미디어 제어기 설정

● **클래스**

클래스	설명
MediaController	미디어 재생을 위한 제어 기능을 가진 뷰

● **클래스 메소드**

클래스	메소드	설명
MediaController	MediaController(Context context)	MediaController 클래스의 생성자
VideoView	void setMediaController(MediaController controller)	VideoView에 미디어 제어기인 controller를 설정함.

STEP 4 프로젝트 실행

(1) 프로젝트의 실행

프로젝트명을 **마우스 오른쪽 버튼**으로 클릭하여 팝업메뉴에서 '**Run As → Android Application**'을 클릭하고, 디바이스 선택 창의 목록에서 실행할 디바이스(AVD 또는 스마트폰)를 선택하고, '**OK**' 버튼을 클릭한다.

(2) 실행결과 보기

실행결과는 레이아웃에 설정되어 있는 대로 비디오 제목, 장소, 재생시간이 나타난다. 목록을 클릭하면 비디오가 재생된다. 바다오를 클릭하면 미디어 제어기가 하단부에 나타나는데, 미디어 제어기를 이용하면 재생과 정지 등의 제어가 가능하다.

08 ④

비디오 목록과 비디오 재생 액티비티

ADVANCED LAB Video Playback3 프로젝트

08.4.1 프로젝트 개요

비디오 제목, 장소, 재생시간을 포함하는 **비디오 목록 액티비티**에 있는 여러 아이템 중에 하나의 아이템을 클릭하면 새 화면에서 비디오가 재생되는 앱을 개발해 보자. **비디오 재생 액티비티**에서 **'닫기' 버튼**을 클릭하면 비디오 목록 화면으로 돌아가게 된다. 비디오 뷰에 **미디어 제어기**를 설정하도록 한다. 어플리케이션 라벨은 **'비디오3'**으로 표시한다.

프로젝트 개요: **비디오 목록과 비디오 재생화면**

Application Name: **Video Playback3**

어플리케이션 라벨: **비디오3**

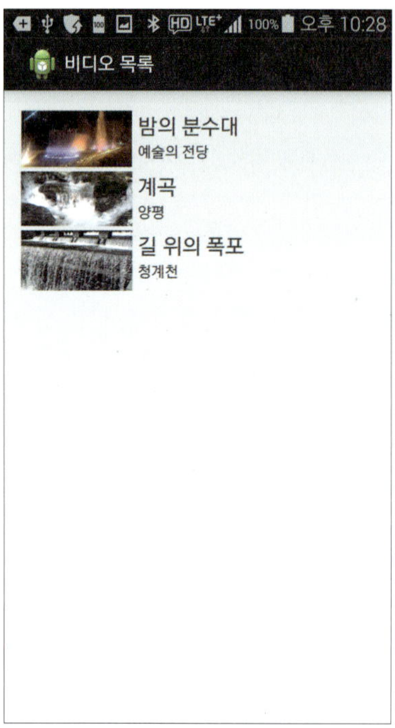

- 액티비티 라벨
  비디오 목록
- 액티비티 화면 출력
  비디오 제목
  아티스트 이름(왼쪽), 재생시간(오른쪽)
- 사용자 이벤트
  비디오 목록 아이템을 클릭하면 비디오 재생 액티비티를 실행함

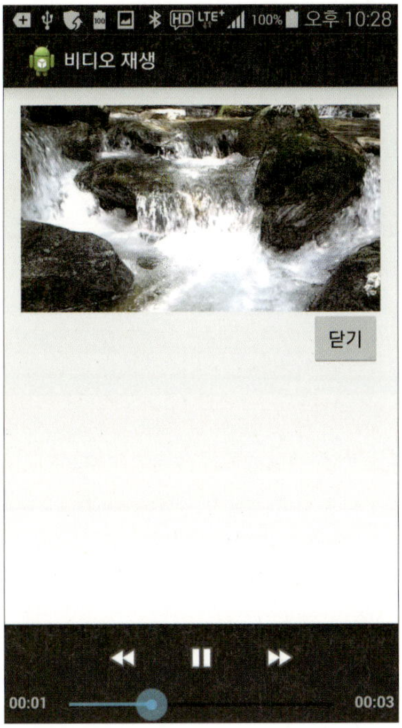

- **액티비티 라벨**
  비디오 재생
- **액티비티 화면 출력**
  비디오
- **사용자 이벤트**
  '이전' 버튼을 클릭하면 현재 액티비티를 종료하고, 이전 액티비티가 나타남

08.4.2 앱 프로젝트 개발

STEP 1 프로젝트 생성

➥ '3.2절 [Step 1] **프로젝트 생성**'을 참고하여 프로젝트를 생성한다.

절차	내용
❶ 프로젝트 시작	메뉴에서 'File → New → Android Application Project' 클릭
❷ 어플리케이션 기본정보 설정	아래 두 항목을 변경하고 그 외는 디폴트로 설정함. Application Name : Audio Play3 Minimum Required SDK : API 19 Android 4.4(KitKat)
❸ 프로젝트 구성	디폴트 값으로 설정
❹ 아이콘 설정	디폴트 값으로 설정
❺ 액티비티 종류 설정	디폴트 값으로 설정
❻ 액티비티와 레이아웃 이름 설정	디폴트 값으로 설정

STEP 2 프로젝트 기본 편집

➥ '3.2절 [Step 2] 프로젝트 기본 편집' 절차에 따라 수정한다.

절차	내용
❶ activity_main.xml 수정	fragment_main.xml 파일 소스를 activity_main.xml로 복사
❷ fragment_main.xml 파일 삭제	–
❸ MainActivity.java 소스 수정	삭제한 fragment_main.xml 관련 부분과 메뉴 관련 부분 삭제
❹ AndroidManifest.xml 소스 수정	〈uses-sdk〉 태그 속성인 'android:minSdkVersion'에 19로 설정된 속성값을 8로 수정

STEP 3 소스 편집

[Step 3-1] 비디오 목록 액티비티

● 기본파일 간의 연관관계

strings.xml에는 **비디오 목록**에 대한 텍스트 리소스를 정의하고, activity_main.xml은 레이아웃 내에 strings.xml에서 정의한 비디오 목록을 할당하고, 비디오 관련 이미지 리소스를 목록에 표시한다. MainActivity.java는 activity_main.xm에서 정의한 각 LinearLayout이 클릭되면 play() 메소드를 실행한다. play() 메소드는 클릭한 목록의 비디오 파일 ID를 인식하고 VideoPlayback 클래스를 실행하여 비디오를 재생하게 된다. AndroidManifest.xml 파일은 MainActivity 클래스를 액티비티로 설정하고, 어플리케이션 라벨과 액티비티 라벨은 strings.xml에서 정의한 app_name을 사용한다.

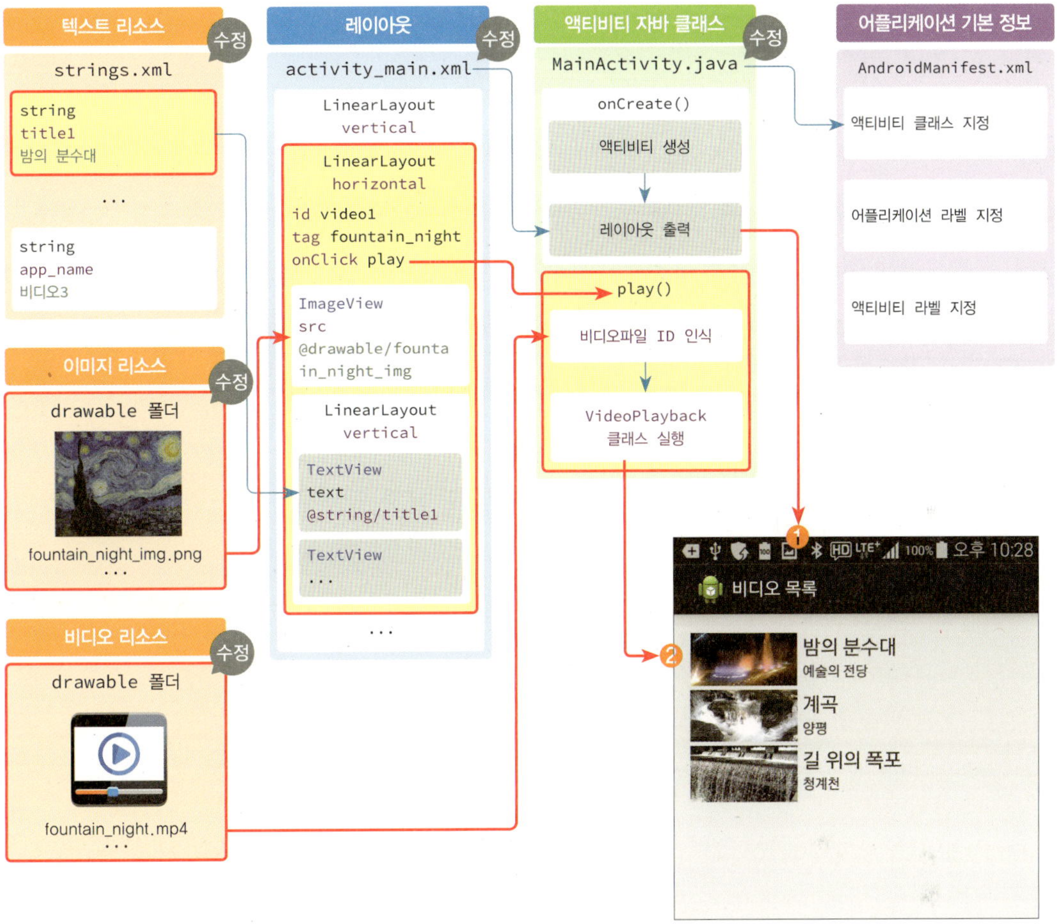

▲ 기본 파일 간의 연관관계

(1) 비디오 파일의 복사(res/drawable 폴더)

비디오 리소스인 fountain_night.mp4, creek_rock.mp4, waterfall_street.mp4 파일을 drawable-xxhdpi 폴더에 저장한다.

(2) 이미지 파일의 복사(res/drawable 폴더)

비디오 목록에서 각 비디오별 이미지로 사용할 섬네일의 fountain_night_img.png, creek_rock_img.png, waterfall_street_img.png 파일을 drawable-xxhdpi 폴더에 저장한다.

TIP 섬네일(thumbnail)

큰 이미지를 작은 크기로 만든 것으로, 미리 보기에 사용된다. 많은 이미지나 큰 용량의 이미지를 나타낼 때 전송 속도를 줄일 수 있다.

(3) strings.xml 편집

어플리케이션 이름을 수정하기 위해 **app_name** 속성값에 해당하는 데이터를 '**비디오3**'으로 수정한다. 3개의 비디오 목록 아이템에 대한 **제목**과 **장소**에 대응하는 속성값을 추가하고 각 데이터를 할당한다.

소스 | strings.xml

```
<?xml version="1.0" encoding="utf-8"?>
<resources>

    <string name="app_name">비디오3</string>
    <string name="hello_world">Hello world!</string>
    <string name="action_settings">Settings</string>

    <string name="title1">밤의 분수대</string>
    <string name="place1">예술의 전당</string>

    <string name="title2">계곡</string>
    <string name="place2">양평</string>

    <string name="title3">길 위의 폭포</string>
    <string name="place3">청계천</string>

</resources>
```

어플리케이션 이름

비디오 아이템 1에 대한 제목, 장소에 대한 텍스트 리소스 정의

비디오 아이템 2에 대한 제목, 장소에 대한 텍스트 리소스 정의

비디오 아이템 3에 대한 제목, 장소에 대한 텍스트 리소스 정의

(4) activity_main.xml 편집

strings.xml에 정의된 3개의 비디오 텍스트 리소스와 비디오 이미지 섬네일을 이용해 비디오 목록을 구성한다. 각 비디오 아이템에는 LinearLayout으로 감싸고, ID와 tag를 설정한다. tag에는 클릭 시 실행할 비디오 파일 즉, drawable 폴더에 저장한 비디오 파일명(확장자 제외)을 적는다.

소스 | activity_main.xml

```
<?xml version="1.0" encoding="utf-8"?>
<LinearLayout xmlns:android="http://schemas.android.com/apk/res/android"
    android:layout_width="match_parent"
    android:layout_height="match_parent"
    android:orientation="vertical"
    android:paddingBottom="@dimen/activity_vertical_margin"
    android:paddingLeft="@dimen/activity_horizontal_margin"
    android:paddingRight="@dimen/activity_horizontal_margin"
    android:paddingTop="@dimen/activity_vertical_margin" >

    <LinearLayout
        android:id="@+id/video1"
        android:tag="fountain_night"
        android:layout_width="match_parent"
        android:layout_height="wrap_content"
        android:orientation="horizontal"
        android:paddingTop="2sp"
        android:paddingBottom="2sp"
        android:clickable="true"
        android:onClick="play" >

        <ImageView
            android:layout_width="match_parent"
            android:layout_height="wrap_content"
            android:src="@drawable/fountain_night_img"
            android:paddingRight="5sp"
            android:layout_weight="2"
            android:adjustViewBounds="true" />

        <LinearLayout
            android:layout_width="match_parent"
            android:layout_height="wrap_content"
            android:layout_weight="1"
            android:orientation="vertical" >
            <TextView
                android:layout_width="match_parent"
                android:layout_height="wrap_content"
                android:text="@string/title1"
                android:textSize="20sp" />
            <TextView
                android:layout_width="match_parent"
                android:layout_height="wrap_content"
                android:text="@string/place1" />
```

- `<LinearLayout`: 비디오 아이템 1에 대한 레이아웃
- `android:id="@+id/video1"`: 비디오 아이템 1에 대한 ID
- `android:tag="fountain_night"`: play 메소드에서 읽고 실행할 비디오 파일명
- `android:clickable="true"`: 뷰를 클릭 가능한 상태로 설정함
- `android:onClick="play"`: 뷰가 클릭될 때 실행될 callback 메소드

```
        </LinearLayout>
    </LinearLayout>

    <LinearLayout
```

비디오 아이템 2에 대한 레이아웃

```
        android:id="@+id/video2"
        android:tag="creek_rock"
        android:layout_width="match_parent"
        android:layout_height="wrap_content"
        android:orientation="horizontal"
        android:paddingTop="2sp"
        android:paddingBottom="2sp"
        android:clickable="true"
        android:onClick="play" >

        <ImageView
            android:layout_width="match_parent"
            android:layout_height="wrap_content"
            android:src="@drawable/creek_rock_img"
            android:paddingRight="5sp"
            android:layout_weight="2"
            android:adjustViewBounds="true" />

        <LinearLayout
            android:layout_width="match_parent"
            android:layout_height="wrap_content"
            android:layout_weight="1"
            android:orientation="vertical" >
            <TextView
                android:layout_width="match_parent"
                android:layout_height="wrap_content"
                android:text="@string/title2"
                android:textSize="20sp" />
            <TextView
                android:layout_width="match_parent"
                android:layout_height="wrap_content"
                android:text="@string/place2" />
        </LinearLayout>
    </LinearLayout>

    <LinearLayout
```

비디오 아이템 3에 대한 레이아웃

```
        android:id="@+id/video3"
        android:tag="waterfall_street"
        android:layout_width="match_parent"
        android:layout_height="wrap_content"
        android:orientation="horizontal"
```

```
        android:paddingTop="2sp"
        android:paddingBottom="2sp"
        android:clickable="true"
        android:onClick="play" >

        <ImageView
            android:layout_width="match_parent"
            android:layout_height="wrap_content"
            android:src="@drawable/waterfall_street_img"
            android:paddingRight="5sp"
            android:layout_weight="2"
            android:adjustViewBounds="true" />

        <LinearLayout
            android:layout_width="match_parent"
            android:layout_height="wrap_content"
            android:layout_weight="1"
            android:orientation="vertical" >
            <TextView
                android:layout_width="match_parent"
                android:layout_height="wrap_content"
                android:text="@string/title3"
                android:textSize="20sp" />
            <TextView
                android:layout_width="match_parent"
                android:layout_height="wrap_content"
                android:text="@string/place3" />
        </LinearLayout>
    </LinearLayout>

</LinearLayout>
```

(5) MainActivity.java 편집

액티비티를 생성하고 activity_main.xml을 출력한다. 액티비티 라벨을 '비디오 목록'으로 수정한다. 비디오 목록 아이템이 클릭되면 play() 메소드에서 클릭한 뷰를 인식하고 뷰의 tag에 있는 비디오 파일명에 해당하는 ID를 인식한다. 인텐트를 통해 **비디오 재생 액티비티**를 호출한다.

소스 | MainActivity.java

```java
package com.example.videoplayback3;

import android.app.Activity;
import android.content.Intent;
import android.os.Bundle;
import android.view.View;
import android.widget.LinearLayout;

public class MainActivity extends Activity {

    @Override
    protected void onCreate(Bundle savedInstanceState) {
        super.onCreate(savedInstanceState);
        setContentView(R.layout.activity_main);

        setTitle("비디오 목록");
    }

    public void play(View v) {
        int id = v.getId();
        LinearLayout layout = (LinearLayout)findViewById(id);

        String tag = (String)layout.getTag();
        int id_video = getResources().getIdentifier(tag,
                    "drawable", getPackageName());

        Intent it = new Intent(this, VideoPlayback.class);
        String str_id_video = Integer.toString(id_video);
        it.putExtra("it_id_video", str_id_video);
        startActivity(it);
    }

}
```

액티비티 라벨을 설정함

비디오 아이템이 클릭될 때 실행되는 callback 메소드

정수를 문자로 변환함

클래스 메소드

클래스	메소드	설명
Activity	void setTitle(CharSequence title)	현재 액티비티의 라벨을 title로 변경함.

[Step 3-2] 비디오 재생 액티비티

● **기본파일 간의 연관관계**

video_playback.xml은 **VideoView**와 **Button** 클래스를 배치한다. **VideoPlayback.java**는 **video_playback.xml**에서 정의한 레이아웃을 출력한다. **AndroidManifest.xml** 파일에는 **VideoPlayback** 클래스를 액티비티로 등록한다. 사용자가 재생 중인 비디오를 클릭하면 미디어 제어기가 하단부에 나타난다. '닫기' 버튼을 클릭하면 현재 액티비티를 종료하고 비디오 목록 액티비티로 돌아간다.

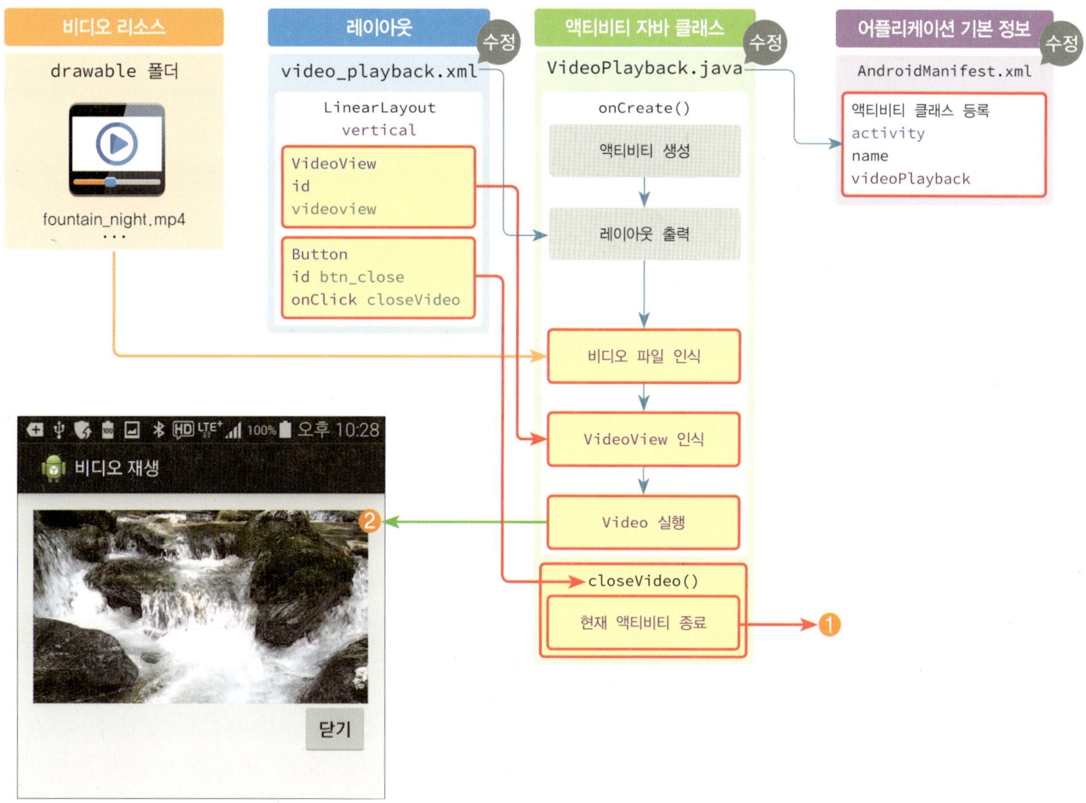

▲ 기본 파일 간의 연관관계

(1) video_playback.xml 편집

VideoView와 Button 클래스를 배치한다. VideoView는 사용자가 클릭한 비디오가 재생되는 영역이며, Button은 클릭 시에 실행할 callback 메소드를 지정한다.

소스 | video_playback.xml

```
<?xml version="1.0" encoding="utf-8"?>
<LinearLayout xmlns:android="http://schemas.android.com/apk/res/android"
    android:layout_width="match_parent"
    android:layout_height="match_parent"
    android:orientation="vertical"
    android:paddingBottom="@dimen/activity_vertical_margin"
    android:paddingLeft="@dimen/activity_horizontal_margin"
    android:paddingRight="@dimen/activity_horizontal_margin"
    android:paddingTop="@dimen/activity_vertical_margin" >

    <VideoView
        android:id="@+id/videoview"
        android:layout_width="match_parent"
        android:layout_height="wrap_content" />

    <Button
        android:id="@+id/btn_close"
        android:layout_width="wrap_content"
        android:layout_height="wrap_content"
        android:text="닫기"
        android:layout_gravity="right"
        android:clickable="true"
        android:onClick="closeVideo" />

</LinearLayout>
```

버튼의 ID

버튼에 표시되는 이름

뷰를 클릭 가능한 상태로 설정함

뷰가 클릭될 때 실행될 callback 메소드

(2) VideoPlayback.java 편집

액티비티를 생성하고 video_playback.xml을 출력한다. 액티비티 라벨을 '비디오 재생'으로 설정한다. 인텐트를 통해 MainActivity 클래스에서 전달한 비디오 파일 ID를 추출하고, ID에 해당하는 비디오 파일의 Uri를 인식한다. Uri에 해당하는 비디오 자원을 재생한다. 비디오뷰에는 미디어 제어기를 설정한다. '닫기' 버튼 클릭 시에 실행되는 closeVideo() 메소드는 현재 액티비티를 종료한다. 현재 액티비티가 종료되면 뒷면에 있던 비디오 목록 액티비티가 다시 나타난다.

소스 | VideoPlayback.java

```java
package com.example.videoplayback3;

import android.app.Activity;
import android.content.Intent;
import android.net.Uri;
import android.os.Bundle;
import android.view.View;
import android.widget.MediaController;
import android.widget.VideoView;

public class VideoPlayback extends Activity {

    @Override
    protected void onCreate(Bundle savedInstanceState) {
        super.onCreate(savedInstanceState);
        setContentView(R.layout.video_playback);

        setTitle("비디오 재생");

        Intent it = getIntent();
        String str_id_video = it.getStringExtra("it_id_video");
        int id_video = Integer.parseInt(str_id_video);

        Uri uri = Uri.parse("android.resource:
                 //com.example.videoplayback3/" + id_video);

        VideoView videoview = (VideoView)findViewById(R.id.videoview);
        videoview.setVideoURI(uri);
        videoview.start();

        MediaController mcontroller = new MediaController(this);
        videoview.setMediaController(mcontroller);
    }

    public void closeVideo(View v) {
      finish();
    }

}
```

액티비티 라벨을 설정함

버튼이 클릭될 때 실행되는 callback 메소드

(3) Androidmanifest.xml 편집

추가로 만들어지는 액티비티 자바 클래스는 AndroidManifest.xml에 등록한다.

소스 | AndroidManifest.xml

```xml
<?xml version="1.0" encoding="utf-8"?>
<manifest xmlns:android="http://schemas.android.com/apk/res/android"
    package="com.example.videoplayback3"
    android:versionCode="1"
    android:versionName="1.0" >

    <uses-sdk
        android:minSdkVersion="8"
        android:targetSdkVersion="19" />

    <application
        android:allowBackup="true"
        android:icon="@drawable/ic_launcher"
        android:label="@string/app_name"
        android:theme="@style/AppTheme" >
        <activity
            android:name="com.example.videoplayback3.MainActivity"
            android:label="@string/app_name" >
            <intent-filter>
                <action android:name="android.intent.action.MAIN" />

                <category android:name="android.intent.category.LAUNCHER" />
            </intent-filter>
        </activity>
        <activity
            android:name="com.example.videoplayback3.VideoPlayback" >
        </activity>
    </application>

</manifest>
```

VideoPlayback 자바 클래스의 등록

STEP 4 프로젝트 실행

(1) 프로젝트의 실행

프로젝트명을 **마우스 오른쪽 버튼**으로 클릭하여 팝업메뉴에서 '**Run As → Android Application**'을 클릭하고, 디바이스 선택 창의 목록에서 실행할 디바이스(AVD 또는 스마트폰)를 선택하고, '**OK**' 버튼을 클릭한다.

(2) 실행결과 보기

실행결과는 레이아웃에 설정되어 있는 대로 비디오 목록이 나타난다. 비디오 아이템을 클릭하면 비디오 재생 액티비티가 실행된다. 클릭된 아이템에 대한 비디오가 실행되며, 비디오 영역을 클릭하면 미디어 제어기가 하단부에 나타난다. '닫기' 버튼을 클릭하면 비디오 목록 액티비티가 다시 나타난다.

03 PART

센서와 네트워크

ANDROID PROGRAMMING

Contents

자바 쉼터 4

반복문

반복문은 조건에 따라 반복적으로 처리할 명령문을 실행할 때 유용하다. 반복문에는 **for 문**, **while 문**, **do while 문**이 있다. 일반적으로 많이 사용되는 **for 문**, **while 문**을 살펴본다.

● 반복문

<table>
<tr><th>반복문</th><th>반복처리 비교</th><th>문법과 사용 예</th></tr>
<tr><td>for 문</td><td>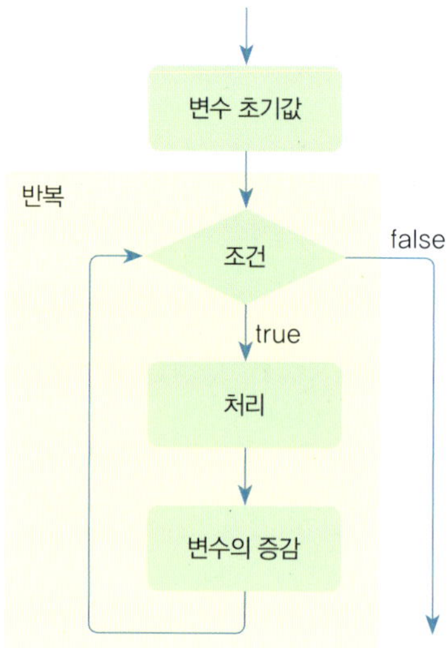
</td><td>• 문법

<pre>for (변수초기값; 조건; 변수의 증감) {
    처리;
}</pre>

• 사용 예(1~10까지의 자연수 합)

<pre>int sum = 0;
for(int i=1; i<=10; i++) {
    sum += i;
}</pre></td></tr>
<tr><td>while 문</td><td>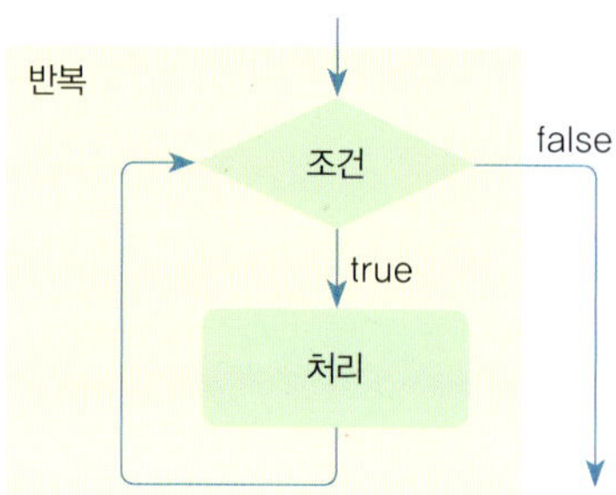
</td><td>• 문법

<pre>while (조건) {
    처리;
}</pre>

• 사용 예(1~10까지의 자연수 합)

<pre>int sum = 0;
int i=1;
while(i<=10) {
    sum += i;
}</pre></td></tr>
</table>

반복문의 흐름 제어

구분	설명	사용 예

break 문	반복문 안에서 사용되며, break 문을 만나면 **반복처리로부터 벗어나게 된다**. 일반적으로 조건문과 함께 사용되며, 조건에 따라 반복처리를 중단할 필요가 있을 때 사용한다.	`for/while() {`
		`    ......`
		`    break;`
		`    ......`
		`}`

continue 문	반복문 안에서 사용되며, continue 문을 만나면 반복문 내에서 **continue 아래 부분은 실행하지 않는다**. 일반적으로 조건문과 함께 사용되며, 조건에 따라 반복처리의 하단부분을 실행할 필요가 없을 때 유용하다.	`for/while() {`
		`    ......`
		`    continue;`
		`    ......`
		`}`

자바 쉼터 5

예외 처리

예외란 의도하지 않은 상황이 발생하여 프로그램이 정지될 수 있는 에러로서, **예외 처리**를 통하여 비정상적 종료를 막을 수 있다.

● 예외처리문

명령어 실행 도중 예외사항으로 에러가 발생하면 프로그램은 중간에서 비정상적으로 멈추게 된다. 예를 들면 읽어야 할 파일이 존재하지 않거나 네트워크가 연결되지 않는 등의 예외사항이 발생하면 예외처리를 하여 시스템이 정상적으로 진행되도록 할 필요가 있다. 예외처리에는 **try-catch 문**이 사용되는데, **try 문** 내에서 예외가 발생하면 **catch 문**에서 지정된 예외 상황을 인식하여 예외 처리를 한다. 예외 상황은 여러 가지가 발생 가능하기 때문에 그에 대응하는 **catch 문**으로 예외처리를 한다. **finally 문** 내의 명령어들은 예외 발생과 관련 없이 try 문을 벗어날 때 마지막으로 실행하게 된다.

● 예외처리문 사용 예

try-catch 문

```
try {
    // 예외 발생 가능 명령문

                예외유형1 발생
                        예외유형2 발생

} catch (예외유형1) {
    // 예외처리1
} catch (예외유형2) {
// 예외처리2
} catch (예외유형n) {
// 예외처리n
} finally {
    // 예외상황과 관계없이 try-catch 문을 벗어날 때 실행
}
```

예외처리의 예

외부 파일을 읽거나 쓸 때 에러가 발생하면 다음과 같이 예외처리를 한다(9.3절 참조).

```
try {
    .....
} catch (IOException e) {
    .....
}
```

ANDROID PROGRAMMING

09 CHAPTER

웹페이지 보기

09 ① 웹페이지 출력의 원리

(1) 웹페이지 출력의 예

최근 디바이스가 다양하게 발전하면서 웹페이지 출력도 디바이스 환경에 맞도록 서비스하는 웹사이트들이 늘어나고 있다. 아래 그림은 TED(www.ted.com)의 홈페이지로 왼쪽은 PC와 같은 일반적인 스크린으로 접속했을 때 웹브라우저로 보는 결과이며, 오른쪽은 스마트폰으로 본 화면이다. 안드로이드 SDK는 HTML 문서를 출력하는 WebView 클래스를 제공하고 있다.

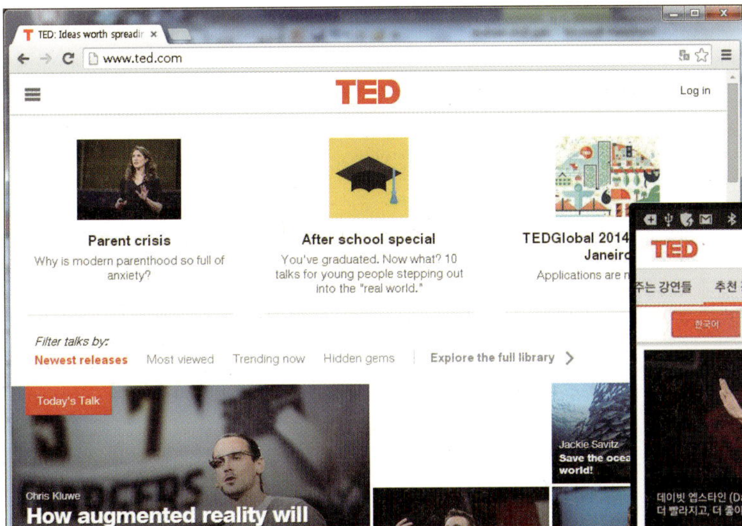

TED 홈페이지의 PC 웹브라우저 출력

TED 앱의 출력

▲ 디바이스 종류에 따른 웹페이지 출력

(2) 웹페이지 출력 원리

웹서버로부터 다운로드 받은 **HTML** 기반의 웹페이지를 **WebView 클래스**를 이용하여 웹브라우저와 같은 형식으로 출력하게 된다.

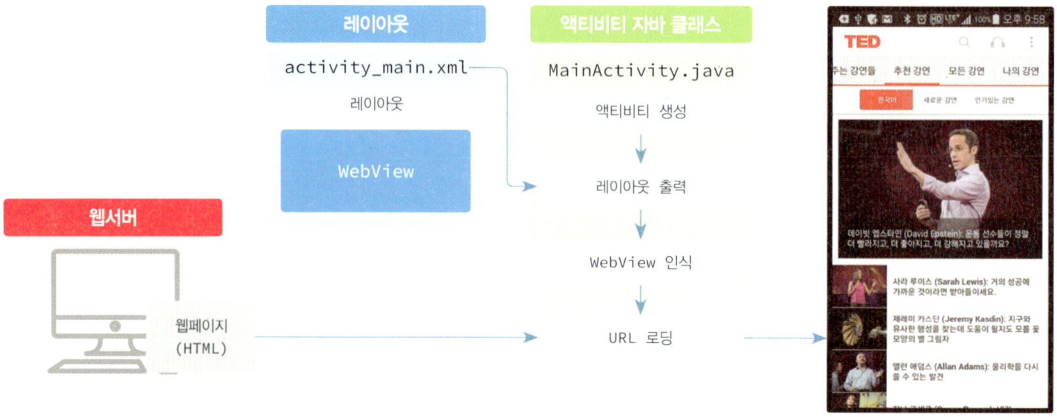

09-2 웹뷰를 이용한 웹페이지 출력

BASIC Web Page1 프로젝트

09.2.1 프로젝트 개요

앱을 통해 안드로이드 웹사이트(www.android.com)에 접속해 웹페이지를 출력해 보자. **어플리케이션 라벨**은 '**웹페이지1**'로 표시한다.

프로젝트 개요: **웹페이지 출력**

Application Name: **Web Page1**

어플리케이션 라벨: **웹페이지1**

- **액티비티 라벨**
  웹페이지1
- **액티비티 화면 출력**
  지정한 웹사이트의 웹페이지

09.2.2 앱 프로젝트 개발

STEP 1 프로젝트 생성

➥ '3.2절 [Step 1] 프로젝트 생성'을 참고하여 프로젝트를 생성한다.

절차	내용
❶ 프로젝트 시작	메뉴에서 'File → New → Android Application Project' 클릭
❷ 어플리케이션 기본정보 설정	아래 두 항목을 변경하고 그 외는 디폴트로 설정함. Application Name : Web Page1 Minimum Required SDK : API 19 Android 4.4(KitKat)
❸ 프로젝트 구성	디폴트 값으로 설정
❹ 아이콘 설정	디폴트 값으로 설정
❺ 액티비티 종류 설정	디폴트 값으로 설정
❻ 액티비티와 레이아웃 이름 설정	디폴트 값으로 설정

STEP 2 프로젝트 기본 편집

➥ '3.2절 [Step 2] 프로젝트 기본 편집' 절차에 따라 수정한다.

절차	내용
❶ activity_main.xml 수정	fragment_main.xml 파일 소스를 activity_main.xml로 복사
❷ fragment_main.xml 파일 삭제	–
❸ MainActivity.java 소스 수정	삭제한 fragment_main.xml 관련 부분과 메뉴 관련 부분 삭제
❹ AndroidManifest.xml 소스 수정	〈uses-sdk〉 태그 속성인 'android:minSdkVersion'에 19로 설정된 속성값을 8로 수정

STEP 3 소스 편집

● **기본파일 간의 연관관계**

activity_main.xml에는 웹페이지 출력을 위한 WebView가 배치되어 있다. MainActivity.java는 activity_main.xml에서 정의한 레이아웃을 출력하고, WebView를 인식한 후에 웹페이지를 다운로드하여 출력한다. AndroidManifest.xml 파일은 MainActivity 클래스를 액티비티로 설정하고, 어플리케이션 라벨과 액티비티 라벨은

strings.xml에서 정의한 **app_name**을 사용한다. 앱이 **인터넷**을 사용할 수 있도록 인터넷 접속허용을 설정한다.

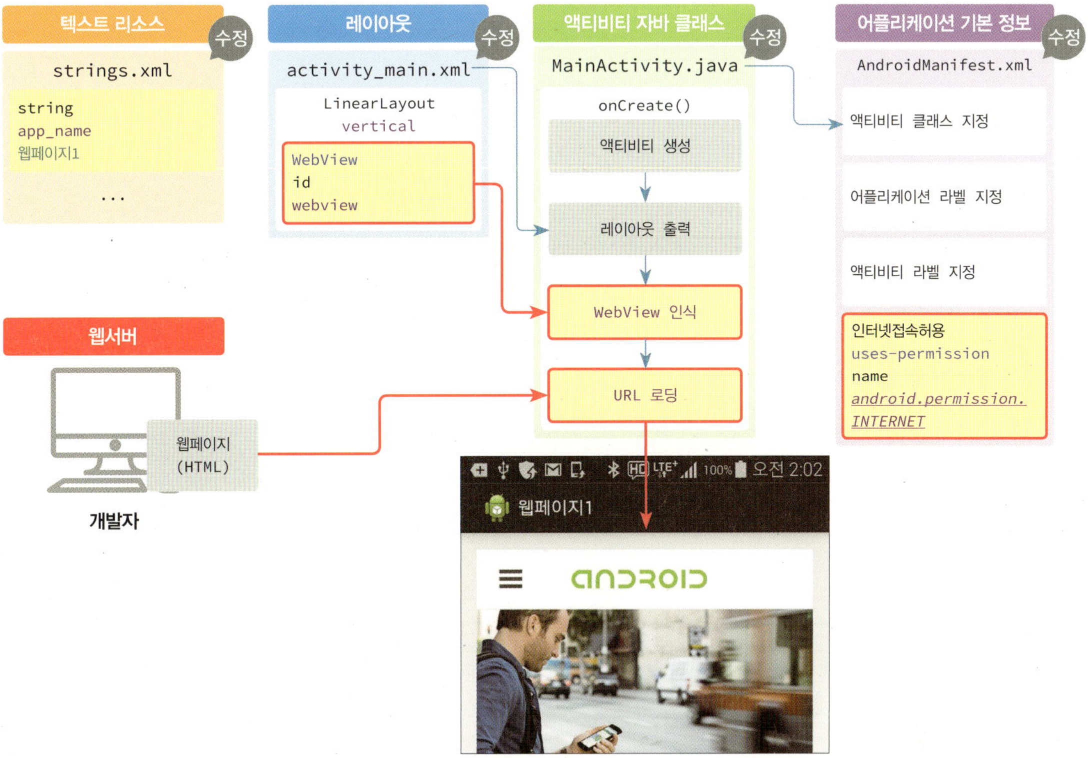

▲ 기본 파일 간의 연관관계

(1) strings.xml 편집

어플리케이션 라벨을 수정하기 위해 **app_name** 속성값에 해당하는 데이터를 '**웹페이지1**'로 수정한다.

소스 | strings.xml

```
<?xml version="1.0" encoding="utf-8"?>
<resources>

    <string name="app_name">웹페이지1</string>
    <string name="hello_world">Hello world!</string>
    <string name="action_settings">Settings</string>

</resources>
```

어플리케이션 라벨

(2) activity_main.xml 편집

웹페이지 출력을 위해 **WebView**를 사용한다. ID를 **webview**로 지정한다.

소스 | activity_main.xml

```
<?xml version="1.0" encoding="utf-8"?>
<LinearLayout xmlns:android="http://schemas.android.com/apk/res/android"
    android:layout_width="match_parent"
    android:layout_height="match_parent"
    android:orientation="vertical"
    android:paddingBottom="@dimen/activity_vertical_margin"
    android:paddingLeft="@dimen/activity_horizontal_margin"
    android:paddingRight="@dimen/activity_horizontal_margin"
    android:paddingTop="@dimen/activity_vertical_margin" >

    <WebView
        android:id="@+id/webview"
        android:layout_width="match_parent"
        android:layout_height="wrap_content" />

</LinearLayout>
```

웹페이지 출력을 위한 WebView

WebView 클래스는 웹페이지를 출력하는 기능을 가지고 있다.

● **클래스**

클래스	설명
WebView	웹페이지를 출력하는 뷰

(3) MainActivity.java 편집

액티비티를 생성하고 **activity_main.xml을 출력**한다. **WebView**를 인식하여 **자바 스크립트 실행**이 가능하도록 설정하고 **URL의 웹페이지를 로딩**하여 출력한다.

소스 | MainActivity.java

```
package com.example.webpage1;

import android.app.Activity;
import android.os.Bundle;
```

```java
import android.webkit.WebSettings;
import android.webkit.WebView;
import android.webkit.WebViewClient;

public class MainActivity extends Activity {

    @Override
    protected void onCreate(Bundle savedInstanceState) {
        super.onCreate(savedInstanceState);
        setContentView(R.layout.activity_main);
        WebView webview = (WebView)findViewById(R.id.webview);
        webview.setWebViewClient(new WebViewClient());
        WebSettings set = webview.getSettings();
        set.setJavaScriptEnabled(true);
        set.setBuiltInZoomControls(true);
        webview.loadUrl("http://www.android.com");
    }
}
```

WebView를 인식함

액티비티 내에서 WebView가 실행되게 설정함

WebView 설정을 제어하기 위한 WebSettings 객체를 가져옴

WebView가 자바스크립트를 실행할 수 있도록 설정함

WebView가 줌 기능이 가능하도록 함

주어진 URL의 웹문서를 로딩함

● **클래스**

클래스	설명
WebSettings	WebView 설정 상태를 관리함.
WebViewClient	WebView에 추가적인 기능을 설정함.

● **클래스 메소드**

클래스	메소드	설명
WebSettings	void **setBuiltInZoomControls**(boolean enabled)	WebView가 줌 기능이 가능하도록 함.
	synchronized void **setJavaScriptEnabled**(boolean flag)	WebView가 자바 스크립트 실행이 가능하도록 함.
WebView	void **loadUrl**(String url)	주어진 url의 웹문서를 로딩함.
	void **setWebViewClient**(WebViewClient client)	WebView 객체를 WebViewClient객체와 연결하여, 안드로이드의 기본 웹브라우저 대신 액티비티 내에서 WebView가 실행되게 설정함.
	WebSettings **getSettings()**	WebView 설정을 제어하기 위한 WebSettings 객체를 가져옴.
WebViewClient	**WebViewClient()**	WebViewClient 클래스의 생성자

(4) AndroidManifest.xml 편집

웹서버에 접속하기 위해 앱이 인터넷 접속을 허용할 수 있도록 속성을 추가한다.

소스 | AndroidManifest.xml

```
<?xml version="1.0" encoding="utf-8"?>
<manifest xmlns:android="http://schemas.android.com/apk/res/android"
    package="com.example.webpage1"
    android:versionCode="1"
    android:versionName="1.0" >

    <uses-sdk
        android:minSdkVersion="8"
        android:targetSdkVersion="19" />

    <uses-permission
        android:name="android.permission.INTERNET" />

    <application
        android:allowBackup="true"
        android:icon="@drawable/ic_launcher"
        android:label="@string/app_name"
        android:theme="@style/AppTheme" >
        <activity
            android:name="com.example.webpage1.MainActivity"
            android:label="@string/app_name" >
            <intent-filter>
                <action android:name="android.intent.action.MAIN" />

                <category android:name="android.intent.category.LAUNCHER" />
            </intent-filter>
        </activity>
    </application>

</manifest>
```

인터넷 접속을 허용함

STEP 4 프로젝트 실행

(1) 프로젝트의 실행

프로젝트명을 **마우스 오른쪽 버튼**으로 클릭하여 팝업메뉴에서 '**Run As → Android Application**'을 클릭하고, 디바이스 선택 창의 목록에서 실행할 디바이스(AVD 또는 스마트폰)를 선택하고, '**OK**' 버튼을 클릭한다.

(2) 실행결과 보기

앱을 실행하면 안드로이드 홈페이지가 나타난다. 홈페이지를 클릭하면 앱 내에서 웹서핑이 가능하다.

09-3 웹페이지 소스 보기

LAB Web Page2 프로젝트

09.3.1 프로젝트 개요

앱은 웹서버의 어플리케이션과 통신하여 유용한 정보를 받을 수 있다. 앱이 웹서버의 어플리케이션을 불러 서비스를 요청하면, 웹 어플리케이션은 서비스 요청에 대한 응답으로 HTML로 작성된 웹페이지 또는 XML, JSON 등으로 작성된 데이터를 보내준다. 앱은 수신받은 데이터에서 유용한 정보를 추출하는 파싱(parsing) 과정을 거쳐 화면에 출력한다. 이번 프로젝트에서는 안드로이드 사이트(www.android.com)의 홈페이지 소스를 단순히 출력해 보도록 하자.

프로젝트 개요: 웹페이지 출력

Application Name: Web Page2

어플리케이션 라벨: 웹페이지2

- **액티비티 라벨**
  웹페이지2
- **액티비티 화면 출력**
  지정한 웹사이트의 홈페이지 소스

09.3.2 앱 프로젝트 개발

STEP 1 프로젝트 생성

➥ '3.2절 [Step 1] 프로젝트 생성'을 참고하여 프로젝트를 생성한다.

절차	내용
❶ 프로젝트 시작	메뉴에서 'File → New → Android Application Project' 클릭
❷ 어플리케이션 기본정보 설정	아래 두 항목을 변경하고 그 외는 디폴트로 설정함. Application Name : Video Page2 Minimum Required SDK : API 19 Android 4.4(KitKat)
❸ 프로젝트 구성	디폴트 값으로 설정
❹ 아이콘 설정	디폴트 값으로 설정
❺ 액티비티 종류 설정	디폴트 값으로 설정
❻ 액티비티와 레이아웃 이름 설정	디폴트 값으로 설정

STEP 2 프로젝트 기본 편집

➥ '3.2절 [Step 2] 프로젝트 기본 편집' 절차에 따라 수정한다.

절차	내용
❶ activity_main.xml 수정	fragment_main.xml 파일 소스를 activity_main.xml로 복사
❷ fragment_main.xml 파일 삭제	–
❸ MainActivity.java 소스 수정	삭제한 fragment_main.xml 관련 부분과 메뉴 관련 부분 삭제
❹ AndroidManifest.xml 소스 수정	<uses-sdk> 태그 속성인 'android:minSdkVersion'에 19로 설정된 속성값을 8로 수정

STEP 3 소스 편집

● **기본파일 간의 연관관계**

activity_main.xml에는 웹페이지 소스를 출력하기 위한 TextView가 배치되어 있다. **MainActivity.java**는 **activity_main.xml**에서 정의한 레이아웃을 출력하고, TextView를 인식하며, 웹페이지를 다운로드하여 소스를 출력한다. **AndroidManifest.xml** 파일

은 **MainActivity** 클래스를 액티비티로 설정하고, 어플리케이션 라벨과 액티비티 라벨은 **strings.xml**에서 정의한 **app_name**을 사용한다. 앱이 **인터넷**을 사용하고 네트워크 상의 정보에 접속할 수 있도록 허용한다.

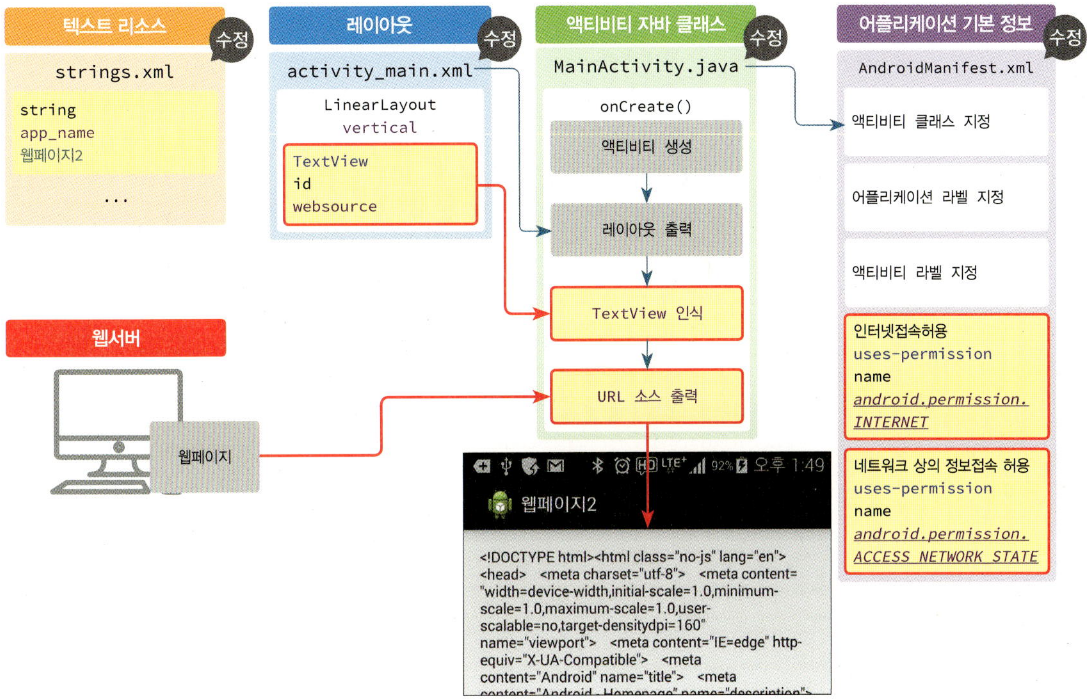

▲ **기본 파일 간의 연관관계**

(1) strings.xml 편집

어플리케이션 라벨을 수정하기 위해 **app_name** 속성값에 해당하는 데이터를 '**웹페이지 2**'로 수정한다.

소스 | strings.xml

```
<?xml version="1.0" encoding="utf-8"?>
<resources>

    <string name="app_name">웹페이지2</string>
    <string name="hello_world">Hello world!</string>
    <string name="action_settings">Settings</string>

    </resources>
```

(어플리케이션 이름)

(2) activity_main.xml 편집

웹페이지 출력을 위해 **TextView**를 사용한다. ID를 **websource**로 지정한다.

소스 | activity_main.xml

```
<?xml version="1.0" encoding="utf-8"?>

<ScrollView xmlns:android="http://schemas.android.com/apk/res/android"
    android:layout_height="match_parent"
    android:layout_width="match_parent" >

    <LinearLayout
        android:layout_width="match_parent"
        android:layout_height="match_parent"
        android:orientation="vertical"
        android:paddingBottom="@dimen/activity_vertical_margin"
        android:paddingLeft="@dimen/activity_horizontal_margin"
        android:paddingRight="@dimen/activity_horizontal_margin"
        android:paddingTop="@dimen/activity_vertical_margin" >

    <TextView
        android:id="@+id/websource"
        android:layout_width="match_parent"
        android:layout_height="wrap_content" />

    </LinearLayout>

</ScrollView>
```

웹페이지 소스 출력을 위한 TextView

(3) MainActivity.java 편집

액티비티를 생성하고 **activity_main.xml을 출력**한다. **TextView**를 인식하며, **Asynctask** 클래스를 이용하여 URL에 해당하는 웹페이지 소스를 다운로드하고 출력한다.

소스 | MainActivity.java

```
package com.example.webpage2;

import java.io.BufferedInputStream;
```

```java
import java.io.BufferedReader;
import java.io.IOException;
import java.io.InputStreamReader;
import java.net.HttpURLConnection;
import java.net.URL;

import android.app.Activity;
import android.content.Context;
import android.net.ConnectivityManager;
import android.net.NetworkInfo;
import android.os.AsyncTask;
import android.os.Bundle;
import android.widget.TextView;

public class MainActivity extends Activity {

    TextView tv;

    @Override
    protected void onCreate(Bundle savedInstanceState) {
        super.onCreate(savedInstanceState);
        setContentView(R.layout.activity_main);

        tv = (TextView)findViewById(R.id.websource);

        String strUrl = "http://www.android.com";
        new DownloadWebpageTask().execute(strUrl);
    }

    private class DownloadWebpageTask extends AsyncTask<String,
                  Void, String> {

        @Override
        protected String doInBackground(String... urls) {
            try {
                return (String)downloadUrl((String)urls[0]);
            } catch (IOException e) {
                return "다운로드 실패";
            }
        }

        protected void onPostExecute(String result) {
            tv.append(result + "\n");
        }

```

- 웹페이지 출력을 위한 TextView 인식
- 웹페이지의 URL 지정
- ❶ DownloadWebpageTask 클래스의 객체 생성 및 실행
- AsyncTask 클래스로부터의 상속을 이용한 클래스의 정의
- ❷ 백그라운드로 작업수행
- ❸ 주어진 URL 사이트의 웹페이지 다운로드 요청
- ❺ 백그라운드 작업이 끝난 후, UI 작업 실행
- ❻ TextView에 실행결과 출력

❹ 웹페이지의 다운로드

```
        private String downloadUrl(String myurl) throws IOException {

            HttpURLConnection conn = null;
            try {
                URL url = new URL(myurl);
                conn = (HttpURLConnection) url.openConnection();
                BufferedInputStream buf = new BufferedInputStream(
                        conn.getInputStream());
                BufferedReader bufreader = new BufferedReader(
                        new InputStreamReader(buf, "utf-8"));
                String line = null;
                String page = "";
                while((line = bufreader.readLine()) != null) {
                    page += line;
                }

                return page;
            } finally {
                conn.disconnect();
            }
        }
    }
}
```

bufreader 객체에 저장된 텍스트를 줄 단위로 읽어 page 객체에 할당함

안드로이드는 네트워크 작업에서 일정시간 동안 반응이 없으면 에러를 발생시킨다. 데이터 송수신 등 계속적인 작업을 처리해야 할 경우, 백그라운드로 수행되는 기능을 가진 **Asynctask** 클래스를 이용하면 에러를 방지할 수 있다.

● 클래스

클래스	설명
AsyncTask	백그라운드로 작업을 수행하며, UI에 결과를 출력함. AsyncTask의 서브 클래스를 만들어 작업을 수행함. 서브 클래스를 만들 때는 AsyncTask〈Params, Progress, Result〉의 3가지 매개변수를 지정해야 함: Params는 excute() 메소드의 인자값에 해당하는 데이터 타입, Progress는 doInBackground() 메소드에서 publishProgress() 메소드 호출 시의 인자값에 해당하는 데이터 타입, Result는 doInBackground() 메소드에서 반환되는 값과 onPostExcute()의 매개변수 값에 해당하는 데이터 타입임.
URL	인터넷 상의 리소스 주소를 위한 클래스
HttpURLConnection	웹 상에서 데이터 송수신을 위해 사용되는 HTTP를 위한 URL 연결용 클래스
BufferedInputStream	InputStream으로 받은 byte 단위의 데이터를 버퍼에 저장하는 클래스
BufferedReader	Reader로부터 읽은 텍스트 데이터를 버퍼에 저장하는 클래스

Exception	복원 가능한 예외사항을 나타내는 모든 클래스들의 수퍼 클래스. Throwable 클래스의 서브 클래스.
Throwable	가상 머신에 의해 던져지는 모든 클래스의 수퍼 클래스. 서브 클래스로는 복원 가능한 Exception 클래스와 복원 불가능한 Error 클래스가 있음. IOException은 Exception의 서브클래스이며, Exception는 Throwable의 서브 클래스임.

● 클래스 메소드

클래스	메소드	설명
AsyncTask	final AsyncTask<Params, Progress, Result> excute(Params··· params)	지정된 매개변수에 대해 작업을 수행함.
URL	URL(String spec)	spec로 주어지는 리소스 위치를 해석하여 URL 객체를 생성함.
	URLConnection openConnection()	URL에 명시된 리소스를 연결함.
HttpURLConnection	abstract void disconnect()	Http 서버와의 연결을 닫음.
URLConnection	InputStream getInputStream()	URL 연결에 의한 리소스를 읽기 위한 InputStream을 반환함. HttpURLConnection은 URLConnection의 서브 클래스임.
BufferedInputStream	BufferedInputStream (InputStream in)	8192 Byte 크기를 가진 BufferedInputStream을 만듦.
BufferedReader	String readLine()	줄 단위로 데이터를 읽음. 읽을 문자가 없는 경우에는 null 값을 반환함.
InputStreamReader	InputStreamReader(InputStream in, Charset charset)	charset 문자 유형으로 in에 대한 InputStreamReader 객체를 생성함.
Throwable	String getMessage()	Throwable이 발생할 때 제공되는 메시지를 반환함.

TIP ▸ 비동기적 타스크의 실행 시 4단계

1단계: onPreExcute()
작업이 실행(excute(strUrl)) 되기 전에, 작업을 set up하는 데 사용된다(예를 들면, UI에서 progress bar를 보여줌). DownloadWebpageTask 클래스에는 생략하였다.

2단계; doInBackground(Params...)

onPreExcute() 실행 후에 백그라운드 스레드로 수행된다. DownloadWebpageTask 클래스에서는 downloadUrl() 메소드를 정의하여 웹문서를 다운로드하는 기능을 수행한다.

3단계: onProgressUpdate(Progress...)

백그라운드로 작업이 실행되는 동안, UI에 진행 과정을 표시하는 데 사용된다(예를 들면, progress bar의 애니매이션 등). DownloadWebpageTask 클래스에는 생략하였다.

4단계: onPostExecute(Result)

백그라운드로 작업이 끝나면 그 결과를 매개변수로 전달받는다.

TIP 웹서버의 웹문서 수신 원리

URL 클래스는 인터넷 상의 리소스를 명시하며, HttpURLConnection 클래스는 웹 상에서 데이터를 주고받기 위한 HTTP(Hypertext Transfer Protocol, 웹 상의 하이퍼미디어 정보의 송수신을 위한 통신 프로토콜) 연결 기능을 가지고 있다. BufferedInputStream 클래스는 연결된 URL의 소스를 Byte 단위로 다운로드받고, BufferedReader 클래스는 BufferedInputStream 클래스로부터 받은 Byte 단위의 데이터를 문자 단위로 버퍼에 기록한다. InputStreamReader 클래스는 Byte Stream을 문자 Stream으로 재조정해 주는 역할을 한다.

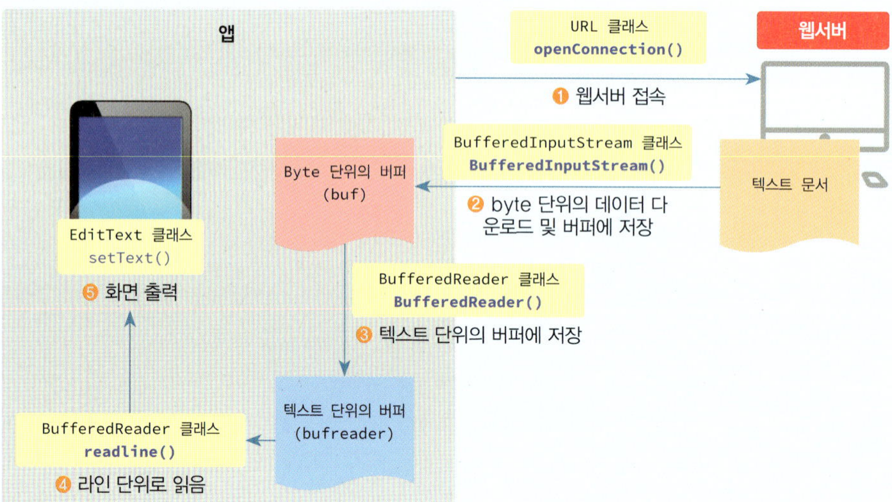

(4) AndroidManifest.xml 편집

웹서버에 접속하기 위해 앱이 인터넷 접속을 허용할 수 있도록 속성을 추가하고, 앱이 네트워크상의 정보에 접속하도록 허가한다.

소스 | AndroidManifest.xml

```
<?xml version="1.0" encoding="utf-8"?>
<manifest xmlns:android="http://schemas.android.com/apk/res/android"
    package="com.example.webpage2"
    android:versionCode="1"
    android:versionName="1.0" >

    <uses-sdk
        android:minSdkVersion="8"
        android:targetSdkVersion="19" />

    <uses-permission
        android:name="android.permission.INTERNET" />
    <uses-permission
        android:name="android.permission.ACCESS_NETWORK_STATE" />

    <application
        android:allowBackup="true"
        android:icon="@drawable/ic_launcher"
        android:label="@string/app_name"
        android:theme="@style/AppTheme" >
        <activity
            android:name="com.example.webpage2.MainActivity"
            android:label="@string/app_name" >
            <intent-filter>
                <action android:name="android.intent.action.MAIN" />

                <category android:name="android.intent.category.LAUNCHER" />
            </intent-filter>
        </activity>
    </application>

</manifest>
```

인터넷 접속을 허용함

네트워크 상의 정보 접속을 허용함

STEP 4 프로젝트 실행

(1) 프로젝트의 실행

프로젝트명을 **마우스 오른쪽 버튼**으로 클릭하여 팝업메뉴에서 '**Run As → Android Application**'을 클릭하고, 디바이스 선택 창의 목록에서 실행할 디바이스(AVD 또는 스마트폰)를 선택하고, '**OK**' 버튼을 클릭한다.

(2) 실행결과 보기

앱을 실행하면 안드로이드 홈페이지의 HTML 소스가 출력된다.

09 4

웹페이지 파싱

ADVANCED LAB Web Page3 프로젝트

09.4.1 프로젝트 개요

공공 데이터베이스 포탈 사이트로부터 데이터를 받아 유용한 정보를 분석하거나 새로운 서비스를 하기 위해서는 웹페이지로부터 특정한 정보를 추출하는 파싱 능력이 중요하다. 9.3절의 안드로이드 홈페이지 소스에서 title 태그에 있는 데이터를 추출해 보자. 어플리케이션 라벨은 '**웹페이지3**'으로 표시한다.

프로젝트 개요: 웹페이지 키워드 검색

Application Name: Web Page3

어플리케이션 라벨: 웹페이지3

- **액티비티 라벨**
  웹페이지3
- **액티비티 화면 출력**
  웹페이지 파싱 결과

09.4.2 앱 프로젝트 개발

STEP 1 프로젝트 생성

➥ '3.2절 [Step 1] 프로젝트 생성'을 참고하여 프로젝트를 생성한다.

절차	내용
❶ 프로젝트 시작	메뉴에서 'File → New → Android Application Project' 클릭
❷ 어플리케이션 기본정보 설정	아래 두 항목을 변경하고 그 외는 디폴트로 설정함. Application Name : Web Page3 Minimum Required SDK : API 19 Android 4.4(KitKat)
❸ 프로젝트 구성	디폴트 값으로 설정
❹ 아이콘 설정	디폴트 값으로 설정
❺ 액티비티 종류 설정	디폴트 값으로 설정
❻ 액티비티와 레이아웃 이름 설정	디폴트 값으로 설정

STEP 2 프로젝트 기본 편집

➥ '3.2절 [Step 2] 프로젝트 기본 편집' 절차에 따라 수정한다.

절차	내용
❶ activity_main.xml 수정	fragment_main.xml 파일 소스를 activity_main.xml로 복사
❷ fragment_main.xml 파일 삭제	–
❸ MainActivity.java 소스 수정	삭제한 fragment_main.xml 관련 부분과 메뉴 관련 부분 삭제
❹ AndroidManifest.xml 소스 수정	〈uses-sdk〉 태그 속성인 'android:minSdkVersion'에 19로 설정된 속성값을 8로 수정

STEP 3 소스 편집

● **기본파일 간의 연관관계**

activity_main.xml에는 웹페이지 파싱결과를 출력하기 위한 TextView가 배치한다. MainActivity.java는 activity_main.xml에서 정의한 레이아웃을 출력하고, TextView를 인식하며, 웹페이지를 다운로드하여 파싱한 결과를 출력한다. AndroidManifest.xml 파일은 MainActivity 클래스를 액티비티로 설정하고, 어플리케이션 라벨과 액티비티 라벨은 **strings.xml**에서 정의한 **app_name**을 사용한다. 앱이 **인터넷**을 사용하고 **네트워크 상의 정보에 접속**할 수 있도록 허용한다.

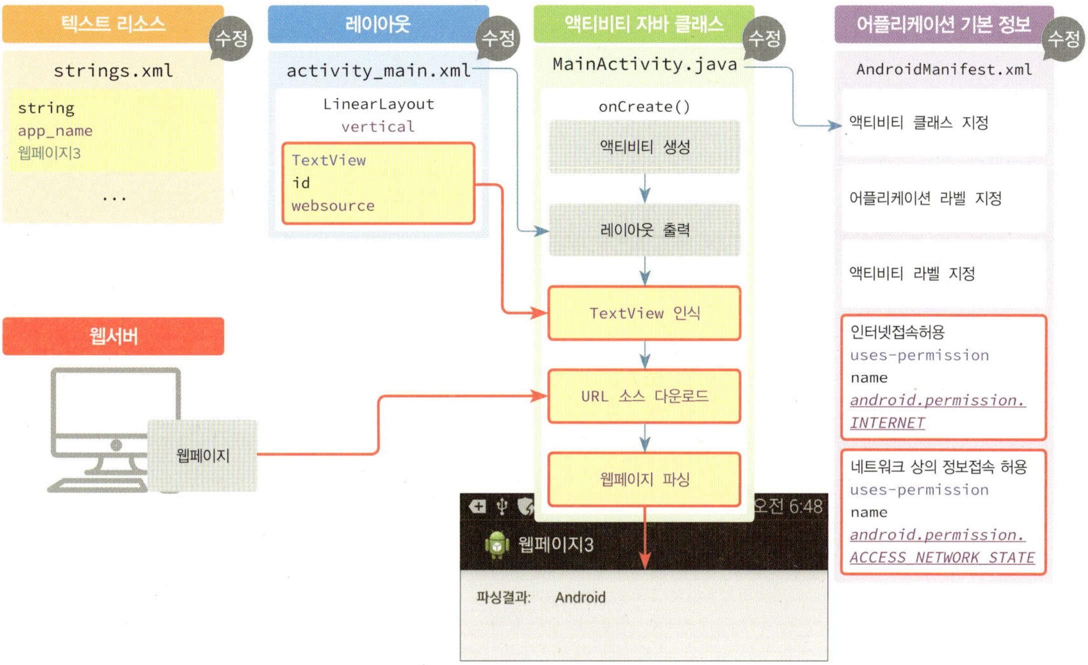

▲ 기본 파일 간의 연관관계

(1) strings.xml 편집

어플리케이션 라벨을 수정하기 위해 **app_name** 속성값에 해당하는 데이터를 '**웹페이지3**'으로 수정한다.

소스 | strings.xml

```
<?xml version="1.0" encoding="utf-8"?>
<resources>

    <string name="app_name">웹페이지3</string>
    <string name="hello_world">Hello world!</string>
    <string name="action_settings">Settings</string>

    </resources>
```

어플리케이션 이름

(2) activity_main.xml 편집

웹페이지 출력을 위해 TextView를 사용한다. ID를 websource로 지정한다.

소스 | activity_main.xml

```
<?xml version="1.0" encoding="utf-8"?>

<ScrollView xmlns:android="http://schemas.android.com/apk/res/android"
    android:layout_height="match_parent"
    android:layout_width="match_parent" >

    <LinearLayout
        android:layout_width="match_parent"
        android:layout_height="match_parent"
        android:orientation="vertical"
        android:paddingBottom="@dimen/activity_vertical_margin"
        android:paddingLeft="@dimen/activity_horizontal_margin"
        android:paddingRight="@dimen/activity_horizontal_margin"
        android:paddingTop="@dimen/activity_vertical_margin" >

        <TextView
            android:id="@+id/websource"
            android:layout_width="match_parent"
            android:layout_height="wrap_content" />

    </LinearLayout>

</ScrollView>
```

웹페이지 소스 출력을 위한 TextView

(3) MainActivity.java 편집

액티비티를 생성하고 **activity_main.xml을 출력**한다. TextView를 인식하고 URL에 해당하는 웹페이지 소스를 다운로드하여 파싱한 결과를 출력한다.

소스 | MainActivity.java

```
package com.example.webpage3;

import java.io.BufferedInputStream;
import java.io.BufferedReader;
import java.io.IOException;
import java.io.InputStreamReader;
```

```
import java.net.HttpURLConnection;
import java.net.URL;

import android.app.Activity;
import android.content.Context;
import android.net.ConnectivityManager;
import android.net.NetworkInfo;
import android.os.AsyncTask;
import android.os.Bundle;
import android.widget.TextView;

public class MainActivity extends Activity {

    TextView tv;

    @Override
    protected void onCreate(Bundle savedInstanceState) {
        super.onCreate(savedInstanceState);
        setContentView(R.layout.activity_main);

        tv = (TextView)findViewById(R.id.websource);

        String strUrl = "http://www.android.com";
        new DownloadWebpageTask().execute(strUrl);
    }

    private class DownloadWebpageTask extends AsyncTask<String, Void, String> {

        @Override
        protected String doInBackground(String... urls) {
            try {
                return (String)downloadUrl((String)urls[0]);
            } catch (IOException e) {
                return "다운로드 실패";
            }
        }

        protected void onPostExecute(String result) {
            String word = "";
            int pt_start = -1;
            int pt_end = -1;

```

다운로드 결과를 실행함

```
            String tag_start = "<title>";
            String tag_end = "</title>";

            pt_start = result.indexOf(tag_start);
            if (pt_start != -1) {
                pt_end = result.indexOf(tag_end);

                if (pt_end != -1) {
                    word = result.substring(pt_start + tag_start.
                            length(), pt_end);
                    tv.append("파싱결과: " + word);
                } else
                    tv.append("데이터가 없습니다!");
            } else
            tv.append("데이터가 없습니다!");
        }

        private String downloadUrl(String myurl) throws IOException {

            HttpURLConnection conn = null;
            try {
                URL url = new URL(myurl);
                conn = (HttpURLConnection) url.openConnection();
                BufferedInputStream buf = new BufferedInputStream(
                            conn.getInputStream());
                BufferedReader bufreader = new BufferedReader(new
                            InputStreamReader(buf, "utf-8"));
                String line = null;
                String page = "";
                while((line = bufreader.readLine()) != null) {
                    page += line;
                }

                return page;
            } finally {
                conn.disconnect();
            }
        }
    }
}
```

<title> 태그의 위치 확인. 찾는 태그가 없으면 -1이 반환됨

</title> 태그의 위치 확인. 찾는 태그가 없으면 -1이 반환됨

태그 사이의 데이터 추출. (<title>데이터</title>)

추출한 데이터의 출력

<title> 엘리먼트 사이의 데이터 파싱

● **클래스 메소드**

클래스	메소드	설명
String	int indexOf(String str)	주어진 문자열 str에 해당하는 단어가 있는 첫 번째 위치(문자열의 처음은 0임). 해당하는 단어가 없으면 -1이 반환됨.
	String substring(int beginIndex, int endIndex)	문자열에서 beginIndex부터 endIndex 앞까지 해당하는 새 문자열을 반환함.
	int length()	문자열의 길이를 반환함.

(4) AndroidManifest.xml 편집

웹서버에 접속하기 위해 앱이 인터넷 접속을 허용할 수 있도록 속성을 추가하고, 앱이 네트워크상의 정보에 접속하도록 허가한다.

소스 | AndroidManifest.xml

```
<?xml version="1.0" encoding="utf-8"?>
<manifest xmlns:android="http://schemas.android.com/apk/res/android"
    package="com.example.webpage2"
    android:versionCode="1"
    android:versionName="1.0" >

    <uses-sdk
        android:minSdkVersion="8"
        android:targetSdkVersion="19" />

    <uses-permission
        android:name="android.permission.INTERNET" />
    <uses-permission
        android:name="android.permission.ACCESS_NETWORK_STATE" />

    <application
        android:allowBackup="true"
        android:icon="@drawable/ic_launcher"
        android:label="@string/app_name"
        android:theme="@style/AppTheme" >
        <activity
            android:name="com.example.webpage2.MainActivity"
            android:label="@string/app_name" >
            <intent-filter>
```

인터넷 접속을 허용함

네트워크 상의 정보 접속을 허용함

```
                <action android:name="android.intent.action.MAIN" />

                <category android:name="android.intent.category.LAUNCHER" />
            </intent-filter>
        </activity>
    </application>

</manifest>
```

STEP 4 프로젝트 실행

(1) 프로젝트의 실행

프로젝트명을 **마우스 오른쪽 버튼**으로 클릭하여 팝업메뉴에서 '**Run As → Android Application**'을 클릭하고, 디바이스 선택 창의 목록에서 실행할 디바이스(AVD 또는 스마트폰)를 선택하고, '**OK**' 버튼을 클릭한다.

(2) 실행결과 보기

앱을 실행하면 안드로이드 홈페이지의 HTML 소스에서 title 태그 사이의 데이터를 추출한 결과를 출력한다. 이번 장에서는 데이터를 파싱하는 원리를 살펴보았다. 다음 장에서 살펴볼 공공 DB 오픈 API는 XML 또는 JSON 형태로 데이터를 보내주는데, 파싱 라이브러리를 이용하면 손쉽게 데이터를 활용할 수 있다.

ANDROID PROGRAMMING

JSON 쉼터

JSON의 이해

JSON(JavaScript Object Notation)은 텍스트 데이터 교환을 위한 문법을 말한다.

● XML과 JSON의 비교

JSON은 XML과 비교하면, 표현이 더 간단하여 이해가 쉽고 데이터 처리에서 파싱이 더 쉬운 장점이 있다. 앞의 XML 쉼터에서 살펴본 '장발장'과 '코제트' 두 학생의 XML 문서를 JSON 형식으로 표현하면 다음과 같다.

XML 표현

```
<?xml version="1.0" encoding="utf-8"?>
<students>
    <student stud_id="2014001">
        <name>장발장</name>
        <tel>010-9001-001</tel>
    </student>
    <student stud_id="2014002">
        <name>코제트</name>
        <tel>010-9001-002</tel>
    </student>
</students>
```

JSON 표현

```
{"students": [
{"name":"장발장", "tel":"010-9001-001"},
{"name":"코제트", "tel":"010-9001-002"}
]}
```

● XML과 JSON 데이터의 파싱 방법

XML과 JSON 데이터의 파싱 방법은 10장에서 다루기로 한다.

ANDROID
PROGRAMMING

ANDROID PROGRAMMING

10 CHAPTER

공공 DB 오픈 API 활용

10 1 공공 DB 오픈 API 원리와 활용

10.1.1 공공 DB 오픈 API 활용의 예

최근 공공기관들이 사회적 경제적 가치가 높은 공공 데이터를 개방하면서 다양한 비즈니스 기회가 주어지고 있다. 아래 그림은 시민들이 실생활에서 많이 사용하는 앱으로, 왼쪽은 노선번호 경로의 실시간 노선 정보를, 오른쪽은 기상청의 날씨정보를 보여주고 있다.

서울 노선번호 운행정보

기상청 날씨 정보

▲ 공공 DB 활용 앱

10.1.2 공공 DB 오픈 API 원리

공유자원포탈(data.go.kr) 또는 열린 데이터 광장(data.seoul.go.kr) 등과 같이 공공정보를 제공하는 공공기관 또는 공공 DB 포털들이 데이터 접속을 위한 오픈 API를 제공하고 있다. 개발자들은 오픈 API를 활용하여 다양한 앱을 개발할 수 있다.

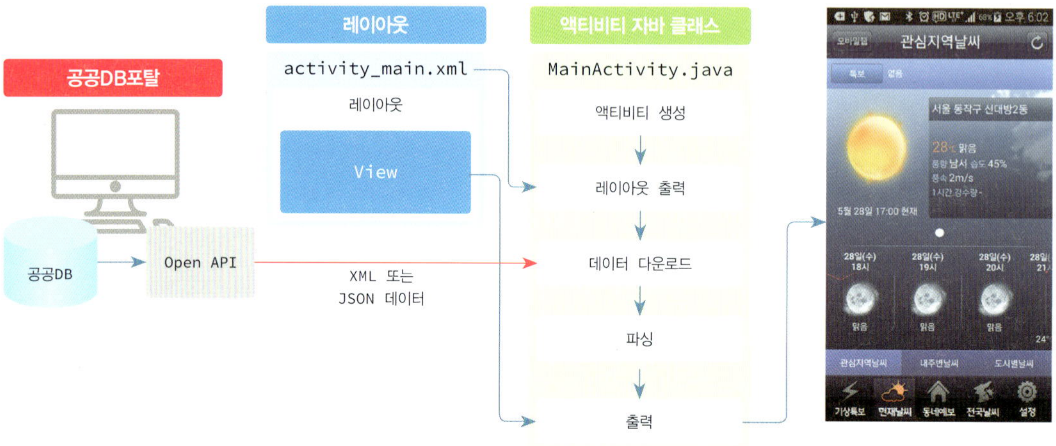

> **TIP API(application programming interface)**
>
> API는 컴퓨터 프로그램에서 소프트웨어 컴포넌트들이 서로 어떻게 상호작용하는지를 구체적으로 명시한 프로그램이다. 오픈 API는 누구든지 사용할 수 있도록 공개된 API로, 지도 서비스를 위한 구글맵 API 또는 특정 데이터베이스(DB: database)에서 유용한 정보를 전달해 주는 DB API 등이 있다.

10 ②

XML 데이터 파싱

LAB Parsing1 프로젝트

10.2.1 프로젝트 개요

먼저 assets 폴더에 성명(name)과 주소(address)의 서브 엘리먼트로 구성되는 고객(customer) 엘리먼트가 있는 XML 문서를 저장해 놓고, 파싱하는 방법을 익혀 보자. **어플리케이션 라벨**은 **'XML 파싱'**으로 표시한다.

프로젝트 개요: XML 데이터 파싱

Application Name: Parsing1

어플리케이션 라벨: XML 파싱

- 액티비티 라벨
  XML 파싱
- 액티비티 출력 내용
  XML 데이터 파싱 결과

10.2.1 앱 프로젝트 개발

STEP 1 프로젝트 생성

➥ '3.2절 [Step 1] 프로젝트 생성'을 참고하여 프로젝트를 생성한다.

절차	내용
❶ 프로젝트 시작	메뉴에서 'File → New → Android Application Project' 클릭
❷ 어플리케이션 기본정보 설정	아래 두 항목을 변경하고 그 외는 디폴트로 설정함. Application Name : Parsing1 Minimum Required SDK : API 19 Android 4.4(KitKat)
❸ 프로젝트 구성	디폴트 값으로 설정
❹ 아이콘 설정	디폴트 값으로 설정
❺ 액티비티 종류 설정	디폴트 값으로 설정
❻ 액티비티와 레이아웃 이름 설정	디폴트 값으로 설정

STEP 2 프로젝트 기본 편집

➥ '3.2절 [Step 2] 프로젝트 기본 편집' 절차에 따라 수정한다.

절차	내용
❶ activity_main.xml 수정	fragment_main.xml 파일 소스를 activity_main.xml로 복사
❷ fragment_main.xml 파일 삭제	–
❸ MainActivity.java 소스 수정	삭제한 fragment_main.xml 관련 부분과 메뉴 관련 부분 삭제
❹ AndroidManifest.xml 소스 수정	〈uses-sdk〉 태그 속성인 'android:minSdkVersion'에 19로 설정된 속성값을 8로 수정

STEP 3 소스 편집

● **기본파일 간의 연관관계**

MainActivity.java는 **activity_main.xml**에서 정의한 레이아웃을 출력하고 assets 폴더에 있는 XML 데이터를 읽고 출력한다. **AndroidManifest.xml** 파일은 **MainActivity** 클래스를 액티비티로 설정하고, 어플리케이션 라벨과 액티비티 라벨은 **strings.xml**에서 정의한 **app_name**을 사용한다.

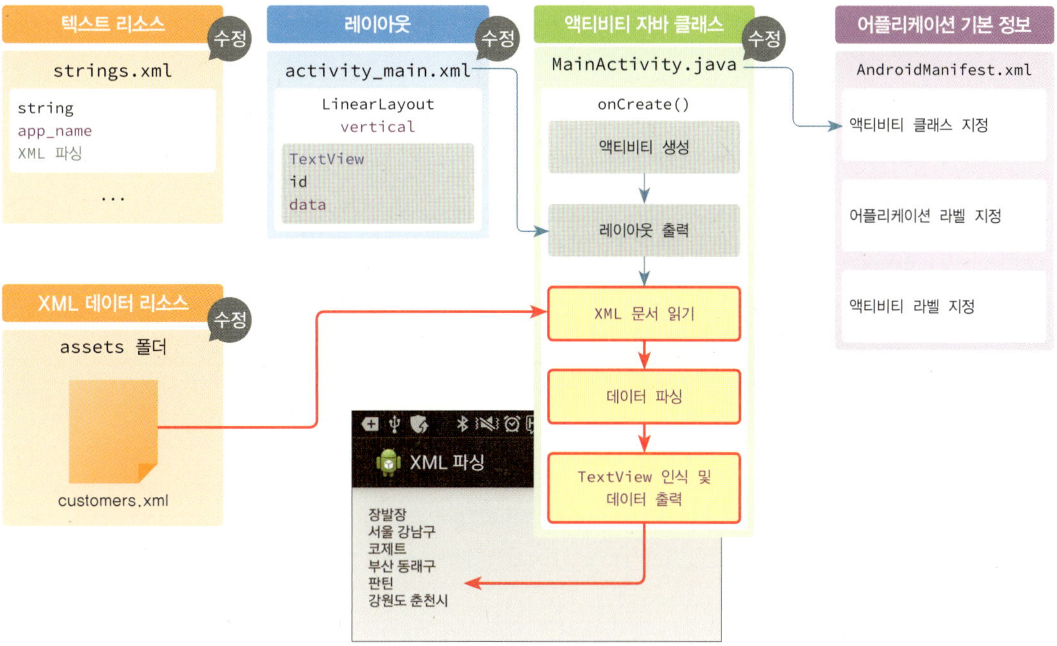

▲ 기본 파일 간의 연관관계

(1) XML 데이터 파일 작성

다음과 같이 **성명**과 **주소**로 구성된 3명의 **고객 데이터**에 대한 **XML 문서(customers.xml)**를 **assets 폴더**에 저장한다.

소스 | customers.xml

```
<?xml version="1.0" encoding="utf-8"?>
<customers>
    <customer>
        <name>장발장</name>
        <address>서울 강남구</address>
    </customer>
    <customer>
        <name>코제트</name>
        <address>부산 동래구</address>
    </customer>
    <customer>
        <name>판틴</name>
        <address>강원도 춘천시</address>
```

고객 1

```
    </customer>
</customers>
```

(2) strings.xml 편집

어플리케이션 라벨을 수정하기 위해 **app_name** 속성값에 해당하는 데이터를 '**XML 파싱**'으로 수정한다.

소스 | strings.xml

```
<?xml version="1.0" encoding="utf-8"?>
<resources>

    <string name="app_name">XML 파싱</string>
    <string name="hello_world">Hello world!</string>
    <string name="action_settings">Settings</string>

</resources>
```

어플리케이션 라벨

(3) activity_main.xml 편집

고객 데이터의 출력을 위해 **TextView**를 사용한다. ID를 **data**로 지정한다.

소스 | activity_main.xml

```
<?xml version="1.0" encoding="utf-8"?>
<LinearLayout xmlns:android="http://schemas.android.com/apk/res/android"
    android:layout_width="match_parent"
    android:layout_height="match_parent"
    android:orientation="vertical"
    android:paddingBottom="@dimen/activity_vertical_margin"
    android:paddingLeft="@dimen/activity_horizontal_margin"
    android:paddingRight="@dimen/activity_horizontal_margin"
    android:paddingTop="@dimen/activity_vertical_margin" >

    <TextView
        android:id="@+id/data"
        android:layout_width="match_parent"
        android:layout_height="wrap_content" />

</LinearLayout>
```

파싱한 데이터 출력을 위한 TextView

(4) MainActivity.java 편집

액티비티를 생성하고 **activity_main.xml을 출력**한다. **TextView**를 인식하고, assets 폴더에 있는 customers.xml 파일을 읽어서, XML 문서에서 name과 address 엘리먼트의 데이터들을 파싱하여 출력한다.

소스 | MainActivity.java

```
package com.example.parsing1;

import java.io.InputStream;
import java.io.StringReader;

import org.xmlpull.v1.XmlPullParser;
import org.xmlpull.v1.XmlPullParserFactory;

import android.app.Activity;
import android.os.Bundle;
import android.widget.TextView;

public class MainActivity extends Activity {

    @Override
    protected void onCreate(Bundle savedInstanceState) {
        super.onCreate(savedInstanceState);
        setContentView(R.layout.activity_main);

        TextView tv = (TextView) findViewById(R.id.data);

        String file = "customers.xml";
        String result = "";
        try {
            InputStream is = getAssets().open(file);
            int size = is.available();
            byte[] buffer = new byte[size];
            is.read(buffer);
            is.close();
            result = new String(buffer, "utf-8");

            XmlPullParserFactory factory = XmlPullParserFactory.
            newInstance();
            factory.setNamespaceAware(true);
            XmlPullParser xpp = factory.newPullParser();

```

assets 폴더에 있는 customers.xml 파일을 읽어 문자열 객체 result에 저장함

XML Pull Parser를 만들기 위한 XmlPullParserFactory의 인스턴스 생성

factory에 의해 생성될 parser를 만들 때, XML namespace 지원 여부를 설정함

XML Pull Parser의 인스턴스 생성

```
            xpp.setInput(new StringReader(result));
            int eventType = xpp.getEventType();
            boolean bSet = false;
            while (eventType != XmlPullParser.END_DOCUMENT) {
                if(eventType == XmlPullParser.START_DOCUMENT) {
                    ;
                } else if(eventType == XmlPullParser.START_TAG) {
                    String tag_name = xpp.getName();
                    if (tag_name.equals("name") || tag_name.equals
                       ("address"))
                        bSet = true;
                } else if(eventType == XmlPullParser.TEXT) {
                    if (bSet)
                        String data = xpp.getText();
                        tv.append(data + "\n");
                        bSet = false;
                    }
                } else if(eventType == XmlPullParser.END_TAG) {
                    ;
                }
                eventType = xpp.next();
            }

        } catch (Exception e) {
            tv.setText(e.getMessage());
        }
    }
}
```

데이터 리소스에 대한 Input Stream 설정

parser의 현재 이벤트 타입(START_TAG, END_TAG, TEXT 등)을 반환함

현재 이벤트 타입이 END_DOCUMENT를 만날 때까지 처리를 반복함

이벤트 타입이 START_TAG(<엘리먼트명>)인 경우

태그 이름을 추출함

이벤트 타입이 시작태그와 마침태그 사이에 있는 데이터(<엘리먼트명>데이터</엘리먼트명>)인 경우

시작태그와 마침태그 사이에 있는 데이터를 추출함

이벤트 타입이 END_TAG(</엘리먼트명>)인 경우

parser를 다음 이벤트 타입으로 옮긴 후, 이벤트 타입을 반환함

클래스

클래스	설명
InputStream	바이트 단위로 읽을 수 있는 소스
XmlPullParserFactory	Xm lPull Parser의 구현을 위해 사용됨.
XmlPullParser	파싱을 정의하는 인터페이스

클래스 속성

클래스	속성	설명
XmlPullParser	static final int *START_DOCUMENT*	XML 문서의 시작
	static final int *END_DOCUMENT*	XML 문서의 끝
	static final int *START_TAG*	시작 태그가 읽혀질 때 반환됨.
	static final int *END_TAG*	마침 태그가 읽혀질 때 반환됨.
	static final int *TEXT*	데이터가 읽혀질 때 반환됨.

클래스 메소드

클래스	메소드	설명
Context	abstract AssetManager **getAssets()**	어플리케이션 패키지를 위한 AssetManager 인스턴스를 반환함.
AssetManager	final InputStream **open** (String filename)	ACCESS_STREAMING 모드를 사용하여 asset을 오픈함.
InputStream	Int **available()**	input 파일이 읽혀질 수 있는 바이트의 추정 수
String	**String**(byte[] data, Charset charset)	바이트 배열을 주어진 charset(utf-8 등)으로 문자열을 변환함.
StringReader	**StringReader**(String str)	str 문자열 소스에 대한 문자열 스트링 객체를 생성함.
XmlPullParserFactory	static XmlPullParserFactory **newInstance()**	XML pull parser를 만들기 위해 사용될 수 있는 PullParserFactory의 새로운 인스턴스를 만듦.
	void **setNamespaceAware** (boolean awareness)	parser를 만들 때, XML namespace 지원 여부를 설정함(디폴트는 false).
	XmlPullParser **newPullParser()**	XML pull parser의 인스턴스를 만듦.
XmlPullParser	abstract void **setInput** (Reader in)	parser에 입력 소스를 설정함.
	abstract int **getEventType()**	현재 이벤트 유형을 반환함(START_TAG, END_TAG, TEXT 등).
	abstract String **getName()**	START_TAG, END_TAG 이벤트에 대해
	abstract String **getText()**	현재 이벤트의 텍스트 콘텐츠를 반환함.
	abstract int **next()**	다음 파싱 이벤트를 가져옴.

TIP XML 문서의 파싱 방법

XML 문서의 파싱에 사용되는 세 가지 방법을 비교하면 다음과 같다. 이 책에서는 초보자가 상대적으로 이해하기 쉬운 Pull Parser를 이용하였다.

Parser	특징	장점	단점
DOM(Document Object Model) Parser	Element를 모두 Tree 구조로 메모리에 넣어 두고 사용함.	메모리에 Tree 구조로 정보가 들어 있기 때문에 한 번 파싱해 두면 아무 때나 얻고 싶은 Element에 대한 정보를 얻을 수 있음.	메모리의 소모가 다른 방법보다 많음.
SAX(Simple API for XML) Parser	이벤트 기반의 파서로 문서의 시작과 끝, Element의 시작과 끝, Element의 내용 등 Element Tag의 이름에 따라 각각을 처리하는 메소드를 두어 파싱함.	라인 단위로 파싱하기 때문에 파싱하는 데 적은 메모리 소요	파싱 시 그냥 지나갔던 Element의 정보를 얻고 싶으면 다시 파싱해야 함.
Pull Parser	SAX와 같이 이벤트 기반의 파서이지만, SAX와 달리 문서에 대한 모든 파싱을 하지 않고도 특정 부분까지의 파싱 내용을 활용할 수 있음.	원하는 부분을 파싱할 수 있음.	SAX의 단점을 가지며 SAX보다 약간 느림.

STEP 4 프로젝트 실행

(1) 프로젝트의 실행

프로젝트명을 **마우스 오른쪽 버튼**으로 클릭하여 팝업메뉴에서 '**Run As → Android Application**'을 클릭하고, 디바이스 선택 창의 목록에서 실행할 디바이스(AVD 또는 스마트폰)를 선택하고, '**OK**' 버튼을 클릭한다.

(2) 실행결과 보기

앱을 실행하면 assets 폴더에 있는 XML 문서를 읽고, 데이터를 파싱해서 TextVew에 출력한다.

10-3 JSON 데이터 파싱

LAB Parsing2 프로젝트

10.3.1 프로젝트 개요

앞의 XML 문서와 같이 성명(name)과 주소(address)로 구성되는 고객들의 정보에 대한 JSON 문서를 assets 폴더에 저장해 놓고 파싱해 보자. **어플리케이션 라벨**은 **'JSON 파싱'**으로 표시한다.

프로젝트 개요: JSON 데이터 파싱

Application Name: Parsing2

어플리케이션 라벨: JSON 파싱

- **액티비티 라벨**
  JSON 파싱
- **액티비티 출력 내용**
  JSON 데이터 파싱 결과

10.3.2 앱 프로젝트 개발

STEP 1 프로젝트 생성

➥ '3.2절 [Step 1] 프로젝트 생성'을 참고하여 프로젝트를 생성한다.

절차	내용
❶ 프로젝트 시작	메뉴에서 'File → New → Android Application Project' 클릭
❷ 어플리케이션 기본정보 설정	아래 두 항목을 변경하고 그 외는 디폴트로 설정함. Application Name : Parsing2 Minimum Required SDK : API 19 Android 4.4(KitKat)
❸ 프로젝트 구성	디폴트 값으로 설정
❹ 아이콘 설정	디폴트 값으로 설정
❺ 액티비티 종류 설정	디폴트 값으로 설정
❻ 액티비티와 레이아웃 이름 설정	디폴트 값으로 설정

STEP 2 프로젝트 기본 편집

➥ '3.2절 [Step 2] 프로젝트 기본 편집' 절차에 따라 수정한다.

절차	내용
❶ activity_main.xml 수정	fragment_main.xml 파일 소스를 activity_main.xml로 복사
❷ fragment_main.xml 파일 삭제	–
❸ MainActivity.java 소스 수정	삭제한 fragment_main.xml 관련 부분과 메뉴 관련 부분 삭제
❹ AndroidManifest.xml 소스 수정	〈uses-sdk〉 태그 속성인 'android:minSdkVersion'에 19로 설정된 속성값을 8로 수정

STEP 3 소스 편집

● **기본파일 간의 연관관계**

MainActivity.java는 **activity_main.xml**에서 정의한 레이아웃을 출력하고 assets 폴더에 있는 JSON 데이터를 읽고 출력한다. **AndroidManifest.xml** 파일은 **MainActivity** 클래스를 액티비티로 설정하고, 어플리케이션 라벨과 액티비티 라벨은 **strings.xml**에서 정의한 **app_name**을 사용한다.

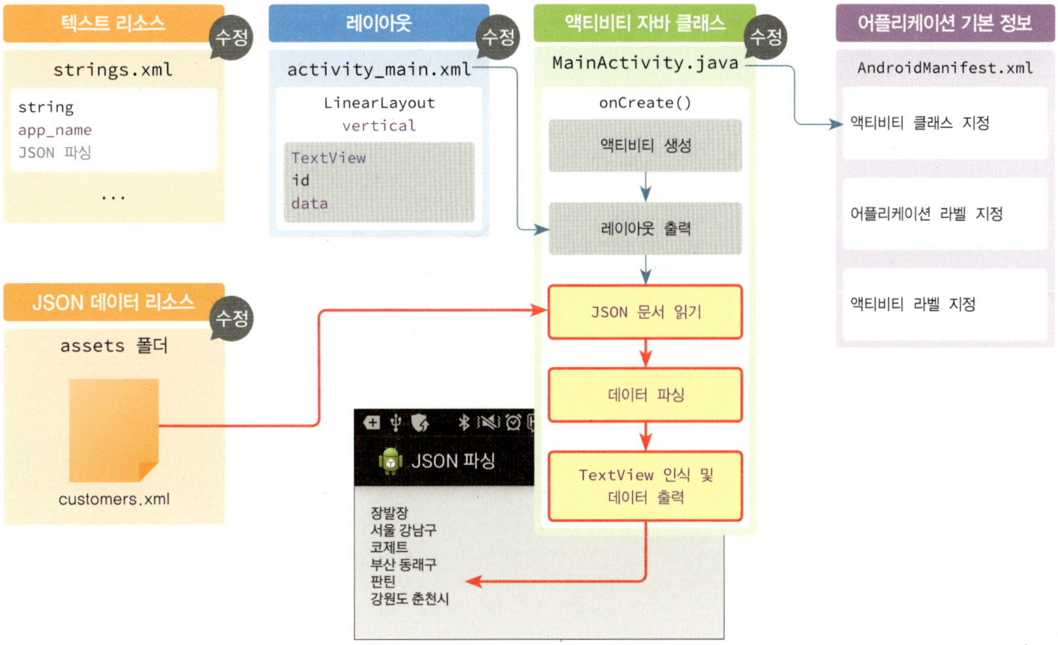

▲ 기본 파일 간의 연관관계

(1) JSON 데이터 파일 작성

성명과 **주소**로 구성된 3명의 **고객 데이터**에 대한 **JSON 형태의 문서**를 **assets 폴더**에 저장한다.

소스 | customers.json

```
{"customers": [
{"name":"장발장", "address":"서울 강남구"},
{"name":"코제트", "address":"부산 동래구"},
{"name":"판틴",  "address":"강원도 춘천시"}
]}
```

(2) strings.xml 편집

어플리케이션 라벨을 수정하기 위해 **app_name** 속성값에 해당하는 데이터를 '**JSON 파싱**'으로 수정한다.

소스 | strings.xml

```
<?xml version="1.0" encoding="utf-8"?>
<resources>

    <string name="app_name">JSON 파싱</string>
    <string name="hello_world">Hello world!</string>
    <string name="action_settings">Settings</string>

</resources>
```

어플리케이션 라벨

(3) activity_main.xml 편집

고객 데이터의 출력을 위해 **TextView**를 사용한다. ID를 **data**로 지정한다.

소스 | activity_main.xml

```
<?xml version="1.0" encoding="utf-8"?>
<LinearLayout xmlns:android="http://schemas.android.com/apk/res/android"
    android:layout_width="fill_parent"
    android:layout_height="fill_parent"
    android:orientation="vertical"
    android:paddingBottom="@dimen/activity_vertical_margin"
    android:paddingLeft="@dimen/activity_horizontal_margin"
    android:paddingRight="@dimen/activity_horizontal_margin"
    android:paddingTop="@dimen/activity_vertical_margin" >

    <TextView
        android:id="@+id/data"
        android:layout_width="fill_parent"
        android:layout_height="wrap_content" />

</LinearLayout>
```

파싱한 데이터 출력을 위한 TextView

(4) MainActivity.java 편집

액티비티를 생성하고 **activity_main.xml을 출력**한다. **TextView**를 인식하고, assets 폴더에 있는 customers.json 파일을 읽어서 JSON 문서에서 name과 address의 값들을 파싱하여 출력한다.

소스 | MainActivity.java

```java
package com.example.parsing2;

import java.io.InputStream;
import org.json.JSONArray;
import org.json.JSONObject;
import android.app.Activity;
import android.os.Bundle;
import android.widget.TextView;

public class MainActivity extends Activity {

    @Override
    protected void onCreate(Bundle savedInstanceState) {
        super.onCreate(savedInstanceState);
        setContentView(R.layout.activity_main);

        TextView tv = (TextView) findViewById(R.id.data);

        String file = "customers.json";
        String result = "";
        try {
            InputStream is = getAssets().open(file);
            int size = is.available();
            byte[] buffer = new byte[size];
            is.read(buffer);
            is.close();
            result = new String(buffer, "utf-8");

            JSONObject json = new JSONObject(result);
            JSONArray  jArr = json.getJSONArray("customers");

            for (int i=0; i<jArr.length(); i++) {
                json = jArr.getJSONObject(i);

                String name    = json.getString("name");
                String address = json.getString("address");

```

assets 폴더에 있는 customers.json 파일을 읽어 문자열 객체 result에 저장함

읽어들인 JSON 포맷의 데이터를 JSON 객체로 변환

customers에 해당하는 배열을 할당

배열의 크기만큼 반복하면서 name과 address의 값을 추출함

i번째 JSON 객체 할당

'name'에 해당하는 데이터를 추출함

'address'에 해당하는 데이터를 추출함

```java
                tv.append(name + "\n");
                tv.append(address + "\n");
            }
        } catch (Exception e) {
            tv.setText(e.getMessage());
        }
    }
}
```

● **클래스**

클래스	설명
JSONArray	색인화된 일련의 값들. 값들은 JSONObjects, JSONArrays, Strings, Booleans, Integers, Longs, Doubles, null 등의 값들이 섞여 있을 수 있음.
JSONObject	name/value 매핑으로 변경 가능한 집합. name은 유일해야 하며, 값들은 JSONObjects, JSONArrays, Strings, Booleans, Integers, Longs, Doubles, null 등의 값들이 섞여 있을 수 있음.

● **클래스 메소드**

클래스	메소드	설명
JSONObject	JSONArray getJSONArray(String name)	JSONArray가 있으면 name에 해당하는 값을 반환함.
	String getString(String name)	name에 해당하는 값을 반환함.
JSONArray	JSONObject getJSONObject(int index)	JSONObject가 있으면 index에 있는 값을 반환함.

STEP 4 프로젝트 실행

(1) 프로젝트의 실행

프로젝트명을 **마우스 오른쪽 버튼**으로 클릭하여 팝업메뉴에서 '**Run As → Android Application**'을 클릭하고, 디바이스 선택 창의 목록에서 실행할 디바이스(AVD 또는 스마트폰)를 선택하고, '**OK**' 버튼을 클릭한다.

(2) 실행결과 보기

앱을 실행하면 assets 폴더에 있는 JSON 문서를 읽고, 데이터를 파싱해서 TextVew에 출력한다.

10 4 공공 DB 오픈 API 인증키 받기

이제 앞에서 학습한 XML 데이터 파싱 방법을 이용하여 실전에서 활용해 보자. **공유자원포탈(data.go.kr)**의 오픈 API를 이용하여 실생활에 유용하게 사용되는 실시간 노선버스 위치를 출력하는 앱을 개발해 본다. 공공 DB 오픈 API를 사용하기 위해서는 일반적으로 제공기관으로부터 인증키를 받아야 한다. 노선버스 위치(10.6절)를 알기 위해서는 버스위치정보조회 서비스의 API를 사용하면 된다. 그런데, 노선버스 위치 API를 사용할 때는 노선버스에서 볼 수 있는 버스의 노선번호가 아니라 버스노선ID(10.5절)가 필요하다. 버스노선ID는 노선정보조회 서비스 API로부터 얻을 수 있다. 따라서, 두 가지 API에 대한 인증키를 받는 과정을 살펴보자. 그 과정은 다음과 같다.

STEP 1 회원가입과 로그인

공유자원포탈사이트(data.go.kr)에 접속하여 먼저 **회원가입**을 하고 **로그인**한다.

STEP 2 오픈 API 검색

메뉴에서 오픈 API →'분류별 검색(❶)'을 클릭한다.

'수송 및 교통' 분류를 클릭하고(❷), 결과로 나타나는 목록에서 '도로' 분류(❸)를 클릭한다.

STEP 3 서비스 활용신청

오픈 API 목록에서 '버스위치정보조회 서비스'에 대해 '활용신청' 버튼(❹)을 클릭한다.

개발계정 신청 화면에서 인증유형(❺), 활용용도(❻), 활용목적(❼)을 기술하고 상세기능(❽)을 선택한 후에, '신청' 버튼(❾)을 클릭한다. 상세기능에서 현재 필요한 기능은 '**getBusPosByRtidList(노선ID로 차량들의 위치정보를 조회한다)**'이기 때문에 모두 선택할 필요는 없다.

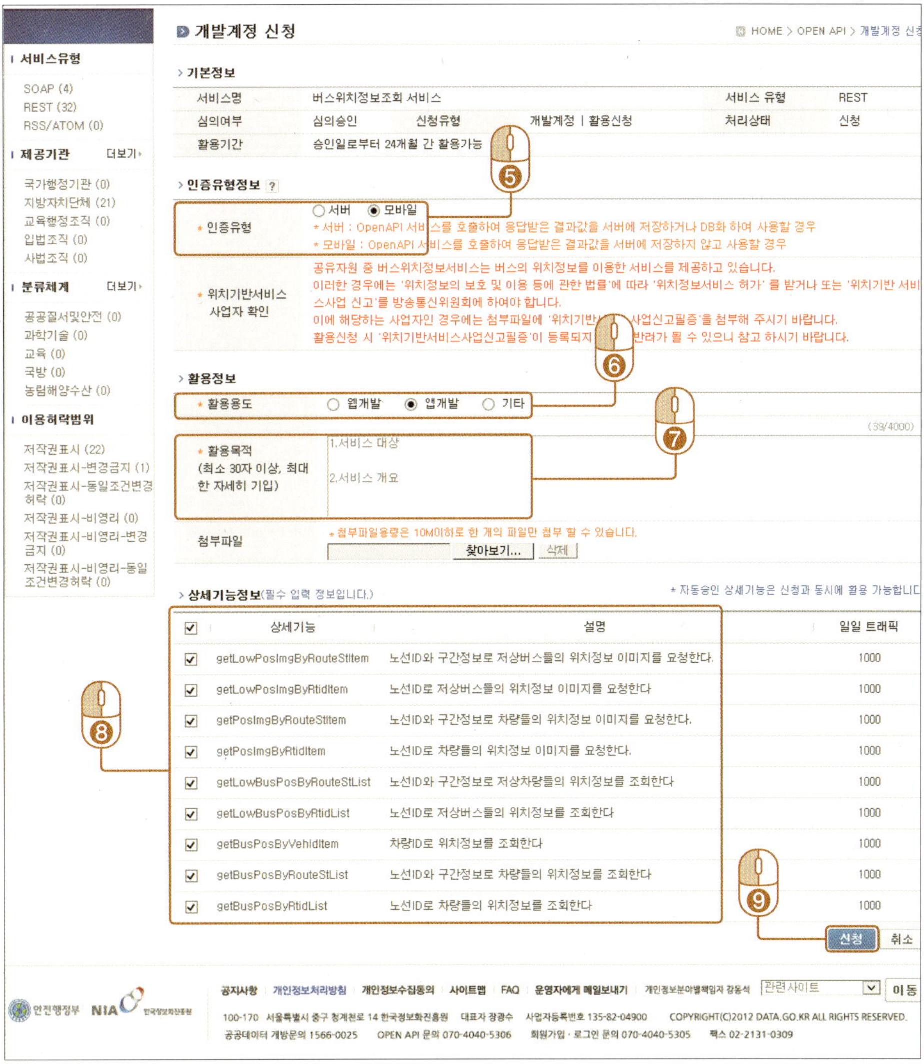

오픈 API 목록으로 돌아가 '노선정보조회 서비스'에 대해 '활용신청' 버튼(❿)을 클릭하고 앞의 개발계정 신청과 같은 방법으로 입력한다. 상세기능에서는 '**getBusRouteList(노선번호에 해당하는 노선 목록 조회)**'를 선택한다.

STEP 4 신청현황 조회

'마이 페이지 → OPEN API → 개발계정'을 클릭하면, 신청목록이 나타난다. 신청상태(신청, 승인 등) 및 API 사용방법을 보기 위해, 목록에서 '노선버스정보 서비스(⑪)'를 클릭한다.

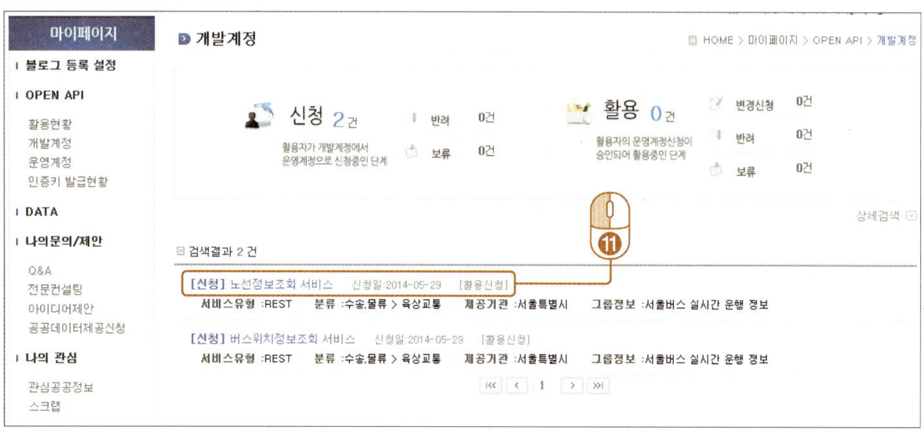

심의결과는 아직 '**신청**' 단계이다(⑫). '**개발 가이드**(⑬)'를 클릭하면 API 사용방법을 알 수 있다.

STEP 5 인증키 확인

심의결과(⑫)가 '**승인**' 상태가 되면 '**인증키 받기**' 버튼을 클릭할 수 있다. 서비스 활용신청 후부터 '승인'까지는 며칠이 소요되기 때문에 서비스 사용 계획을 고려하여 사전에 신청할 필요가 있다.

STEP 6 OPEN API 활용방법 확인

노선번호에 대한 버스경로ID를 얻기 위해 'getBusRouteList(⑭)'를 클릭하면, 프로그램에서 사용할 요청 URL 주소(⑮), 요청시 사용할 변수(⑯), 출력결과에 대한 XML 항목(⑰)을 확인할 수 있다.

같은 방법으로 보면, 버스위치정보조회 서비스에 대한 'getBusPosByRtidList(⑱)'를 클릭하면, 프로그램에서 사용할 요청 URL 주소(⑲), 요청시 사용할 변수(⑳), 출력결과에 대한 XML 항목(㉑)을 확인할 수 있다.

10 ⑤ 버스노선ID 조회

ADVANCED LAB Parsing3 프로젝트

10.5.1 프로젝트 개요

먼저, 버스의 노선번호에 대한 버스노선ID를 추출하는 앱을 개발해 본다. 10.6절에서는 버스노선ID를 이용해 버스의 위치를 추적해 보도록 한다. **액티비티 라벨**은 '**버스노선ID**'로 표시한다.

프로젝트 개요: 버스노선ID 조회

Application Name: Parsing3

어플리케이션 라벨: 버스노선ID

- **액티비티 라벨**
  버스노선ID 조회
- **액티비티 출력 내용**
  요청변수(노선번호, strSrch)의 값 406에 해당하는 버스노선ID 데이터의 파싱 결과(busRouteId: 3040600; busRouteNm: 406)

10.5.2 앱 프로젝트 개발

STEP 1 프로젝트 생성

➥ '3.2절 [Step 1] 프로젝트 생성'을 참고하여 프로젝트를 생성한다.

절차	내용
❶ 프로젝트 시작	메뉴에서 'File → New → Android Application Project' 클릭
❷ 어플리케이션 기본정보 설정	아래 두 항목을 변경하고 그 외는 디폴트로 설정함. Application Name : Prsing3 Minimum Required SDK : API 19 Android 4.4(KitKat)
❸ 프로젝트 구성	디폴트 값으로 설정
❹ 아이콘 설정	디폴트 값으로 설정
❺ 액티비티 종류 설정	디폴트 값으로 설정
❻ 액티비티와 레이아웃 이름 설정	디폴트 값으로 설정

STEP 2 프로젝트 기본 편집

➥ '3.2절 [Step 2] 프로젝트 기본 편집' 절차에 따라 수정한다.

절차	내용
❶ activity_main.xml 수정	fragment_main.xml 파일 소스를 activity_main.xml로 복사
❷ fragment_main.xml 파일 삭제	–
❸ MainActivity.java 소스 수정	삭제한 fragment_main.xml 관련 부분과 메뉴 관련 부분 삭제
❹ AndroidManifest.xml 소스 수정	<uses-sdk> 태그 속성인 'android:minSdkVersion'에 19로 설정된 속성값을 8로 수정

STEP 3 소스 편집

● **기본파일 간의 연관관계**

MainActivity.java는 **activity_main.xml**에서 정의한 레이아웃을 출력하고, 공공 DB의 오픈 API를 이용하여 노선정보에 관한 XML 문서를 다운로드 받아 필요한 데이터를 파싱하여 출력한다. **AndroidManifest.xml** 파일은 **MainActivity** 클래스를 액티비티로 설정하고, 어플리케이션 라벨과 액티비티 라벨은 strings.xml에서 정의한 app_name을 사용한다. 앱이 인터넷을 사용하고 네트워크 상의 정보에 접속할 수 있도록 허용한다.

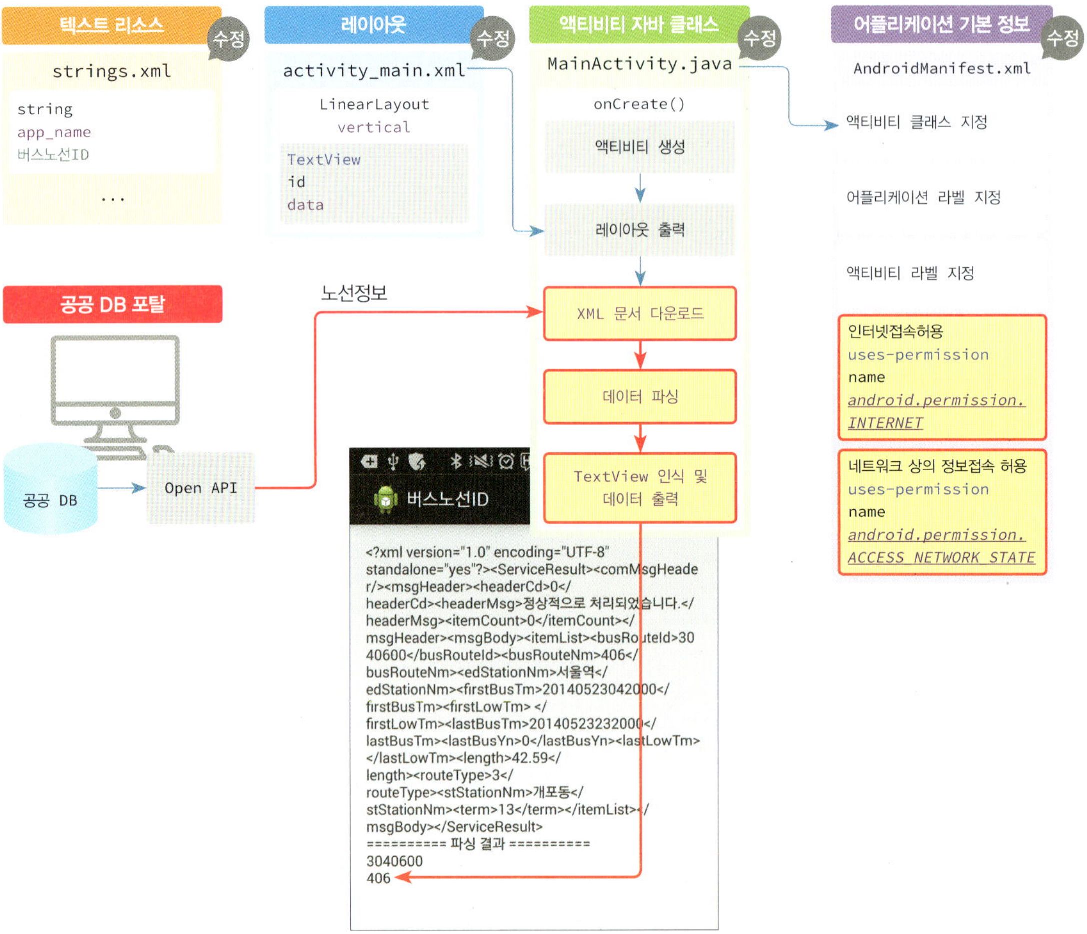

▲ 기본 파일 간의 연관관계

(1) strings.xml 편집

어플리케이션 라벨을 수정하기 위해 app_name 속성값에 해당하는 데이터를 '버스노선ID'로 수정한다.

소스 | strings.xml

```
<?xml version="1.0" encoding="utf-8"?>
<resources>

    <string name="app_name">버스노선ID</string>
    <string name="hello_world">Hello world!</string>
    <string name="action_settings">Settings</string>

    </resources>
```

어플리케이션 라벨

(2) activity_main.xml 편집

버스노선ID 정보를 출력하기 위해 **TextView**를 사용한다. ID를 **data**로 지정한다.

소스 | activity_main.xml

```
<?xml version="1.0" encoding="utf-8"?>
<ScrollView
    xmlns:android="http://schemas.android.com/apk/res/android"
    android:layout_width="match_parent"
    android:layout_height="match_parent" >

        <LinearLayout
            android:layout_width="match_parent"
            android:layout_height="match_parent"
            android:orientation="vertical"
            android:paddingBottom="@dimen/activity_vertical_margin"
            android:paddingLeft="@dimen/activity_horizontal_margin"
            android:paddingRight="@dimen/activity_horizontal_margin"
            android:paddingTop="@dimen/activity_vertical_margin" >

            <TextView
                android:id="@+id/data"
                android:layout_width="match_parent"
                android:layout_height="wrap_content" />

        </LinearLayout>
</ScrollView>
```

파싱한 데이터 출력을 위한 TextView

(3) MainActivity.java 편집

액티비티를 생성하고 **activity_main.xml을 출력**한다. **TextView**를 인식하고, 공공 DB의 오픈 API를 이용하여 XML로 쓰여진 노선정보를 다운로드 받아서 버스노선ID와 노선번호를 파싱하여 출력한다.

소스 | MainActivity.java

```java
package com.example.parsing3;

import java.io.BufferedInputStream;
import java.io.BufferedReader;
import java.io.IOException;
import java.io.InputStreamReader;
import java.io.StringReader;
import java.net.HttpURLConnection;
import java.net.URL;
import java.net.URLEncoder;

import org.xmlpull.v1.XmlPullParser;
import org.xmlpull.v1.XmlPullParserFactory;

import android.app.Activity;
import android.os.AsyncTask;
import android.os.Bundle;
import android.widget.TextView;

public class MainActivity extends Activity {
    TextView tv;

    @Override
    protected void onCreate(Bundle savedInstanceState) {
        super.onCreate(savedInstanceState);
        setContentView(R.layout.activity_main);

        tv = (TextView) findViewById(R.id.data);

        String serviceUrl = "http://ws.bus.go.kr/api/rest/busRouteInfo/
                            getBusRouteList";
        String serviceKey = "여기에 오픈 API 인증키를 넣어 주세요!";
        serviceKey = URLEncoder.encode(serviceKey);
        String strSrch = "406";
```

공공 DB의 노선버스정보 조회서비스 요청 주소

공공 DB의 오픈 API 인증키

오픈 API 인증키의 암호화

요청변수에 노선버스 번호를 할당함

```
        String strUrl = serviceUrl+"?ServiceKey="+serviceKey+"
                        &strSrch="+strSrch;

        new DownloadWebpageTask().execute(strUrl);
    }

    private class DownloadWebpageTask extends AsyncTask<String,
    Void, String> {

        @Override
        protected String doInBackground(String... urls) {
            try {
                return (String)downloadUrl((String)urls[0]);
            } catch (IOException e) {
                return "다운로드 실패";
            }
        }

        protected void onPostExecute(String result) {
              tv.append(result + "\n");
              tv.append("========== 파싱 결과 ==========\n");

            try {
                XmlPullParserFactory factory = XmlPullParserFactory.
                                           newInstance();
                factory.setNamespaceAware(true);
                XmlPullParser xpp = factory.newPullParser();

                xpp.setInput(new StringReader(result));
                int eventType = xpp.getEventType();
                boolean bSet = false;
                while (eventType != XmlPullParser.END_DOCUMENT) {
                    if(eventType == XmlPullParser.START_DOCUMENT) {
                        ;
                    } else if(eventType == XmlPullParser.START_TAG) {
                        String tag_name = xpp.getName();
                        if (tag_name.equals("busRouteNm") || tag_name.
                           equals("busRouteId"))
                            bSet = true;
                    } else if(eventType == XmlPullParser.TEXT) {
                        if (bSet) {
                            String content = xpp.getText();
                            tv.append(content + "\n");
                            bSet = false;
                        }
```

- 요청주소, 인증키, 요청변수를 포함한 URL
- URL에 대한 웹문서 다운로드
- 다운로드 결과를 실행함
- 이벤트 타입이 START_TAG(<엘리먼트명>)인 경우
- 태그 이름을 추출함
- 태그 이름이 busRouteNm 또는 busRouteId인 경우
- 이벤트 타입이 TEXT인 경우
- 엘리먼트의 데이터(<엘리먼트명>데이터</엘리먼트명>)를 추출함

```
                    } else if(eventType == XmlPullParser.END_TAG) {
                        ;
                    }
                    eventType = xpp.next();
                }
            } catch (Exception e) {
                tv.setText(e.getMessage());
            }
        }

        private String downloadUrl(String myurl) throws IOException {

            HttpURLConnection conn = null;
            try {
                URL url = new URL(myurl);
                conn = (HttpURLConnection) url.openConnection();
                BufferedInputStream buf = new BufferedInputStream
                        (conn.getInputStream());
                BufferedReader bufreader = new BufferedReader
                        (new InputStreamReader(buf, "utf-8"));
                String line = null;
                String page = "";
                while((line = bufreader.readLine()) != null) {
                    page += line;
                }

                return page;
            } finally {
                conn.disconnect();
            }
        }
    }
}
```

● 클래스

클래스	설명
URLEncoder	Web form 엘리먼트로 입력한 데이터를 post 방식으로 데이터를 전송할 때 사용하는 application/x-www-form-urlencoded(MIME content type) 방식으로 문자열을 암호화함.

● **클래스 메소드**

클래스	메소드	설명
URLEncoder	static String **encode**(String s)	'utf-8'의 문자열 s에 대한 암호화

(4) AndroidManifest.xml 편집

웹서버에 접속하기 위해 앱이 인터넷 접속을 허용할 수 있도록 속성을 추가하고, 앱이 네트워크상의 정보에 접속하도록 허가한다.

소스 | AndroidManifest.xml

```
<?xml version="1.0" encoding="utf-8"?>
<manifest xmlns:android="http://schemas.android.com/apk/res/android"
    package="com.example.parsing3"
    android:versionCode="1"
    android:versionName="1.0" >

    <uses-sdk
        android:minSdkVersion="8"
        android:targetSdkVersion="19" />

    <uses-permission
        android:name="android.permission.INTERNET" />
    <uses-permission
        android:name="android.permission.ACCESS_NETWORK_STATE" />

    <application
        android:allowBackup="true"
        android:icon="@drawable/ic_launcher"
        android:label="@string/app_name"
        android:theme="@style/AppTheme" >
        <activity
            android:name="com.example.parsing3.MainActivity"
            android:label="@string/app_name" >
            <intent-filter>
                <action android:name="android.intent.action.MAIN" />

                <category android:name="android.intent.category.
                                       LAUNCHER" />
            </intent-filter>
```

인터넷 접속을 허용함

네트워크 상의 정보 접속을 허용함

```
        </activity>
    </application>

</manifest>
```

STEP 4 > 프로젝트 실행

(1) 프로젝트의 실행

프로젝트명을 **마우스 오른쪽 버튼**으로 클릭하여 팝업메뉴에서 '**Run As → Android Application**'을 클릭하고, 디바이스 선택 창의 목록에서 실행할 디바이스(AVD 또는 스마트폰)를 선택하고, '**OK**' 버튼을 클릭한다.

(2) 실행결과 보기

앱을 실행하면 버스노선ID를 포함하는 웹문서 전체 소스를 출력하고, 그 아래에 파싱한 버스노선ID와 노선번호를 출력한다.

10-6 노선버스위치 조회

ADVANCED LAB Parsing4 프로젝트

10.6.1 프로젝트 개요

이제 특정 노선번호(406)에 대한 버스노선ID(3040600)를 알았으니, 버스노선ID를 이용해 버스의 실시간 위치(위도와 경도)를 출력해 보자. **액티비티 라벨**은 '**노선버스위치**'로 표시한다.

프로젝트 개요: 노선버스의 실시간 위치 출력

Application Name: Parsing4

어플리케이션 라벨: 노선버스위치

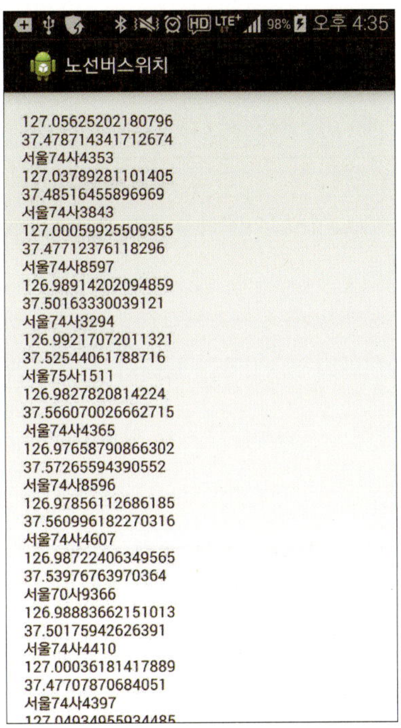

- **액티비티 라벨**
  노선버스위치 조회
- **액티비티 출력 내용**
  노선버스위치 조회 결과

10.6.2 앱 프로젝트 개발

STEP 1 프로젝트 생성

➥ '3.2절 [Step 1] 프로젝트 생성'을 참고하여 프로젝트를 생성한다.

절차	내용
❶ 프로젝트 시작	메뉴에서 'File → New → Android Application Project' 클릭
❷ 어플리케이션 기본정보 설정	아래 두 항목을 변경하고 그 외는 디폴트로 설정함. Application Name : Parsing4 Minimum Required SDK : API 19 Android 4.4(KitKat)
❸ 프로젝트 구성	디폴트 값으로 설정
❹ 아이콘 설정	디폴트 값으로 설정
❺ 액티비티 종류 설정	디폴트 값으로 설정
❻ 액티비티와 레이아웃 이름 설정	디폴트 값으로 설정

STEP 2 프로젝트 기본 편집

➥ '3.2절 [Step 2] 프로젝트 기본 편집' 절차에 따라 수정한다.

절차	내용
❶ activity_main.xml 수정	fragment_main.xml 파일 소스를 activity_main.xml로 복사
❷ fragment_main.xml 파일 삭제	-
❸ MainActivity.java 소스 수정	삭제한 fragment_main.xml 관련 부분과 메뉴 관련 부분 삭제
❹ AndroidManifest.xml 소스 수정	<uses-sdk> 태그 속성인 'android:minSdkVersion'에 19로 설정된 속성값을 8로 수정

STEP 3 소스 편집

● **기본파일 간의 연관관계**

MainActivity.java는 **activity_main.xml**에서 정의한 레이아웃을 출력하고, 공공 DB의 오픈 API를 이용하여 노선버스의 실시간 위치에 관한 XML 문서를 다운로드 받아 현재 위치의 위도와 경도를 파싱하여 출력한다. **AndroidManifest.xml** 파일은 **MainActivity** 클래스를 액티비티로 설정하고, 어플리케이션 라벨과 액티비티 라벨은 **strings.xml**에서 정의한 **app_name**을 사용한다. 앱이 **인터넷**을 사용하고 **네트워크 상의 정보에 접속**할 수 있도록 허용한다.

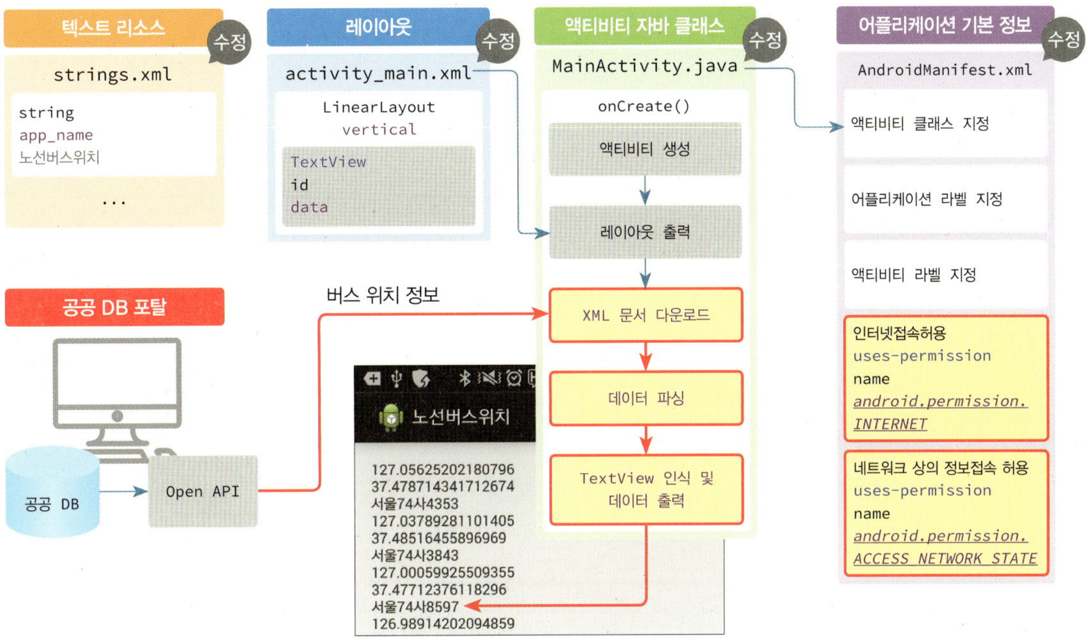

▲ 기본 파일 간의 연관관계

(1) strings.xml 편집

어플리케이션 라벨을 수정하기 위해 **app_name** 속성값에 해당하는 데이터를 '**노선버스위치**'로 수정한다.

소스 | strings.xml

```
<?xml version="1.0" encoding="utf-8"?>
<resources>

    <string name="app_name">노선버스위치</string>
    <string name="hello_world">Hello world!</string>
    <string name="action_settings">Settings</string>

    </resources>
```

어플리케이션 라벨

(2) activity_main.xml 편집

파싱한 노선버스의 실시간 위치를 출력하기 위해 **TextView**를 사용한다. ID를 **data**로 지정한다.

소스 | activity_main.xml

```
<?xml version="1.0" encoding="utf-8"?>
<ScrollView
    xmlns:android="http://schemas.android.com/apk/res/android"
    android:layout_width="match_parent"
    android:layout_height="match_parent" >

        <LinearLayout
            android:layout_width="match_parent"
            android:layout_height="match_parent"
            android:orientation="vertical"
            android:paddingBottom="@dimen/activity_vertical_margin"
            android:paddingLeft="@dimen/activity_horizontal_margin"
            android:paddingRight="@dimen/activity_horizontal_margin"
            android:paddingTop="@dimen/activity_vertical_margin" >

            <TextView
                android:id="@+id/data"
                android:layout_width="match_parent"
                android:layout_height="wrap_content" />

        </LinearLayout>
</ScrollView>
```

(3) MainActivity.java 편집

액티비티를 생성하고 **activity_main.xml을 출력**한다. **TextView**를 인식하고, 공공 DB의 오픈 API를 이용하여 XML로 쓰여진 버스위치정보를 다운로드 받아서 버스의 위도, 경도, 버스번호를 파싱하여 출력한다.

소스 | MainActivity.java

```
package com.example.parsing4;

import java.io.BufferedInputStream;
import java.io.BufferedReader;
import java.io.IOException;
import java.io.InputStreamReader;
```

```
import java.io.StringReader;
import java.net.HttpURLConnection;
import java.net.URL;
import java.net.URLEncoder;

import org.xmlpull.v1.XmlPullParser;
import org.xmlpull.v1.XmlPullParserFactory;

import android.app.Activity;
import android.os.AsyncTask;
import android.os.Bundle;
import android.widget.TextView;

public class MainActivity extends Activity {
    TextView tv;

    @Override
    protected void onCreate(Bundle savedInstanceState) {
        super.onCreate(savedInstanceState);
        setContentView(R.layout.activity_main);

        tv = (TextView) findViewById(R.id.data);

        String serviceUrl = "http://ws.bus.go.kr/api/rest/buspos/getBusPosByRtid”;
        String serviceKey = "여기에 오픈 API 인증키를 넣어 주세요!";
        serviceKey = URLEncoder.encode(serviceKey);
        String busRouteId = "3040600";
        String strUrl = serviceUrl+"?ServiceKey="+serviceKey+"&busRouteId="+busRouteId;

        new DownloadWebpageTask().execute(strUrl);
    }

    private class DownloadWebpageTask extends AsyncTask<String, Void, String> {

        @Override
        protected String doInBackground(String... urls) {
            try {
                return (String)downloadUrl((String)urls[0]);
            } catch (IOException e) {
                return "다운로드 실패";
            }
        }
```

공공 DB의 버스위치정보 조회서비스 요청주소

공공 DB의 오픈 API 인증키

오픈 API 인증키의 암호화

요청변수에 버스경로ID를 할당함

요청주소, 인증키, 요청변수를 포함한 URL

URL에 대한 웹문서 다운로드와 파싱결과 출력

```java

    protected void onPostExecute(String result) {
        try {
            XmlPullParserFactory factory = XmlPullParserFactory.
                                               newInstance();
            factory.setNamespaceAware(true);
            XmlPullParser xpp = factory.newPullParser();

            xpp.setInput(new StringReader(result));
            int eventType = xpp.getEventType();
            boolean bSet = false;
            while (eventType != XmlPullParser.END_DOCUMENT) {
                if(eventType == XmlPullParser.START_DOCUMENT) {
                    ;
                } else if(eventType == XmlPullParser.START_TAG) {
                    String tag_name = xpp.getName();
                    if (tag_name.equals("plainNo") || tag_name.
                        equals("gpsX") || tag_name.equals("gpsY"))
                        bSet = true;
                } else if(eventType == XmlPullParser.TEXT) {
                    if (bSet) {
                        String content = xpp.getText();
                        tv.append(content + "");
                        bSet = false;
                    }
                } else if(eventType == XmlPullParser.END_TAG)
                    ;
                }
                eventType = xpp.next();
            }
        } catch (Exception e) {
            tv.setText(e.getMessage());
        }

    }

    private String downloadUrl(String myurl) throws IOException {

        HttpURLConnection conn = null;
        try {
            URL url = new URL(myurl);
            conn = (HttpURLConnection) url.openConnection();
            BufferedInputStream buf = new BufferedInputStream
                                  (conn.getInputStream());
            BufferedReader bufreader = new BufferedReader
```

다운로드 결과를 실행함

이벤트 타입이 START_TAG(〈엘리먼트명〉)인 경우

태그 이름을 추출함

태그 이름이 plainNo(버스번호), gpsX(경도), gpsY(위도)인 경우

▶ 공공 DB 사이트에는 gpsX, gpsY가 tmX, tmY로 표시되어 있음

엘리먼트의 데이터(〈엘리먼트명〉 데이터〈/엘리먼트명〉)를 추출함

```
                                        (new InputStreamReader(buf, "utf-8"));
                    String line = null;
                    String page = "";
                    while((line = bufreader.readLine()) != null) {
                        page += line;
                    }

                    return page;
                } finally {
                    conn.disconnect();
                }
            }
        }
    }
```

(4) AndroidManifest.xml 편집

웹서버에 접속하기 위해 앱이 인터넷 접속을 허용할 수 있도록 속성을 추가하고, 앱이 네트워크상의 정보에 접속하도록 허가한다.

소스 | AndroidManifest.xml

```
<?xml version="1.0" encoding="utf-8"?>
<manifest xmlns:android="http://schemas.android.com/apk/res/android"
    package="com.example.parsing4"
    android:versionCode="1"
    android:versionName="1.0" >

    <uses-sdk
        android:minSdkVersion="8"
        android:targetSdkVersion="19" />

    <uses-permission
        android:name="android.permission.INTERNET" />
    <uses-permission
        android:name="android.permission.ACCESS_NETWORK_STATE" />

    <application
        android:allowBackup="true"
        android:icon="@drawable/ic_launcher"
        android:label="@string/app_name"
        android:theme="@style/AppTheme" >
        <activity
```

인터넷 접속을 허용함

네트워크 상의 정보 접속을 허용함

```
            android:name="com.example.parsing4.MainActivity"
            android:label="@string/app_name" >
            <intent-filter>
                <action android:name="android.intent.action.MAIN" />

                <category android:name="android.intent.category.LAUNCHER" />
            </intent-filter>
        </activity>
    </application>

</manifest>
```

STEP 4 > 프로젝트 실행

(1) 프로젝트의 실행

프로젝트명을 **마우스 오른쪽 버튼**으로 클릭하여 팝업메뉴에서 '**Run As → Android Application**'을 클릭하고, 디바이스 선택 창의 목록에서 실행할 디바이스(AVD 또는 스마트폰)를 선택하고, '**OK**' 버튼을 클릭한다.

(2) 실행결과 보기

앱을 실행하면 버스의 노선번호(406) 경로에 있는 버스들의 현재 경도, 위도, 버스번호가 출력된다.

ANDROID PROGRAMMING

11 CHAPTER

구글맵과 위치추적

11 ① 구글맵 활용 원리

11.1.1 구글맵 활용의 예

구글맵은 구글(www.google.com)에서 제공하는 데스크탑과 모바일 웹 매핑 서비스 어플리케이션과 기술을 의미하는데, 사람들이 도보, 차, 자전거 등으로 여행하거나 공공기관이나 기업에서 수배송을 위한 길 안내와 같은 기능뿐만 아니라 위성 이미지, 도로 지도, 스트리트 뷰 등을 제공하고 있다.

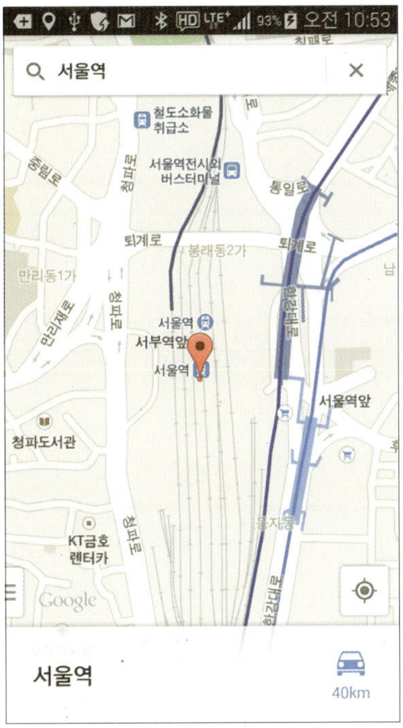

지도 및 위치 검색

위성 사진

▲ 구글맵의 예

11.1.2 구글맵 활용원리

구글맵 오픈 API를 통해 지도를 요청하고 구글맵을 다운로드 받아 **fragment**에 설정되어 있는 **MapFragment** 클래스를 통해 지도를 출력한다. **GoogleMap** 클래스를 이용하면 지도 표시에 관한 추가적인 기능이 가능하다. 구글맵 관련 앱을 개발하기 위해서는 **구글맵 라이브러리**를 설치하고, **구글맵 오픈 API 인증키**를 받아야 한다.

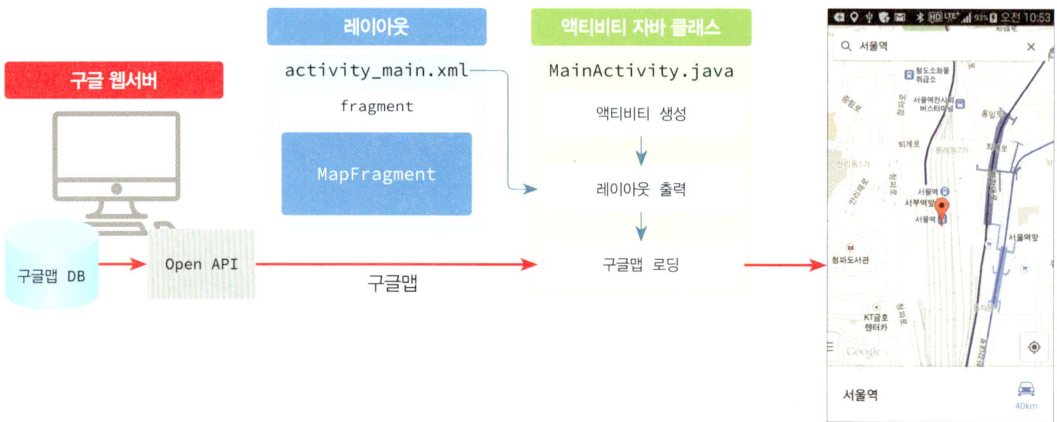

11.1.3 activity와 fragment

fragment는 하나의 **activity** 내에서 **UI의 일부분**을 표현한다. 한 activity에서 여러 개의 fragment를 조합할 수 있다. fragement는 큰 스크린에서 동적이며 유연한 디자인을 만들 수 있도록 지원한다. 다음 그림은 fragment를 사용하는 태블릿 디자인과 핸드폰 디자인을 비교한 것이다. 핸드폰 같이 스크린이 작은 경우에 각 activity에 하나의 fragment로 디자인되어 있는데, 태블릿 같은 경우에는 하나의 activity에 여러 개의 fragment를 구성하는 예를 보여주고 있다.

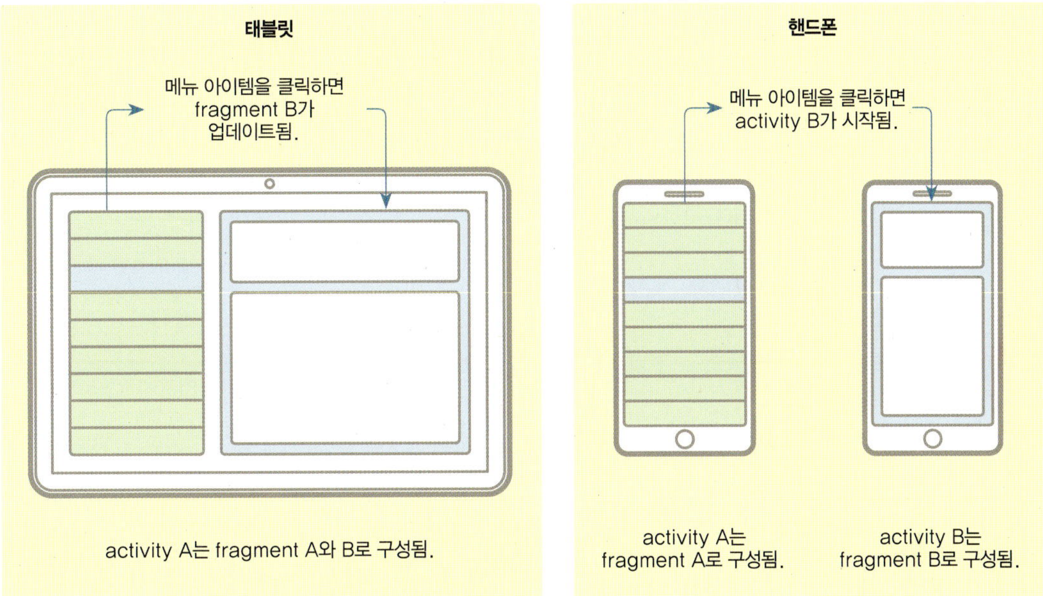

▲ **fragment를 사용하는 태블릿과 핸드폰 디자인의 비교**(자료원: developer.android.com)

다음은 하나의 액티비티에 두 개의 fragment를 배치한 예이다.

```
<?xml version="1.0" encoding="utf-8"?>
<LinearLayout xmlns:android="http://schemas.android.com/apk/res/android"
    android:orientation="horizontal"
    android:layout_width="match_parent"
    android:layout_height="match_parent">
    <fragment
        android:name="com.example.news.ActivityClassA"
        android:id="@+id/list"
        android:layout_weight="1"
        android:layout_width="0dp"
        android:layout_height="match_parent" />
    <fragment
        android:name="com.example.news.ActivityClassB"
        android:id="@+id/viewer"
        android:layout_weight="2"
        android:layout_width="0dp"
        android:layout_height="match_parent" />
</LinearLayout>
```

fragment 1

fragment에서 실행될 자바 클래스

fragment 2

11-2 구글맵 개발환경 구축 (Google Map Lib 추가)

구글맵 관련 앱을 개발하기 위해서는 먼저 **(1) Google Play Service 라이브러리를 다운로드** 받아 **(2) 이클립스 프로젝트에 추가**하여야 한다.

STEP 1 Google Play Service 라이브러리 다운로드

Android SDK Manager 아이콘(또는 window → Android SDK Manager)을 클릭한다(❶).

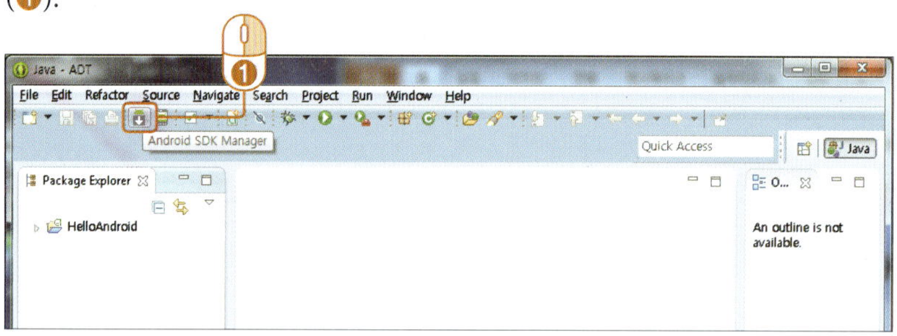

Extra 폴더에 있는 '**Google Play Service**'를 클릭한다(❷). Extra 내의 다른 기능들은 모두 체크하지 않는다. '**Install 1 package' 버튼**을 클릭한다(❸).

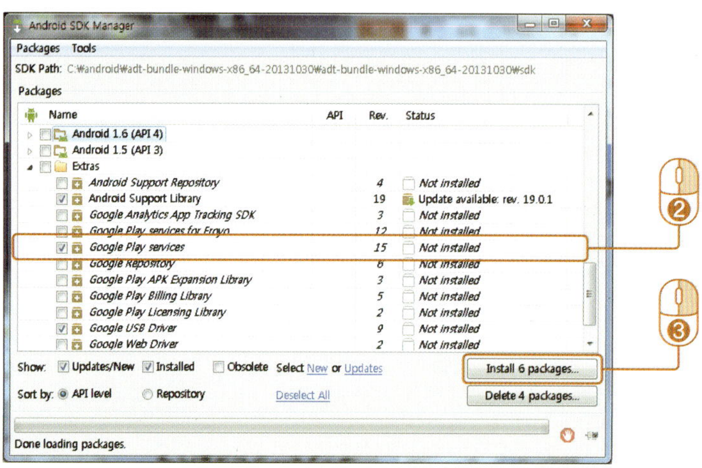

'Accept License'를 체크하고(❹) 'Install' 버튼을 클릭하면(❺), 설치가 진행된다(❻).

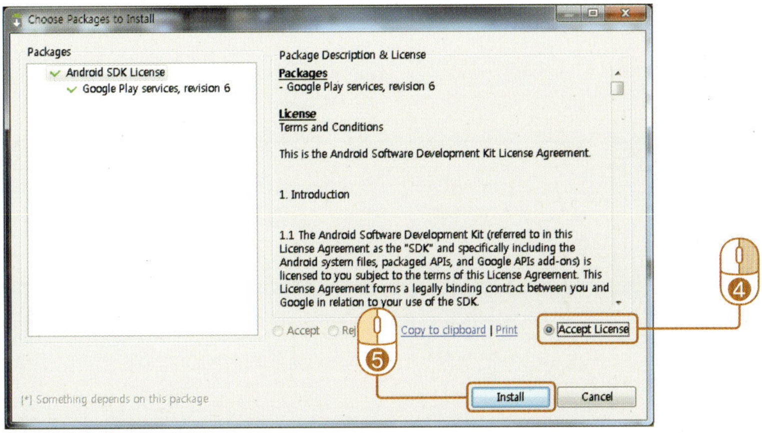

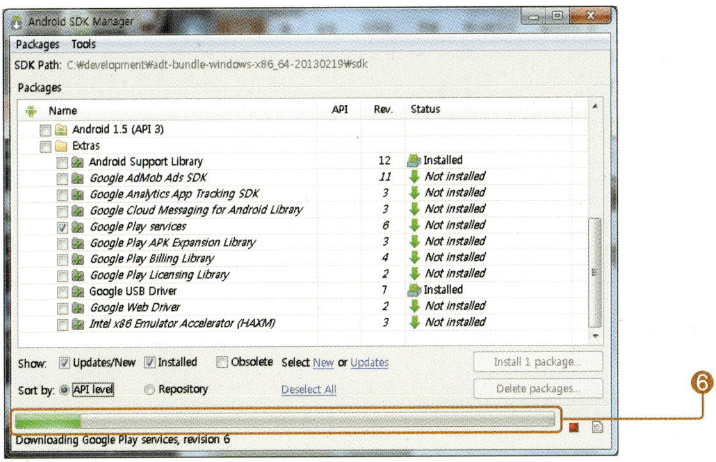

설치가 완료되면 'Google Play Service'가 설치된 상태(installed)임을 알 수 있다(❼). 창을 닫는다(❽).

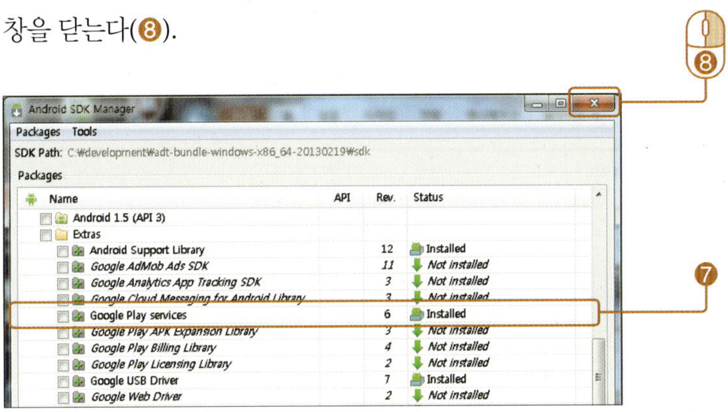

STEP 2 Google Play Service Lib의 프로젝트 추가

설치된 Google Play Service 라이브러리를 이클립스의 프로젝트로 등록한다. 'File(❶) → Open File(❷) → Other…(❸)'를 클릭한다.

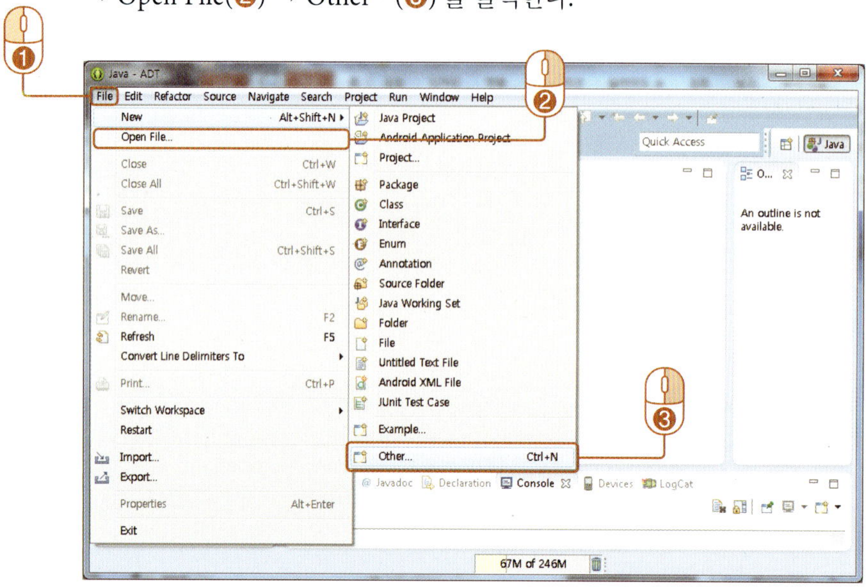

Android 폴더에서 'Android Project from Existing Code'를 클릭하고(❹), 'Next' 버튼을 클릭한다(❺).

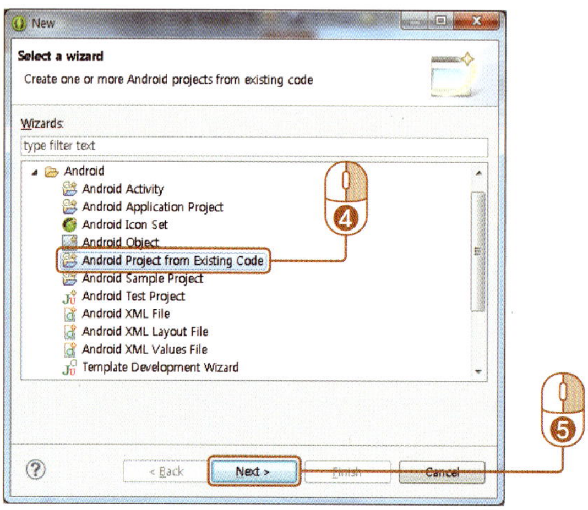

'Browse' 버튼을 클릭한다(❻).

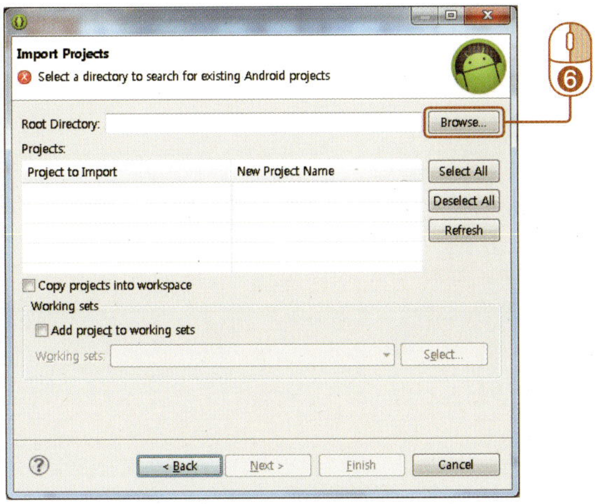

Android SDK를 설치한 폴더를 찾아 'google-play-service_lib'를 클릭하고(❼) '확인' 버튼을 클릭한다(❽). 이 책에서는 android 폴더에 Android SDK가 저장되어 있기 때문에 '**C:/android/adt-bundle-windows-x86_64-20140321/sdk/extras/google/google_play_services/libproject**' 폴더에서 확인 가능하다(2.3절 참조).

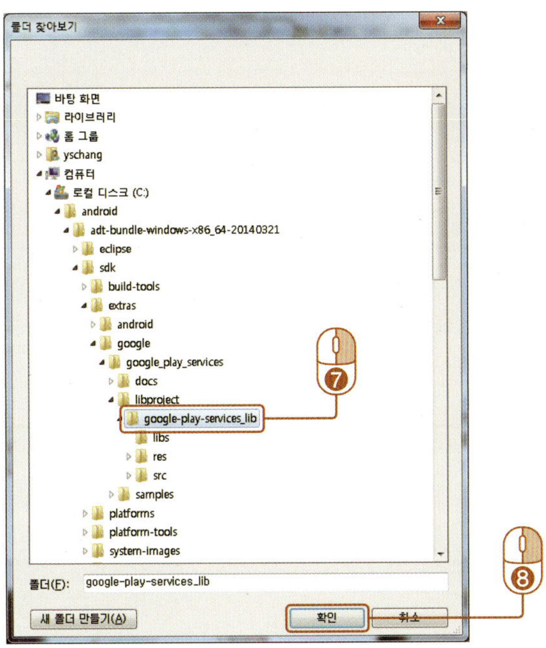

Root Directoty에 선택한 결과가 나타난다(⑨). Project to Import(⑩)와 Copy projects into workspace(⑪)를 체크하고 'Finish' 버튼을 클릭한다(⑫). Google Play Service 라이브러리가 프로젝트에 포함된 것을 확인할 수 있다(⑬).

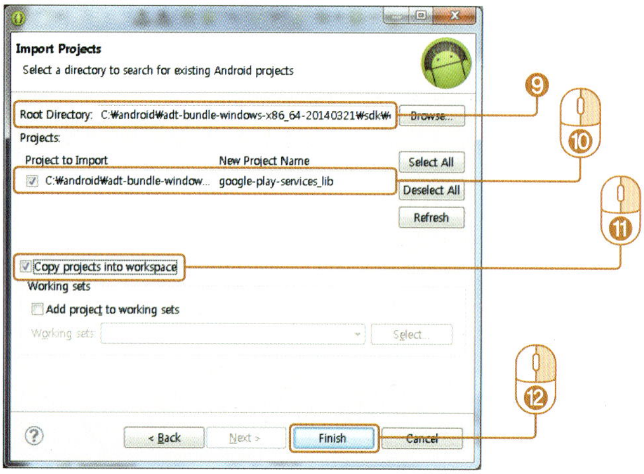

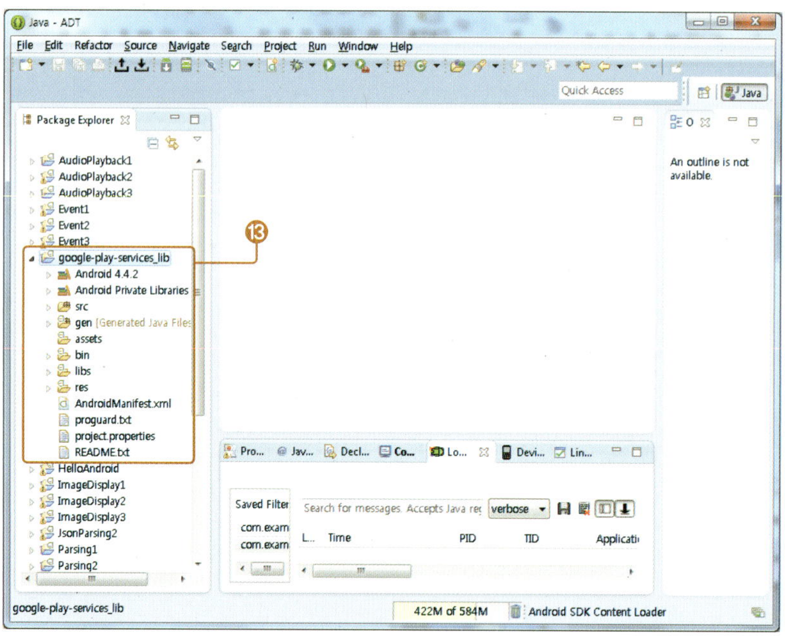

11 3 구글맵 프로젝트 개발 절차

BASIC Google Map1 프로젝트

11.3.1 프로젝트 개발 절차

구글맵 기반 앱 프로젝트 개발은 **프로젝트 생성(STEP1), 프로젝트 기본 편집(STEP2), 구글맵 프로젝트 환경설정(STEP3), 개발 목적의 소스 편집(STEP4), 프로젝트 실행(STEP5)**의 다섯 단계로 진행된다. 앞에서 일반적인 프로젝트 개발 단계에 구글맵 프로젝트 환경설정 부분을 추가하면 된다. 구글맵 오픈 API가 디폴트로 제공하는 지도를 표시하는 간단한 프로젝트 개발을 통해 그 과정을 익혀보기로 하자.

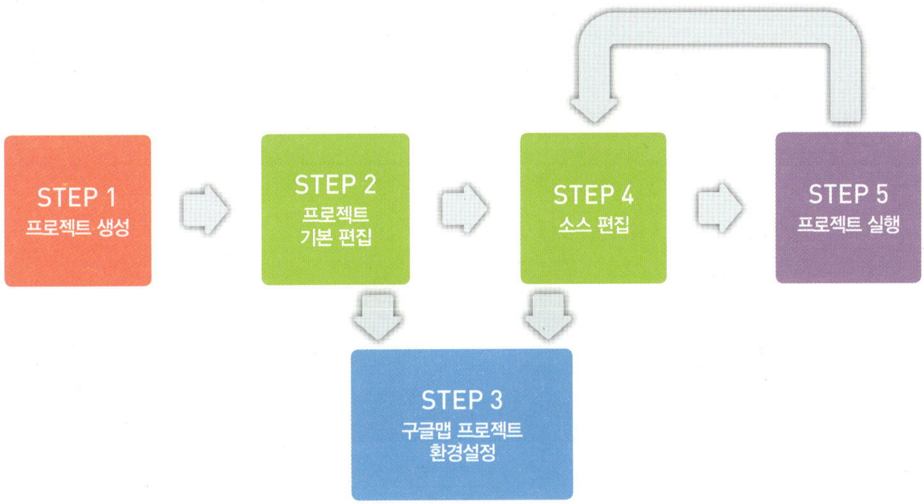

11.3.2 프로젝트 개요

구글맵 오픈 API가 디폴트로 제공하는 지도를 표시해 보자. 디폴트로 제공되는 지도의 중심은 위도와 경도가 각각 0이 되는 곳이다.

프로젝트 개요: **구글맵 출력**

Application Name: **Google Map1**

어플리케이션 라벨: **구글맵1**

- 액티비티 라벨
  구글맵1
- 액티비티 출력 내용
  위도 0, 경도 0의 위치를 중심으로 하는 지도

11.3.3 앱 프로젝트 개발

STEP 1 프로젝트 생성

➥ '3.2절 [Step 1] 프로젝트 생성'을 참고하여 프로젝트를 생성한다.

절차	내용
❶ 프로젝트 시작	메뉴에서 'File → New → Android Application Project' 클릭
❷ 어플리케이션 기본정보 설정	아래 두 항목을 변경하고 그 외는 디폴트로 설정함. Application Name : Google Map1 Minimum Required SDK : API 19 Android 4.4(KitKat)
❸ 프로젝트 구성	디폴트 값으로 설정
❹ 아이콘 설정	디폴트 값으로 설정
❺ 액티비티 종류 설정	디폴트 값으로 설정
❻ 액티비티와 레이아웃 이름 설정	디폴트 값으로 설정

STEP 2 프로젝트 기본 편집

➡ '3.2절 [Step 2] 프로젝트 기본 편집' 절차에 따라 수정한다.

절차	내용
❶ activity_main.xml 수정	fragment_main.xml 파일 소스를 activity_main.xml로 복사
❷ fragment_main.xml 파일 삭제	–
❸ MainActivity.java 소스 수정	삭제한 fragment_main.xml 관련 부분과 메뉴 관련 부분 삭제
❹ AndroidManifest.xml 소스 수정	<uses-sdk> 태그 속성인 'android:minSdkVersion'에 19로 설정된 속성값을 8로 수정

STEP 3 구글맵 프로젝트 환경설정

구글맵 프로젝트 환경설정은 다음과 같이 네 단계로 진행된다.

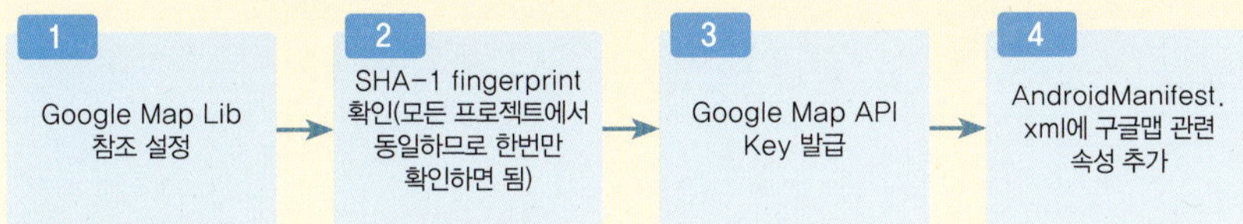

구글맵 프로젝트 환경설정은 다음과 같이 네 단계로 진행된다.

(1) 프로젝트에 Google Map Lib 참조 설정

'GoogleMap1(❶)' 프로젝트를 마우스 오른쪽 버튼으로 클릭하여 'Properties(❷)' 메뉴를 선택한다.

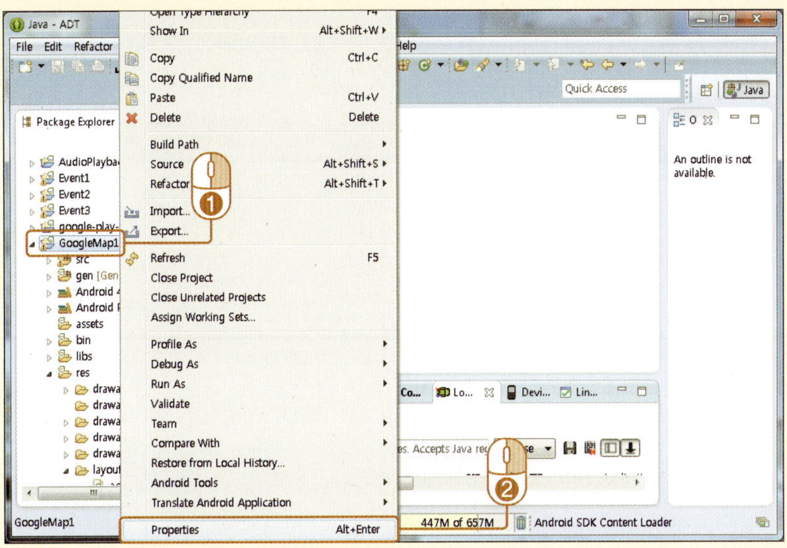

Resource에서 'Android(❸)'를 선택하고 Library 부분에서 'Add' 버튼(❹)을 클릭한다.

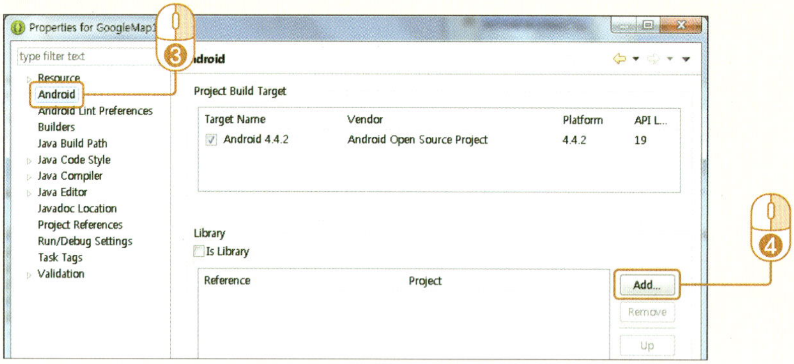

'google-play-services-lib(❺)'를 선택하고 'OK' 버튼(❻)을 클릭한다.

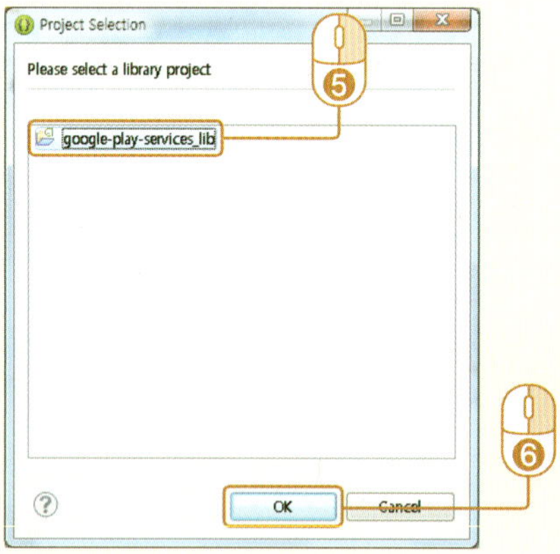

library에 'google-play-services-lib'가 포함된 것을 확인할 수 있다(❼). 'OK' 버튼(❽)을 클릭한다.

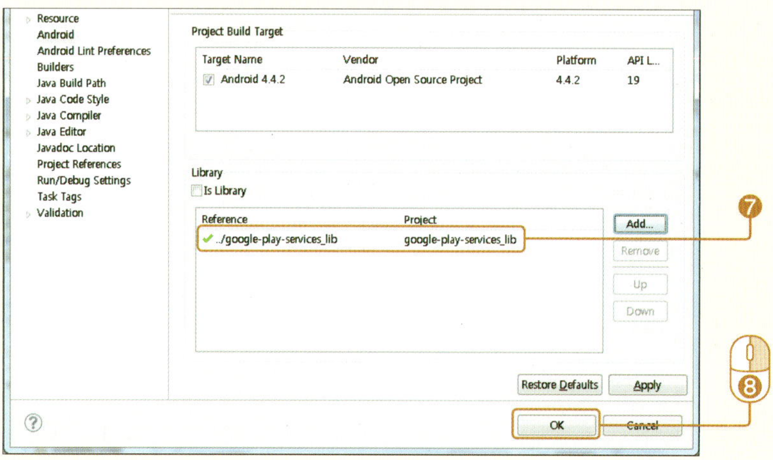

최종적으로 프로젝트에 'google-play-services.lib'가 포함된 것을 볼 수 있다(❾).

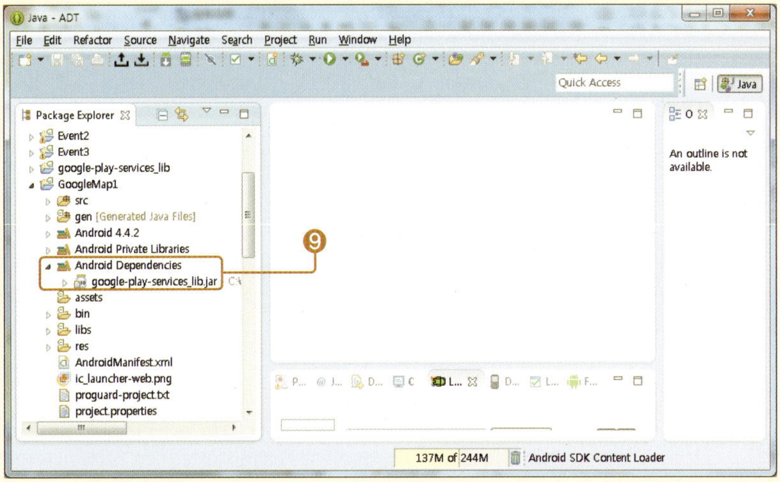

(2) SHA-1 fingerprint 확인

구글맵 오픈 API는 개발 앱 프로젝트별로 인증키를 발급하는데, 인증키를 발급받기 위해서는 안드로이드 SDK를 설치하면 생기는 지문(fingerprint)을 입력해야 한다. 지문은 SHA-1의 암호화 알고리즘으로 만들어져 있다. 지문을 확인하는 방법은 명령 프롬프트를 통해 가능하지만, 이클립스를 이용하면 지문 활용이 편리하기 때문에 후자 방식을 살펴보기로 한다.

'GoogleMap1' 프로젝트를 마우스 오른쪽 버튼으로 클릭하고(❶) 'Export' 메뉴를 선택한다(❷).

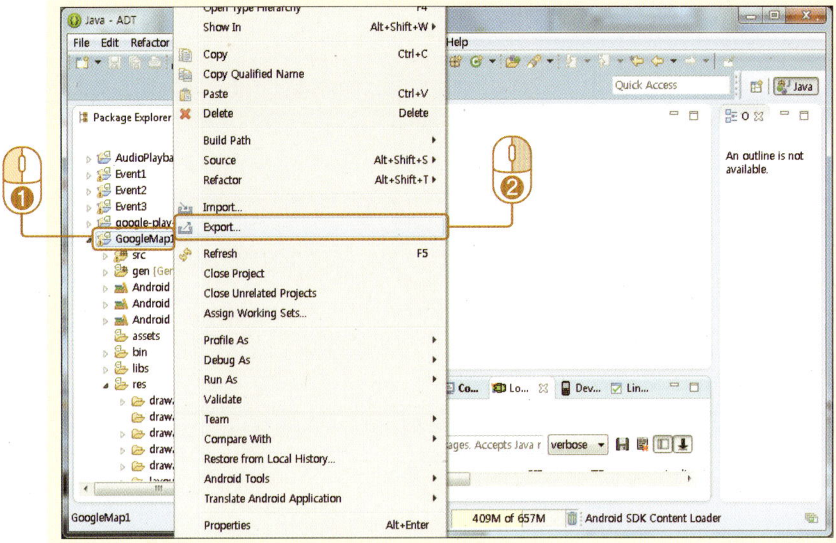

Android 폴더의 'Export Android Application'을 선택하고(❸) 'Next' 버튼을 클릭한다(❹).

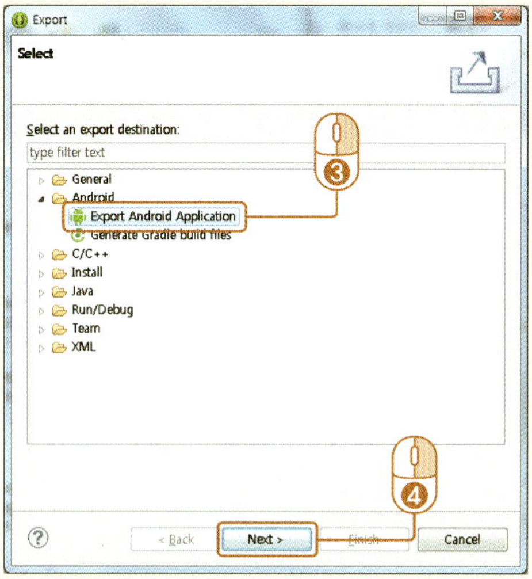

'GoogleMap1' 프로젝트를 확인하고(❺) 'Next' 버튼을 클릭한다(❻).

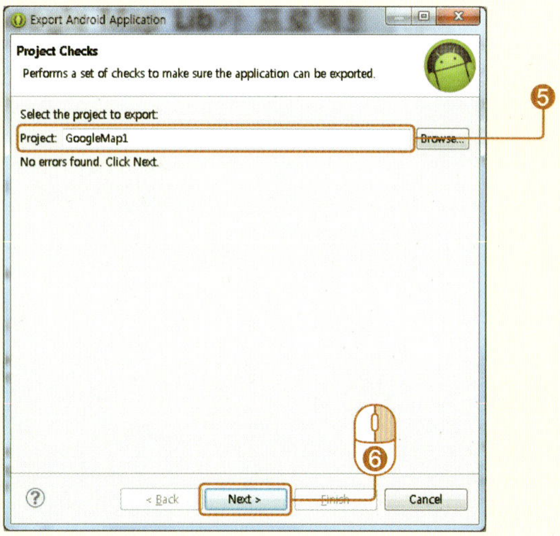

'Browse' 버튼을 클릭한다(❼).

'C:/Users/사용자계정/.android 폴더(⑧)'의 'debug.keystore(⑨)'를 선택하고 '열기' 버튼(⑩)을 클릭한다.

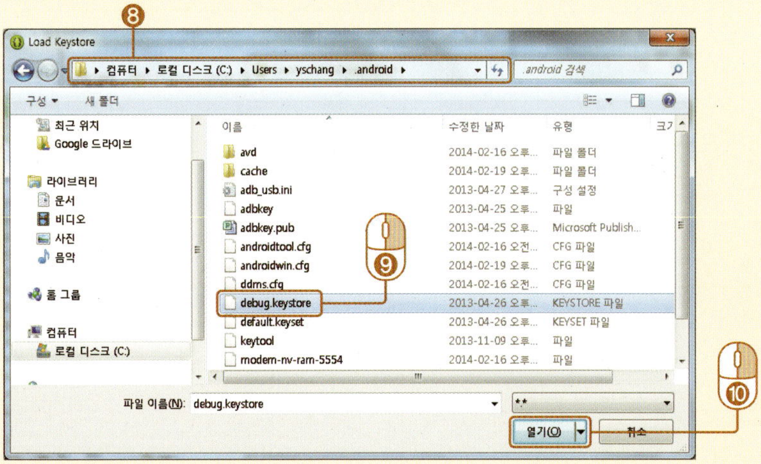

Password를 'android'로 입력하고(⑪) 'Next' 버튼을 클릭한다(⑫).

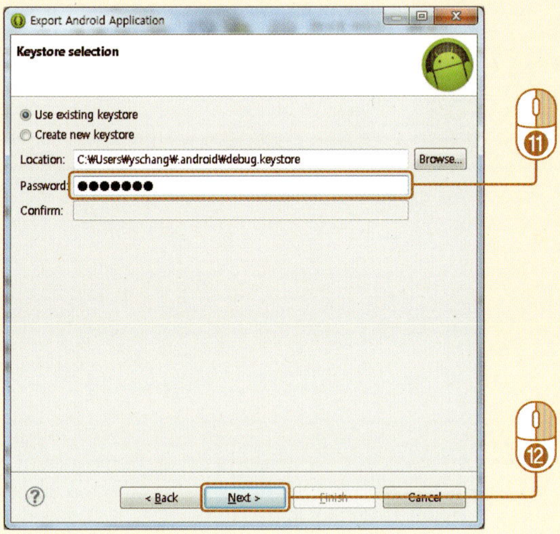

Alias를 'androiddebugkey'로 선택하고(⑬), password를 'android'로 입력 후에(⑭) 'Next' 버튼을 클릭한다(⑮).

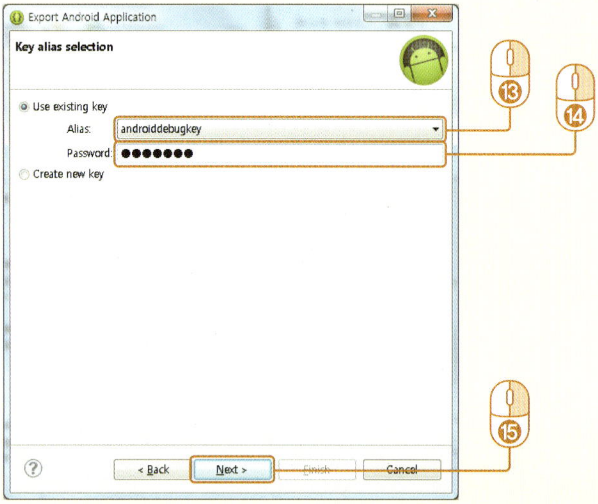

'Browse' 버튼을 클릭한다(⑯).

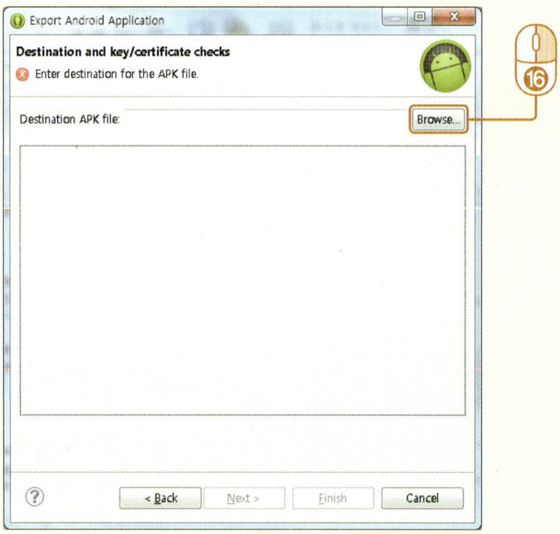

workspace 내에 있는 'GoogleMap1' 폴더의 'bin' 폴더를 클릭하고(⑰), '저장' 버튼을 클릭한다(⑱).

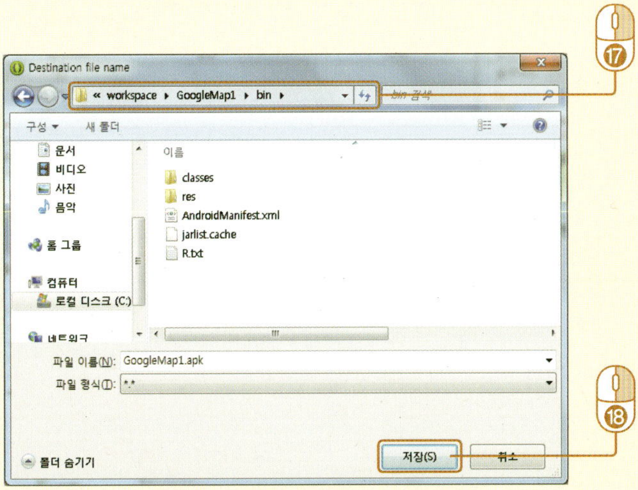

생성된 SHA-1 키를 확인하고(⑲) 'Finish' 버튼을 클릭해서 종료한다(⑳).

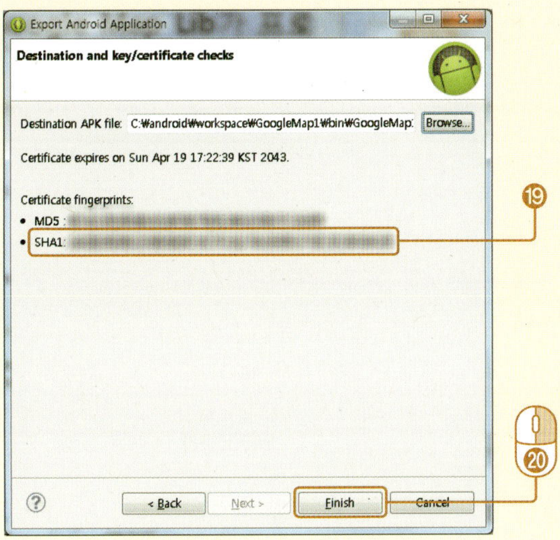

SHA-1키는 'window → Preferences' 메뉴를 클릭 후, 'androd → build' 메뉴를 클릭하면 확인할 수 있다.

(3) Google Map API Key 발급

이제 구글맵 API 키 발급 사이트에서 키를 발급받으면 된다. 구글(www.google.com)에 로그인 후, 'https://cloud.google.com/console'에서 'CREATE PROJECT' 버튼(❶)을 클릭한다.

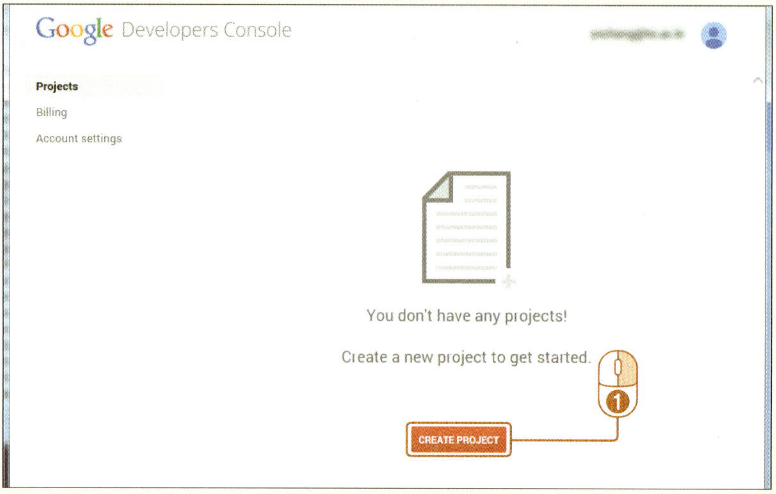

PROJECT NAME을 입력하고(❷), 구글 클라우드 플랫폼 업데이트 등에 관한 이메일 수신 여부(❸)와 구글 클라우드 플랫폼 제품 서비스에 관한 동의(❹)를 체크하고 'Create' 버튼(❺)을 클릭한다.

APIs & auth 메뉴를 클릭한다(❻).

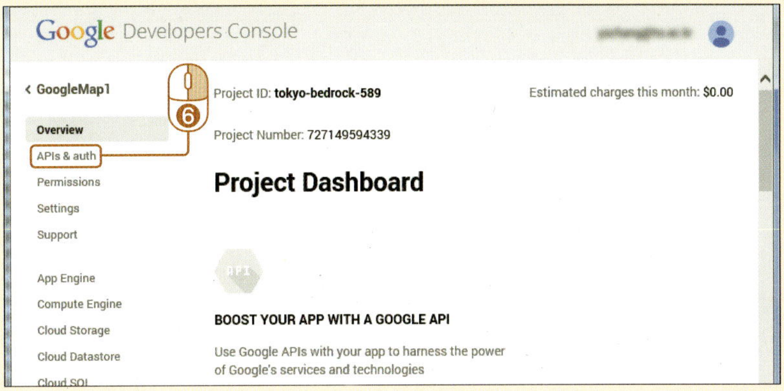

Google Maps Android API v2 라이브러리를 'on' 상태로 변환시키기 위해 'off' 버튼(❼)을 클릭한다.

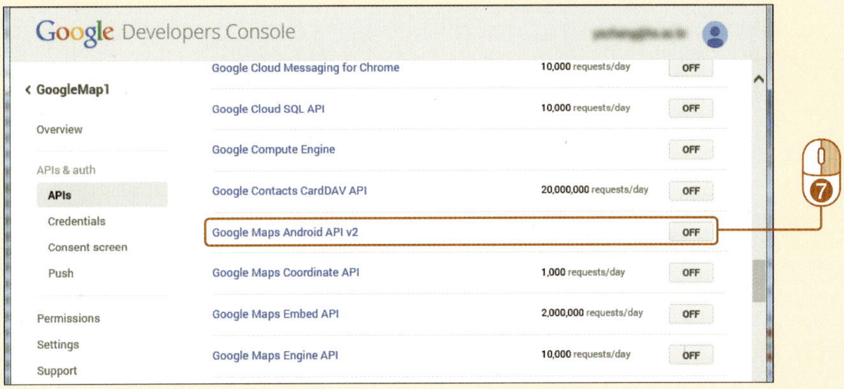

구글 API와 구글맵 서비스에 관해 동의에 체크하고(❽) 'Accept' 버튼을 클릭한다(❾).

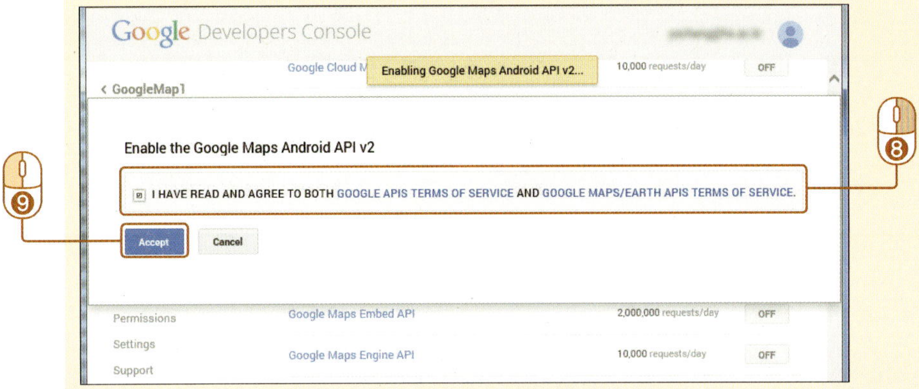

Google Maps Android API v2 라이브러리가 'on' 상태로 된 것을 확인할 수 있다(⑩).

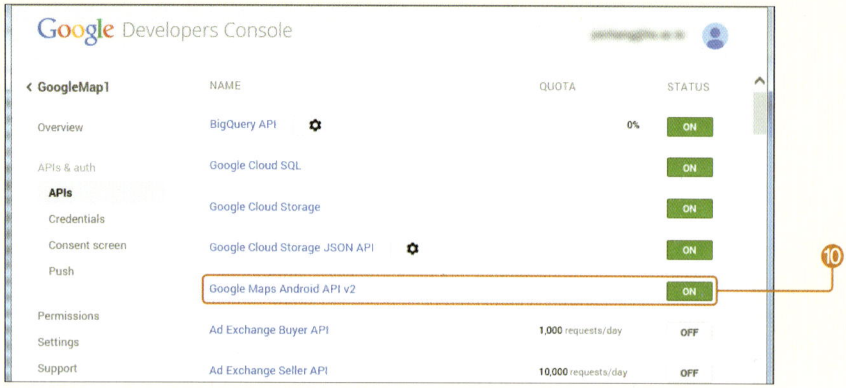

'Credentials' 버튼을 클릭한다(⑪).

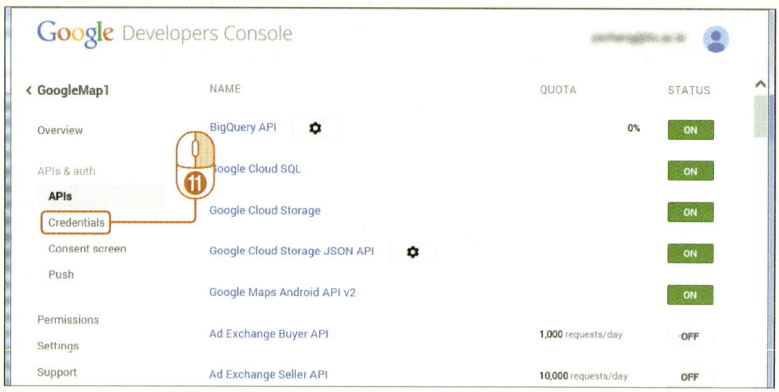

'CREATE NEW KEY' 버튼을 클릭한다(⑫).

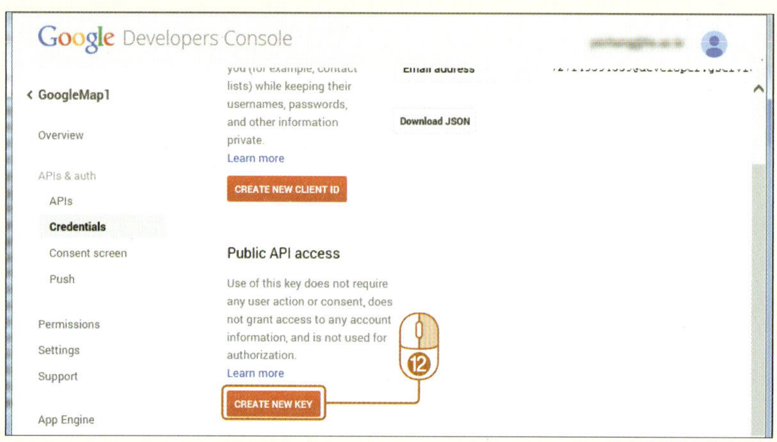

'Android Key' 버튼을 클릭한다(⑬).

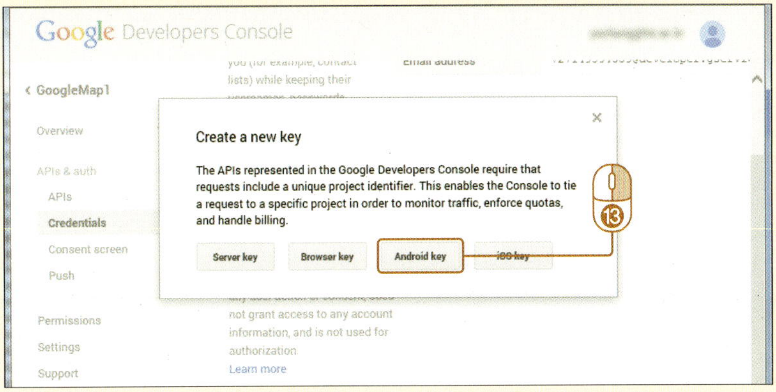

'SHA-1 지문;패키지명'을 입력하고(⑭) 'Create' 버튼을 클릭한다(⑮).

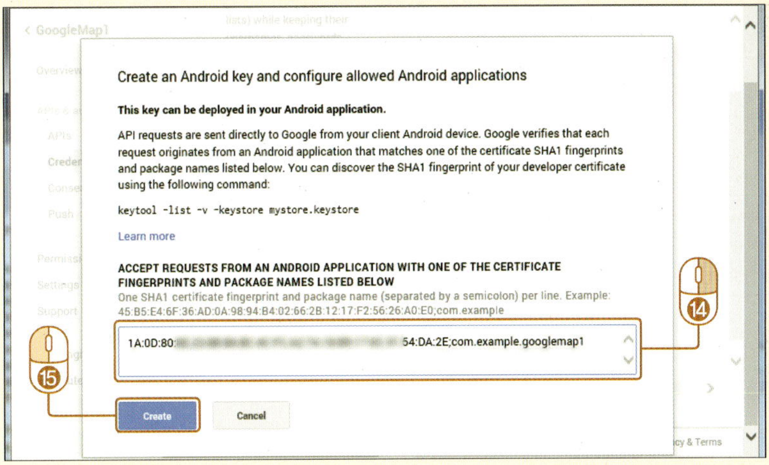

생성된 API 키(⑯)를 복사하여 프로젝트의 AndroidManifest.xml 파일에 사용하면 된다.

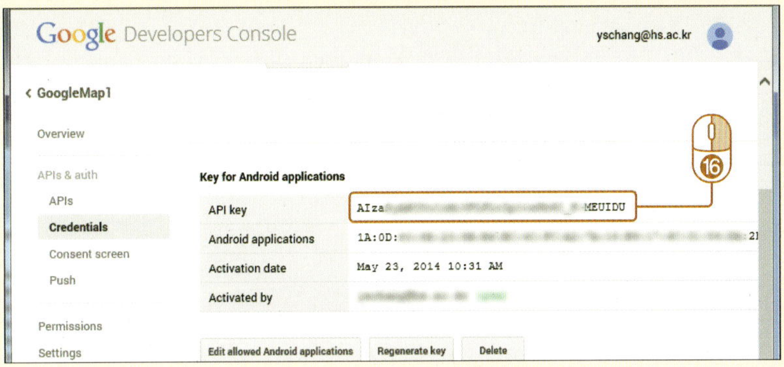

(4) AndroidMainfest.xml에 구글맵 관련 속성 추가

AndroidMainfest.xml을 열고 구글맵 관련 속성을 다음과 같이 추가한다.

소스 | AndroidManifest.xml

```
<?xml version="1.0" encoding="utf-8"?>
<manifest xmlns:android="http://schemas.android.com/apk/res/android"
    package="com.example.googlemap1"
    android:versionCode="1"
    android:versionName="1.0" >

    <uses-sdk
        android:minSdkVersion="8"
        android:targetSdkVersion="19" />

    <uses-feature
        android:required="true"
        android:glEsVersion="0x00020000"/>
    <uses-permission android:name="android.permission.INTERNET"/>
    <uses-permission android:name="android.permission.
                                    ACCESS_NETWORK_STATE"/>
    <uses-permission android:name="android.permission.
                                    WRITE_EXTERNAL_STORAGE"/>
    <uses-permission android:name="android.permission.
                                    ACCESS_COARSE_LOCATION"/>
    <uses-permission android:name="android.permission.
                                    ACCESS_FINE_LOCATION"/>

    <application
        android:allowBackup="true"
        android:icon="@drawable/ic_launcher"
        android:label="@string/app_name"
        android:theme="@style/AppTheme" >
        <activity
            android:name="com.example.googlemap1.MainActivity"
            android:label="@string/app_name" >
            <intent-filter>
                <action android:name="android.intent.action.MAIN" />

                <category android:name="android.intent.category.
                                         LAUNCHER" />
            </intent-filter>
        </activity>

```

구글맵 속성 1
구글맵 API는 맵을 표시하기 위해 OpenGL ES(휴대전화 등에 사용되는 3차원 컴퓨터 그래픽스 API) 버전 2를 사용함

구글맵 속성 2
앱의 구글맵 API 사용 허용

구글맵 속성 3
Google Play Service 버전 추가

```
        <meta-data
            android:name="com.google.android.gms.version"
            android:value="@integer/google_play_services_version" />
        <meta-data
            android:value="여기에 구글맵 API 인증키를 넣어 주세요!"
            android:name="com.google.android.maps.v2.API_KEY"/>
    </application>

</manifest>
```

구글맵 속성 4
Google Map API 키 추가

앱이 구글맵 API를 사용하기 위해 〈uses-permission〉 엘리먼트의 속성값으로 사용되는 상수값들의 의미는 다음과 같다.

상수	설명
android.permission.INTERNET	API를 이용하여 구글맵 서버로부터 맵 타일(tile)을 다운로드하도록 함.
android.permission.ACCESS_NETWORK_STATE	API가 데이터를 다운로드받을 수 있는지 여부를 결정하기 위하여 연결 상태를 체크하도록 허용함.
android.permission.WRITE_EXTERNAL_STORAGE	API가 디바이스의 외장 저장장치에 맵타일 데이터를 저장할 수 있도록 허용함.
android.permission.ACCESS_COARSE_LOCATION	API가 디바이스 위치를 결정하기 위하여 WiFi 또는 모바일 셀 데이터를 사용하도록 허용함. ➡ 현재 위치를 사용하지 않는다면 추가하지 않아도 됨.
android.permission.ACCESS_FINE_LOCATION	API가 아주 작은 범위까지 디바이스 위치를 결정하기 위하여 GPS를 사용하도록 허용함. ➡ 현재 위치를 사용하지 않는다면 추가하지 않아도 됨.

STEP 4 〉 소스 편집

● 기본파일 간의 연관관계

MainActivity.java는 **activity_main.xml**에서 배치한 MapFragment를 출력하고 구글맵의 오픈 API를 통해 구글맵을 로딩하여 MapFragment에 출력한다. 디폴트로 나타나는 지도는 위도 경도가 각각 0이 중심이 되며, 지도 오른쪽 하단에는 지도 확대 축소 아이콘이 있다. **AndroidManifest.xml** 파일은 **MainActivity** 클래스를 액티비티로 설정하고, 어플리케이션 라벨과 액티비티 라벨은 **strings.xml**에서 정의한 **app_name**을 사용한다. 구글맵 관련 속성들을 추가하여야 한다.

▲ 기본 파일 간의 연관관계

(1) strings.xml 편집

어플리케이션 라벨을 수정하기 위해 **app_name** 속성값에 해당하는 데이터를 '**구글맵1**'로 수정한다.

소스 | strings.xml

```
<?xml version="1.0" encoding="utf-8"?>
<resources>

    <string name="app_name">구글맵1</string>
    <string name="hello_world">Hello world!</string>
    <string name="action_settings">Settings</string>

</resources>
```

어플리케이션 라벨

(2) activity_main.xml 편집

구글맵은 **MapFragment** 클래스를 통해 화면에 나타난다. MapFragment 클래스는 Fragment 클래스의 서브 클래스로 앱 내의 지도 컴포넌트이다. Fragment 클래스는 Activity 내에서 UI의 일부분이다. 액티비티 레이아웃에 fragment를 선언하여, 즉 〈fragment〉 엘리먼트를 사용하여, 다수 개의 fragment를 구성할 수 있다. **MapFragment**를 이용해 지도를 **fragment**에 나타내기 위해서는 XML 파일의 〈fragment〉 엘리먼트에 android:name 속성값으로 구글맵 안드로이드 API 클래스를 담고 있는 패키지인 **com.google.android.gms.maps**와 **MapFragment** 클래스를 설정하면 된다.

소스 | activity_main.xml

```
<?xml version="1.0" encoding="utf-8"?>
<fragment xmlns:android="http://schemas.android.com/apk/res/android"
          android:id="@+id/map"
          android:layout_width="match_parent"
          android:layout_height="match_parent"
          android:name="com.google.android.gms.maps.MapFragment"/>
```

지도를 나타내는 영역

지도를 표시하기 위해 사용하는 클래스

● 클래스

클래스	설명
MapFragment	앱 내의 지도 컴포넌트. Fragment의 서브 클래스이며, *com.google.android.gms.maps* 패키지에 속해 있음.

(3) MainActivity.java 편집

액티비티를 생성하고 activity_main.xml을 출력하면 fragment 내에 **구글맵**이 나타난다.

소스 | MainActivity.java

```
package com.example.googlemap1;

import android.app.Activity;
import android.os.Bundle;

public class MainActivity extends Activity

    @Override
    protected void onCreate(Bundle savedInstanceState)
        super.onCreate(savedInstanceState);
        setContentView(R.layout.activity_main);
    }
}
```

fragment에 지도가 나타남

STEP 5 프로젝트 실행

(1) 프로젝트의 실행

프로젝트명을 **마우스 오른쪽 버튼**으로 클릭하여 팝업메뉴에서 '**Run As → Android Application**'을 클릭하고, 디바이스 선택 창의 목록에서 실행할 디바이스(AVD 또는 스마트폰)를 선택하고, '**OK**' 버튼을 클릭한다.

(2) 실행결과 보기

앱을 실행하면 위도 0과 경도 0을 중심으로 구글맵이 나타난다.

11.4 구글맵 유형과 UI 컨트롤

BASIC Google Map2 프로젝트

11.4.1 프로젝트 개요

지도의 모양을 다양한 방법으로 출력하는 구글맵 유형과 지도를 제어하기 위한 **UI 컨트롤러**를 나타내 보자. 아래 그림은 지도를 **위성사진**으로 출력한 것이며, **오른쪽 상단**에는 사용자의 **현재 위치로 이동하는 컨트롤러**, **오른쪽 하단**에는 지도를 확대와 축소하는 **줌 컨트롤러**가 있다.

프로젝트 개요: **구글맵 유형 변경과 UI 컨트롤 추가**

Application Name: **Google Map2**

어플리케이션 라벨: **구글맵2**

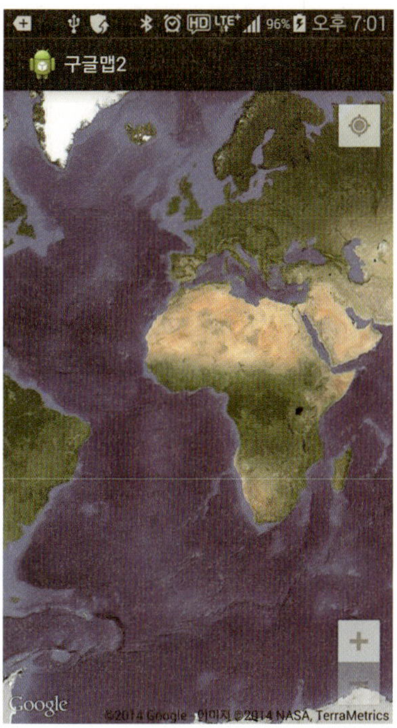

- **액티비티 라벨**
  구글맵2
- **액티비티 출력 내용**
  구글맵과 UI 컨트롤 아이콘

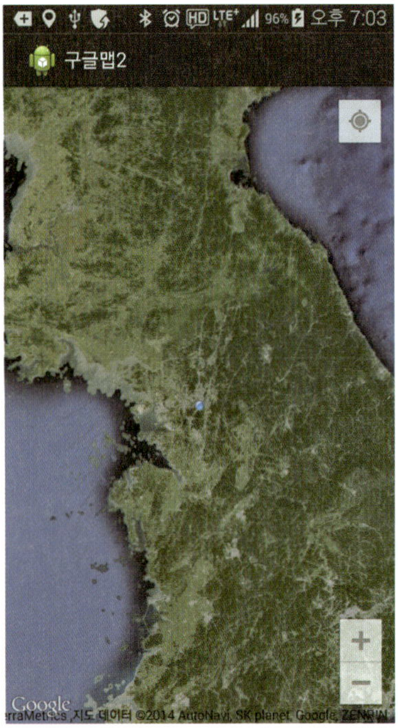

- UI 컨트롤
  오른쪽 상단의 현재 위치 컨트롤러를 클릭하면 사용자가 있는 현재 위치로 지도가 이동하며, 오른쪽 하단의 줌 기능을 이용하면 지도의 확대 및 축소가 가능함

11.4.2 앱 프로젝트 개발

STEP 1 프로젝트 생성

➡ '3.2절 [Step 1] 프로젝트 생성'을 참고하여 프로젝트를 생성한다.

절차	내용
❶ 프로젝트 시작	메뉴에서 'File → New → Android Application Project' 클릭
❷ 어플리케이션 기본정보 설정	아래 두 항목을 변경하고 그 외는 디폴트로 설정함. Application Name : Google Map2 Minimum Required SDK : API 19 Android 4.4(KitKat)
❸ 프로젝트 구성	디폴트 값으로 설정
❹ 아이콘 설정	디폴트 값으로 설정
❺ 액티비티 종류 설정	디폴트 값으로 설정
❻ 액티비티와 레이아웃 이름 설정	디폴트 값으로 설정

STEP 2 프로젝트 기본 편집

➥ '3.2절 [Step 2] 프로젝트 기본 편집' 절차에 따라 수정한다.

절차	내용
❶ activity_main.xml 수정	fragment_main.xml 파일 소스를 activity_main.xml로 복사
❷ fragment_main.xml 파일 삭제	–
❸ MainActivity.java 소스 수정	삭제한 fragment_main.xml 관련 부분과 메뉴 관련 부분 삭제
❹ AndroidManifest.xml 소스 수정	〈uses-sdk〉 태그 속성인 'android:minSdkVersion'에 19로 설정된 속성값을 8로 수정

STEP 3 구글맵 프로젝트 환경설정

구글맵 프로젝트 환경설정은 다음과 같이 네 단계로 진행된다(11.3절 참조).

절차	내용
❶ Google Map Lib 참조 설정	현재 프로젝트에 Google Map Lib 참조를 설정함.
❷ SHA-1 fingerprint 확인	SHA-1 fingerprint는 동일하기 때문에 11.3절에서 확인한 값을 그대로 사용하거나 같은 방법으로 재확인하면 됨.
❸ Google Map API Key 발급	구글 사이트에서 현재 프로젝트에서 사용할 Google Map API Key를 발급받음.
❹ AndroidMainfest.xml에 구글맵 관련 속성 추가	구글맵을 사용하기 위한 속성들을 추가함.

STEP 4 소스 편집

● 기본파일 간의 연관관계

MainActivity.java는 **activity_main.xml**에서 설정한 MapFragment를 이용하여 구글맵의 오픈 API를 통해 구글맵을 로딩하고 fragment에 출력한다. 디폴트로 나타나는 지도는 위도와 경도가 각각 0이다. 구글맵 유형을 **위성사진**으로 설정하고, **현재 위치로 이동하는 컨트롤러**를 설정한다. **줌** 기능은 디폴트로 나타난다.

텍스트 리소스
수정
strings.xml
string
app_name
구글맵2
...
레이아웃
수정
activity_main.xml
fragment
name
MapFragment
액티비티 자바 클래스
수정
MainActivity.java
onCreate()
액티비티 생성
레이아웃 출력
구글맵 로딩
구글맵 fragment 인식
위성사진 설정
내위치 가기 설정
줌 설정
어플리케이션 기본 정보
수정
AndroidManifest.xml
액티비티 클래스 지정
어플리케이션 라벨 지정
액티비티 라벨 지정
구글맵 속성
구글 웹서버
구글맵
구글맵 DB
Open API
구글맵2

▲ 기본 파일 간의 연관관계

(1) strings.xml 편집

어플리케이션 라벨을 수정하기 위해 **app_name** 속성값에 해당하는 데이터를 '**구글맵2**'로 수정한다.

소스 | strings.xml

```
<?xml version="1.0" encoding="utf-8"?>
<resources>

    <string name="app_name">구글맵2</string>
    <string name="hello_world">Hello world!</string>
    <string name="action_settings">Settings</string>

</resources>
```

(2) activity_main.xml 편집

〈fragment〉 엘리먼트에 MapFragment 클래스를 설정한다.

소스 | activity_main.xml

```
<?xml version="1.0" encoding="utf-8"?>
<fragment xmlns:android="http://schemas.android.com/apk/res/android"
          android:id="@+id/map"
          android:layout_width="match_parent"
          android:layout_height="match_parent"
          android:name="com.google.android.gms.maps.MapFragment"/>
```

(3) MainActivity.java 편집

액티비티를 생성하고 activity_main.xml을 출력하면 구글맵이 나타난다. **ID**를 이용하여 지도가 출력되어 있는 **〈fragment〉 엘리먼트**를 인식해서 **구글맵 유형**, **현재 위치로 이동하기**, **줌** 기능을 설정한다.

소스 | MainActivity.java

```
package com.example.googlemap2;

import android.app.Activity;
import android.os.Bundle;
```

```java

import com.google.android.gms.maps.GoogleMap;
import com.google.android.gms.maps.MapFragment;
import com.google.android.gms.maps.UiSettings;

public class MainActivity extends Activity {

    @Override
    protected void onCreate(Bundle savedInstanceState) {
        super.onCreate(savedInstanceState);
        setContentView(R.layout.activity_main);

        GoogleMap mMap = ((MapFragment)getFragmentManager().
                            findFragmentById(R.id.map)).getMap();
        mMap.setMapType(GoogleMap.MAP_TYPE_SATELLITE);

        mMap.setMyLocationEnabled(true);

        UiSettings uiSettings = mMap.getUiSettings();
        uiSettings.setZoomControlsEnabled(true);
    }
}
```

map이라는 ID를 가진 fragment를 인식함

fragment에 출력된 구글맵을 가져옴

구글맵에 현재 위치 컨트롤러를 표시함

맵타일을 인공사진으로 설정함

구글맵의 UI환경을 가져옴

줌 기능을 설정함

클래스

클래스	설명
GoogleMap	Google Map Android API의 주 클래스로 지도 관련 모든 메소드를 가지고 있음.
UiSettings	구글맵 UI를 설정함.
FragmentManager	액티비티 내의 fragment와 상호작용을 위한 인터페이스

지도가 나타나는 구글맵 타일의 기본 유형은 4가지가 있다.

클래스 상수

클래스	상수	설명
GoogleMap	int *MAP_TYPE_HYBRID*	위성사진 데이터와 라벨이 같이 표시됨.
	int *MAP_TYPE_NORMAL*	전형적인 로드맵. 도로나 강 위에 사람들이 만들어 놓은 라벨들이 표시됨.
	int *MAP_TYPE_SATELLITE*	위성사진 데이터가 표시되며, 라벨들이 보이지 않음.
	int *MAP_TYPE_TERRAIN*	지형 데이터. 지도에 색, 등고선, 라벨들이 나타남.
	int *MAP_TYPE_NONE*	기본 맵타일이 없어 지도가 나타나지 않음.

각 구글맵 유형별 지도 형태는 다음과 같다.

Normal	Satellite	Hybrid	Terrain
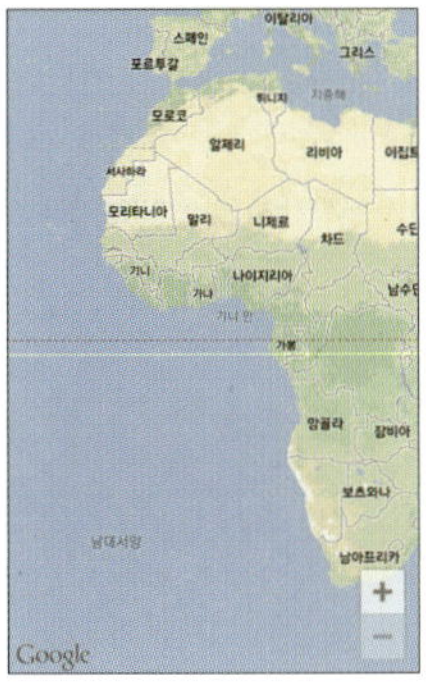		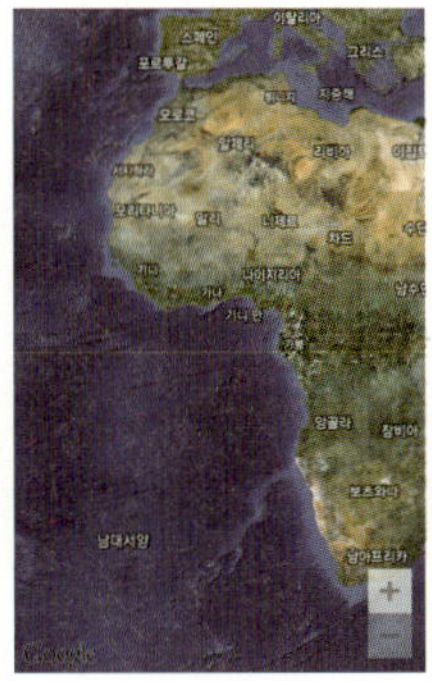	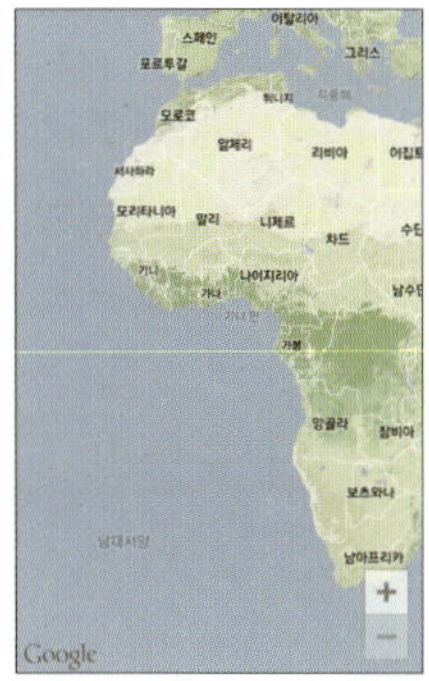

클래스 메소드

클래스	메소드	설명
Activity	FragmentManager getFragmentManager()	액티비티와 연관된 fragment와 상호작용을 위한 FragmentManager를 반환함.
FragmentManager	abstract Fragment findFragmentById(int id)	주어진 id에 해당하는 fragment를 찾음.
MapFragment	final GoogleMap getMap()	fragment에 나타나 있는 구글맵을 가져옴.
GoogleMap	final void setMapType(int type)	출력될 맵타일의 유형을 설정함.
	final void setMyLocationEnabled (boolean enabled)	내 위치로 갈 수 있는 컨트롤이 가능하게 하거나 가능하지 않게 함.
	final UiSettings getUiSettings()	지도에 관한 UI 환경을 얻음.
UiSettings	void setZoomControlsEnabled(boolean enabled)	줌 컨트롤이 가능하게 하거나 가능하지 않게 함.

STEP 5 프로젝트 실행

(1) 프로젝트의 실행

프로젝트명을 **마우스 오른쪽 버튼**으로 클릭하여 팝업메뉴에서 '**Run As → Android Application**'을 클릭하고, 디바이스 선택 창의 목록에서 실행할 디바이스(AVD 또는 스마트폰)를 선택하고, '**OK**' 버튼을 클릭한다.

(2) 실행결과 보기

앱을 실행하면 위도 0, 경도 0을 중심으로 위성사진과 내 위치 가기, 줌 컨트롤러가 나타난다.

11 ⑤ 특정 위도 경도와 현재 위치 중심 구글맵 출력

LAB Google Map3 프로젝트

11.5.1 프로젝트 개요(특정 위도 경도 중심 구글맵 출력)

이제 특정 위치를 중심으로 하는 구글맵 출력 방법을 살펴보자. 서울역을 중심으로 하는 지도를 출력해 본다.

프로젝트 개요: 특정 위치의 위도 경도와 현재 위치 지도 출력

Application Name: Google Map3

어플리케이션 라벨: 구글맵3

- 액티비티 라벨
  구글맵3
- 액티비티 출력 내용
  서울(위도, 경도) 중심 구글맵

11.5.2 앱 프로젝트 개발

STEP 1 프로젝트 생성

➥ '3.2절 [Step 1] 프로젝트 생성'을 참고하여 프로젝트를 생성한다.

절차	내용
❶ 프로젝트 시작	메뉴에서 'File → New → Android Application Project' 클릭
❷ 어플리케이션 기본정보 설정	아래 두 항목을 변경하고 그 외는 디폴트로 설정함. Application Name : Google Map3 Minimum Required SDK : API 19 Android 4.4(KitKat)
❸ 프로젝트 구성	디폴트 값으로 설정
❹ 아이콘 설정	디폴트 값으로 설정
❺ 액티비티 종류 설정	디폴트 값으로 설정
❻ 액티비티와 레이아웃 이름 설정	디폴트 값으로 설정

STEP 2 프로젝트 기본 편집

➥ '3.2절 [Step 2] 프로젝트 기본 편집' 절차에 따라 수정한다.

절차	내용
❶ activity_main.xml 수정	fragment_main.xml 파일 소스를 activity_main.xml로 복사
❷ fragment_main.xml 파일 삭제	–
❸ MainActivity.java 소스 수정	삭제한 fragment_main.xml 관련 부분과 메뉴 관련 부분 삭제
❹ AndroidManifest.xml 소스 수정	〈uses-sdk〉 태그 속성인 'android:minSdkVersion'에 19로 설정된 속성값을 8로 수정

STEP 3 구글맵 프로젝트 환경설정

구글맵 프로젝트 환경설정은 다음과 같이 네 단계로 진행된다(11.3절 참조).

절차	내용
❶ Google Map Lib 참조 설정	현재 프로젝트에 Google Map Lib 참조를 설정함.
❷ SHA-1 fingerprint 확인	SHA-1 fingerprint는 동일하기 때문에 11.3절에서 확인한 값을 그대로 사용하거나 같은 방법으로 재확인하면 됨.
❸ Google Map API Key 발급	구글 사이트에서 현재 프로젝트에서 사용할 Google Map API Key를 발급받음.
❹ AndroidMainfest.xml에 구글맵 관련 속성 추가	구글맵을 사용하기 위한 속성들을 추가함.

STEP 4 소스 편집

● 기본파일 간의 연관관계

MainActivity.java는 **activity_main.xml**에서 배치한 MapFragment를 출력하고 구글맵의 오픈 API를 통해 구글맵을 로딩하여 MapFragment에 출력한다. 서울역의 위도와 경도를 설정하고 서울역을 중심으로 하는 지도를 출력한다. **AndroidManifest.xml** 파일은 **MainActivity** 클래스를 액티비티로 설정하고, 어플리케이션 라벨과 액티비티 라벨은 **strings.xml**에서 정의한 **app_name**을 사용한다. 구글맵 관련 속성들을 추가하여야 한다.

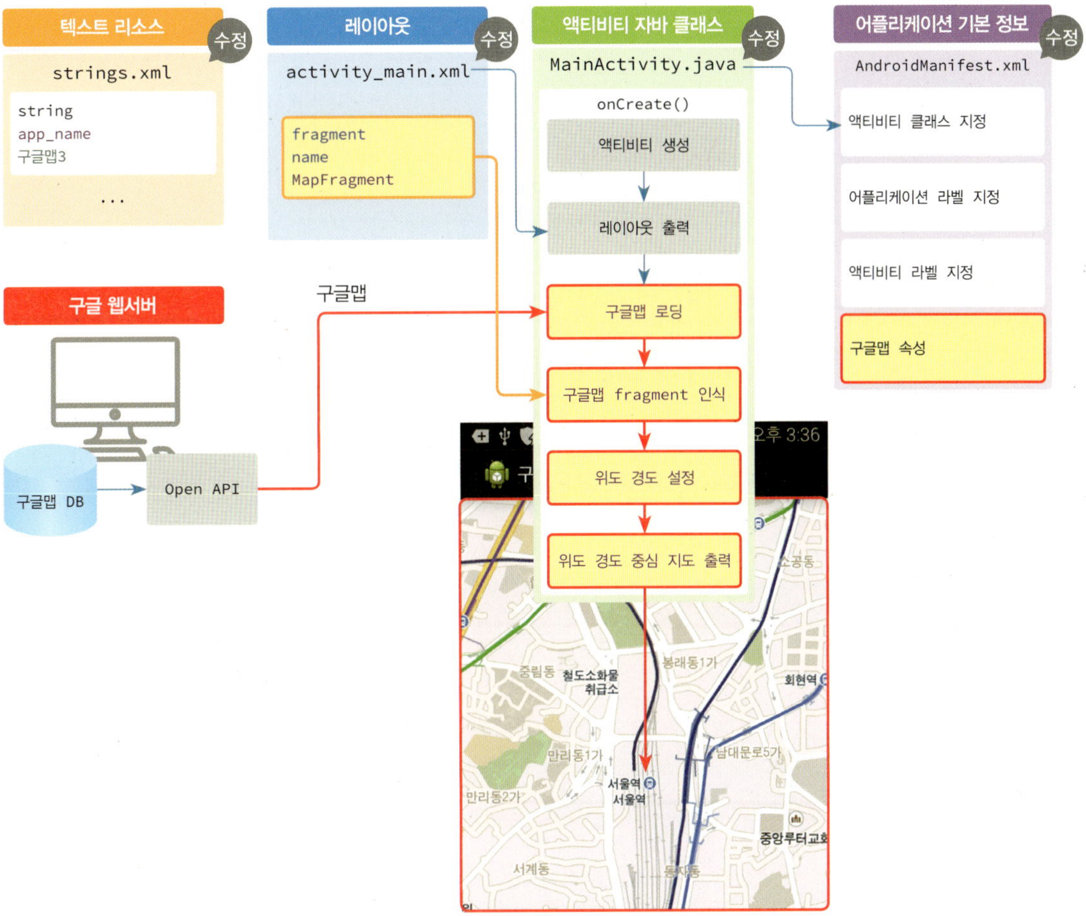

▲ 기본 파일 간의 연관관계

(1) strings.xml 편집

어플리케이션 라벨을 수정하기 위해 **app_name** 속성값에 해당하는 데이터를 '**구글맵3**'으로 수정한다.

소스 | strings.xml

```
<?xml version="1.0" encoding="utf-8"?>
<resources>

    <string name="app_name">구글맵3</string>
    <string name="hello_world">Hello world!</string>
    <string name="action_settings">Settings</string>

    </resources>
```

(2) activity_main.xml 편집

〈fragment〉 엘리먼트에 MapFragment 클래스를 설정한다.

소스 | activity_main.xml

```
<?xml version="1.0" encoding="utf-8"?>
<fragment xmlns:android="http://schemas.android.com/apk/res/android"
          android:id="@+id/map"
          android:layout_width="match_parent"
          android:layout_height="match_parent"
          android:name="com.google.android.gms.maps.MapFragment"/>
```

(3) MainActivity.java 편집

액티비티를 생성하고 activity_main.xml을 출력하면 구글맵이 나타난다. ID를 이용하여 지도가 출력되어 있는 〈fragment〉 엘리먼트를 인식해서 특정 위치의 위도와 경도를 설정 후에 그 위치를 중심으로 지도를 이동시킨다. **서울역**의 **위도**와 **경도**는 각각 **37.532308**, **126.957440**으로 설정한다.

소스 | MainActivity.java

```
package com.example.googlemap3;

import android.app.Activity;
```

```java
import android.content.Context;
import android.location.Criteria;
import android.location.Location;
import android.location.LocationManager;
import android.os.Bundle;

import com.google.android.gms.maps.CameraUpdateFactory;
import com.google.android.gms.maps.GoogleMap;
import com.google.android.gms.maps.MapFragment;
import com.google.android.gms.maps.model.LatLng;

public class MainActivity extends Activity {

    @Override
    protected void onCreate(Bundle savedInstanceState) {
        super.onCreate(savedInstanceState);
        setContentView(R.layout.activity_main);

        GoogleMap mMap =
        ((MapFragment)getFragmentManager().findFragmentById(R.id.map))
         .getMap();

        double latitude = 37.532308;
        double longitude = 126.957440;

        final LatLng LOC = new LatLng(latitude, longitude);
        mMap.animateCamera(CameraUpdateFactory.newLatLngZoom(LOC, 16));
    }
}
```

map이라는 ID를 가진 fragment를 인식함

fragment에 출력된 구글맵을 가져옴

서울역의 위도와 경도

특정 위도와 경도 좌표를 표현하는 객체 생성

특정 위도와 경도 좌표를 중심으로 하는 지도로 이동

클래스

클래스	설명
LatLng	위도와 경도 좌표를 표현하며, 자동으로 변경되지 않음.
CameraUpdateFactory	지도를 변화하는 CameraUpdate 객체를 생성함.

클래스 메소드

클래스	메소드	설명
CameraUpdate Factory	static CameraUpdate newLatLngZoom (LatLng latLng, float zoom)	지도 중심을 LatLng 객체에 설정된 위도, 경도와 주어진 줌 레벨로 이동하는 CameraUpdate 객체를 반환함. 줌 레벨은 2.0~21.0이며, 숫자가 크면 지도가 더 확대됨.
GoogleMap	final void animateCamera (CameraUpdate update)	Guswo 위치에서 update에 지정된 위치로 카메라를 이동시킴.

TIP 특정 지역의 위도와 경도 찾기

특정 지역의 위도와 경도는 구글맵스(maps.google.co.kr)에서 검색할 수 있다. 검색 키워드로 '서울역'을 입력하고(❶) 검색하면(❷), 서울역을 중심으로 지도가 출력된다(❸).

서울역 Marker를 마우스 오른쪽 버튼으로 클릭하고(❹) 메뉴에서 '이곳이 궁금한가요?' 메뉴를 클릭한다(❺).

결과로 나타나는 위도와 경도를 확인한다(❻).

STEP 5 프로젝트 실행

(1) 프로젝트의 실행

프로젝트명을 **마우스 오른쪽 버튼**으로 클릭하여 팝업메뉴에서 '**Run As → Android Application**'을 클릭하고, 디바이스 선택 창의 목록에서 실행할 디바이스(AVD 또는 스마트폰)를 선택하고, '**OK**' 버튼을 클릭한다.

(2) 실행결과 보기

앱을 실행하면 위도 0과 경도 0에서 서울역으로 지도가 이동하게 된다.

11.5.3 현재 위치 중심 구글맵 출력

이제 사용자가 있는 현재 위치를 중심으로 자동 출력되도록 수정해 보자.

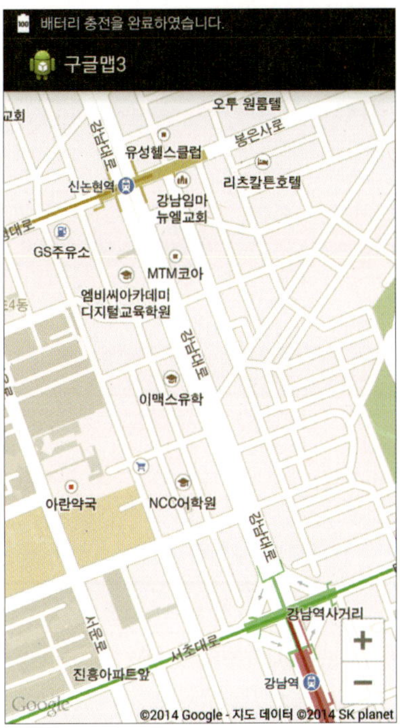

• 액티비티 화면 출력
현재 위치(서울 강남대로) 중심 구글맵

● MainActivity.java 편집

LocationManager 클래스를 이용하여 최근 위치를 파악하고, 그 위치로 지도 중심을 옮긴다.

소스 | MainActivity.java

```
package com.example.googlemap3;

import android.app.Activity;
import android.content.Context;
import android.location.Criteria;
import android.location.Location;
import android.location.LocationManager;
import android.os.Bundle;

import com.google.android.gms.maps.CameraUpdateFactory;
import com.google.android.gms.maps.GoogleMap;
import com.google.android.gms.maps.MapFragment;
import com.google.android.gms.maps.model.LatLng;

public class MainActivity extends Activity {

    @Override
    protected void onCreate(Bundle savedInstanceState) {
        super.onCreate(savedInstanceState);
        setContentView(R.layout.activity_main);

        GoogleMap mMap = ((MapFragment)getFragmentManager().
                findFragmentById(R.id.map)).getMap();

        LocationManager lm = (LocationManager)getSystemService
                         (Context.LOCATION_SERVICE);
        String locationProvider = lm.getBestProvider
                         (new Criteria(), true);
        Location location = lm.getLastKnownLocation(locationProvider);
        double latitude = location.getLatitude();
        double longitude = location.getLongitude();

        final LatLng LOC = new LatLng(latitude, longitude);
        mMap.animateCamera(CameraUpdateFactory.newLatLngZoom(LOC, 16));
    }
}
```

map이라는 ID를 가진 fragment를 인식함

fragment에 나타나 있는 구글맵을 가져옴

시스템 위치 서비스에 접근하는 객체 생성

위치 파악을 위해 가장 적합한 프로바이더를 찾음

주어진 프로바이더로부터 최근 위치를 찾음

위도와 경도를 할당함

특정 위도와 경도 좌표를 표현하는 객체 생성

특정 위도와 경도 좌표를 중심으로 하는 지도로 이동

● 클래스

클래스	설명
LocationManager	시스템 위치 서비스에 접근할 수 있도록 함. 시스템 위치 서비스는 어플리케이션이 디바이스의 지리적 위치에 대한 주기적 변경 사항을 얻도록 허용함.
Location	지리적 위치를 나타내는 데이터 클래스
Criteria	위치 프로바이더를 선택하기 위한 어플리케이션 기준을 명시하는 클래스

● 클래스 상수

클래스	상수	설명
Context	String LOCATION_SERVICE	위치 변경을 제어하기 위한 LocationManager를 추출하기 위해 getSystemService(String)를 사용함.
LocationManager	String GPS_PROVIDER	GPS location provider의 이름(상수값: 'gps'). 위치 수신에 시간이 걸림. AndroidManifest 파일에 permission ACCESS_FINE_LOCATION 설정이 필요함.
	String NETWORK_PROVIDER	기지국 또는 WiFi로부터 위치를 파악하는 network location provider의 이름(상수값: 'network')

● 클래스 메소드

클래스	메소드	설명
Activity	Object getSystemService(String name)	주어진 name의 시스템 레벨 서비스에 대한 핸들을 반환함.
Criteria	Criteria()	Crieteria 객체를 생성함.
LocationManager	String getBestProvider(Criteria criteria, boolean enabledOnly)	주어진 criteria 객체와 가장 잘 맞는 프로바이더의 이름을 반환함.
	Location getLastKnownLocation(String provider)	주어진 provider로부터 얻은 최근 위치를 반환함.
Location	double getLatitude()	위도를 가져옴.
	double getLongitude()	경도를 가져옴.

11 ⑥ Marker와 Info Window

LAB Google Map4 프로젝트

11.6.1 프로젝트 개요(Marker)

지도 위치에 대한 표기는 지도 서비스에 중요한 기능 중 하나이다. **지도의 위치**를 표시하는 **marker**와 **위치에 대한 설명**을 나타내는 **info window**를 출력하도록 해보자. 아래는 **서울역** 위치에 marker를 나타낸 예이다.

프로젝트 개요: 구글맵 Marker와 Info Window 출력

Application Name: Marker와 Info Window

어플리케이션 라벨: 구글맵4

- 액티비티 라벨
  구글맵4
- 액티비티 출력 내용
  marker 출력

11.6.2 앱 프로젝트 개발

STEP 1 프로젝트 생성

➥ '3.2절 [Step 1] 프로젝트 생성'을 참고하여 프로젝트를 생성한다.

절차	내용
❶ 프로젝트 시작	메뉴에서 'File → New → Android Application Project' 클릭
❷ 어플리케이션 기본정보 설정	아래 두 항목을 변경하고 그 외는 디폴트로 설정함. Application Name : Google Map4 Minimum Required SDK : API 19 Android 4.4(KitKat)
❸ 프로젝트 구성	디폴트 값으로 설정
❹ 아이콘 설정	디폴트 값으로 설정
❺ 액티비티 종류 설정	디폴트 값으로 설정
❻ 액티비티와 레이아웃 이름 설정	디폴트 값으로 설정

STEP 2 프로젝트 기본 편집

➥ '3.2절 [Step 2] 프로젝트 기본 편집' 절차에 따라 수정한다.

절차	내용
❶ activity_main.xml 수정	fragment_main.xml 파일 소스를 activity_main.xml로 복사
❷ fragment_main.xml 파일 삭제	–
❸ MainActivity.java 소스 수정	삭제한 fragment_main.xml 관련 부분과 메뉴 관련 부분 삭제
❹ AndroidManifest.xml 소스 수정	<uses-sdk> 태그 속성인 'android:minSdkVersion'에 19로 설정된 속성값을 8로 수정

STEP 3 구글맵 프로젝트 환경설정

구글맵 프로젝트 환경설정은 다음과 같이 네 단계로 진행된다(11.3절 참조).

절차	내용
❶ Google Map Lib 참조 설정	현재 프로젝트에 Google Map Lib 참조를 설정함.
❷ SHA-1 fingerprint 확인	SHA-1 fingerprint는 동일하기 때문에 11.3절에서 확인한 값을 그대로 사용하거나 같은 방법으로 재확인하면 됨.
❸ Google Map API Key 발급	구글 사이트에서 현재 프로젝트에서 사용할 Google Map API Key를 발급받음.
❹ AndroidMainfest.xml에 구글맵 관련 속성 추가	구글맵을 사용하기 위한 속성들을 추가함.

STEP 4 소스 편집

● 기본파일 간의 연관관계

MainActivity.java는 activity_main.xml에서 배치한 MapFragment를 출력하고 구글맵의 오픈 API를 통해 구글맵을 로딩하여 MapFragment에 출력한다. 서울역의 위도와 경도를 설정하고 서울역에 marker를 설정해서, 서울역을 중심으로 하는 지도를 출력한다. AndroidManifest.xml 파일은 MainActivity 클래스를 액티비티로 설정하고, 어플리케이션 라벨과 액티비티 라벨은 strings.xml에서 정의한 app_name을 사용한다. 구글맵 관련 속성들을 추가하여야 한다.

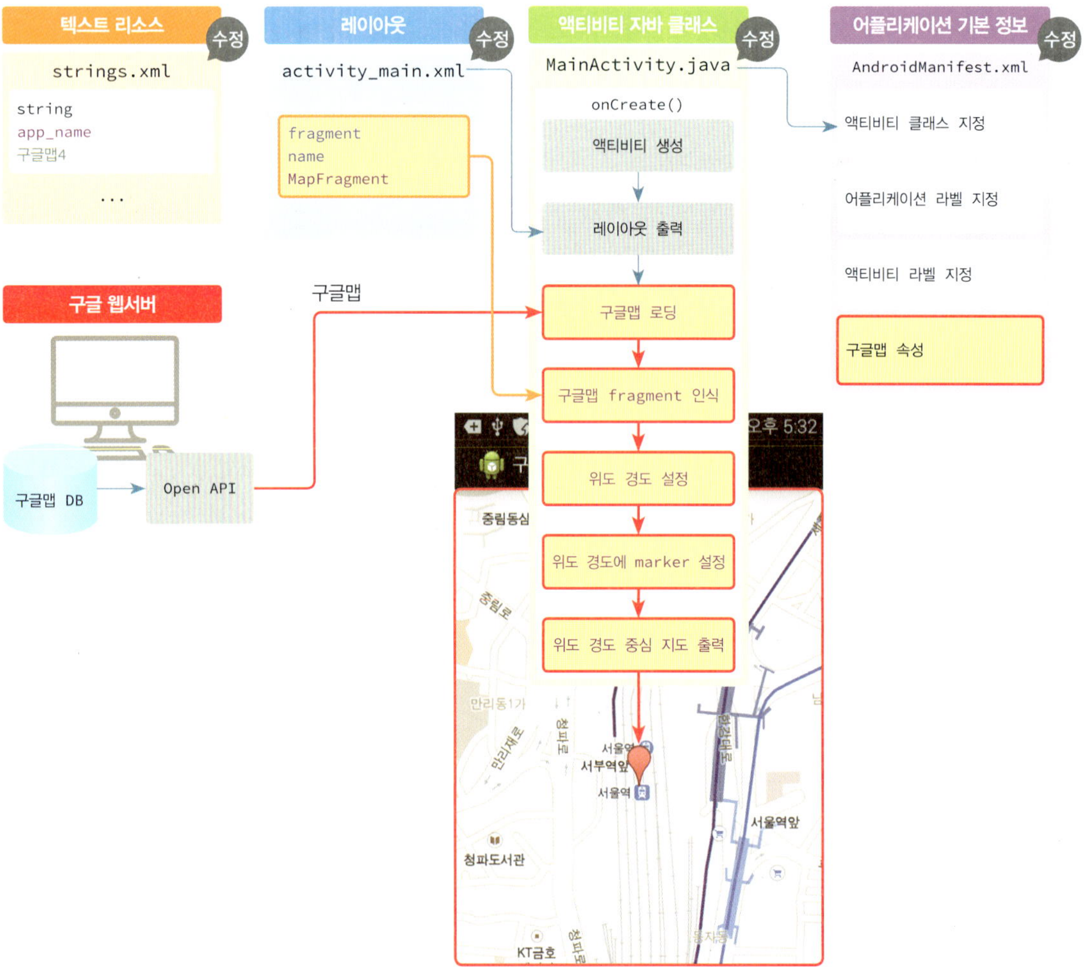

▲ 기본 파일 간의 연관관계

(1) strings.xml 편집

어플리케이션 라벨을 수정하기 위해 **app_name** 속성값에 해당하는 데이터를 '**구글맵4**'로 수정한다.

소스 | strings.xml

```
<?xml version="1.0" encoding="utf-8"?>
<resources>

    <string name="app_name">구글맵4</string>
    <string name="hello_world">Hello world!</string>
    <string name="action_settings">Settings</string>

    </resources>
```

(2) activity_main.xml 편집

〈fragment〉 엘리먼트에 MapFragment 클래스를 설정한다.

소스 | activity_main.xml

```
<?xml version="1.0" encoding="utf-8"?>
<fragment xmlns:android="http://schemas.android.com/apk/res/android"
          android:id="@+id/map"
          android:layout_width="match_parent"
          android:layout_height="match_parent"
          android:name="com.google.android.gms.maps.MapFragment"/>
```

(3) MainActivity.java 편집

액티비티를 생성하고 activity_main.xml을 출력하면 구글맵이 나타난다. **ID**를 이용하여 지도가 출력되어 있는 **〈fragment〉 엘리먼트를 인식**해서 **서울역**의 위치에 **marker**를 설정하며, 그 위치를 중심으로 지도를 이동시킨다.

소스 | MainActivity.java

```
package com.example.googlemap4;

import android.app.Activity;
import android.os.Bundle;
```

```
import com.google.android.gms.maps.CameraUpdateFactory;
import com.google.android.gms.maps.GoogleMap;
import com.google.android.gms.maps.MapFragment;
import com.google.android.gms.maps.model.LatLng;
import com.google.android.gms.maps.model.MarkerOptions;

public class MainActivity extends Activity {

    @Override
    protected void onCreate(Bundle savedInstanceState) {
        super.onCreate(savedInstanceState);
        setContentView(R.layout.activity_main);

        GoogleMap mMap = ((MapFragment) getFragmentManager().
                            findFragmentById(R.id.map)).getMap();

        double latitude = 37.532308;
        double longitude = 126.957440;
        final LatLng LOC = new LatLng(latitude, longitude);

        mMap.addMarker(new MarkerOptions().position(LOC));

        mMap.animateCamera(CameraUpdateFactory.newLatLngZoom(LOC, 16));
    }
}
```

지도에 marker를 추가함

marker 설정을 위한 객체 생성

주어진 위치(LOC)에 marker를 설정함

클래스

클래스	설명
Marker	지도 표면의 특정 위치에 위치하는 아이콘
MarkerOption	marker 설정을 위한 옵션들을 정의함.

클래스 메소드

클래스	메소드	설명
GoogleMap	final Marker addMarker (MarkerOptions options)	지도에 marker를 추가함.
MarkerOption	MarkerOptions position (LatLng position)	marker를 위한 위치를 설정함.

STEP 5 프로젝트 실행

(1) 프로젝트의 실행

프로젝트명을 **마우스 오른쪽 버튼**으로 클릭하여 팝업메뉴에서 '**Run As → Android Application**'을 클릭하고, 디바이스 선택 창의 목록에서 실행할 디바이스(AVD 또는 스마트폰)를 선택하고, '**OK**' 버튼을 클릭한다.

(2) 실행결과 보기

앱을 실행하면 위도 0과 경도 0에서 서울역으로 지도가 이동하고 그 위치에 marker가 나타난다.

11.6.3 Marker와 Info Window

info window는 marker에 대해 설명하기 위한 것이다. info window는 **제목(title)**과 짧은 정보의 **설명(snippet)**으로 구성된다. marker는 녹색으로 표시해 본다.

- 액티비티 화면 출력
  marker와 info window 출력

- **MainActivity.java 편집**

marker는 녹색으로 설정하고, 제목과 설명을 추가한다.

소스 | MainActivity.java

```java
package com.example.googlemap4;

import android.app.Activity;
import android.os.Bundle;

import com.google.android.gms.maps.CameraUpdateFactory;
import com.google.android.gms.maps.GoogleMap;
import com.google.android.gms.maps.MapFragment;
import com.google.android.gms.maps.model.BitmapDescriptorFactory;
import com.google.android.gms.maps.model.LatLng;
import com.google.android.gms.maps.model.MarkerOptions;

public class MainActivity extends Activity {

    @Override
    protected void onCreate(Bundle savedInstanceState) {
        super.onCreate(savedInstanceState);
        setContentView(R.layout.activity_main);

        GoogleMap mMap = ((MapFragment) getFragmentManager().
                                  findFragmentById(R.id.map)).getMap();

        double latitude = 37.532308;
        double longitude = 126.957440;
        final LatLng LOC = new LatLng(latitude, longitude);

        mMap.addMarker(
                new MarkerOptions()
                .position(LOC)
                .icon(BitmapDescriptorFactory.defaultMarker
                     (BitmapDescriptorFactory.HUE_GREEN))
                .title("커피향기")
                .snippet("아메리카노+프레즐"));

        mMap.animateCamera(CameraUpdateFactory.newLatLngZoom(LOC, 16));
    }
}
```

marker 색을 초록색으로 지정함

info window의 제목

info window의 설명

클래스

클래스	설명
BitmapDescriptorFactory	marker 아이콘으로 사용되는 이미지 정의를 위해 사용됨.

클래스 상수

클래스	상수	설명
BitmapDescriptorFactory	public static final float **HUE_GREEN**	Hue는 색의 특성 중 한 가지로, 상수값 120.0에 해당함. HUE_AZURE, HUE_BLUE, HUE_CYAN, HUE_GREEN, HUE_MAGENTA, HUE_ORANGE, HUE_RED, HUE_ROSE, HUE_VIOLET, HUE_YELLOW가 있음.

클래스 메소드

클래스	메소드	설명
BitmapDescriptor Factory	static BitmapDescriptor **defaultMarker**(float hue)	디폴트 marker 이미지의 색을 지정함.
MarkerOptions	MarkerOptions **title**(String title)	marker에 title을 설정함.
MarkerOptions	MarkerOptions **snippet**(String snippet)	marker에 snippet을 설정함.

11.6.4 Custom Icon으로 만든 Marker 표시

나만의 **custom icon**을 만들어 marker로 사용해 보자. 안드로이드에서 제공하는 디폴트 marker는 사용하기에는 편리하나 차별적인 특색이 없기 때문에 **나만의 아이콘**을 만들어 사용하면 더 나은 서비스가 가능하다.

• **액티비티 화면 출력**
custom icon marker 표시

(1) Custom icon 등록

drawable 폴더에 custom icon으로 사용할 **coffee.png** 파일을 저장한다. 본 책에서는 drawable-xxhdpi 폴더에 저장하기로 한다.

drawable 폴더	이미지 파일
drawable-xxhdpi	 coffee.png

(2) MainActivity.java 편집

디폴트 아이콘 대신 drawable 폴더에 있는 coffee.png 이미지를 marker로 설정한다.

소스 | MainActivity.java

```
package com.example.googlemap4;

import android.app.Activity;
import android.os.Bundle;

import com.google.android.gms.maps.CameraUpdateFactory;
import com.google.android.gms.maps.GoogleMap;
import com.google.android.gms.maps.MapFragment;
import com.google.android.gms.maps.model.BitmapDescriptorFactory;
import com.google.android.gms.maps.model.LatLng;
import com.google.android.gms.maps.model.MarkerOptions;

public class MainActivity extends Activity {

    @Override
    protected void onCreate(Bundle savedInstanceState) {
        super.onCreate(savedInstanceState);
        setContentView(R.layout.activity_main);

        GoogleMap mMap = ((MapFragment) getFragmentManager().
                                  findFragmentById(R.id.map)).getMap();

        double latitude = 37.532308;
        double longitude = 126.957440;
        final LatLng LOC = new LatLng(latitude, longitude);


       mMap.addMarker(
```

```
                new MarkerOptions()
                .position(LOC)
                .icon(BitmapDescriptorFactory.fromResource
                    (R.drawable.coffee))
                .title("커피향기")
                .snippet("아메리카노+프레즐"));

        mMap.animateCamera(CameraUpdateFactory.newLatLngZoom(LOC, 16));
    }
}
```

marker로 사용할 icon을 설정함

● **클래스**

클래스	설명
BitmapDescriptor	marker를 위한 아이콘을 정의함.

● **클래스 메소드**

클래스	메소드	설명
BitmapDescriptorFactory	static BitmapDescriptor fromResource(int resourceId)	이미지 리소스 resourceId를 사용하는 Bitmap Descriptor를 만듦.

11.6.5 다수의 Marker 표시

일반적으로 marker는 여러 개 사용될 수 있기 때문에 이번에는 2개의 marker를 출력하는 방법을 살펴보자.

• **액티비티 화면 출력**
2개의 marker를 출력함

(1) Custom icon 등록

다수 커피숍들의 위치에 custom icon을 사용하기로 한다. drawable 폴더에 custom icon으로 사용할 **coffee.png** 파일을 저장한다. 본 책에서는 drawable-xxhdpi 폴더에 저장하기로 한다.

(2) MainActivity.java 편집

2곳의 위치에 marker와 info window를 설정한다. info window는 화면에 동시에 함께 나타나지 않는다. 따라서, 특정 marker를 터치하면 그외 다른 marker의 info window들은 사라지게 된다.

소스 | MainActivity.java

```
package com.example.googlemap4;

import android.app.Activity;
import android.os.Bundle;

import com.google.android.gms.maps.CameraUpdateFactory;
import com.google.android.gms.maps.GoogleMap;
import com.google.android.gms.maps.MapFragment;
import com.google.android.gms.maps.model.BitmapDescriptorFactory;
import com.google.android.gms.maps.model.LatLng;
import com.google.android.gms.maps.model.Marker;
import com.google.android.gms.maps.model.MarkerOptions;

public class MainActivity extends Activity {

    @Override
    protected void onCreate(Bundle savedInstanceState) {
        super.onCreate(savedInstanceState);
        setContentView(R.layout.activity_main);

        GoogleMap mMap = ((MapFragment) getFragmentManager().
                                  findFragmentById(R.id.map)).getMap();

        double latitude = 37.532308;
        double longitude = 126.957440;
        final LatLng LOC = new LatLng(latitude, longitude);

```

```
        Marker mk1 = mMap.addMarker(
                new MarkerOptions()
                .position(new LatLng(37.534308, 126.959440))
                .icon(BitmapDescriptorFactory.fromResource
                      (R.drawable.coffee))
                .title("커피향기")
                .snippet("아메리카노+프레즐"));
        Marker mk2 = mMap.addMarker(
                new MarkerOptions()
                .position(new LatLng(37.530308, 126.955440))
                .icon(BitmapDescriptorFactory.fromResource
                      (R.drawable.coffee))
                .title("커피나라")
                .snippet("에스페레소 전문"));
        mk1.showInfoWindow();

        mMap.animateCamera(CameraUpdateFactory.newLatLngZoom(LOC, 16));
    }
}
```

첫 번째 marker

두 번째 marker

첫 번째 marker에 대한 info window 출력

클래스 메소드

클래스	메소드	설명
Marker	void showInfoWindow()	info window를 나타냄. info window는 화면에 하나씩 출력 가능함. 클릭한 marker에 대한 info window가 나타나면, 다른 marker의 info window는 사라짐.

11 ⑦ 위치 추적

ADVANCED LAB Google Map5 프로젝트

11.7.1 프로젝트 개요

현재 위치를 실시간으로 지도에 나타내 보자. 어플리케이션 라벨은 '**구글맵5**'로 표시한다.

프로젝트 개요: 현재 위치를 중심으로 출력하며, 실시간으로 위치가 반영됨

Application Name: Google Map5

어플리케이션 라벨: 구글맵5

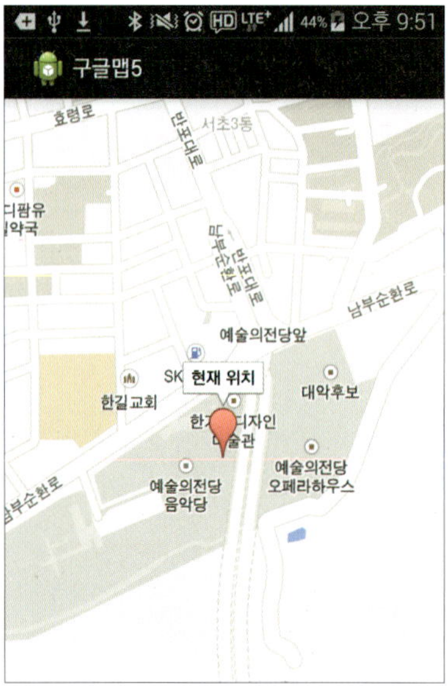

- 액티비티 라벨
  구글맵5
- 액티비티 화면 출력
  실시간으로 반영되는 현재 위치 출력
  (Marker와 Info Window 포함)

11.7.2 앱 프로젝트 개발

STEP 1 프로젝트 생성

➡ '3.2절 [Step 1] 프로젝트 생성'을 참고하여 프로젝트를 생성한다.

절차	내용
❶ 프로젝트 시작	메뉴에서 'File → New → Android Application Project' 클릭
❷ 어플리케이션 기본정보 설정	아래 두 항목을 변경하고 그 외는 디폴트로 설정함. Application Name : Google Map5 Minimum Required SDK : API 19 Android 4.4(KitKat)
❸ 프로젝트 구성	디폴트 값으로 설정
❹ 아이콘 설정	디폴트 값으로 설정
❺ 액티비티 종류 설정	디폴트 값으로 설정
❻ 액티비티와 레이아웃 이름 설정	디폴트 값으로 설정

STEP 2 프로젝트 기본 편집

➥ '3.2절 [Step 2] 프로젝트 기본 편집' 절차에 따라 수정한다.

절차	내용
❶ activity_main.xml 수정	fragment_main.xml 파일 소스를 activity_main.xml로 복사
❷ fragment_main.xml 파일 삭제	–
❸ MainActivity.java 소스 수정	삭제한 fragment_main.xml 관련 부분과 메뉴 관련 부분 삭제
❹ AndroidManifest.xml 소스 수정	〈uses-sdk〉 태그 속성인 'android:minSdkVersion'에 19로 설정된 속성값을 8로 수정

STEP 3 구글맵 프로젝트 환경설정

구글맵 프로젝트 환경설정은 다음과 같이 네 단계로 진행된다(11.3절 참조).

절차	내용
❶ Google Map Lib 참조 설정	현재 프로젝트에 Google Map Lib 참조를 설정함.
❷ SHA-1 fingerprint 확인	SHA-1 fingerprint는 동일하기 때문에 11.3절에서 확인한 값을 그대로 사용하거나 같은 방법으로 재확인하면 됨.
❸ Google Map API Key 발급	구글 사이트에서 현재 프로젝트에서 사용할 Google Map API Key를 발급받음.
❹ AndroidMainfest.xml에 구글맵 관련 속성 추가	구글맵을 사용하기 위한 속성들을 추가함.

STEP 4 소스 편집

● 기본파일 간의 연관관계

MainActivity.java는 activity_main.xml에서 배치한 MapFragment를 출력하고 구글맵의 오픈 API를 통해 구글맵을 로딩하여 MapFragment에 출력한다. 디바이스는 주기적으로 위치의 변화를 감지하고, 위치가 변하면 현재 위치의 위도와 경도를 찾아 지도 중심을 이동시킨다. AndroidManifest.xml 파일은 MainActivity 클래스를 액티비티로 설정하고, 어플리케이션 라벨과 액티비티 라벨은 strings.xml에서 정의한 app_name을 사용한다. 구글맵 관련 속성들을 추가하여야 한다.

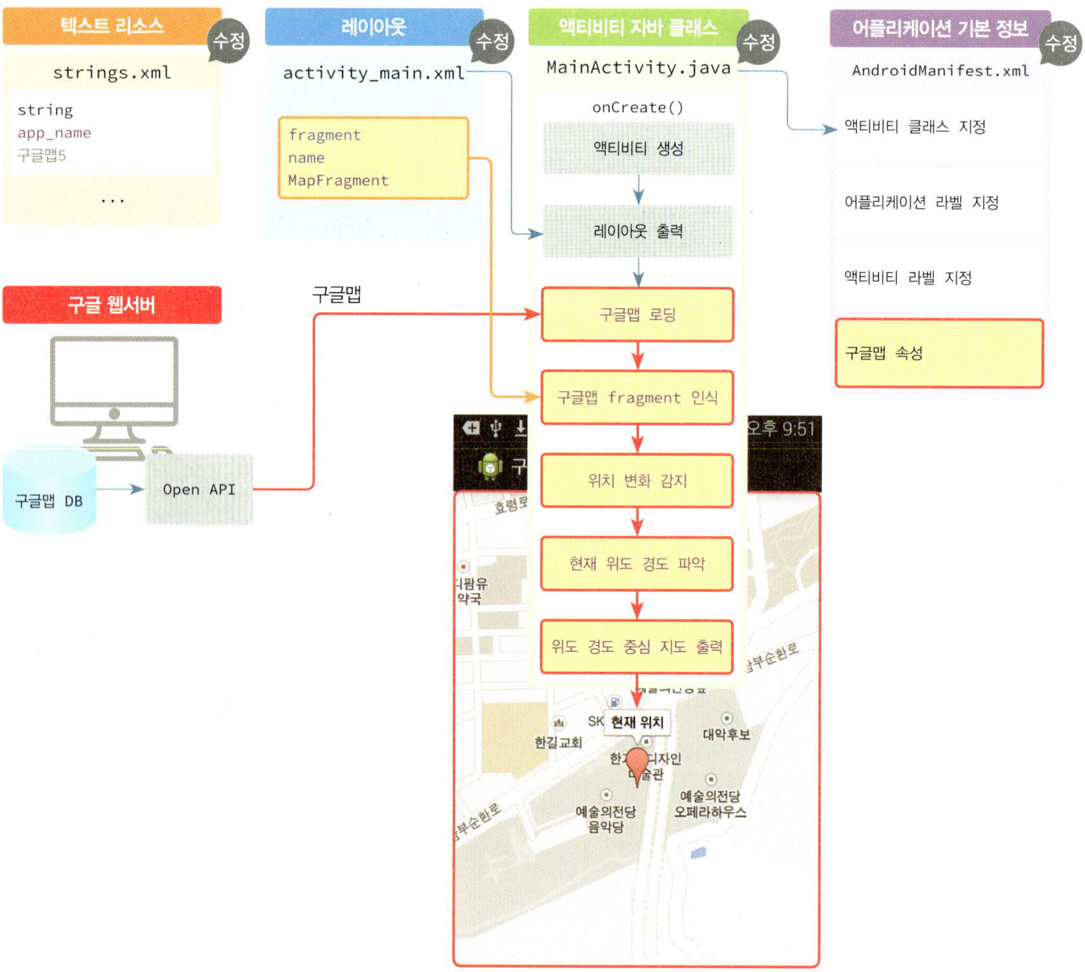

▲ 기본 파일 간의 연관관계

(1) strings.xml 편집

어플리케이션 라벨을 수정하기 위해 **app_name** 속성값에 해당하는 데이터를 '**구글맵5**'로 수정한다.

소스 | strings.xml

```
<?xml version="1.0" encoding="utf-8"?>
<resources>

    <string name="app_name">구글맵5</string>
    <string name="hello_world">Hello world!</string>
    <string name="action_settings">Settings</string>

    </resources>
```

(2) activity_main.xml 편집

〈fragment〉 엘리먼트에 MapFragment 클래스를 설정한다.

소스 | activity_main.xml

```
<?xml version="1.0" encoding="utf-8"?>
<fragment xmlns:android="http://schemas.android.com/apk/res/android"
          android:id="@+id/map"
          android:layout_width="match_parent"
          android:layout_height="match_parent"
          android:name="com.google.android.gms.maps.MapFragment"/>
```

(3) MainActivity.java 편집

액티비티를 생성하고 activity_main.xml을 출력하면 구글맵이 나타난다. **ID**를 이용하여 지도가 출력되어 있는 **〈fragment〉 엘리먼트를 인식**해서 **현재 위치를 중심으로 지도를 출력**하고, **LocationListener로 위치를 주기적으로 감지**하다가 위치가 변하면 다시 **지도 중심**을 이동한다.

소스 | MainActivity.java

```
package com.example.googlemap5;

import android.app.Activity;
import android.content.Context;
import android.content.Intent;
```

```java
import android.location.Location;
import android.location.LocationListener;
import android.location.LocationManager;
import android.os.Bundle;
import android.widget.Toast;

import com.google.android.gms.maps.CameraUpdateFactory;
import com.google.android.gms.maps.GoogleMap;
import com.google.android.gms.maps.MapFragment;
import com.google.android.gms.maps.model.LatLng;
import com.google.android.gms.maps.model.Marker;
import com.google.android.gms.maps.model.MarkerOptions;

public class MainActivity extends Activity {

    private GoogleMap mMap;

    @Override
    protected void onCreate(Bundle savedInstanceState) {
        super.onCreate(savedInstanceState);
        setContentView(R.layout.activity_main);
        mMap = ((MapFragment) getFragmentManager().findFragmentById(
                R.id.map)).getMap();

        LocationManager locationManager = (LocationManager) this.
                                getSystemService(Context.LOCATION_SERVICE);

        LocationListener locationListener = new LocationListener() {
            public void onLocationChanged(Location location)
                updateMap(location);
            }

            public void onStatusChanged(String provider, int status,
                                  Bundle extras)
                alertStatus(provider);
            }

            public void onProviderEnabled(String provider) {
                alertProvider(provider);
            }

            public void onProviderDisabled(String provider)
                checkProvider(provider);
            }
        }
```

시스템 위치 서비스에 접근하는 객체 생성

위치가 변할 때 LocationManager로부터 공지를 받고, 각 메소드를 실행하는 LocationListener 객체를 생성함

위치가 변할 때 자동으로 호출됨

provider의 상태가 변할 때 자동으로 호출됨

사용자에 의해 provider가 사용 가능하게 될 때 자동으로 호출됨

사용자에 의해 provider가 사용 불가능하게 될 때 자동으로 호출됨

```

        String locationProvider = LocationManager.NETWORK_PROVIDER;

        locationManager.requestLocationUpdates(locationProvider, 0, 0,
                                locationListener);
    }

    public void updateMap(Location location)
        double latitude = location.getLatitude();
        double longitude = location.getLongitude();
        final LatLng LOC = new LatLng(latitude, longitude);

        mMap.animateCamera(CameraUpdateFactory.newLatLngZoom(LOC, 16));
        Marker mk = mMap.addMarker(new MarkerOptions()
            .position(LOC)
            .title("현재 위치"));
        mk.showInfoWindow();
    }

    public void checkProvider(String provider) {
        Toast.makeText(this, provider+"에 의한 위치서비스가 꺼져 있습니다.
                        켜주세요...", Toast.LENGTH_SHORT).show();

        Intent intent = new Intent(android.provider.Settings.
                                ACTION_LOCATION_SOURCE_SETTINGS);
        startActivity(intent);
    }

    public void alertProvider(String provider) {
        Toast.makeText(this, provider + "서비스가 켜졌습니다!",
                        Toast.LENGTH_LONG).show();
    }

    public void alertStatus(String provider) {
        Toast.makeText(this, "위치서비스가 "+provider+"로 변경되었습니다!",
                        Toast.LENGTH_LONG).show();
    }

}
```

위치 파악을 위한 provider를 NETWORK_PROVIDER로 설정함

위치 변경 사항을 요구함

provider 설정을 인텐트 생성

provider 설정화면으로 이동

클래스

클래스	설명
LocationListener	위치가 변할 때 LocationManager로부터 공지를 받는 데 사용됨.

● **클래스 메소드**

클래스	메소드	설명
LocationListener	abstract void onLocationChanged (Location location)	위치가 변할 때 불려짐.
	abstract void onStatusChanged (String provider, int status, Bundle extras)	provider 상태가 변할 때 불려짐.
	abstract void onProviderEnabled (String provider)	사용자에 의해 provider가 사용 가능하게 설정될 때 불려짐.
	abstract void onProviderDisabled (String provider)	사용자에 의해 provider가 사용 불가능하게 설정될 때 불려짐.
LocationManager	void requestLocationUpdates (String provider, long minTime, float minDistance, LocationListener listener)	주어진 provider를 사용하여 위치 변경 사항을 요구함. minTime은 위치 변경 추적 간격 (1/1000초), minDistance는 위치 변경 최소 거리(미터)

STEP 5 > 프로젝트 실행

(1) 프로젝트의 실행

프로젝트명을 **마우스 오른쪽 버튼**으로 클릭하여 팝업메뉴에서 '**Run As → Android Application**'을 클릭하고, 디바이스 선택 창의 목록에서 실행할 디바이스(AVD 또는 스마트폰)를 선택하고, '**OK**' 버튼을 클릭한다.

(2) 실행결과 보기

앱을 실행하면 현재 위치를 중심으로 지도가 나타나고, 위치가 변함에 따라 지도 중심이 바뀌게 된다.

ANDROID
PROGRAMMING

ANDROID PROGRAMMING

12 CHAPTER

공공 DB와 구글맵 기반 Mash-up 서비스

12-1 공공 DB와 지도 활용 원리

(1) 공공 DB와 지도 활용의 예

하나의 서비스는 대개 여러가지 기술로 구현된다. 여러가지 정보와 서비스를 엮어 새로운 서비스를 만드는 것을 Mash-up이라 한다. 아래 그림에서 왼쪽은 네이버앱으로 보는 노선버스의 강남역 근처 경로이며, 오른쪽은 KB부동산앱으로 보는 지역별 매물정보에 대한 Mash-up 서비스 예이다.

네이버앱(노선버스)

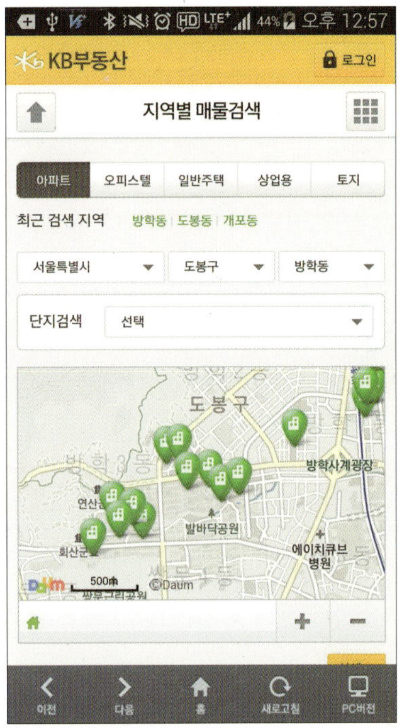

KB부동산앱

▲ 공공 DB 활용 앱

(2) 공공 DB와 구글맵 기반 Mash-up 서비스 원리

구글맵 오픈 API를 통해 지도를 요청하고, MapFragment 클래스를 이용해 지도를 출력하고, GoogleMap 클래스를 이용하여 지도에 추가적인 정보를 표시한다. 추가적인 정보는 공공 DB 포탈에서 위치와 연관된 정보를 다운로드 받아 출력한다. 이 경우, 구글맵과 공공 DB의 오픈 API 인증키를 각각 받아야 한다.

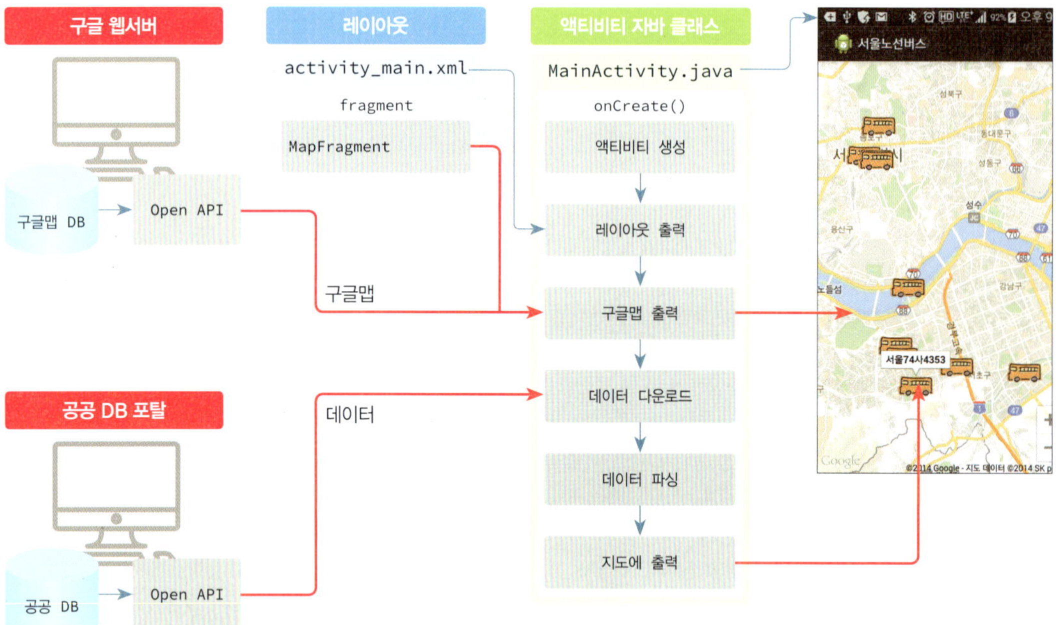

▲ 기본 파일 간의 연관관계

12-2 노선버스 실시간 위치 지도출력

ADVANCED LAB Seoul Bus 프로젝트

12.2.1 프로젝트 개요

공공 DB 사이트에서 실시간으로 받은 노선버스의 위도와 경도 위치(10.6절 참조)를 **구글맵**(11.6절 참조) 위에 나타내 보자. marker는 버스 모양의 custom icon으로 한다. **어플리케이션 라벨**은 '**서울노선버스**'로 표시한다.

프로젝트 개요: 노선버스의 지도 출력

Application Name: Seoul Bus

어플리케이션 라벨: 서울노선버스

- **액티비티 라벨**
  서울노선버스
- **액티비티 화면 출력**
  서울노선버스 위치의 지도 출력

12.2.2 앱 프로젝트 개발

STEP 1 프로젝트 생성

➥ '3.2절 [Step 1] 프로젝트 생성'을 참고하여 프로젝트를 생성한다.

절차	내용
❶ 프로젝트 시작	메뉴에서 'File → New → Android Application Project' 클릭
❷ 어플리케이션 기본정보 설정	아래 두 항목을 변경하고 그 외는 디폴트로 설정함. Application Name : Seoul Bus Minimum Required SDK : API 19 Android 4.4(KitKat)
❸ 프로젝트 구성	디폴트 값으로 설정
❹ 아이콘 설정	디폴트 값으로 설정
❺ 액티비티 종류 설정	디폴트 값으로 설정
❻ 액티비티와 레이아웃 이름 설정	디폴트 값으로 설정

STEP 2 프로젝트 기본 편집

➥ '3.2절 [Step 2] 프로젝트 기본 편집' 절차에 따라 수정한다.

절차	내용
❶ activity_main.xml 수정	fragment_main.xml 파일 소스를 activity_main.xml로 복사
❷ fragment_main.xml 파일 삭제	–
❸ MainActivity.java 소스 수정	삭제한 fragment_main.xml 관련 부분과 메뉴 관련 부분 삭제
❹ AndroidManifest.xml 소스 수정	〈uses-sdk〉 태그 속성인 'android:minSdkVersion'에 19로 설정된 속성값을 8로 수정

STEP 3 구글맵 프로젝트 환경설정

구글맵 프로젝트 환경설정은 다음과 같이 네 단계로 진행된다(11.3절 참조).

절차	내용
❶ Google Map Lib 참조 설정	현재 프로젝트에 Google Map Lib 참조를 설정함.
❷ SHA-1 fingerprint 확인	SHA-1 fingerprint는 동일하기 때문에 11.3절에서 확인한 값을 그대로 사용하거나 같은 방법으로 재확인하면 됨.
❸ Google Map API Key 발급	구글 사이트에서 현재 프로젝트에서 사용할 Google Map API Key를 발급받음.
❹ AndroidMainfest.xml에 구글맵 관련 속성 추가	구글맵을 사용하기 위한 속성들을 추가함.

STEP 4 소스 편집

● **기본파일 간의 연관관계**

MainActivity.java는 **activity_main.xml**에서 정의한 레이아웃을 출력하고, 공공 DB의 오픈 API를 이용하여 노선버스의 실시간 위치에 관한 XML 문서를 다운로드 받아 현재 위치의 위도와 경도를 파싱하여 지도에 출력한다. **AndroidManifest.xml** 파일은 **MainActivity** 클래스를 액티비티로 설정하고, 어플리케이션 라벨과 액티비티 라벨은 **strings.xml**에서 정의한 **app_name**을 사용한다. 앱이 **인터넷**을 사용하고 **네트워크 상의 정보와 구글맵에 접속**할 수 있도록 허용한다.

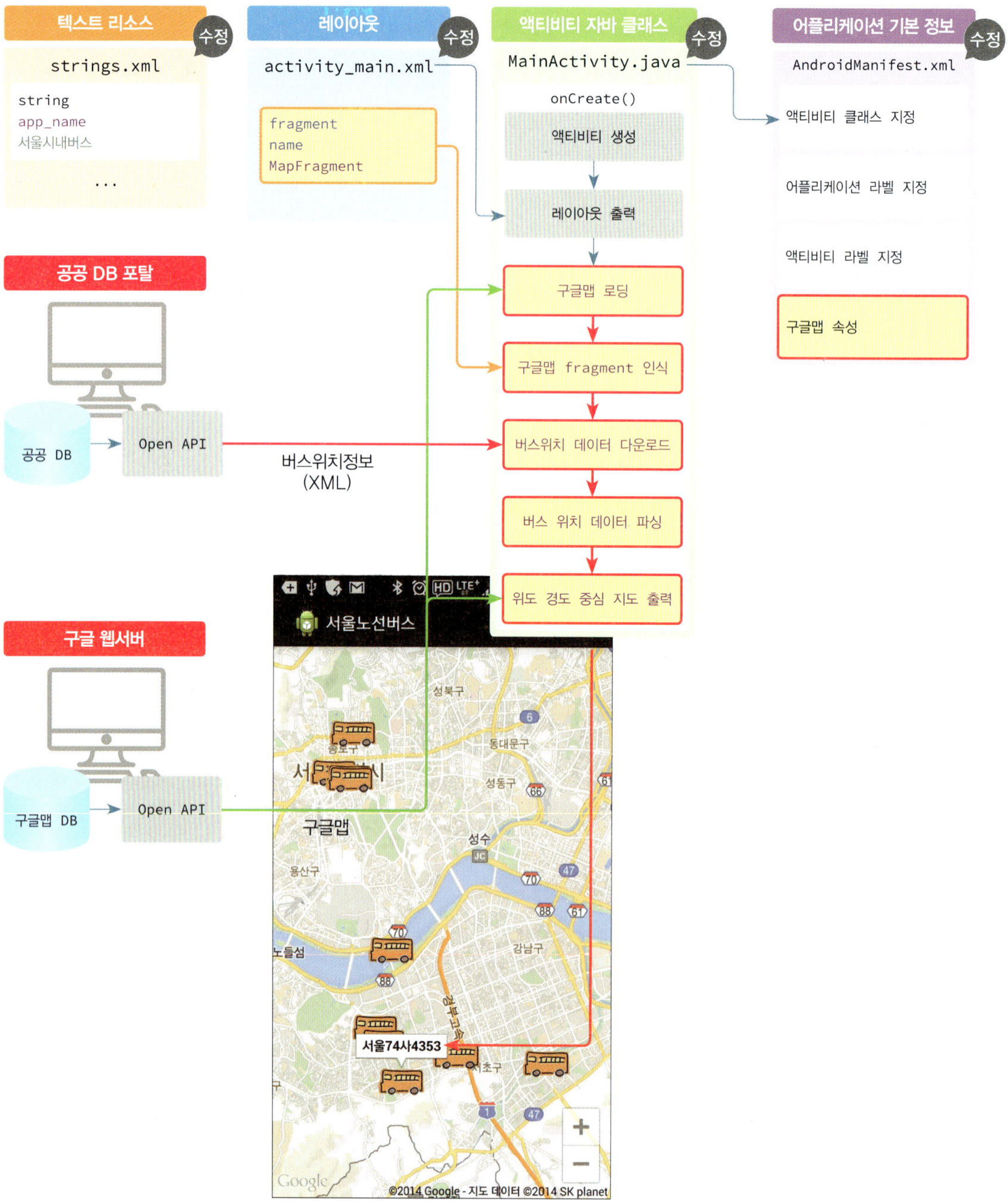
텍스트 리소스
수정
strings.xml
string
app_name
서울시내버스
...
레이아웃
수정
activity_main.xml
fragment
name
MapFragment
액티비티 자바 클래스
수정
MainActivity.java
onCreate()
액티비티 생성
레이아웃 출력
구글맵 로딩
구글맵 fragment 인식
버스위치 데이터 다운로드
버스 위치 데이터 파싱
위도 경도 중심 지도 출력
어플리케이션 기본 정보
수정
AndroidManifest.xml
액티비티 클래스 지정
어플리케이션 라벨 지정
액티비티 라벨 지정
구글맵 속성
공공 DB 포탈
공공 DB
Open API
버스위치정보
(XML)
구글 웹서버
구글맵 DB
Open API
서울노선버스
구글맵
서울74사4353

▲ 기본 파일 간의 연관관계

(1) Custom icon 등록

drawable 폴더에 custom icon으로 사용할 **bus.png** 파일을 저장한다. 본 책에서는 drawable-xxhdpi 폴더에 저장하기로 한다.

drawable 폴더	이미지 파일
drawable-xxhdpi	 bus.png

(2) strings.xml 편집과 이해

어플리케이션 라벨을 수정하기 위해 **app_name** 속성값에 해당하는 데이터를 '**서울노선버스**'로 수정한다.

소스 | strings.xml

```
<?xml version="1.0" encoding="utf-8"?>
<resources>

    <string name="app_name">서울노선버스</string>
    <string name="hello_world">Hello world!</string>
    <string name="action_settings">Settings</string>

</resources>
```

(3) activity_main.xml 편집과 이해

<fragment> 엘리먼트에 MapFragment 클래스를 설정한다.

소스 | activity_main.xml

```
<?xml version="1.0" encoding="utf-8"?>
<fragment xmlns:android="http://schemas.android.com/apk/res/android"
          android:id="@+id/map"
          android:layout_width="match_parent"
          android:layout_height="match_parent"
          android:name="com.google.android.gms.maps.MapFragment"/>
```

(4) MainActivity.java 편집과 이해

액티비티를 생성하고 activity_main.xml을 출력한다. **공공 DB** 포탈에서 **버스 실시간 위치정보**를 수신하여 버스번호, 위도, 경도 데이터를 파싱하고 **지도**에 출력한다.

소스 | MainActivity.java

```
package com.example.seoulbus;

import java.io.BufferedInputStream;
import java.io.BufferedReader;
import java.io.IOException;
import java.io.InputStreamReader;
import java.io.StringReader;
import java.net.HttpURLConnection;
import java.net.URL;
import java.net.URLEncoder;

import org.xmlpull.v1.XmlPullParser;
import org.xmlpull.v1.XmlPullParserFactory;

import android.app.Activity;
import android.os.AsyncTask;
import android.os.Bundle;

import com.google.android.gms.maps.CameraUpdateFactory;
import com.google.android.gms.maps.GoogleMap;
import com.google.android.gms.maps.MapFragment;
import com.google.android.gms.maps.model.BitmapDescriptorFactory;
import com.google.android.gms.maps.model.LatLng;
import com.google.android.gms.maps.model.Marker;
import com.google.android.gms.maps.model.MarkerOptions;

public class MainActivity extends Activity {

    private GoogleMap mMap;

    @Override
    protected void onCreate(Bundle savedInstanceState) {
        super.onCreate(savedInstanceState);
        setContentView(R.layout.activity_main);
        mMap = ((MapFragment) getFragmentManager().
               findFragmentById(R.id.map)).getMap();
```

레이아웃을 출력함 (구글맵이 출력됨)

map이라는 ID를 가진 fragment를 인식한

fragment에 나타나 있는 구글맵을 가져옴

```
        String serviceUrl;
        String serviceKey;
        String strSrch;
        String strUrl;

        serviceUrl = "http://ws.bus.go.kr/api/rest/buspos/getBusPosByRtid";
        serviceKey = "여기에 오픈 API 인증키를 넣어 주세요!";
        serviceKey = URLEncoder.encode(serviceKey);
        String busRouteId = "3040600";
        strUrl = serviceUrl+"?ServiceKey="+serviceKey+"&busRouteId="+busRouteId;
```

공공 DB의 버스위치정보 조회서비스 요청주소

요청변수에 버스경로ID (406 노선번호에 해당하는 ID) 할당

```
        new DownloadWebpageTask().execute(strurl);
    }
```

URL에 대한 웹문서 다운로드 및 결과 출력

```
    private class DownloadWebpageTask extends AsyncTask<String, Void, String> {

        @Override
        protected String doInBackground(String... urls) {
            try {
                return (String)downloadUrl((String)urls[0]);
            } catch (IOException e) {
                return "다운로드 실패";
            }
        }

        protected void onPostExecute(String result) {
            displayBuspos(result);
        }
```

백그라운드로 다운로드 작업이 완료되면 결과를 실행함

버스 위치 파싱 및 지도에 출력하는 메소드 호출

```
        private String downloadUrl(String myurl) throws IOException {

            HttpURLConnection conn = null;
            try {
                URL url = new URL(myurl);
                conn = (HttpURLConnection) url.openConnection();
                BufferedInputStream buf = new BufferedInputStream(conn.
                            getInputStream());
                BufferedReader bufreader = new BufferedReader(new
                            InputStreamReader(buf, "utf-8"));
                String line = null;
                String page = "";
                while((line = bufreader.readLine()) != null)
                    page += line;
                }
```

```java

            return page;
        } finally {
            conn.disconnect();
        }
    }

    private void displayBuspos(String result) {
        String plainNo = "";
        String gpsX    = "";
        String gpsY    = "";
        boolean bSet_plainNo = false;
        boolean bSet_gpsX    = false;
        boolean bSet_gpsY    = false;

        try {
            XmlPullParserFactory factory = XmlPullParserFactory.
                                                newInstance();
            factory.setNamespaceAware(true);
            XmlPullParser xpp = factory.newPullParser();

            xpp.setInput(new StringReader(result));
            int eventType = xpp.getEventType();
            while (eventType != XmlPullParser.END_DOCUMENT) {
                if(eventType == XmlPullParser.START_DOCUMENT) {
                    ;
                } else if(eventType == XmlPullParser.START_TAG) {
                    String tag_name = xpp.getName();
                    if (tag_name.equals("plainNo"))
                        bSet_plainNo = true;
                    if (tag_name.equals("gpsX"))
                        bSet_gpsX = true;
                    if (tag_name.equals("gpsY"))
                        bSet_gpsY = true;
                } else if(eventType == XmlPullParser.TEXT) {
                    if (bSet_gpsX) {
                        gpsX = xpp.getText();
                        bSet_gpsX = false;
                    }
                    if (bSet_gpsY) {
                        gpsY = xpp.getText();
                        bSet_gpsY = false;
                    }
```

버스 위치 파싱 및 지도에 출력

시작 태그가 plainNo (버스번호)인 경우

시작 태그가 gpsX (경도)인 경우

시작 태그가 gpsY (위도)인 경우

plainNo 태그의 데이터 추출

gpsX 태그의 데이터 추출

```
                        if (bSet_plainNo) {
                            plainNo = xpp.getText();
                            bSet_plainNo = false;

                            displayMap(gpsX, gpsY, plainNo);
                        }

                    } else if(eventType == XmlPullParser.END_TAG) {
                        ;
                    }
                    eventType = xpp.next();
                }

            } catch (Exception e) {
                ;
            }
        }

        private void displayMap(String gpsX, String gpsY, String plainNo) {
            double latitude= Double.parseDouble(gpsY);
            double longitude  = Double.parseDouble(gpsX);
            final LatLng LOC = new LatLng(latitude, longitude);

            mMap.animateCamera(CameraUpdateFactory.newLatLngZoom(LOC, 12));
            Marker mk = mMap.addMarker(new MarkerOptions()
                .position(LOC)
                .icon(BitmapDescriptionFactory.fromResource(R.drawable.bus))
                .title(plainNo));
            mk.showInfoWindow();
        }
    }
}
```

gpsX 태그의 데이터 추출

경도, 위도, 버스번호를 지도에 출력하는 메소드 호출

경도, 위도, 버스번호를 지도에 출력하는 메소드 호출

STEP 5 프로젝트 실행

(1) 프로젝트의 실행

프로젝트명을 **마우스 오른쪽 버튼**으로 클릭하여 팝업메뉴에서 '**Run As → Android Application**'을 클릭하고, 디바이스 선택 창의 목록에서 실행할 디바이스(AVD 또는 스마트폰)를 선택하고, '**OK**' 버튼을 클릭한다.

(2) 실행결과 보기

앱을 실행하면 노선버스의 현재 위치가 지도 위에 나타난다.

ANDROID PROGRAMMING

13

CHAPTER

NFC 활용

13 ① NFC 활용 원리

(1) NFC 활용 앱의 예

NFC(near field communication)는 근거리 무선 기술로서, 연결을 위해 4cm 또는 그 이하 거리에서 가능하다. 안드로이폰에는 NFC 센서가 있는데 NFC tag를 읽고 씀으로써 데이터를 공유할 수 있다. NFC는 소비자와 비즈니스에 다양한 혜택을 제공할 수 있다. 다음 그림은 그 예를 나타낸 것이다.

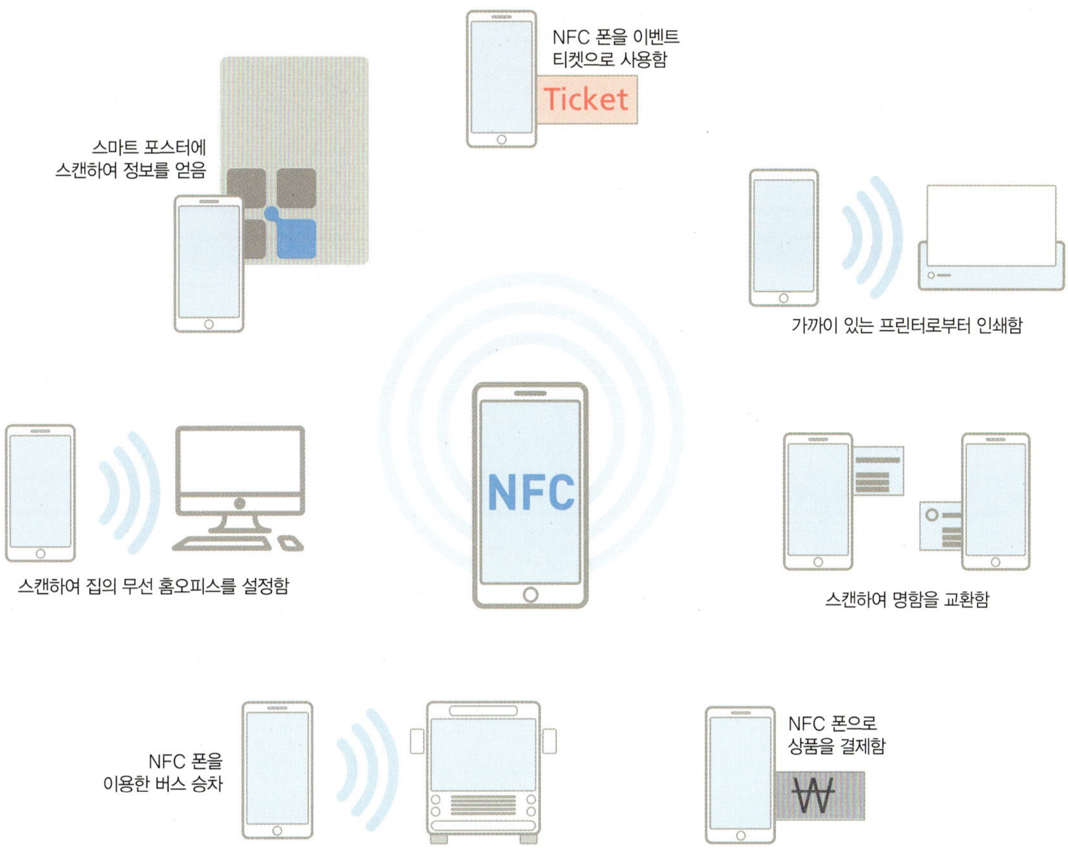

▲ **NFC 활용 예**(자료원: nfc.forum.org)

(2) NFC 활용 원리

NFC 기능이 있는 안드로이드 디바이스는 세 가지 모드가 있다. ❶ NFC 디바이스가 수동형 NFC 태그를 읽거나 쓰는 **reader/writer mode**, ❷ NFC 디바이스가 다른 NFC 디바이스와 데이터를 교환하는 안드로이드 빔(android beam)과 같은 **P2P mode**, ❸ NFC 디바이스가 NFC 카드가 되어 다른 NFC 리더에 의해 읽혀지는 **card emulation mode**가 그것이다. **card emulation mode**는 전자 결제 등에 응용될 수 있다.

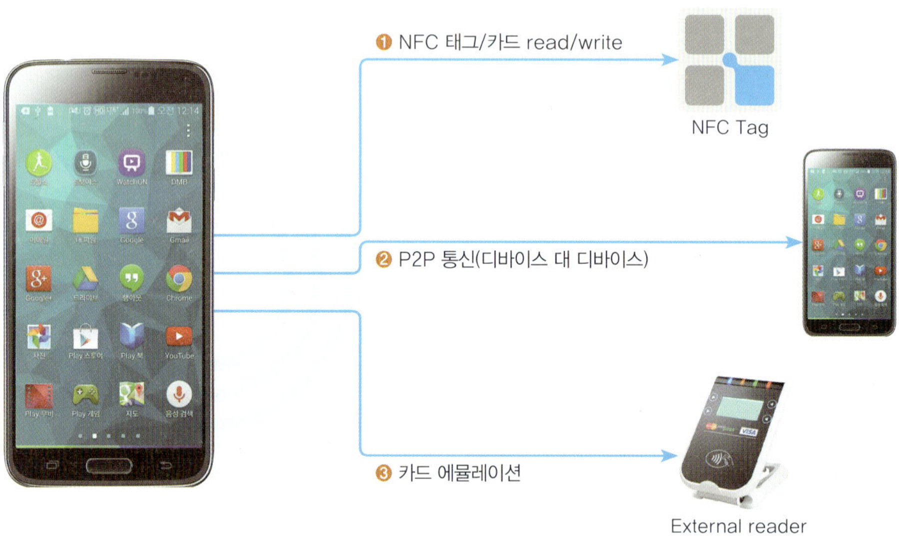

NFC 디바이스가 수동형 NFC 태그를 읽거나 쓰는 **reader/writer mode**를 기반으로 하는 NFC 활용 원리를 살펴보자. NFC 기능을 사용하기 위해서는 먼저 스마트폰이 NFC 기능을 사용할 수 있도록 설정해야 한다.

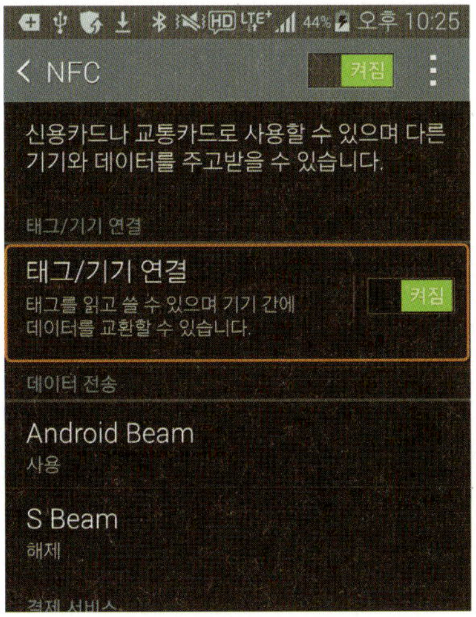

NFC 태그를 스마트폰에 가까이 또는 터치하여 스캔하면 NFC 태그를 인식하고 태그에 저장된 데이터를 추출하거나 문자를 태그에 저장 후에 레이아웃에 배치된 뷰에 결과를 출력한다.

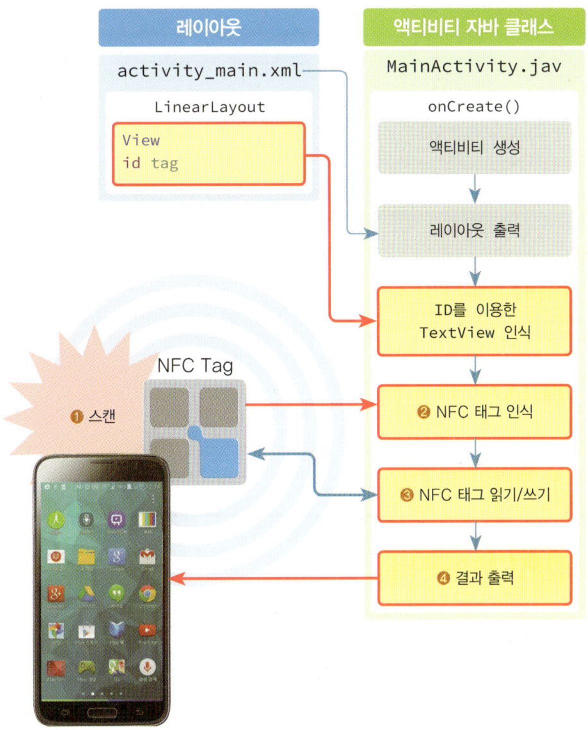

13 ② NFC 태그 읽기

ADVANCED LAB NFC Reader 프로젝트

13.2.1 프로젝트 개요

초기화면에서 NFC 태그를 스마트폰으로 스캔하면 그 태그에 기록된 내용을 읽을 수 있는 NFC reader를 개발해 보자.

프로젝트 개요: 태그에 기록된 문자 읽기

Application Name: NFC Reader

어플리케이션 라벨: 태그 읽기

- 액티비티 라벨
  태그 읽기
- 액티비티 화면
  초기 화면

- 액티비티 화면
  태그 스캔 후(❶), 태그의 기록 내용 출력(❷)

13.2.2 앱 프로젝트 개발

STEP 1 프로젝트 생성

➥ '3.2절 [Step 1] 프로젝트 생성'을 참고하여 프로젝트를 생성한다.

절차	내용
❶ 프로젝트 시작	메뉴에서 'File → New → Android Application Project' 클릭
❷ 어플리케이션 기본정보 설정	아래 두 항목을 변경하고 그 외는 디폴트로 설정함. Application Name : NFC Reader Minimum Required SDK : API 19 Android 4.4(KitKat)
❸ 프로젝트 구성	디폴트 값으로 설정
❹ 아이콘 설정	디폴트 값으로 설정
❺ 액티비티 종류 설정	디폴트 값으로 설정
❻ 액티비티와 레이아웃 이름 설정	디폴트 값으로 설정

STEP 2 프로젝트 기본 편집

➥ '3.2절 [Step 2] 프로젝트 기본 편집' 절차에 따라 수정한다.

절차	내용
❶ activity_main.xml 수정	fragment_main.xml 파일 소스를 activity_main.xml로 복사
❷ fragment_main.xml 파일 삭제	–
❸ MainActivity.java 소스 수정	삭제한 fragment_main.xml 관련 부분과 메뉴 관련 부분 삭제
❹ AndroidManifest.xml 소스 수정	<uses-sdk> 태그 속성인 'android:minSdkVersion'에 19로 설정된 속성값을 10으로 수정(NFC reader/writer는 API 10부터 가능)

STEP 3 소스 편집

● **기본파일 간의 연관관계**

activity_main.xml은 NFC 태그 내용을 출력할 **TextView**를 설정한다. **MainActivity.java**는 **activity_main.xml**에서 정의한 레이아웃을 출력하고 **ID**로 **TextView**를 인식한다. NFC 태그를 스마트폰으로 스캔하면 인텐트로 전달된 태그 내의 NDEF 메시지를 읽어 출력하게 된다. **AndroidManifest.xml**에는 **NFC 사용에 관한 속성**을 설정한다.

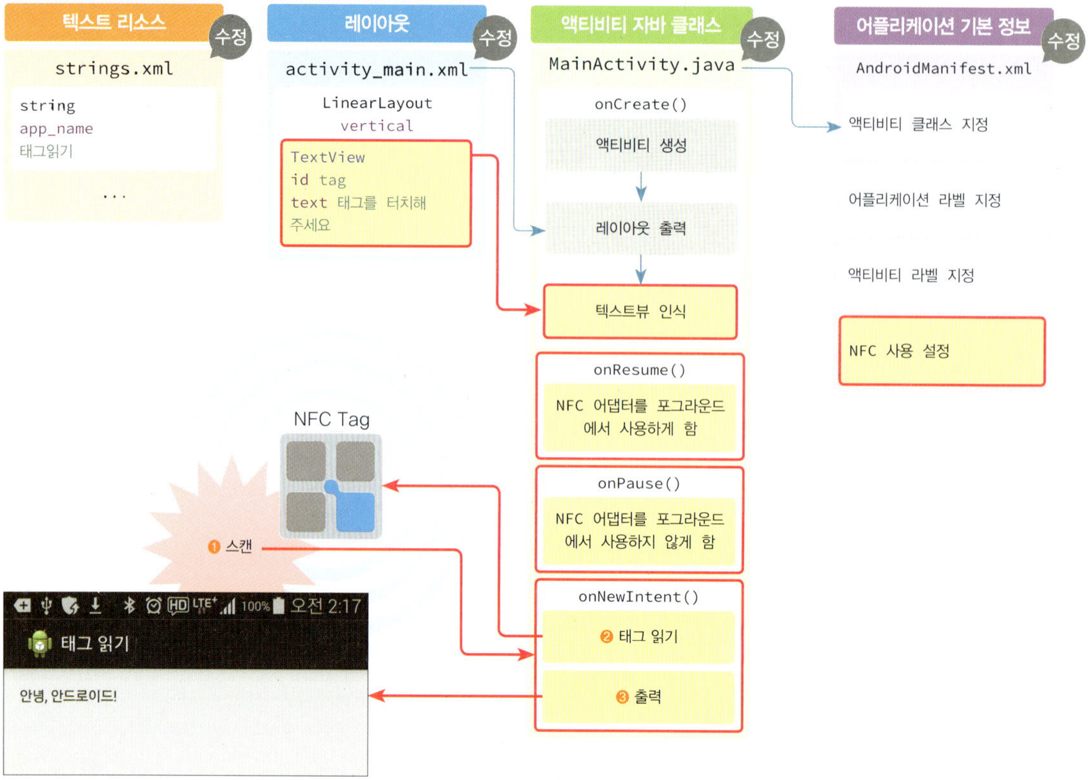

▲ 기본 파일 간의 연관관계

(1) strings.xml 편집과 이해

어플리케이션 이름을 수정하기 위해 app_name 속성값에 해당하는 데이터를 '태그읽기'로 수정한다.

소스 | strings.xml

```
<?xml version="1.0" encoding="utf-8"?>
<resources>

    <string name="app_name">태그읽기</string>
    <string name="hello_world">Hello world!</string>
    <string name="action_settings">Settings</string>

</resources>
```

(2) activity_main.xml 편집과 이해

NFC 태그 내용 출력 영역을 **TextView**로 배치하고 **ID**를 부여한다. **ID**는 액티비티 클래스에서 NFC 태그를 읽고 출력할 때 사용된다.

소스 | activity_main.xml

```xml
<?xml version="1.0" encoding="utf-8"?>
<LinearLayout xmlns:android="http://schemas.android.com/apk/res/android"
    android:layout_width="match_parent"
    android:layout_height="match_parent"
    android:orientation="vertical"
    android:paddingBottom="@dimen/activity_vertical_margin"
    android:paddingLeft="@dimen/activity_horizontal_margin"
    android:paddingRight="@dimen/activity_horizontal_margin"
    android:paddingTop="@dimen/activity_vertical_margin" >

    <TextView
        android:id="@+id/tag"
        android:layout_width="wrap_content"
        android:layout_height="wrap_content"
        android:text="태그를 터치해 주세요!" />

</LinearLayout>
```

NFC 태그 내용 출력 영역

(3) MainActivity.java 편집과 이해

액티비티 간의 통신은 **인텐트**를 통해 실행한다. 액티비티가 호출되면 **onCreate()** 메소드로부터 시작하여 onStart(), onResume() 메소드가 순서대로 호출된다. **onCreate()** 메소드는 NFC 어댑터를 생성하고, onResume() 메소드에서는 NFC 어댑터가 포그라운드에서 사용 가능하도록 한다. 액티비티가 포그라운드로 작동 중인 경우에는 NFC 태그의 스캔 등에 의한 인텐트를 받기 위해서 **onNewIntent()** 메소드를 이용한다. 즉, NFC 태그가 스캔되면 **onNewIntent()** 메소드가 호출되는데 이때 인텐트가 전달된다. 인텐트가 생겼을 때 **onNewIntent()** 메소드가 호출되도록 하기 위해서는 인텐트 객체를 생성할 때 '**FLAG_ACTIVITY_SINGLE_TOP**'을 설정하면 된다.

소스 | MainActivity.java

```java
package com.example.nfcreader;

import android.app.Activity;
import android.app.PendingIntent;
import android.content.Intent;
import android.nfc.NdefMessage;
import android.nfc.NdefRecord;
import android.nfc.NfcAdapter;
import android.os.Bundle;
import android.os.Parcelable;
import android.widget.TextView;

public class MainActivity extends Activity {

private NfcAdapter nfcAdapter;
private PendingIntent pendingIntent;
TextView tv;

    @Override
    protected void onCreate(Bundle savedInstanceState) {
        super.onCreate(savedInstanceState);
        setContentView(R.layout.activity_main);

        tv = (TextView)findViewById(R.id.tag);

        nfcAdapter = NfcAdapter.getDefaultAdapter(this);
        Intent intent = new Intent(this, getClass()).
                        addFlags(Intent.FLAG_ACTIVITY_SINGLE_TOP);
        pendingIntent = PendingIntent.getActivity(this, 0, intent, 0);
    }

    @Override
    protected void onResume() {
        super.onResume();
        if (nfcAdapter != null) {
            nfcAdapter.enableForegroundDispatch(this,pendingIntent, null, null);
        }
    }

    @Override
    protected void onPause() {
        super.onPause();
        if (nfcAdapter != null) {
```

❶ 최초 실행됨

NFC 어댑터를 생성함. NFC를 지원하지 않는 디바이스는 null 값이 반환됨

NFC 태그에 저장된 문자를 출력할 텍스트뷰 인식

인텐트 객체를 생성함. NFC 태그 스캔 시에 인텐트의 정보를 현재 액티비티에 전달하기 위해 onNewIntent() 메소드를 호출하도록 설정함

❷ 액티비티가 화면에 나타날 때 실행

전달받은 인텐트에 대한 PendfingIntent 객체를 생성함. NFC 어댑터를 포그라운드에서 사용하도록 설정할 때 사용함

NFC 기능이 포그라운드에서 사용 가능하게 함

다른 액티비티가 시작할 때 실행

```
            nfcAdapter.disableForegroundDispatch(this);
        }
    }

    @Override
    protected void onNewIntent(Intent intent) {
        super.onNewIntent(intent);

        Parcelable[] rawMsgs = intent.getParcelableArrayExtra(NfcAdapter.
                                EXTRA_NDEF_MESSAGES);

        if (rawMsgs != null) {
            NdefMessage msgs = (NdefMessage) rawMsgs[0];
            NdefRecord[] rec = msgs.getRecords();
            byte[] bt = rec[0].getPayload();
            String text = new String(bt);
            tv.setText(text);
        }
    }
}
```

NFC 기능이 포그라운드에서 사용 가능하지 않게 함

❸ NFC 태그를 스마트폰으로 스캔하면 호출되며, 인텐트 정보가 전달됨

인텐트에서 NCF 어댑터가 NFC 태그에서 읽은 NDEF 메시지들을 추출하여 Parcelable 객체에 저장함

첫 번째 Parcelable 객체를 NDEF 메시지로 변환함

NDEF 메시지에 있는 레코드들을 객체배열에 할당함

첫 번째 레코드의 페이로드(데이터)를 추출함

추출한 데이터를 출력함

바이트 코드를 문자열로 변환함

TIP NDEF message

NFC 태그의 데이터는 **NFC forum**(nfc.forum.org)에서 데이터를 교환하기 위해 정의한 **NDEF**(NFC data exchange format)를 사용한다. 데이터를 저장하는 NDEF message는 하나 또는 다수 개의 NDEF record로 구성된다. 각 record는 header, payload(data) 등이 있다. 첫 record와 마지막 record는 각각 MB(Message begin)와 ME(message end) flag가 1로 설정되어 있다.

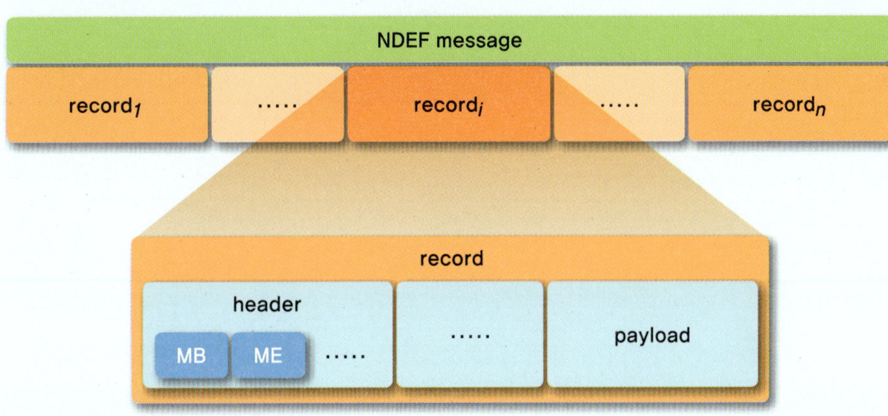

● 클래스

클래스	설명
NdefMessage	NDEF message를 나타냄.
NdefRecord	NDEF message 내의 NDEF Record를 나타냄.
NfcAdapter	NFC adapter(NFC controller)를 나타냄.
PendingIntent	Intent와 같음. 인텐트를 다른 액티비티로 전달할 때 사용
Parcelable	서로 다른 프로세스 간에 데이터를 쉽게 전달하기 위해 사용하는 인터페이스

● 클래스 상수

클래스	상수	설명
Intent	static final int FLAG_ACTIVITY_SINGLE_TOP	설정되면, 액티비티가 history stack의 top에서 실행 중이면 새로 시작하지 않음.
NfcAdapter	static final String EXTRA_NDEF_MESSAGES	발견된 tag 내의 NdefMessage를 포함하는 정보

● 클래스 메소드

클래스	메소드	설명
Activity	void onNewIntent(Intent intent)	현재 액티비티 실행 중에 인텐트에 정보가 생기면 자동으로 호출됨. 인텐트 객체 생성 시는 'FLAG_ACTIVITY_SINGLE_TOP' flag를 설정해야 함.
NfcAdapter	static NfcAdapter getDefaultAdapter(Context context)	디폴트 NFC adapter(NFC controller)를 얻음. NFC가 지원되지 않는 디바이스에서는 null값을 반환함.
	void enableForegroundDispatch(Activity activity, PendingIntent intent, IntentFilter[] filters, String[][] techLists)	주어진 액티비티에 대해 포그라운드에서 사용 가능하게 함.
	void disableForegroundDispatch(Activity activity)	주어진 액티비티에 대해 포그라운드에서 사용 불가능하게 함.
Object	final Class<?> getClass()	현재 Object 클래스를 나타내는 클래스의 인스턴스를 반환함.

PendingIntent	static PendingIntent **getActivity**(Context context, int requestCode, Intent intent, int flags)	새로운 액티비티를 실행할 Pendingintent를 반환함.
Intent	Intent **addFlags**(int flags)	인텐트에 flag를 추가함.
	Parcelable[] **getParcelableArrayExtra**(String name)	intent로부터 data를 추출함.
NdefMessage	NdefRecord[] **getRecords()**	NDEF 메시지 내의 레코드를 반환함.
NdefRecord	byte[] **getPayload()**	NDEF 레코드에 있는 payload(데이터)를 반환함.

(4) AndroidManifest.xml 편집

NFC 태그에 대한 read/write를 위한 **최소 API 레벨(10)**, **NFC 사용 허용**, **NFC 인텐트 필터** 등을 설정한다.

소스 | AndroidManifest.xml

```
<?xml version="1.0" encoding="utf-8"?>
<manifest xmlns:android="http://schemas.android.com/apk/res/android"
    package="com.example.nfcreader"
    android:versionCode="1"
    android:versionName="1.0" >

    <uses-sdk
        android:minSdkVersion="10"
        android:targetSdkVersion="19" />

    <uses-permission android:name="android.permission.NFC" />
    <uses-feature android:name="android.hardware.nfc" android:required="true" />

    <application
        android:allowBackup="true"
        android:icon="@drawable/ic_launcher"
        android:label="@string/app_name"
        android:theme="@style/AppTheme" >
        <activity
            android:name="com.example.nfcreader.MainActivity"
            android:label="@string/app_name" >
            <intent-filter>
                <action android:name="android.intent.action.MAIN" />
```

NFC 태그에 대한 read/write를 위한 최소 API 레벨(P2P 통신을 통해 다른 디바이스에 NDEF 메시지를 전달하기 위해서는 14이상으로 설정)

NFC 사용 허용

앱이 NFC 기능을 사용한다는 의미이며, 'true'로 설정하면 Google Play에서 NFC 기능을 가진 디바이스에서만 이 앱이 보여짐

```
                <category android:name="android.intent.category.LAUNCHER" />
            </intent-filter>

            <intent-filter>
                <action android:name="android.nfc.action.NDEF_DISCOVERED"/>
                <category android:name="android.intent.category.DEFAULT"/>
                <data android:mimeType="text/plain" />
            </intent-filter>

        </activity>
    </application>

</manifest>
```

'text/plain' MIME 타입의 NFC 태그 스캔 후에 앱이 시작될 수 있도록 설정(반대로 앱을 먼저 실행하고 NFC 태그를 스캔할 경우에는 intent-filter 부분을 설정하지 않아도 됨)

TIP Tag dispatch system

안드로이드 시스템은 여러 앱들이 사용하는 인텐트들이 있다. Tag dispatch system(태그 데이터 처리를 위한 작업 시간 할당 시스템)이 NFC 태그 정보를 가지고 있는 인텐트를 만들고 인텐트 필터를 통해 앱에 인텐트를 보낸다. 만약 하나 이상의 앱이 그 인텐트를 처리할 수 있다면, 액티비티 선택자(activity chooser)는 액티비티를 선택할 수 있도록 사용자에게 보여준다. 만일 NFC 태그로부터 'text/plain'의 MIME 타입으로 작성된 NDEF 메시지가 읽혀지면, 인텐트 필터는 AndroidManifest.xml에 **action**이 '*android.nfc.action.NDEF_DISCOVERED*'로, **data**가 '**text/plain**'으로 설정되어 있는 앱들에게 인텐트를 전달한다.

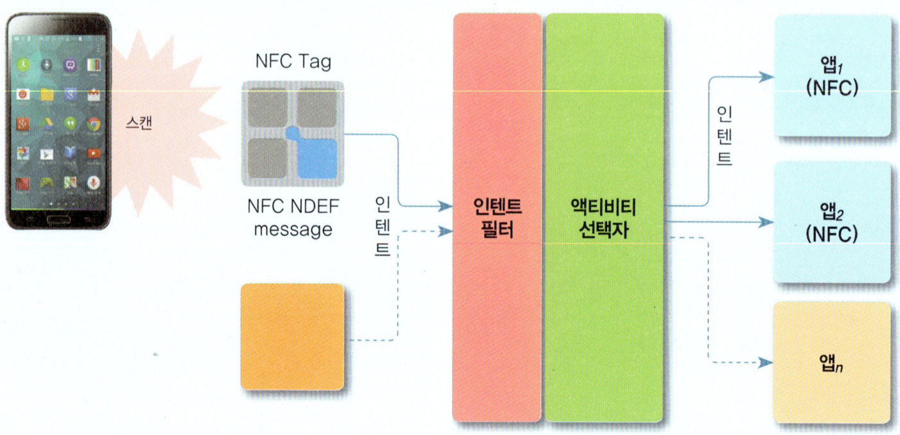

Tag dispatch system은 세 가지 인텐트를 정의하는데, 인텐트들은 우선순위가 있다.

우선순위	인텐트	설명
1	ACTION_NDEF_DISCOVERED	이 인텐트는 NDEF 데이터를 포함하는 태그가 스캔될 때 액티비티를 실행하기 위해 사용됨. 인텐트의 우선순위가 가장 높으며, Tag dispatch system은 다른 인텐트 이전에 이 인텐트를 가지는 액티비티를 실행하려고 함. 가능하면 아래 두 인텐트보다 구체적이기 때문에 이 인텐트 사용을 권장함.
2	ACTION_TECH_DISCOVERED	인텐트가 없으면 tag dispatch system은 이 인텐트를 가지는 앱을 실행하려고 함. 만일, MIME 타입 또는 URI가 아닌 NDEF 데이터를 포함하거나 NDEF 데이터가 아닌 다른 알려진 태그 기술인 경우, ACTION_NDEF_DISCOVERED를 실행하지 않고 이 인텐트가 바로 실행됨.
3	ACTION_TAG_DISCOVERED	또는 ACTION_TECH_DISCOVERED 인텐트를 가지는 액티비티가 없는 경우, 이 인텐트가 실행됨.

STEP 4 프로젝트 실행

(1) 프로젝트의 실행

프로젝트명을 **마우스 오른쪽 버튼**으로 클릭하여 팝업메뉴에서 '**Run As → Android Application**'을 클릭하고, 디바이스 선택 창의 목록에서 실행할 디바이스(AVD 또는 스마트폰)를 선택하고, '**OK**' 버튼을 클릭한다.

(2) 실행결과 보기

앱을 실행하고 스마트폰으로 NFC 태그를 스캔하면 기록되어 있는 내용이 나타난다.

13 ③ NFC 태그 쓰기

ADVANCED LAB NFC Writer 프로젝트

13.3.1 프로젝트 개요

이제 초기화면에서 문자를 입력하고 NFC 태그를 스마트폰에 스캔하면 입력된 문자들이 NFC 태그에 저장되는 앱을 개발해 보자.

프로젝트 개요: 태그에 문자 저장하기

Application Name: NFC Writer

어플리케이션 라벨: 태그 쓰기

- 액티비티 라벨
  태그 쓰기
- 액티비티 화면
  초기 화면

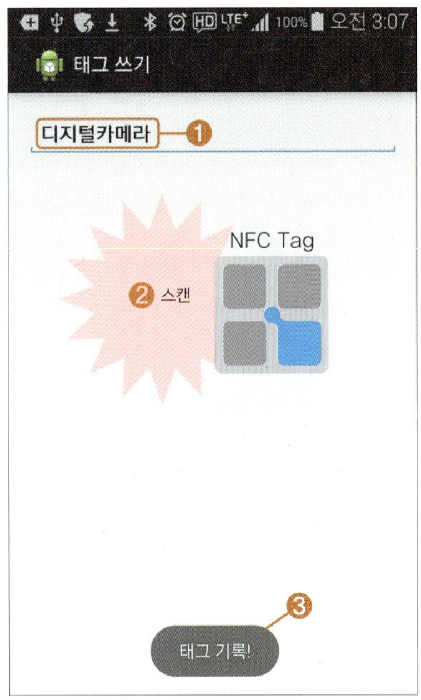

- 액티비티 화면
  문자를 입력하고(❶), 태그를 스마트폰으로 스캔하면(❷), 문자가 태그에 기록되고 결과가 출력됨(❸)

13.3.2 앱 프로젝트 개발

STEP 1 프로젝트 생성

➥ '3.2절 [Step 1] 프로젝트 생성'을 참고하여 프로젝트를 생성한다.

절차	내용
❶ 프로젝트 시작	메뉴에서 'File → New → Android Application Project' 클릭
❷ 어플리케이션 기본정보 설정	아래 두 항목을 변경하고 그 외는 디폴트로 설정함. Application Name : NFC Writer Minimum Required SDK : API 19 Android 4.4(KitKat)
❸ 프로젝트 구성	디폴트 값으로 설정
❹ 아이콘 설정	디폴트 값으로 설정
❺ 액티비티 종류 설정	디폴트 값으로 설정
❻ 액티비티와 레이아웃 이름 설정	디폴트 값으로 설정

STEP 2 프로젝트 기본 편집

➥ '3.2절 [Step 2] 프로젝트 기본 편집' 절차에 따라 수정한다.

절차	내용
❶ activity_main.xml 수정	fragment_main.xml 파일 소스를 activity_main.xml로 복사
❷ fragment_main.xml 파일 삭제	-
❸ MainActivity.java 소스 수정	삭제한 fragment_main.xml 관련 부분과 메뉴 관련 부분 삭제
❹ AndroidManifest.xml 소스 수정	〈uses-sdk〉 태그 속성인 'android:minSdkVersion'에 19로 설정된 속성값을 10으로 수정(NFC reader/writer는 API 10부터 가능)

STEP 3 소스 편집

● **기본파일 간의 연관관계**

activity_main.xml은 NFC 태그 내용을 입력할 **EditText**를 설정한다. **MainActivity.java**는 **activity_main.xml**에서 정의한 레이아웃을 출력하고 **ID**로 **EditText**를 인식한다. 태그에 입력할 문자를 입력하고 NFC 태그를 스마트폰으로 스캔하면 **입력한 문자를**

추출하여 태그에 저장한다. AndroidManifest.xml에는 NFC 사용에 관한 속성을 설정한다.

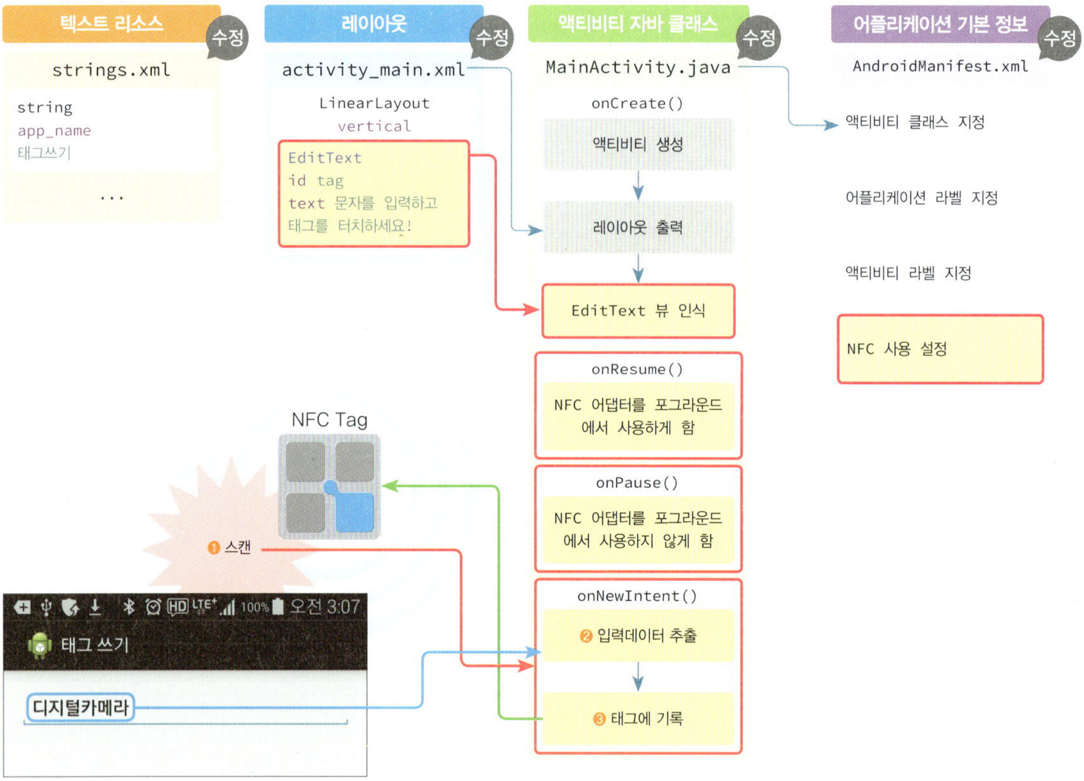

▲ 기본 파일 간의 연관관계

(1) strings.xml 편집과 이해

어플리케이션 이름을 수정하기 위해 app_name 속성값에 해당하는 데이터를 '태그쓰기'로 수정한다.

소스 | strings.xml

```
<?xml version="1.0" encoding="utf-8"?>
<resources>

    <string name="app_name">태그쓰기</string>
    <string name="hello_world">Hello world!</string>
```

```
    <string name="action_settings">Settings</string>

</resources>
```

(2) activity_main.xml 편집과 이해

NFC 태그에 쓸 문자를 입력할 수 있는 **EditText**로 배치하고 **ID**를 부여한다. **ID**는 NFC 태그에 쓰기 위해 입력한 문자를 추출할 때 사용된다.

소스 | activity_main.xml

```
<?xml version="1.0" encoding="utf-8"?>
<LinearLayout xmlns:android="http://schemas.android.com/apk/res/android"
    android:layout_width="match_parent"
    android:layout_height="match_parent"
    android:orientation="vertical"
    android:paddingBottom="@dimen/activity_vertical_margin"
    android:paddingLeft="@dimen/activity_horizontal_margin"
    android:paddingRight="@dimen/activity_horizontal_margin"
    android:paddingTop="@dimen/activity_vertical_margin" >

    <EditText
        android:id="@+id/tag"
        android:layout_width="match_parent"
        android:layout_height="wrap_content"
        android:hint="문자를 입력하고 태그를 터치하세요!" />

</LinearLayout>
```

NFC 태그에 기록할 문자 입력 영역

● **클래스**

클래스	설명
EditText	편집 가능한 TextView

(3) MainActivity.java 편집과 이해

onCreate() 메소드는 NFC 어댑터를 생성하고, onResume() 메소드에서는 NFC 어댑터가 포그라운드에서 사용 가능하도록 한다. 액티비티가 포그라운드로 작동 중인 경우에 NFC 태그가 스캔 등에 의한 인텐트를 받기 위해서는 **onNewIntent()** 메소드를 이용한다. EditText 뷰에 문자를 입력하고 NFC 태그를 스캔하면 **onNewIntent()** 메소드가 호출되는데 이때 인텐트가 전달된다.

소스 | MainActivity.java

```java
package com.example.nfcwriter;

import android.app.Activity;
import android.app.PendingIntent;
import android.content.Intent;
import android.nfc.NdefMessage;
import android.nfc.NdefRecord;
import android.nfc.NfcAdapter;
import android.nfc.Tag;
import android.nfc.tech.Ndef;
import android.os.Bundle;
import android.widget.EditText;
import android.widget.Toast;

public class MainActivity extends Activity {

    private NfcAdapter     nfcAdapter;
    private PendingIntent  pendingIntent;
    Intent                 intent;
    EditText               et;
    boolean                mode = false;

    @Override
    protected void onCreate(Bundle savedInstanceState) {
        super.onCreate(savedInstanceState);
        setContentView(R.layout.activity_main);

        et = (EditText)findViewById(R.id.tag);

        nfcAdapter = NfcAdapter.getDefaultAdapter(this);
        intent = new Intent(this, getClass()).addFlags(Intent.FLAG_ACTIVITY_SINGLE_TOP);
        pendingIntent = PendingIntent.getActivity(this, 0, intent, 0);
    }

    @Override
    protected void onNewIntent(Intent intent) {
        super.onNewIntent(intent);

        Tag tagFromIntent = intent.getParcelableExtra(NfcAdapter.EXTRA_TAG);
```

❶ 최초 실행됨

NFC 태그에 저장할 문자를 입력할 EditText 뷰 인식

❸ NFC 태그를 스마트폰에 스캔하면 호출되며, 인텐트 정보가 전달됨

앱이 인텐트를 받을 때, 인텐트로부터 스마트폰에 스캔한 태그를 반환함

```
        String str = et.getText().toString();
        NdefMessage message = getNdefMessage(str);
        write(message, tagFromIntent);
    }

    private NdefMessage getNdefMessage(String text) {
        byte[] textBytes = text.getBytes();
        NdefRecord textRecord = new NdefRecord(NdefRecord.TNF_MIME_MEDIA,
                "text/plain".getBytes(), new byte[] {}, textBytes);
        NdefMessage message = new NdefMessage(textRecord);
        return message;
    }

    private boolean write(NdefMessage message, Tag tagFromIntent) {
        try {
            Ndef ndef = Ndef.get(tagFromIntent);
            if (ndef != null) {
                ndef.connect();
                ndef.writeNdefMessage(message);
                ndef.close();
                Toast.makeText(this, "태그 기록!", Toast.LENGTH_LONG).show();
                return true;
            }
            return false;
        } catch (Exception e) {
            Toast.makeText(this, "태그 쓰기 실패!", Toast.LENGTH_LONG).show();
            return false;
        }
    }

    public void onResume() {
        super.onResume();
        if (nfcAdapter != null) {
            nfcAdapter.enableForegroundDispatch(this, pendingIntent, null, null);
        }
    }

    @Override
    protected void onPause() {
        super.onPause();
        if (nfcAdapter != null) {
            nfcAdapter.disableForegroundDispatch(this);
        }
    }
}
```

화면에 입력한 문자를 추출함

문자를 NDEF 메시지로 변환함

NDEF 메시지를 태그에 기록함

text를 NDEF 메시지로 변환함

message(NDEF 메시지)를 tagFromIntent에 기록함

❷ 액티비티가 화면에 나타날 때 실행

● **클래스**

클래스	설명
Ndef	태그에 NDEF 데이터를 기록함.

● **클래스 메소드**

클래스	메소드	설명
Intent	T getParcelableExtra(String name)	intent로부터 data를 추출함.
Ndef	static Ndef get(Tag tag)	주어진 tag(NDEF 호환 가능한 태그)에 대한 Ndef 인스턴스를 반환함.
	void connect()	Tag 객체에 입출력을 가능하게 함.
	void writeNdefMessage(NdefMessage msg)	NFC 태그에 NdefMessage 타입의 msg를 기록함.

(4) AndroidManifest.xml 편집

➡ '13.2절의 NFC Reader 프로젝트'와 같이 NFC 태그에 대한 read/write를 위한 **최소 API 레벨(10)**, **NFC 사용 허용**, **NFC 인텐트 필터** 등을 설정한다.

소스 | AndroidManifest.xml

```
<?xml version="1.0" encoding="utf-8"?>
<manifest xmlns:android="http://schemas.android.com/apk/res/android"
    package="com.example.nfcwriter"
    android:versionCode="1"
    android:versionName="1.0" >

    <uses-sdk
        android:minSdkVersion="10"
        android:targetSdkVersion="19" />

    <uses-permission android:name="android.permission.NFC" />
    <uses-feature android:name="android.hardware.nfc" android:required="true" />

    <application
        android:allowBackup="true"
        android:icon="@drawable/ic_launcher"
```

```
        android:label="@string/app_name"
        android:theme="@style/AppTheme" >
        <activity
            android:name="com.example.nfcwriter.MainActivity"
            android:label="@string/app_name" >
            <intent-filter>
                <action android:name="android.intent.action.MAIN" />

                <category android:name="android.intent.category.LAUNCHER" />
            </intent-filter>

             <intent-filter>
                <action android:name="android.nfc.action.NDEF_DISCOVERED"/>
                <category android:name="android.intent.category.DEFAULT"/>
                <data android:mimeType="text/plain" />
            </intent-filter>

        </activity>
    </application>

</manifest>
```

STEP 4 > 프로젝트 실행

(1) 프로젝트의 실행

프로젝트명을 **마우스 오른쪽 버튼**으로 클릭하여 팝업메뉴에서 '**Run As → Android Application**'을 클릭하고, 디바이스 선택 창의 목록에서 실행할 디바이스(AVD 또는 스마트폰)를 선택하고, '**OK**' 버튼을 클릭한다.

(2) 실행결과 보기

NFC 태그에 기록할 내용을 화면에 입력하고 태그를 스캔하면, 태그에 기록되고 결과가 나타난다.

04 PART

데이터 관리

ANDROID PROGRAMMING

Contents

ANDROID PROGRAMMING

14 CHAPTER

Input Control과 데이터 전송

14 1 Input Control과 데이터 전송 원리

(1) Input Control 활용 앱의 예

스마트폰이 널리 보편화되고 있는 이유 중의 하나는 사람들과 상호작용하는 유용한 컴포넌트를 가지고 있기 때문이기도 하다. **input control**은 앱의 UI에서 스마트폰과 상호작용하는 컴포넌트로서, **버튼**, **텍스트 입력과 출력**, **체크 박스**, **줌 버튼** 등 많은 기능을 가지고 있다. 우리는 Input control을 이용하여 다른 사람들과 정보를 원활하게 공유하고 실생활에 밀접한 정보도 편리하게 관리한다. 아래 예는 우리가 수시로 주고 받는 메시지를 작성하거나 지인들의 연락처를 저장할 때 사용하는 앱으로, 정보 입력과 버튼 등으로 이루어진 input control을 사용하는 예를 보여준다.

메시지 작성 화면

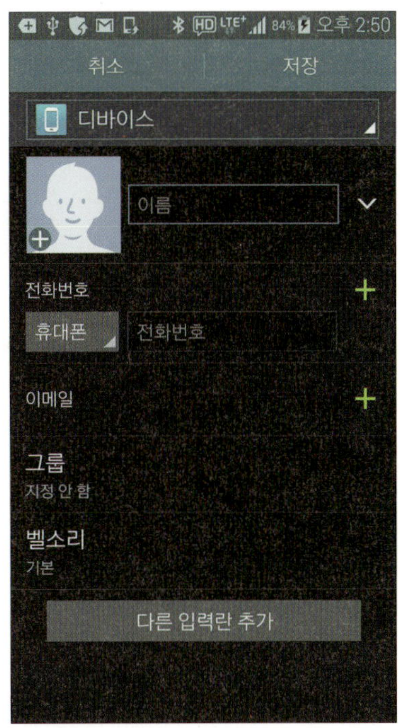

연락처 등록 화면

▲ input control을 이용하는 앱

(2) Input Control 유형

우리가 사용할 수 있는 일반적인 input control의 유형은 다음과 같으며, 각각 입력 이벤트를 처리하는 기능을 가지고 있다.

콘트롤 유형	설명	관련 클래스
Button	사용자에 의해 눌러지거나 클릭되는 푸시 버튼 	Button
Text field	편집 가능한 입력박스. 한 글자만 입력하면 자동으로 단어가 완성되는 기능은 AutoCompleteTextView를 사용하면 됨. 	EditText, AutoCompleteTextView
Checkbox	사용자에 의해 토글되는 on/off 스위치. 여러 아이템을 그룹으로 묶어 다중 선택이 가능할 때 사용함. 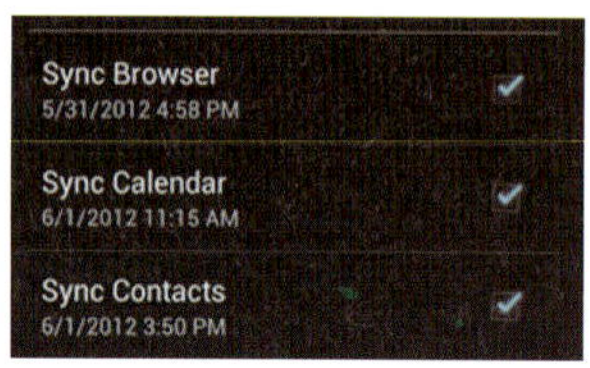	CheckBox
Radio button	그룹에서 하나의 아이템만 선택 가능하도록 할 때 사용함. 	RadioGroup, RadioButton
Toggle button	on/off 버튼 	ToggleButton

Spinner	목록에서 한 아이템을 선택하도록 할 때 사용하는 드롭다운(drop-down) 리스트 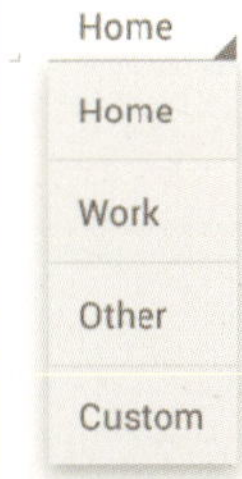	Spinner
Picker	up/down 버튼 등을 사용하여 한 가지 값을 선택할 때 사용하는 대화상자. 날짜(연, 월, 일)에 대한 값을 선택하는 DatePicker, 시간(시, 분, 오전/오후)을 선택할 때 사용하는 TimePicker 등이 있음. 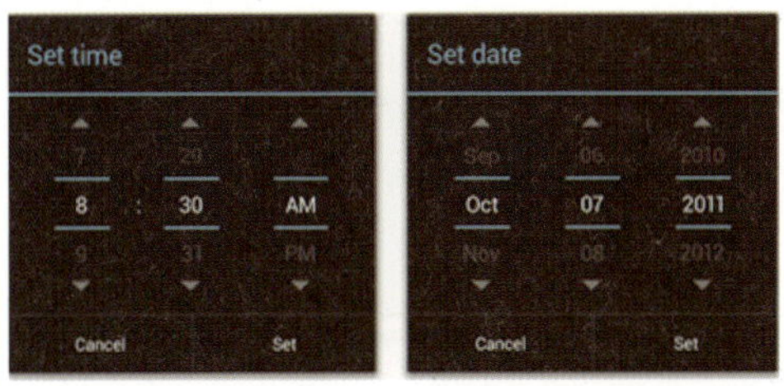	DatePicker, TimePicker

(자료원: developer.android.com)

(3) 데이터 전송 원리

액티비티 간 데이터는 **인텐트**를 통해 전달한다. 데이터 전달은 호출할 액티비티 자바 클래스를 지정하고, 인텐트에 전달할 데이터를 저장해서, 액티비티 자바 클래스를 호출하하고, 데이터를 수신하는 액티비티에서는 자신을 호출한 인텐트를 찾아 데이터를 추출하는 과정으로 진행된다. 자세한 내용은 **6.1절**을 참고하기 바란다.

14 ② Input Control을 이용한 화면 구성

BASIC Input Controls1 프로젝트

14.2.1 프로젝트 개요

input control 중에서 기본적인 컴포넌트를 이용해 고객등록 화면을 구성해 보자. 성명은 텍스트 입력을 위한 **EditText**, 성별은 남, 여 중에서 한 가지를 선택하는 **RadioButton**, 수신여부는 여러 아이템 중에서 한 가지 이상 선택 가능한 **CheckBox**를 이용한다. 하단에는 클릭 시 데이터 전송을 실행하는 '등록' **Button**을 배치한다.

프로젝트 개요: Input Control을 이용한 화면 구성

Application Name: Input Controls1

어플리케이션 라벨: Input Controls1

- 액티비티 라벨
  고객등록
- 액티비티 화면
  Input Control을 이용한 고객등록 화면

14.2.2 앱 프로젝트 개발

STEP 1 프로젝트 생성

➥ '3.2절 [Step 1] 프로젝트 생성'을 참고하여 프로젝트를 생성한다.

절차	내용
❶ 프로젝트 시작	메뉴에서 'File → New → Android Application Project' 클릭
❷ 어플리케이션 기본정보 설정	아래 두 항목을 변경하고 그 외는 디폴트로 설정함. Application Name : Input Controls1 Minimum Required SDK : API 19 Android 4.4(KitKat)
❸ 프로젝트 구성	디폴트 값으로 설정
❹ 아이콘 설정	디폴트 값으로 설정
❺ 액티비티 종류 설정	디폴트 값으로 설정
❻ 액티비티와 레이아웃 이름 설정	디폴트 값으로 설정

STEP 2 프로젝트 기본 편집

➥ '3.2절 [Step 2] 프로젝트 기본 편집' 절차에 따라 수정한다.

절차	내용
❶ activity_main.xml 수정	fragment_main.xml 파일 소스를 activity_main.xml로 복사
❷ fragment_main.xml 파일 삭제	-
❸ MainActivity.java 소스 수정	삭제한 fragment_main.xml 관련 부분과 메뉴 관련 부분 삭제
❹ AndroidManifest.xml 소스 수정	〈uses-sdk〉 태그 속성인 'android:minSdkVersion'에 19로 설정된 속성값을 8로 수정

STEP 3 소스 편집

● **기본파일 간의 연관관계**

strings.xml에는 고객등록 화면 구성을 위한 텍스트 리소스가 정의되어 있다. **activity_main.xml**에서는 strings.xml에서 정의한 텍스트 리소스와 input control을 이용해 고객등록 화면을 구성한다. **MainActivity.java**는 **activity_main.xml**에서 정의한 레이아웃을 출력하고, 어플리케이션 라벨(Input Controls1)과 같이 설정되어 있는 액티비티 라벨을 '고객등록'으로 변경한다. **AndroidManifest.xml** 파일은 **MainActivity** 클래스를 액티비티로 설정하고, 어플리케이션 라벨과 액티비티 라벨은 **strings.xml**에서 정의한 **app_name**을 사용한다.

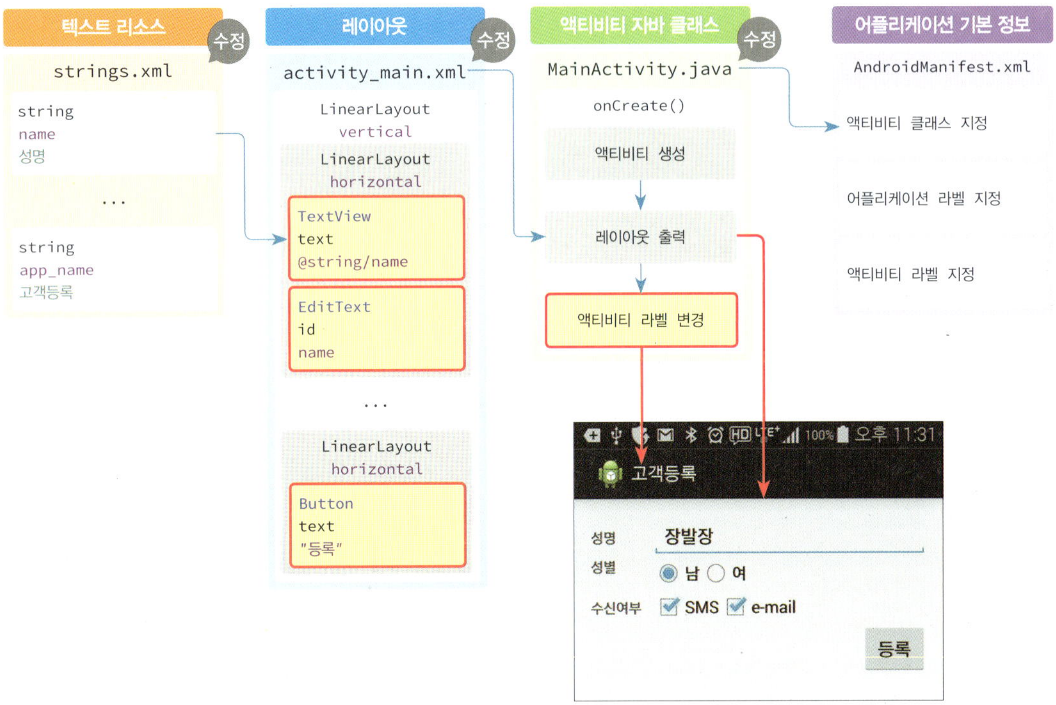

▲ 기본 파일 간의 연관관계

(1) strings.xml 편집

고객등록 화면구성에 사용할 성명, 성별, 수신여부의 속성들을 추가한다.

소스 | strings.xml

```
<?xml version="1.0" encoding="utf-8"?>
<resources>

    <string name="app_name">Input Controls1</string>
    <string name="hello_world">Hello world!</string>
```

```
    <string name="action_settings">Settings</string>

    <string name="name">성명</string>
    <string name="gender">성별</string>
    <string name="msg">수신여부</string>

</resources>
```

화면 구성의 라벨에 사용할 텍스트 리소스

(2) activity_main.xml 편집

고객화면은 여러 리니어 레이아웃으로 구성하고 각 리니어 레이아웃에는 각 항목의 라벨과 관련 Input Control을 배치한다. 성명에는 **EditText**, 성별에는 **RadioButton**, 수신여부에는 **CheckBox**로 구성한다. 각 input control은 입력 데이터 추출을 위해 **ID**를 부여한다. 하단에는 **Button**을 배치하고 클릭 시(android:onClick)에는 입력 데이터 추출하기 위한 **register()**라는 **callback 메소드**를 설정한다(register() 메소드는 다음 절에서 구현한다).

소스 | activity_main.xml

```
<?xml version="1.0" encoding="utf-8"?>
<LinearLayout xmlns:android="http://schemas.android.com/apk/res/android"
    android:layout_width="match_parent"
    android:layout_height="match_parent"
    android:orientation="vertical"
    android:paddingBottom="@dimen/activity_vertical_margin"
    android:paddingLeft="@dimen/activity_horizontal_margin"
    android:paddingRight="@dimen/activity_horizontal_margin"
    android:paddingTop="@dimen/activity_vertical_margin" >

    <LinearLayout
        android:orientation="horizontal"
        android:layout_width="match_parent"
        android:layout_height="wrap_content" >
        <TextView
            android:layout_width="60sp"
            android:layout_height="wrap_content"
            android:text="@string/name" />
        <EditText
            android:id="@+id/name"
            android:layout_width="match_parent"
            android:layout_height="wrap_content" />
    </LinearLayout>
```

성명

성명 라벨을 위한 뷰

성명 입력을 위한 뷰

```
<LinearLayout
    android:orientation="horizontal"
    android:layout_width="match_parent"
    android:layout_height="wrap_content" >
    <TextView
        android:layout_width="60sp"
        android:layout_height="wrap_content"
        android:background="#AE905E"
        android:text="@string/gender" />
    <RadioGroup
        android:id="@+id/radiogroup_gender"
        android:layout_width="match_parent"
        android:layout_height="wrap_content"
        android:orientation="horizontal" >
        <RadioButton
            android:id="@+id/male"
            android:layout_width="wrap_content"
            android:layout_height="wrap_content"
            android:text="남" />
         <RadioButton
             android:id="@+id/female"
             android:layout_width="wrap_content"
             android:layout_height="wrap_content"
             android:text="여" />
    </RadioGroup>
</LinearLayout>

<LinearLayout
    android:orientation="horizontal"
    android:layout_width="match_parent"
    android:layout_height="wrap_content" >
    <TextView
        android:layout_width="60sp"
        android:layout_height="wrap_content"
        android:background="#AE905E"
        android:text="@string/msg" />
    <CheckBox
        android:id="@+id/msg1"
        android:layout_width="wrap_content"
        android:layout_height="wrap_content"
        android:text="SMS" />
    <CheckBox
        android:id="@+id/msg2"
        android:layout_width="wrap_content"
```

성별

성별 라벨을 위한 뷰

성별 라디오 버튼 그룹

성별 라디오 버튼(남)

성별 라디오 버튼(여)

수신여부

SMS 수신여부

e-mail 수신여부

```
            android:layout_height="wrap_content"
            android:text="e-mail" />
    </LinearLayout>

    <LinearLayout
        android:orientation="horizontal"
        android:gravity="right"
        android:layout_width="match_parent"
        android:layout_height="wrap_content" >
         <Button
            android:layout_width="wrap_content"
            android:layout_height="wrap_content"
            android:text="등록"
            android:onClick="register" />
    </LinearLayout>
</LinearLayout>
```

수신여부

SMS 수신여부

버튼 클릭 시 실행될 callback 메소드

고객등록 화면에 사용된 input control 클래스는 다음과 같다.

● **클래스**

클래스	설명
Button	푸시 버튼 위젯을 나타냄.
CheckBox	'체크' 또는 '체크 않음'의 두 상태 중 하나로 될 수 있는 버튼임.
RadioGroup	라디오 버튼들의 집합에 대하여 하나의 라디오 버튼만 선택이 가능하도록 만드는 데 사용됨.
RadioButton	'체크' 또는 '체크 않음'의 두 상태 중 하나를 표시하는 버튼임.

(3) MainActivity.java 편집

액티비티를 생성하고 activity_main.xml을 출력한다. 일반적으로 하나의 어플리케이션은 여러 개의 액티비티로 구성되는데, 이 경우 **어플리케이션 라벨**과 **액티비티 라벨**을 달리할 필요가 있다. **액티비티 라벨**은 '**고객등록**'으로 설정한다.

소스 | MainActivity.java

```
package com.example.inputcontrols1;

import android.app.Activity;
import android.os.Bundle;

```

```
public class MainActivity extends Activity {
    @Override
    protected void onCreate(Bundle savedInstanceState) {
        super.onCreate(savedInstanceState);
        setContentView(R.layout.activity_main);

        setTitle("고객등록");    // 액티비티 라벨 설정
    }
}
```

● 클래스 메소드

클래스	메소드	설명
Activity	void setTitle(CharSequence title)	액티비티와 관련된 제목을 변경함.

STEP 4 프로젝트 실행

(1) 프로젝트의 실행

프로젝트명을 **마우스 오른쪽 버튼**으로 클릭하여 팝업메뉴에서 '**Run As → Android Application**'을 클릭하고, 디바이스 선택 창의 목록에서 실행할 디바이스(AVD 또는 스마트폰)를 선택하고, '**OK**' 버튼을 클릭한다.

(2) 실행결과 보기

앱을 실행하면 고객등록 화면이 나타난다.

14 ③ 입력정보 추출

LAB Input Controls2 프로젝트

14.3.1 프로젝트 개요

앞 절에서 구성한 고객등록 화면에서 입력한 데이터를 추출하는 방법을 살펴보자. '**등록' 버튼**을 클릭하면 **입력 데이터를 추출**하고 **알림창**으로 나타내 본다.

프로젝트 개요: Input Control을 이용한 화면 구성

Application Name: Input Controls2

어플리케이션 라벨: Input Controls2

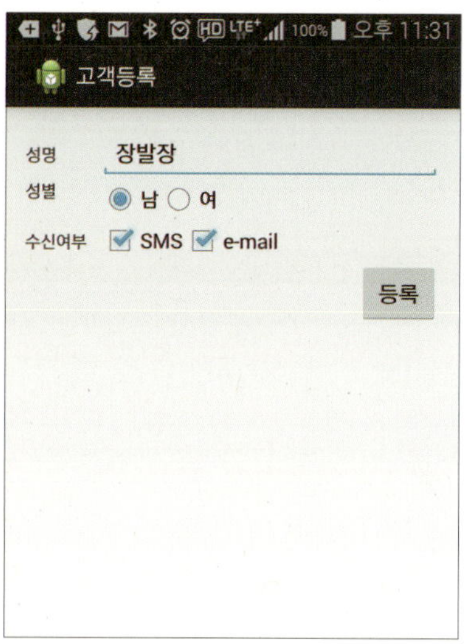

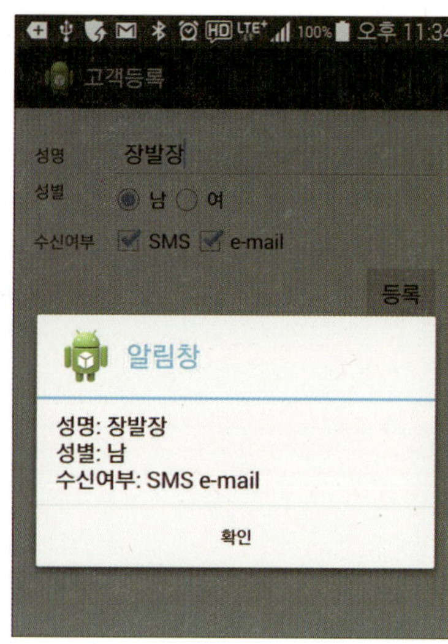

- 액티비티 라벨
  고객등록
- 액티비티 화면
  Input Control을 이용한 고객등록 화면
- 사용자 이벤트
  '등록' 버튼 클릭 시 '알림창' 출력

- 알림창
  고객정보 추출 결과

14.3.2 앱 프로젝트 개발

STEP 1 프로젝트 생성

➥ '3.2절 [Step 1] 프로젝트 생성'을 참고하여 프로젝트를 생성한다.

절차	내용
❶ 프로젝트 시작	메뉴에서 'File → New → Android Application Project' 클릭
❷ 어플리케이션 기본정보 설정	아래 두 항목을 변경하고 그 외는 디폴트로 설정함. Application Name : Input Controls2 Minimum Required SDK : API 19 Android 4.4(KitKat)
❸ 프로젝트 구성	디폴트 값으로 설정
❹ 아이콘 설정	디폴트 값으로 설정
❺ 액티비티 종류 설정	디폴트 값으로 설정
❻ 액티비티와 레이아웃 이름 설정	디폴트 값으로 설정

STEP 2 프로젝트 기본 편집

➥ '3.2절 [Step 2] 프로젝트 기본 편집' 절차에 따라 수정한다.

절차	내용
❶ activity_main.xml 수정	fragment_main.xml 파일 소스를 activity_main.xml로 복사
❷ fragment_main.xml 파일 삭제	–
❸ MainActivity.java 소스 수정	삭제한 fragment_main.xml 관련 부분과 메뉴 관련 부분 삭제
❹ AndroidManifest.xml 소스 수정	<uses-sdk> 태그 속성인 'android:minSdkVersion'에 19로 설정된 속성값을 8로 수정

STEP 3 소스 편집

● **기본파일 간의 연관관계**

strings.xml에는 고객등록 화면 구성을 위한 텍스트 리소스가 정의되어 있다. **activity_main.xml**에서는 strings.xml에서 정의한 텍스트 리소스와 input control을 이용해 고객등록 화면을 구성한다. 버튼에는 클릭 시 실행할 callback 메소드 명을 설정한다.

MainActivity.java는 activity_main.xml에서 정의한 레이아웃을 출력하고, 어플리케이션 라벨(Input Controls2)과 같이 설정되어 있는 액티비티 라벨을 '고객등록'으로 변경한다. 버튼에 설정된 callback 메소드를 기술한다. callback 메소드는 입력된 데이터를 추출하고 알림창에 나타내도록 한다. AndroidManifest.xml 파일은 MainActivity 클래스를 액티비티로 설정하고, 어플리케이션 라벨과 액티비티 라벨은 strings.xml에서 정의한 app_name을 사용한다. 데이터를 입력하고 버튼을 클릭하면, 입력된 데이터를 추출하여 알림창에 나타낸다.

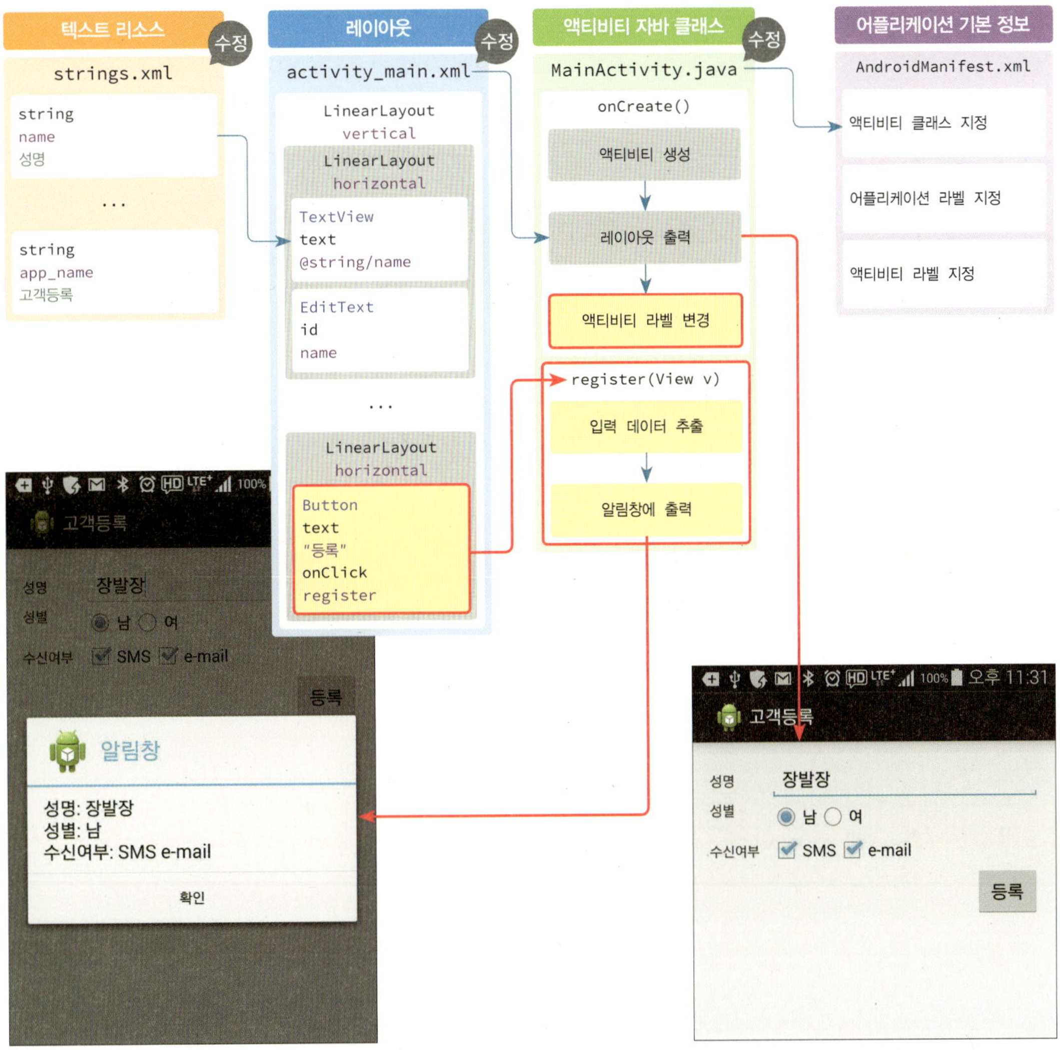

▲ 기본 파일 간의 연관관계

(1) strings.xml 편집

13.2절과 같이 고객등록 화면 구성을 위한 속성들을 추가한다.

소스 | strings.xml

```xml
<?xml version="1.0" encoding="utf-8"?>
<resources>

    <string name="app_name">Input Controls2</string>
    <string name="hello_world">Hello world!</string>
    <string name="action_settings">Settings</string>

    <string name="name">성명</string>
    <string name="gender">성별</string>
    <string name="msg">수신여부</string>

</resources>
```

(2) activity_main.xml 편집

14.2절의 **activity_main.xml**과 동일하다.

(3) MainActivity.java 편집

'등록' 버튼 클릭 시에 호출될 callback 메소드를 작성한다. **register()** 메소드는 성명, 성별, 수신여부에 대한 **입력 데이터를 추출**하고 **알림창**에 그 데이터들을 보여준다.

소스 | MainActivity.java

```java
package com.example.inputcontrols2;

import android.app.Activity;
import android.app.AlertDialog;
import android.os.Bundle;
import android.view.View;
import android.widget.CheckBox;
import android.widget.EditText;
import android.widget.RadioButton;
import android.widget.RadioGroup;

public class MainActivity extends Activity {

    @Override
    protected void onCreate(Bundle savedInstanceState) {
        super.onCreate(savedInstanceState);
        setContentView(R.layout.activity_main);

```

```
        setTitle("고객등록");
    }

    public void register(View v) {

        EditText et_name = (EditText)findViewById(R.id.name);
        String str_name = et_name.getText().toString();

        RadioGroup rg_sex = (RadioGroup)findViewById(R.id.radiogroup_gender);
        RadioButton rb_male = (RadioButton)findViewById(R.id.male);
        RadioButton rb_female = (RadioButton)findViewById(R.id.female);
        String str_sex = "";
        if (rg_sex.getCheckedRadioButtonId() == R.id.male) {
            str_sex = rb_male.getText().toString();
        }
        if (rg_sex.getCheckedRadioButtonId() == R.id.female) {
            str_sex = rb_female.getText().toString();
        }

        CheckBox   chk_msg1 = (CheckBox)findViewById(R.id.msg1);
        String str_mag1 = "";
        if (chk_msg1.isChecked()) {
            str_mag1 = (String)chk_msg1.getText();
        }
        CheckBox   chk_msg2 = (CheckBox)findViewById(R.id.msg2);
        String str_mag2 = "";
        if (chk_msg2.isChecked())
             str_mag2 = (String)chk_msg2.getText();
        }

        AlertDialog.Builder alert = new AlertDialog.Builder(this);
        alert.setTitle("알림창");
        alert.setMessage("성명: " + str_name + "성별: " + str_sex +
                          "수신여부: " + str_mag1 + " " + str_mag2);
        alert.setIcon(R.drawable.ic_launcher);
        alert.setPositiveButton("확인", null);
        alert.show();
    }
}
```

버튼 클릭 시 실행되는 callback 메소드

성명 추출

성별 추출

SMS 수신여부 추출

e-mail 수신여부 추출

알림창에 입력 데이터 출력

클래스

클래스	설명
AlertDialog	대화상자로 문자열을 출력함.
AlertDialog.Builder	AlertDialog의 내부 클래스

● 클래스 메소드

클래스	메소드	설명
AlertDialog.Builder	AlertDialog.Builder setTitle(CharSequence title)	대화상자에 표시될 title을 설정함.
	AlertDialog.Builder setMessage(CharSequence message)	출력되는 message를 설정함.
	AlertDialog.Builder setIcon(int iconId)	알림창 제목 내에 아이콘으로 표시될 이미지로, drawable 폴더의 이미지 리소스 id를 설정함.
	AlertDialog.Builder setPositiveButton(CharSequence text, DialogInterface.OnClickListener listener)	알림창 버튼에 표시될 text와 클릭 시 호출될 listener를 설정함.
	AlertDialog show()	알림창을 보여줌.
CompoundButton	boolean isChecked()	선택되면 true, 그렇지 않으면 false가 반환됨.
Object	String toString()	문자열로 변환함.
RadioGroup	int getCheckedRadioButtonId()	선택된 라디오 버튼의 ID를 반환함.
TextView	CharSequence getText()	입력값이 반환됨.

STEP 4 프로젝트 실행

(1) 프로젝트의 실행

프로젝트명을 **마우스 오른쪽 버튼**으로 클릭하여 팝업메뉴에서 '**Run As → Android Application**'을 클릭하고, 디바이스 선택 창의 목록에서 실행할 디바이스(AVD 또는 스마트폰)를 선택하고, '**OK**' 버튼을 클릭한다.

(2) 실행결과 보기

성명, 성별, 수신여부에 대한 데이터를 입력하고 '등록' 버튼을 클릭하면 입력 데이터가 알림창에 나타난다.

14 ④ 입력정보 전송

ADVANCED LAB Input Controls3 프로젝트

14.4.1 프로젝트 개요

앞에서 입력 데이터를 추출하는 방법을 살펴보았으니, **입력 데이터**를 **다른 액티**비티로 **전달**하는 과정을 살펴보자. 일반적으로 입력하는 부분과 입력 데이터를 처리하는 부분은 액티비티를 구분하여 어플리케이션을 구성한다.

➡ 14장에서는 입력 데이터를 데이터베이스에 저장하는 방법을 살펴본다.

프로젝트 개요: Input Control을 이용한 화면 구성

Application Name: Input Controls3

어플리케이션 라벨: Input Controls3

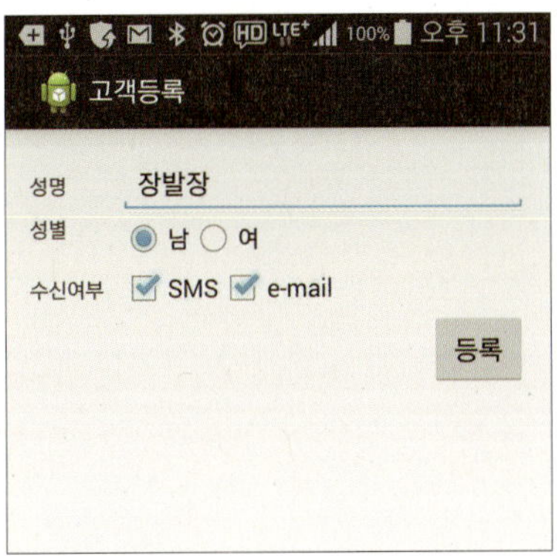

- **액티비티 라벨**
  고객등록
- **액티비티 화면**
  Input Control을 이용한 고객등록 화면
- **사용자 이벤트**
  '등록' 버튼 클릭 시 '고객정보' 액티비티로 데이터 전달

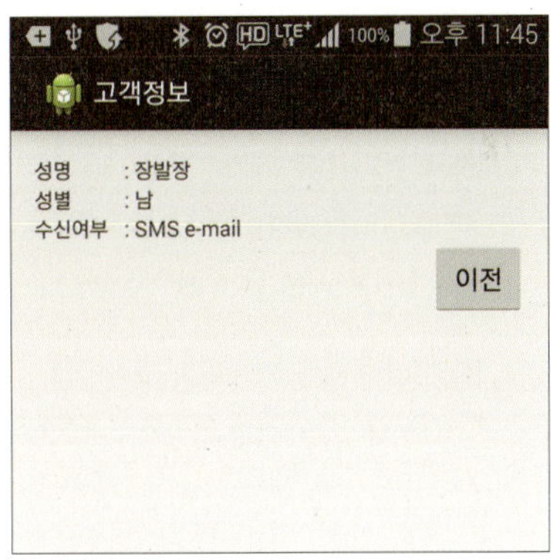

- **액티비티 라벨**
  고객정보
- **액티비티 화면**
  고객으로 등록한 정보를 추출한 고객정보
- **사용자 이벤트**
  '이전' 버튼 클릭 시 '고객등록' 액티비티로 돌아감

14.4.2 앱 프로젝트 개발

STEP 1 프로젝트 생성

➡ '3.2절 [Step 1] 프로젝트 생성'을 참고하여 프로젝트를 생성한다.

절차	내용
❶ 프로젝트 시작	메뉴에서 'File → New → Android Application Project' 클릭
❷ 어플리케이션 기본정보 설정	아래 두 항목을 변경하고 그 외는 디폴트로 설정함. Application Name : Input Controls3 Minimum Required SDK : API 19 Android 4.4(KitKat)
❸ 프로젝트 구성	디폴트 값으로 설정
❹ 아이콘 설정	디폴트 값으로 설정
❺ 액티비티 종류 설정	디폴트 값으로 설정
❻ 액티비티와 레이아웃 이름 설정	디폴트 값으로 설정

STEP 2 프로젝트 기본 편집

➡ '3.2절 [Step 2] 프로젝트 기본 편집' 절차에 따라 수정한다.

절차	내용
❶ activity_main.xml 수정	fragment_main.xml 파일 소스를 activity_main.xml로 복사
❷ fragment_main.xml 파일 삭제	–
❸ MainActivity.java 소스 수정	삭제한 fragment_main.xml 관련 부분과 메뉴 관련 부분 삭제
❹ AndroidManifest.xml 소스 수정	〈uses-sdk〉 태그 속성인 'android:minSdkVersion'에 19로 설정된 속성값을 8로 수정

STEP 3 소스 편집

[Step 3-1] 고객등록 액티비티

● **기본파일 간의 연관관계**

strings.xml에는 고객등록 화면 구성을 위한 텍스트 리소스가 정의되어 있다. **activity_main.xml**에서는 strings.xml에서 정의한 텍스트 리소스와 input control을 이용해 고객등록 화면을 구성한다. 버튼에는 클릭 시 실행할 callback 메소드 명을 설정한다. **MainActivity.java**는 **activity_main.xml**에서 정의한 레이아웃을 출력하고, 어플리케이션 라벨(Input Controls3)과 같이 설정되어 있는 액티비티 라벨을 '고객등록'으로 변경한다. 버튼에 설정된 callback 메소드를 기술한다. **callback 메소드**는 **입력 데이터를 추출**하고, 호출할 액티비티 자바 클래스를 인텐트로 생성하여 **추출한 데이터를 인텐트에 저장** 후에 **인텐트를 실행**한다. 자신도 액티비티를 종료한다. **AndroidManifest.xml** 파일은 **MainActivity** 클래스를 액티비티로 설정하고, 어플리케이션 라벨과 액티비티 라벨은 **strings.xml**에서 정의한 **app_name**을 사용한다. 데이터를 입력하고 버튼을 클릭하면, 입력된 데이터를 추출하여 알림창에 나타낸다.

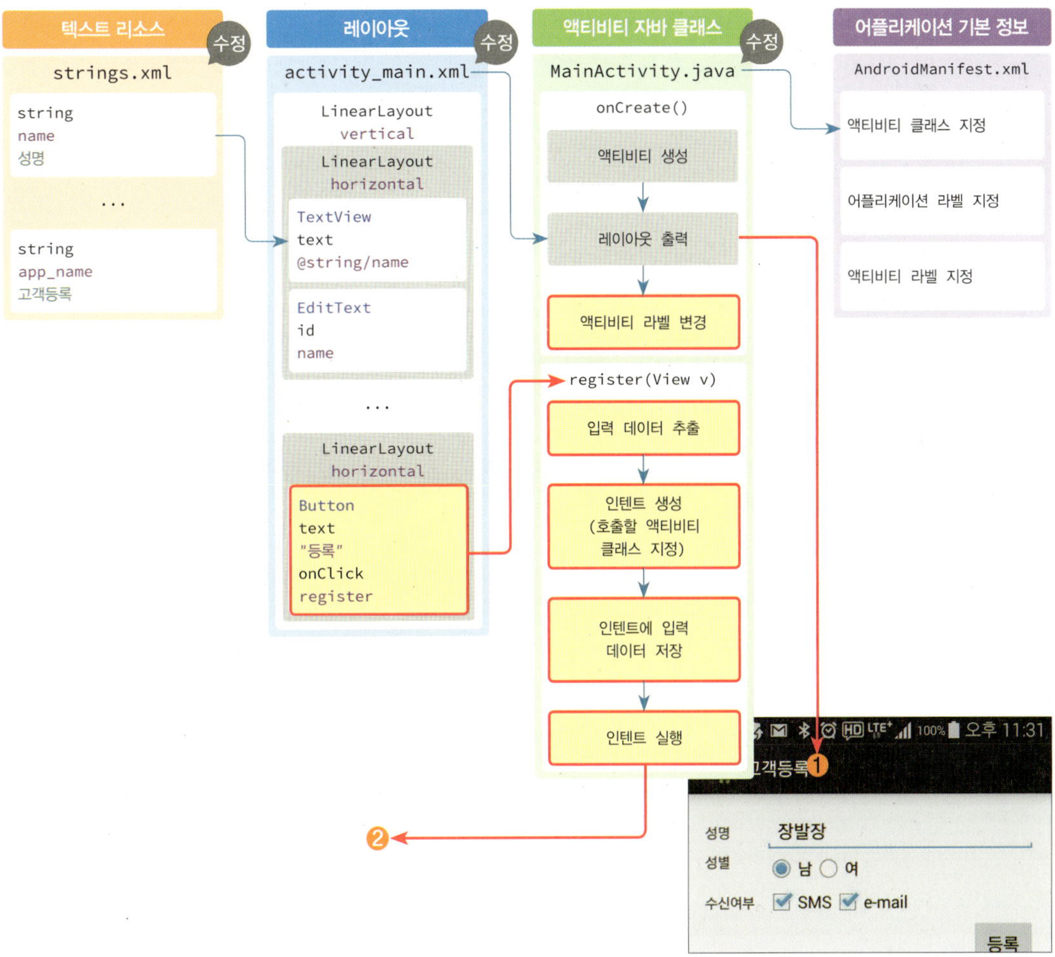

▲ 기본 파일 간의 연관관계

(1) strings.xml 편집

14.2절과 같이 고객등록 화면 구성을 위한 속성들을 추가한다.

소스 | strings.xml

```
<?xml version="1.0" encoding="utf-8"?>
<resources>

    <string name="app_name">Input Controls3</string>
    <string name="hello_world">Hello world!</string>
    <string name="action_settings">Settings</string>

    <string name="name">성명</string>
    <string name="gender">성별</string>
    <string name="msg">수신여부</string>

</resources>

```

(3) activity_main.xml 편집

14.2절의 **activity_main.xml**과 동일하다.

(4) MainActivity.java 편집

'등록' 버튼 클릭 시에 호출될 **callback 메소드**를 작성한다. **register() 메소드**는 성명, 성별, 수신여부에 대한 **입력 데이터를 추출**하고, 데이터를 전달하기 위하여 추출한 데이터를 **인텐트에 저장** 후에, **RegisterActivity 클래스를 호출**한다.

소스 | MainActivity.java

```
package com.example.inputcontrols3;

import android.app.Activity;
import android.content.Intent;
import android.os.Bundle;
import android.view.View;
import android.widget.CheckBox;
import android.widget.EditText;
import android.widget.RadioButton;
import android.widget.RadioGroup;

public class MainActivity extends Activity {

```

```
    @Override
    protected void onCreate(Bundle savedInstanceState) {
        super.onCreate(savedInstanceState);
        setContentView(R.layout.activity_main);

        setTitle("고객등록");
    }

    public void register(View v) {

        EditText et_name = (EditText)findViewById(R.id.name);
        String str_name = et_name.getText().toString();

        RadioGroup rg_sex = (RadioGroup)findViewById(R.id.radiogroup_gender);
        RadioButton rb_male = (RadioButton)findViewById(R.id.male);
        RadioButton rb_female = (RadioButton)findViewById(R.id.female);
        String str_sex = "";
        if (rg_sex.getCheckedRadioButtonId() == R.id.male) {
            str_sex = rb_male.getText().toString();
        }
        if (rg_sex.getCheckedRadioButtonId() == R.id.female) {
            str_sex = rb_female.getText().toString();
        }

        CheckBox   chk_msg1 = (CheckBox)findViewById(R.id.msg1);
        String str_mag1 = "";
        if (chk_msg1.isChecked())
            str_mag1 = (String)chk_msg1.getText();
        }
        CheckBox   chk_msg2 = (CheckBox)findViewById(R.id.msg2);
        String str_mag2 = "";
        if (chk_msg2.isChecked()) {
            str_mag2 = (String)chk_msg2.getText();
        }

        Intent it    = new Intent(this, RegisterActivity.class);

        it.putExtra("it_name", str_name);
        it.putExtra("it_sex",  str_sex);
        it.putExtra("it_msg1", str_mag1);
        it.putExtra("it_msg2", str_mag2);

        startActivity(it);

        finish();
    }
}
```

버튼 클릭 시 실행되는 callback 메소드

호출할 RegisterActivity 클래스에 대한 인텐트 생성

인텐트에 입력 데이터 저장

RegisterActivity 클래스 실행

현재 액티비티 종료

[Step 3-2] 고객정보 출력 액티비티

● 기본파일 간의 연관관계

activity_register.xml에서는 strings.xml에서 정의한 텍스트 리소스를 이용하여 **고객정보를 출력**하는 화면을 구성한다. '**이전**' **버튼**에는 클릭 시 실행할 **callback 메소드** 명을 설정한다. **RegisterActivity.java**는 **activity_register.xml**에서 정의한 레이아웃을 출력하고, 액티비티 라벨을 '**고객정보**'로 변경한다. 버튼에 설정된 callback 메소드를 기술한다. **callback 메소드**는 **이전 액티비티를 호출**하고 **현재 액티비티를 종료**한다.

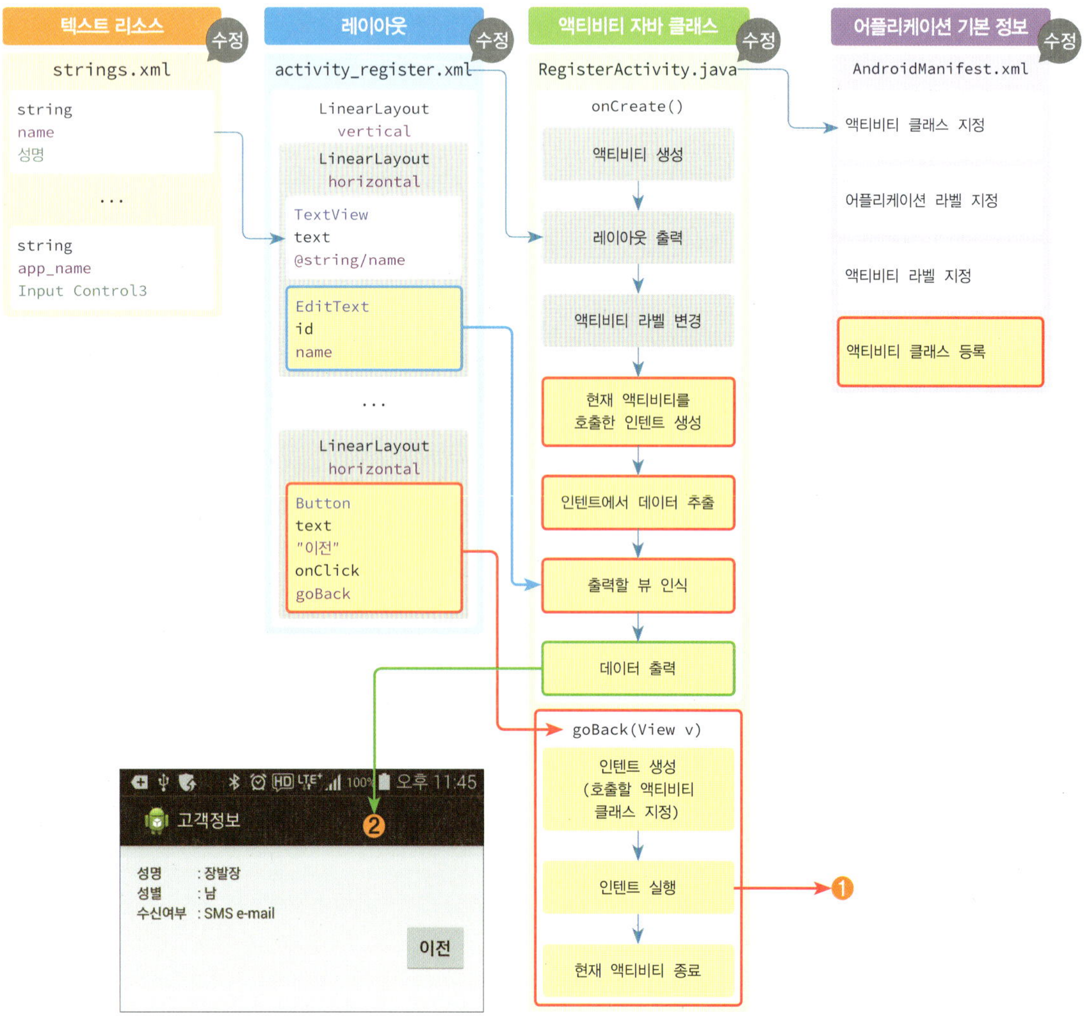

▲ 기본 파일 간의 연관관계

(1) activity_register.xml 생성과 편집

layout 폴더에 **activity_register.xml** 파일을 만든다. 수신받은 고객 데이터를 고객등록 화면과 유사하게 출력하도록 화면을 구성한다. 즉, Input Control에는 모두 **TextView**로 대체하고, **ID**를 부여한다. ID는 액티비티 클래스에서 동적으로 데이터를 할당할 때 사용된다. 하단에는 이전 화면으로 돌아가는 경로를 설정하기 위해 **'이전' 버튼**을 배치하고 클릭 시에 호출될 **callback 메소드**로 **goBack() 메소드**를 설정하였다.

➡ '6.4절 Event3 프로젝트'를 참고하여 파일을 생성한다.

소스 | activity_register.xml

```
<?xml version="1.0" encoding="utf-8"?>
<LinearLayout xmlns:android="http://schemas.android.com/apk/res/android"
    android:layout_width="match_parent"
    android:layout_height="match_parent"
    android:orientation="vertical"
    android:paddingBottom="@dimen/activity_vertical_margin"
    android:paddingLeft="@dimen/activity_horizontal_margin"
    android:paddingRight="@dimen/activity_horizontal_margin"
    android:paddingTop="@dimen/activity_vertical_margin" >

    <LinearLayout
        android:orientation="horizontal"
        android:layout_width="match_parent"
        android:layout_height="wrap_content" >
        <TextView
            android:layout_width="60sp"
            android:layout_height="wrap_content"
            android:text="@string/name" />
        <TextView
           android:id="@+id/name"
           android:layout_width="match_parent"
           android:layout_height="wrap_content" />
    </LinearLayout>

    <LinearLayout
        android:orientation="horizontal"
        android:layout_width="match_parent"
        android:layout_height="wrap_content" >
        <TextView
            android:layout_width="60sp"
            android:layout_height="wrap_content"
            android:text="@string/gender" />
```

입력받은 성명 데이터 출력

```
            <TextView
                android:id="@+id/gender"
                android:layout_width="match_parent"
                android:layout_height="wrap_content" />
        </LinearLayout>

        <LinearLayout
            android:orientation="horizontal"
            android:layout_width="match_parent"
            android:layout_height="wrap_content" >
            <TextView
                android:layout_width="60sp"
                android:layout_height="wrap_content"
                android:text="@string/msg" />
            <TextView
                android:id="@+id/msg"
                android:layout_width="match_parent"
                android:layout_height="wrap_content" />
        </LinearLayout>

        <LinearLayout
            android:orientation="horizontal"
            android:gravity="right"
            android:layout_width="match_parent"
            android:layout_height="wrap_content" >
            <Button
                android:layout_width="wrap_content"
                android:layout_height="wrap_content"
                android:text="이전"
                android:onClick="goBack"/>
        </LinearLayout>

</LinearLayout>
```

선택한 성별 데이터 출력

선택한 수신여부 데이터 출력

'이전' 버튼

callback 메소드 설정

(2) RegisterActivity.java 생성과 편집

src 폴더의 패키지 내에 **RegisterActivity.java** 파일을 만든다. 액티비티를 호출했던 인텐트로부터 데이터를 추출하고, 출력되어 있는 **activity_register.xml**의 레이아웃에 데이터를 할당한다. **'이전' 버튼** 클릭 시에는 **goBack() 메소드**가 호출되며 현재 액티비티를 종료하게 된다. 자동으로 이전의 액티비티가 나타난다.

➥ '6.4절 Event3 프로젝트'를 참고하여 파일을 생성한다.

소스 | RegisterActivity.java

```java
package com.example.inputcontrols3;

import android.app.Activity;
import android.content.Intent;
import android.os.Bundle;
import android.view.View;
import android.widget.TextView;

public class RegisterActivity extends Activity {

    @Override
    protected void onCreate(Bundle savedInstanceState) {
        super.onCreate(savedInstanceState);
        setContentView(R.layout.activity_register);

        setTitle("고객정보");

        Intent it = getIntent();

        String str_name = it.getStringExtra("it_name");
        String str_sex  = it.getStringExtra("it_sex");
        String str_mag1 = it.getStringExtra("it_msg1");
        String str_mag2 = it.getStringExtra("it_msg2");

        TextView tv_name   = (TextView)findViewById(R.id.name);
        TextView tv_gender = (TextView)findViewById(R.id.gender);
        TextView tv_msg    = (TextView)findViewById(R.id.msg);

        tv_name.append(": " + str_name);
        tv_gender.append(": " + str_sex);
        tv_msg.append(": " + str_mag1 + " " + str_mag2);
    }

    public void goBack(View v) {
        Intent it    = new Intent(this, MainActivity.class);
        startActivity(it);
        finish();
    }

}
```

현재 액티비티를 호출한 인텐트 인식

인텐트로 전달되는 데이터 추출

화면구성 라벨 설정

입력 데이터 출력

이전 액티비티(MainActivity)를 호출하고, 현재 액티비티는 종료함

(3) AndroidManifest.xml 편집(RegisterActivity.java의 등록)

새로 만들어진 RegisterActivity 자바 클래스의 액티비티를 등록한다.

소스 | AndroidManifest.xml

```
<?xml version="1.0" encoding="utf-8"?>
<manifest xmlns:android="http://schemas.android.com/apk/res/android"
    package="com.example.inputcontrols3"
    android:versionCode="1"
    android:versionName="1.0" >

    <uses-sdk
        android:minSdkVersion="8"
        android:targetSdkVersion="19" />

    <application
        android:allowBackup="true"
        android:icon="@drawable/ic_launcher"
        android:label="@string/app_name"
        android:theme="@style/AppTheme" >
        <activity
            android:name="com.example.inputcontrols3.MainActivity"
            android:label="@string/app_name" >
            <intent-filter>
                <action android:name="android.intent.action.MAIN" />

                <category android:name="android.intent.category.LAUNCHER" />
            </intent-filter>
        </activity>
        <activity
            android:name="com.example.inputcontrols3.RegisterActivity" >
        </activity>
    </application>

</manifest>
```

액티비티 자바 클래스 등록

STEP 4 프로젝트 실행

(1) 프로젝트의 실행

프로젝트명을 **마우스 오른쪽 버튼**으로 클릭하여 팝업메뉴에서 '**Run As → Android Application**'을 클릭하고, 디바이스 선택 창의 목록에서 실행할 디바이스(AVD 또는 스마트폰)를 선택하고, '**OK**' 버튼을 클릭한다.

(2) 실행결과 보기

'고객등록' 화면에서 데이터를 입력하고 '등록' 버튼을 클릭하면, 입력된 데이터가 나타난다. '이전' 버튼을 클릭하면 다시 이전 액티비티가 나타난다.

15 CHAPTER

데이터베이스 활용

15-1 데이터베이스 활용 예와 원리

(1) 데이터베이스 활용의 예

스마트폰은 내부적으로 전화번호를 관리하는 경우, **데이터베이스**를 이용하면 정보관리가 편리하다. 또한, 네트워크를 통해 정보를 교환하는 앱의 경우에도 변화가 없는 일부 자료는 앱의 데이터베이스에 보관하고, 실시간으로 변하는 정보는 필요한 시점에 다운로드하면 정보관리의 효율성이 좋아지게 된다. 아래 그림에서 왼쪽은 **노선버스의 번호 검색**에 관한 것으로, 노선버스 번호는 스마트폰의 데이터베이스에서 관리하고, 버스에 관한 실시간 정보는 네트워크를 통해 다운로드 받으면 된다. 오른쪽은 **고속도로의 구간별 교통상황**으로 구간정보는 데이터베이스에서 관리하고, 구간의 실시간 정보는 네트워크를 통해 다운로드받아 출력하면 된다.

노선버스번호 검색

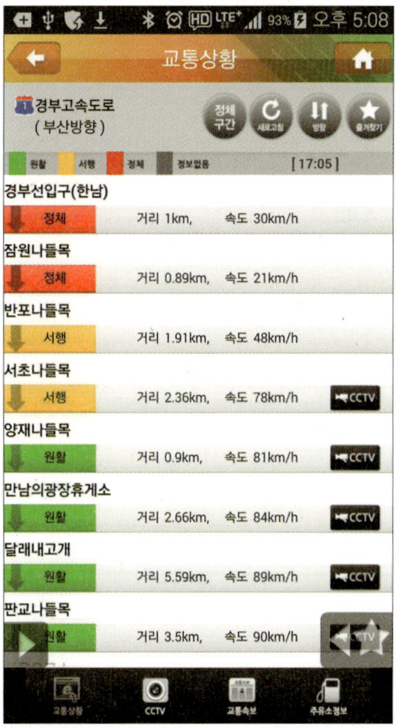

고속도로 정보

▲ **데이터베이스 활용의 예**

(2) 데이터베이스(SQLite) 활용 원리

SQLite(www.sqlite.com)는 가벼운 관계형 데이터베이스 관리시스템(DBMS: Database Management System)으로 안드로이드 폰에 내장되어 있다. 고객정보를 관리하는 앱을 개발하면서 SQLite를 사용하는 방법을 익혀 본다.

TIP ▶ 관계형 데이터베이스(Relational database)

데이터베이스란 여러 사용자의 정보요구를 충족시키기 위해 서로 관련된 데이터를 체계적으로 구조화하여 저장하는 것이다. 그리고 관계형 데이터베이스란 데이터 개체를 사용자들이 이해하기 쉽게 데이터를 테이블 형태로 표현한 것이다.

데이터는 테이블 형태로 관리된다. 고객 데이터의 예를 참고하여 다음과 같이 4개의 속성으로 구성되는 테이블을 만들어 보자.

- **고객 테이블의 데이터 예**

name	gender	sms	email
장발장	남	sms	email
코제트	여		email
……			

➡ sms와 email 속성값으로 수신여부를 의미하는 Y/N가 일반적이지만, 본문의 앱 프로젝트에서 간단한 프로그래밍을 위해 'sms', 'email'로 한다.

- **테이블:** customers

속성	데이터 유형	설명
name	문자(text)	성명
gender	문자(text)	성별
sms	문자(text)	SMS 수신여부
email	문자(text)	e-mail 수신여부

SQLite에서 테이블을 만드는 문법은 다음과 같다.

• 기본 문법

```
create table 테이블명 (속성명 데이터유형, 속성명 데이터유형, …);
```

• customers 테이블의 생성 예

```
create table customers (name text, sex text, sms text, email text);
```

customers 테이블이 만들어지면 **SQLiteDatabase** 클래스와 **ContentValues** 클래스를 이용하여 데이터를 추가할 수 있다.

• 데이터 추가 문법

```
SQLiteDatabase sqlitedb;
ContentValues values = new ContentValues();
    values.put("속성명", 속성값);
    ......
long newRowId = sqlitedb.insert("테이블명", null, values);
```

➥ '테이블명'에 해당하는 테이블에 values를 추가한다. values가 공값이면 null 값으로 설정한다.

데이터가 정상적으로 추가되지 않으면 newRowId에는 -1이 반환된다.

테이블에서 데이터를 추출하거나 처리하는 방법은 **SQLiteDatabase**와 **Cursor** 클래스를 이용한다.

• **데이터 추출**

customers 테이블에서 name 속성의 데이터가 null이 아닌 조건을 만족하는 모든 속성들의 값들을 추출한다.

```
SQLiteDatabase sqlitedb;
Cursor cursor = sqlitedb.query("customers", null, "name is not null",
                               null, null, null, null);
```

• **추출된 데이터의 처리**

데이터는 일반적으로 여러 행에 걸쳐 나타나는데, 반복문을 이용하여 cursor를 다음 행으로 이동하면서 데이터를 처리한다. 데이터를 추출하면, 데이터가 존재할 때 커서(Cursor)는 첫 번째 데이터의 이전(BOF: Begin of File)을 가리키고 있다. Cursor 클래스의 moveToNext() 메소드를 이용하면 다음 행으로 이동이 가능하다. 만일 moveToNext() 메소드에 의해 마지막 행의 다음(EOFL End of File)을 가리키고 있다면

null을 반환한다. Cursor 클래스의 객체 cursor가 임의의 행을 가리키고 있을 때, 첫 번째 열과 두 번째 열의 데이터 추출은 getString(0), getString(1)과 같이 하면 된다. 첫 번째 속성이 name일 때 getString(0) 대신 getString(cursor.getColumnIndex"name"))을 사용해도 된다.

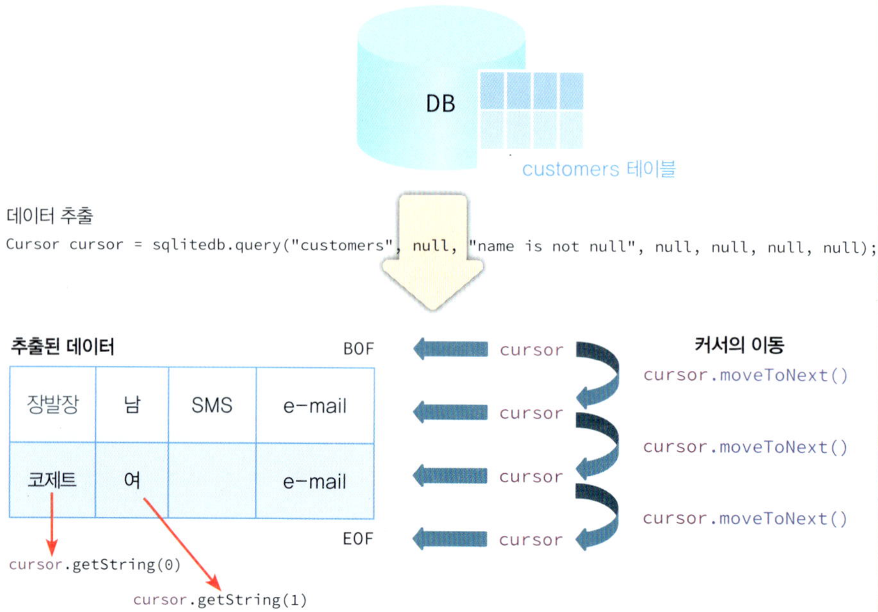

다음과 같이 while 문을 이용하면 추출한 데이터의 1행부터 마지막 행까지 열의 데이터를 추출할 수 있다.

```
while(cursor.moveToNext())
    ......
    String name    = cursor.getString(0);
    String gender  = cursor.getString(1);
    ......
}
```

(3) 메뉴의 유형 개요

메뉴는 여러 유형의 어플리케이션에서 일상적인 UI 컴포넌트이다. 메뉴 유형은 다음과 같다.

<table>
<tr><th>메뉴 유형</th><th colspan="2">설명</th></tr>
<tr><td>Options menu와 action bar</td><td>
</td><td>• Options menu는 액티비티를 위한 기본적인 메뉴 아이템들임. 메뉴 아이템은 액션 바(action bar)에 나타남.
• 액션 바는 [1] app icon, [2] action item, [3] action overflow들을 포함함.</td></tr>
<tr><td>Context menu</td><td>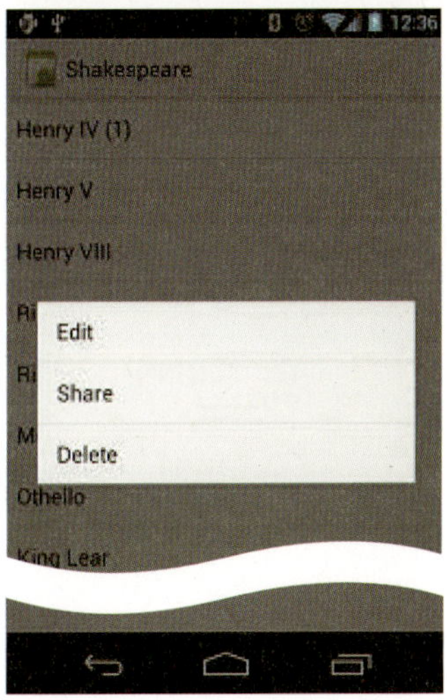
</td><td>• context menu는 사용자가 엘리먼트를 길게 클릭하면 나타나는 floating menu임.</td></tr>
<tr><td>Popup menu</td><td colspan="2">메뉴를 작동시킨 뷰에 고정된 수직 리스트</td></tr>
</table>

➡ 다음 절에서 개발하는 고객관리시스템은 action overflow에 pop up menu를 설정한다.

(4) 동적으로 데이터 출력하기

그때 그때 데이터베이스에서 데이터를 추출하거나 공공 DB 사이트에서 데이터를 수신하는 경우, 출력해야 할 데이터가 사전에 정해져 있지 않기 때문에 데이터 발생 시점에 화면으로 출력하게 된다. 예를 들면, **레이아웃**에는 **LinearLayout**을 배치하고, **액티비티 자바 클래스**에서 **TextView를 생성하고 데이터를 할당** 후에 **LinearLayout**에 반복해서 **추가**하면 된다.

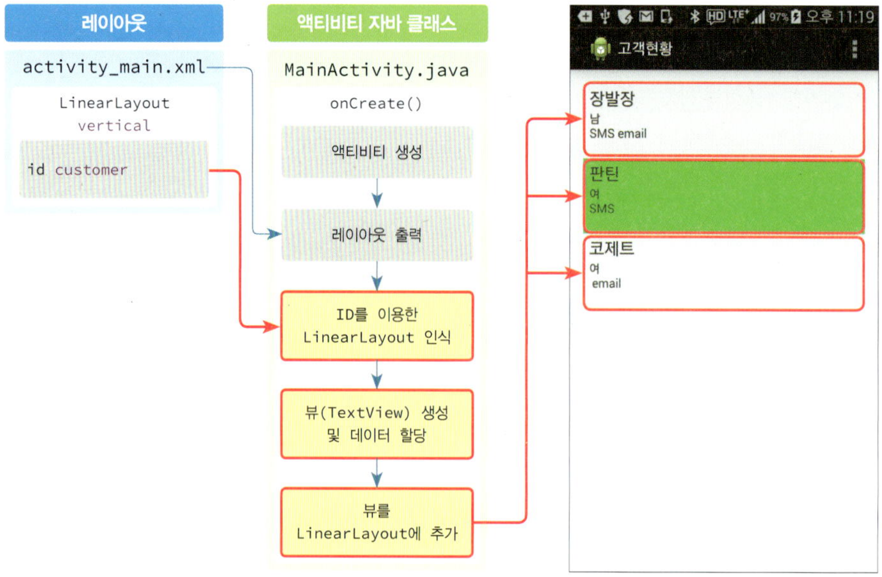
레이아웃
activity_main.xml
LinearLayout
vertical
id customer
액티비티 자바 클래스
MainActivity.java
onCreate()
액티비티 생성
레이아웃 출력
ID를 이용한 LinearLayout 인식
뷰(TextView) 생성 및 데이터 할당
뷰를 LinearLayout에 추가
고객현황
장발장
남
SMS email
판틴
여
SMS
코제트
여
email

15 ② 고객관리 초기화면

BASIC Customer Mgt 프로젝트

15.2.1 프로젝트 개요

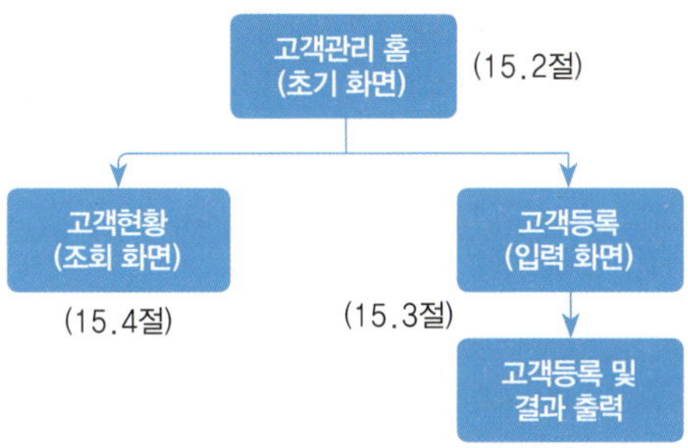

고객관리는 크게 **고객등록**과 **고객현황 조회**로 나뉘어진다. 고객등록은 고객등록 폼과 입력된 정보를 추출하여 데이터베이스에 고객정보를 등록하고 결과를 출력하는 과정으로 이루어진다. 먼저, 고객관리 초기화면을 개발한 후에, 15.3절에서 고객등록, 15.4절에서 고객현황 조회를 단계적으로 개발하여 통합하기로 한다. 액티비티가 많아지면 서로 간의 이동이 편리하도록 옵션 메뉴를 이용하기로 한다.

프로젝트 개요: 고객정보를 데이터베이스에 관리함

Application Name: Customer Mgt

어플리케이션 라벨: 고객관리

- **액티비티 라벨**
  고객관리
- **액티비티 화면**
  고객관리 초기 화면(이미지)
- **옵션 메뉴(액션 아이템으로 나타냄)**
  홈, 고객등록, 고객현황

15.2.2 앱 프로젝트 개발

STEP 1 프로젝트 생성

➥ '3.2절 [Step 1] 프로젝트 생성'을 참고하여 프로젝트를 생성한다.

절차	내용
❶ 프로젝트 시작	메뉴에서 'File → New → Android Application Project' 클릭
❷ 어플리케이션 기본정보 설정	아래 두 항목을 변경하고 그 외는 디폴트로 설정함. Application Name : Customer Mgt Minimum Required SDK : API 19 Android 4.4(KitKat)
❸ 프로젝트 구성	디폴트 값으로 설정
❹ 아이콘 설정	디폴트 값으로 설정
❺ 액티비티 종류 설정	디폴트 값으로 설정
❻ 액티비티와 레이아웃 이름 설정	디폴트 값으로 설정

STEP 2 프로젝트 기본 편집

➥ '3.2절 [Step 2] 프로젝트 기본 편집' 절차에 따라 수정한다.

절차	내용
❶ activity_main.xml 수정	fragment_main.xml 파일 소스를 activity_main.xml로 복사
❷ fragment_main.xml 파일 삭제	–
❸ MainActivity.java 소스 수정	삭제한 fragment_main.xml 관련 부분과 메뉴 관련 부분 삭제
❹ AndroidManifest.xml 소스 수정	<uses-sdk> 태그 속성인 'android:minSdkVersion'에 19로 설정된 속성값을 8로 수정

STEP 3 소스 편집

● **기본파일 간의 연관관계**

strings.xml에는 14장과 같이 고객등록 및 조회 화면을 구성할 텍스트 리소스가 있고, 추가적으로 옵션 메뉴의 아이템으로 사용될 텍스트 리소스들이 정의되어 있다. **activity_main.xml**에서는 이미지를 이용하여 초기화면을 구성한다. **MainActivity.java**는

activity_main.xml에서 정의한 레이아웃을 출력하고 액션 바에 옵션 메뉴를 추가한다. 옵션 메뉴 아이템을 클릭되면 실행할 내용들을 기술한다. AndroidManifest.xml 파일은 MainActivity 클래스를 액티비티로 설정하고, 어플리케이션 라벨과 액티비티 라벨은 strings.xml에서 정의한 app_name을 사용한다.

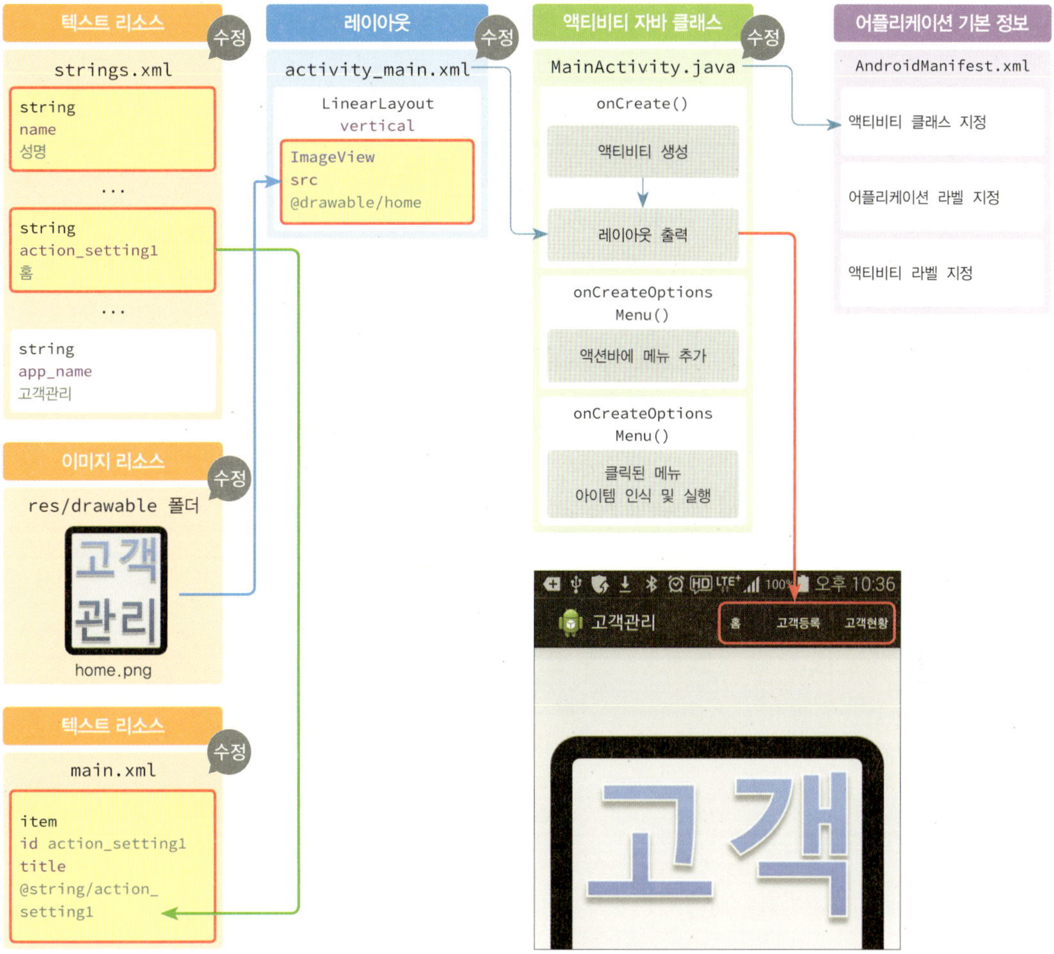

▲ 기본 파일 간의 연관관계

(1) 고객관리 초기화면에 사용할 이미지 저장

초기화면에 사용할 home.png 이미지를 drawable 폴더에 저장한다. 본 책에서는 drawable-xxhdpi 폴더에 저장하기로 한다.

drawable 폴더	이미지 파일
drawable-xxhdpi	 home.png

(2) strings.xml 편집

어플리케이션 이름을 수정하기 위해 **app_name** 속성값에 해당하는 데이터를 '**고객관리**'로 수정한다. 옵션 메뉴로 사용할 action_settings 1, 2, 3과 고객등록 및 조회 화면에서 사용할 **name**, **gender**, **msg** 속성들을 정의한다.

소스 | strings.xml

```
<?xml version="1.0" encoding="utf-8"?>
<resources>

    <string name="app_name">고객관리</string>
    <string name="hello_world">Hello world!</string>
    <string name="action_settings1">홈</string>
    <string name="action_settings2">고객등록</string>
    <string name="action_settings3">고객현황</string>

    <string name="name">성명</string>
    <string name="gender">성별</string>
    <string name="msg">수신여부</string>

</resources>
```

메뉴 아이템에 사용될 텍스트 리소스

화면 구성의 라벨에 사용할 텍스트 리소스

(3) main.xml 편집

menu 폴더에 있는 main.xml에서 옵션 메뉴 아이템으로 **홈**, **고객등록**, **고객현황**을 구성한다. 메뉴 구성은 **〈menu〉** 엘리먼트에 서브 엘리먼트로 **〈item〉** 엘리먼트를 구성한다.

소스 | main.xml

```
<menu xmlns:android="http://schemas.android.com/apk/res/android"
    xmlns:tools="http://schemas.android.com/tools"
    tools:context="com.example.db1.MainActivity" >

    <item
        android:id="@+id/action_settings1"
        android:orderInCategory="100"
        android:showAsAction="ifRoom"
        android:title="@string/action_settings1"/>
    <item
        android:id="@+id/action_settings2"
        android:orderInCategory="100"
        android:showAsAction="ifRoom"
        android:title="@string/action_settings2"/>
    <item
        android:id="@+id/action_settings3"
        android:orderInCategory="100"
        android:showAsAction="ifRoom"
        android:title="@string/action_settings3"/>

</menu>
```

메뉴 아이템 1

메뉴 아이템 2

메뉴 아이템 3

● 엘리먼트

엘리먼트	설명
menu	메뉴 아이템을 포함하는 Menu 클래스를 정의함. 루트 노드로 구성함.
item	메뉴 내에 하나의 메뉴 아이템를 표현하는 MenuItem 클래스를 만듦.

● 엘리먼트의 XML 속성

<table>
<tr><th>엘리먼트</th><th>속성</th><th>설명</th></tr>
<tr><td>menu</td><td>tools:context</td><td>그래픽 레이아웃의 테마를 사용할 액티비티 클래스</td></tr>
<tr><td>item</td><td>android:orderInCategory</td><td>메뉴 아이템이 보여지는 순서. 0을 기준으로 한 정수값</td></tr>
<tr><td></td><td>android:showAsAction</td><td>메뉴가 액션 바에 언제 어떻게 나타나는지를 기술함.
<table>
<tr><th>값</th><th>설명</th></tr>
<tr><td>ifRoom</td><td>액션 바에 메뉴를 표시할 공간이 있을 때 액션 아이템으로 나타남.
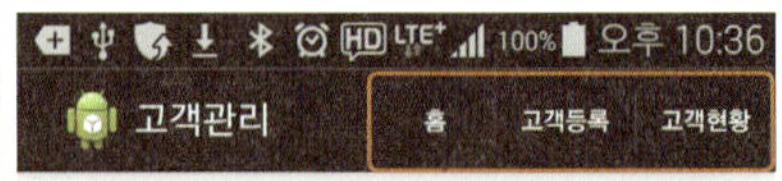
</td></tr>
<tr><td>withText</td><td>아이콘과 텍스트를 나타냄.</td></tr>
<tr><td>never</td><td>action overflow 메뉴 형태로 표시함.

</td></tr>
<tr><td>always</td><td>항상 액션 바에 나타나게 함.</td></tr>
</table></td></tr>
<tr><td></td><td>android:stitle</td><td>메뉴에 표시될 제목</td></tr>
</table>

(4) activity_main.xml 편집

고객관리 초기화면을 구성한다. drawable 폴더에 있는 home.png 이미지를 가운데 배치한다.

소스 | activity_main.xml

```
<?xml version="1.0" encoding="utf-8"?>
<LinearLayout xmlns:android="http://schemas.android.com/apk/res/android"
    android:layout_width="match_parent"
    android:layout_height="match_parent"
    android:orientation="vertical"
```

```
    android:paddingBottom="@dimen/activity_vertical_margin"
    android:paddingLeft="@dimen/activity_horizontal_margin"
    android:paddingRight="@dimen/activity_horizontal_margin"
    android:paddingTop="@dimen/activity_vertical_margin" >

    <ImageView
        android:layout_width="match_parent"
        android:layout_height="match_parent"
        android:src="@drawable/home" />

</LinearLayout>
```

초기화면의 이미지를 나타낼 이미지뷰

(5) MainActivity.java 편집

액티비티를 생성하고 activity_main.xml을 출력하며, 액티비티 라벨은 '**고객관리**'로 한다. 액션 바를 클릭하면 호출되는 **onCreateOptionsMenu()** 메소드에서 메뉴로 사용할 **main.xml**을 설정한다. 메뉴 아이템이 선택되면 **onOptionsItemSelected()** 메소드에서 구체적인 실행 내용을 기술한다.

소스 | MainActivity.java

```
package com.example.customermgt;

import android.app.Activity;
import android.os.Bundle;
import android.view.Menu;
import android.view.MenuItem;

public class MainActivity extends Activity {

    @Override
    protected void onCreate(Bundle savedInstanceState) {
        super.onCreate(savedInstanceState);
        setContentView(R.layout.activity_main);

        setTitle("고객관리");
    }

    @Override
    public boolean onCreateOptionsMenu(Menu menu) {
        getMenuInflater().inflate(R.menu.main, menu);
        return true;
    }

```

액티비티 라벨 설정

액션 바에 메뉴를 설정함

man.xml의 메뉴들을 메뉴 객체화함

```
    @Override
    public boolean onOptionsItemSelected(MenuItem item) {
        return true;
    }
}
```

메뉴 아이템이 클릭되면 호출됨

● 클래스

클래스	설명
Menu	메뉴 아이템을 관리하는 인터페이스
MenuInflater	XML 메뉴 파일을 메뉴 오브젝트로 만드는 데 사용됨.
MenuItem	이전에 만들어진 메뉴 아이템에 대한 직접적인 접근을 위한 인터페이스

● 클래스 메소드

클래스	메소드	설명
Activity	boolean onCreateOptionsMenu(Menu menu)	액티비티의 표준 옵션 메뉴의 콘텐츠를 초기화함.
	boolean onOptionsItemSelected(MenuItem item)	옵션 메뉴의 아이템이 선택될 때 호출됨.
	MenuInflater getMenuInflater()	menu XML 파일을 메뉴 객체화하는 MenuInflater를 반환함.
MenuInflate	void inflate(int menuRes, Menu menu)	XML 리소스로부터 메뉴 계층을 만듦.

STEP 4 프로젝트 실행

(1) 프로젝트의 실행

프로젝트명을 **마우스 오른쪽 버튼**으로 클릭하여 팝업메뉴에서 '**Run As → Android Application**'을 클릭하고, 디바이스 선택 창의 목록에서 실행할 디바이스(AVD 또는 스마트폰)를 선택하고, '**OK**' 버튼을 클릭한다.

(2) 실행결과 보기

앱을 실행하면 고객관리시스템의 초기 화면이 나타난다.

15 ③ 고객등록

ADVANCED LAB Customer Mgt 프로젝트(계속)

15.3.1 프로젝트 개요

앞의 15.2에서 개발한 Customer Mgt 프로젝트에 고객 데이터를 데이터베이스에 저장하는 액티비티를 추가해 보자.

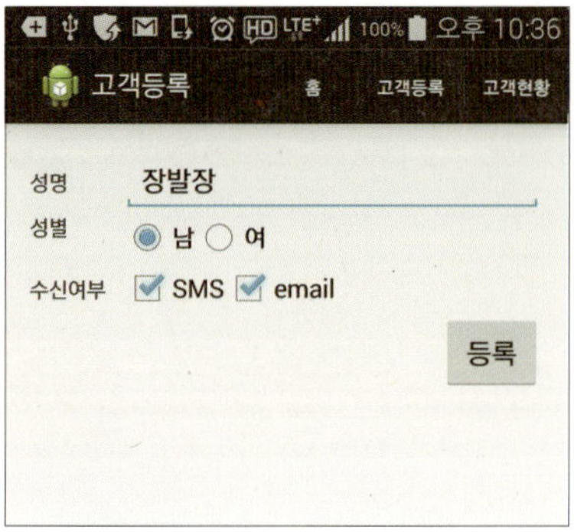

- 액티비티 라벨
  고객등록
- 액티비티 화면
  고객등록 입력 화면
- 사용자 이벤트
  '등록' 버튼 클릭 시, 고객등록 결과 액티비티로 이동

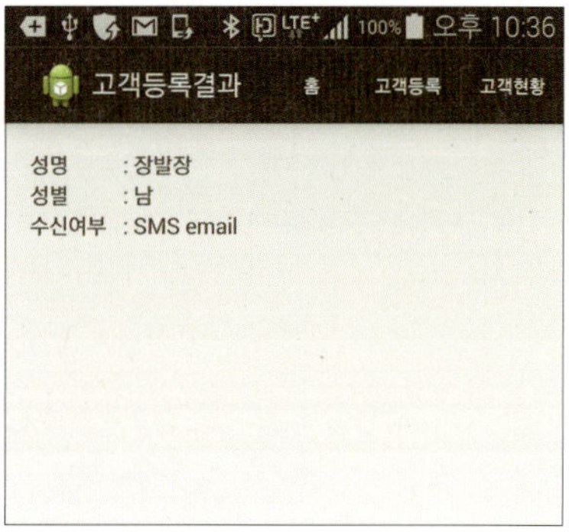

- 액티비티 라벨
  고객등록 결과
- 액티비티 화면
  고객정보 등록 결과
- 처리 내용
  입력 받은 고객정보를 DB에 저장하고, 고객정보를 출력함

15.3.2 앱 프로젝트 개발

15.2절 **[Step 3] 소스 편집** 단계에서 **고객등록** 관련 액티비티를 추가한다.

STEP 3 소스 편집

[Step 3-1] 고객등록 입력화면 액티비티

- **기본파일 간의 연관관계**

strings.xml에는 고객등록 화면 구성을 위한 텍스트 리소스가 정의되어 있다. **register_**

form.xml에서는 strings.xml에서 정의한 텍스트 리소스와 input control을 이용해 고객등록 화면을 구성한다. 버튼에는 클릭 시 실행할 callback 메소드 명을 설정한다. RegisterForm.java는 register_form.xml에서 정의한 레이아웃을 출력하고, 어플리케이션 라벨(Customer Mgt)과 같은 액티비티 라벨을 '고객등록'으로 변경한다. 버튼에 설정된 callback 메소드는 입력된 데이터를 추출하고, 호출할 액티비티 자바 클래스를 인텐트로 생성하여 추출한 데이터를 인텐트에 저장 후에 Register 클래스를 호출한다. 자신은 액티비티를 종료한다. AndroidManifest.xml은 새로 만들어진 RegisterForm.java 클래스를 등록한다.

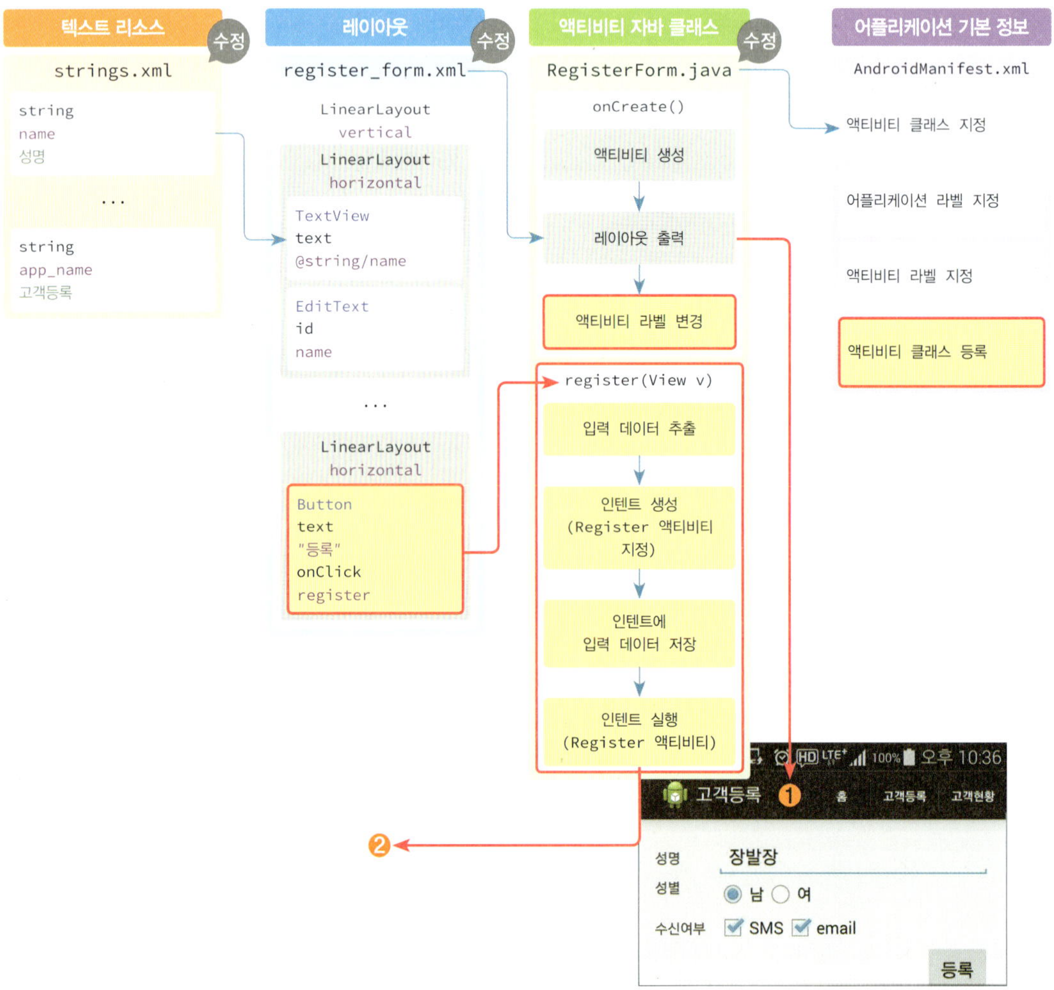

▲ 기본 파일 간의 연관관계

(1) register_form.xml 생성과 편집

layout 폴더에 고객등록 화면을 구성하는 레이아웃을 만들기 위해 **register_form.xml** 파일을 만든다. 고객화면 구성 항목을 각각 LinearLayout으로 구성하고 각 LinearLayout에는 각 항목의 라벨과 관련 Input Control을 배치한다. 성명에는 **EditText**, 성별에는 **RadioButton**, 수신여부에는 **CheckBox**로 구성한다. 각 input control은 입력 데이터 추출을 위해 **ID**를 부여한다. 하단에는 **Button**을 배치하고 클릭 시에 실행할 **register()**라는 callback 메소드를 설정한다(데이터를 추출하는 register() 메소드는 다음 절에서 구현한다).

➥ '6.4절 Event3 프로젝트'를 참고하여 파일을 생성한다.

➥ 편집 내용은 14.2절의 activity_main.xml과 동일하다(설명 내용 참조).

소스 | register_form.xml

```
<?xml version="1.0" encoding="utf-8"?>
<LinearLayout xmlns:android="http://schemas.android.com/apk/res/android"
    android:layout_width="match_parent"
    android:layout_height="match_parent"
    android:orientation="vertical"
    android:paddingBottom="@dimen/activity_vertical_margin"
    android:paddingLeft="@dimen/activity_horizontal_margin"
    android:paddingRight="@dimen/activity_horizontal_margin"
    android:paddingTop="@dimen/activity_vertical_margin" >

    <LinearLayout
        android:orientation="horizontal"
        android:layout_width="match_parent"
        android:layout_height="wrap_content" >
        <TextView
            android:layout_width="60sp"
            android:layout_height="wrap_content"
            android:text="@string/name" />
        <EditText
            android:id="@+id/name"
            android:layout_width="match_parent"
            android:layout_height="wrap_content" />
    </LinearLayout>

    <LinearLayout
        android:orientation="horizontal"
        android:layout_width="match_parent"
        android:layout_height="wrap_content" >
```

```
        <TextView
            android:layout_width="60sp"
            android:layout_height="wrap_content"
            android:background="#AE905E"
            android:text="@string/gender" />
        <RadioGroup
            android:id="@+id/radiogroup_gender"
            android:layout_width="match_parent"
            android:layout_height="wrap_content"
            android:orientation="horizontal" >
            <RadioButton
                android:id="@+id/male"
                android:layout_width="wrap_content"
                android:layout_height="wrap_content"
                android:text="남" />
             <RadioButton
                android:id="@+id/female"
                android:layout_width="wrap_content"
                android:layout_height="wrap_content"
                android:text="여" />
        </RadioGroup>
    </LinearLayout>

    <LinearLayout
        android:orientation="horizontal"
        android:layout_width="match_parent"
        android:layout_height="wrap_content" >
        <TextView
            android:layout_width="60sp"
            android:layout_height="wrap_content"
            android:background="#AE905E"
            android:text="@string/msg" />
        <CheckBox
            android:id="@+id/msg1"
            android:layout_width="wrap_content"
            android:layout_height="wrap_content"
            android:text="SMS" />
        <CheckBox
            android:id="@+id/msg2"
            android:layout_width="wrap_content"
            android:layout_height="wrap_content"
            android:text="e-mail" />
    </LinearLayout>

    <LinearLayout
        android:orientation="horizontal"
        android:gravity="right"
        android:layout_width="match_parent"
```

```
        android:layout_height="wrap_content" >
        <Button
            android:layout_width="wrap_content"
            android:layout_height="wrap_content"
            android:text="등록"
            android:onClick="register"/>
    </LinearLayout>
</LinearLayout>
```

(2) RegisterForm.java 편집과 이해

src 폴더의 패키지 내에 **RegisterForm.java** 파일을 만든다. 고객등록 폼은 14.2절과 동일하며, 옵션 메뉴 부분을 추가한다.

➥ '6.4절 Event3 프로젝트'를 참고하여 파일을 생성한다.

➥ 메뉴 부분을 제외한 편집 내용은 14.4절의 MainActivity.java와 동일하다(설명 내용 참조).

소스 | RegisterForm.java

```
package com.example.customermgt;

import android.app.Activity;
import android.content.Intent;
import android.os.Bundle;
import android.view.Menu;
import android.view.MenuItem;
import android.view.View;
import android.widget.CheckBox;
import android.widget.EditText;
import android.widget.RadioButton;
import android.widget.RadioGroup;

public class RegisterForm extends Activity {

    @Override
    protected void onCreate(Bundle savedInstanceState) {
        super.onCreate(savedInstanceState);
        setContentView(R.layout.register_form);

        setTitle("고객등록");
    }

    public void register(View v) {

        EditText et_name = (EditText)findViewById(R.id.name);
```

(setTitle("고객등록"); ← 액티비티 라벨 설정)

```java
        String str_name = et_name.getText().toString();

        RadioGroup rg_gender  = (RadioGroup)findViewById(R.id.radiogroup_gender);
        RadioButton rb_male   = (RadioButton)findViewById(R.id.male);
        RadioButton rb_female = (RadioButton)findViewById(R.id.female);
        String str_gender     = "";
        if (rg_gender.getCheckedRadioButtonId() == R.id.male) {
            str_gender = rb_male.getText().toString();
        } else if (rg_gender.getCheckedRadioButtonId() == R.id.female) {
            str_gender = rb_female.getText().toString();
        }

        CheckBox   chk_sms = (CheckBox)findViewById(R.id.sms);
        String str_sms = "";
        if (chk_sms.isChecked()) {
            str_sms = (String)chk_sms.getText();
        }
        CheckBox   chk_email = (CheckBox)findViewById(R.id.email);
        String str_email = "";
        if (chk_email.isChecked()) {
            str_email = (String)chk_email.getText();
        }

        Intent it = new Intent(this, Register.class);

        it.putExtra("it_name",   str_name);
        it.putExtra("it_gender", str_gender);
        it.putExtra("it_sms",    str_sms);
        it.putExtra("it_email",  str_email);

        startActivity(it);

        finish();
    }

    @Override
    public boolean onCreateOptionsMenu(Menu menu) {
        getMenuInflater().inflate(R.menu.main, menu);
        return true;
    }

    @Override
    public boolean onOptionsItemSelected(MenuItem item) {
        int id = item.getItemId();

```

메뉴 아이템 클릭 시 실행됨.
클릭된 MenuItem의 정보가 전달됨

클릭된 메뉴 아이템의 id를 인식함

```
        if (id == R.id.action_settings1) {
            Intent it     = new Intent(this, MainActivity.class);
            startActivity(it);
            finish();
            return true;
        } else
            return super.onOptionsItemSelected(item);
    }
}
```

클릭된 메뉴 아이템의 id가 텍스트 리소스(strings.xml)에 정의된 action_settings1(홈)이면, 호출할 액티비티 클래스에 대한 인텐트를 생성하고 데이터를 저장 후에 호출할 액티비티를 실행함. 현재 액티비티는 종료함

● **클래스 메소드**

클래스	메소드	설명
MenuItem	abstract int getItemId()	메뉴 아이템의 ID를 반환함.

(3) MainActivity.java의 onOptionsItemSelected() 메소드의 수정

메뉴 아이템 클릭 시에 고객등록 화면으로 이동하는 기능을 추가하고 윗부분의 import 내용도 추가한다.

소스 | MainActivity.java

```
package com.example.customermgt;

import android.app.Activity;
import android.content.Intent;
import android.os.Bundle;
import android.view.Menu;
import android.view.MenuItem;

public class MainActivity extends Activity {
    ......
    @Override
    public boolean onOptionsItemSelected(MenuItem item) {
        int id = item.getItemId();
        if (id == R.id.action_settings2) {
            Intent it     = new Intent(this, RegisterForm.class);
            startActivity(it);
            finish();
            return true;
        } else
            return super.onOptionsItemSelected(item);
    }
}
```

'고객등록' 메뉴 아이템 클릭 시 RegisterForm 클래스를 호출함

[Step 3-2] 고객등록 및 결과 출력 액티비티

● 기본파일 간의 연관관계

Register.java는 register.xml에서 정의한 레이아웃을 출력하고, 인텐트를 통해 전달된 고객정보를 추출해서 데이터베이스에 저장한다. 정상적으로 실행되면 고객정보를 화면에 출력한다. '이전' 버튼을 클릭하면 고객등록 액티비티를 호출하고, 현재 액티비티는 종료한다. AndroidManifest.xml은 새로 만들어진 Register.java 클래스를 등록한다.

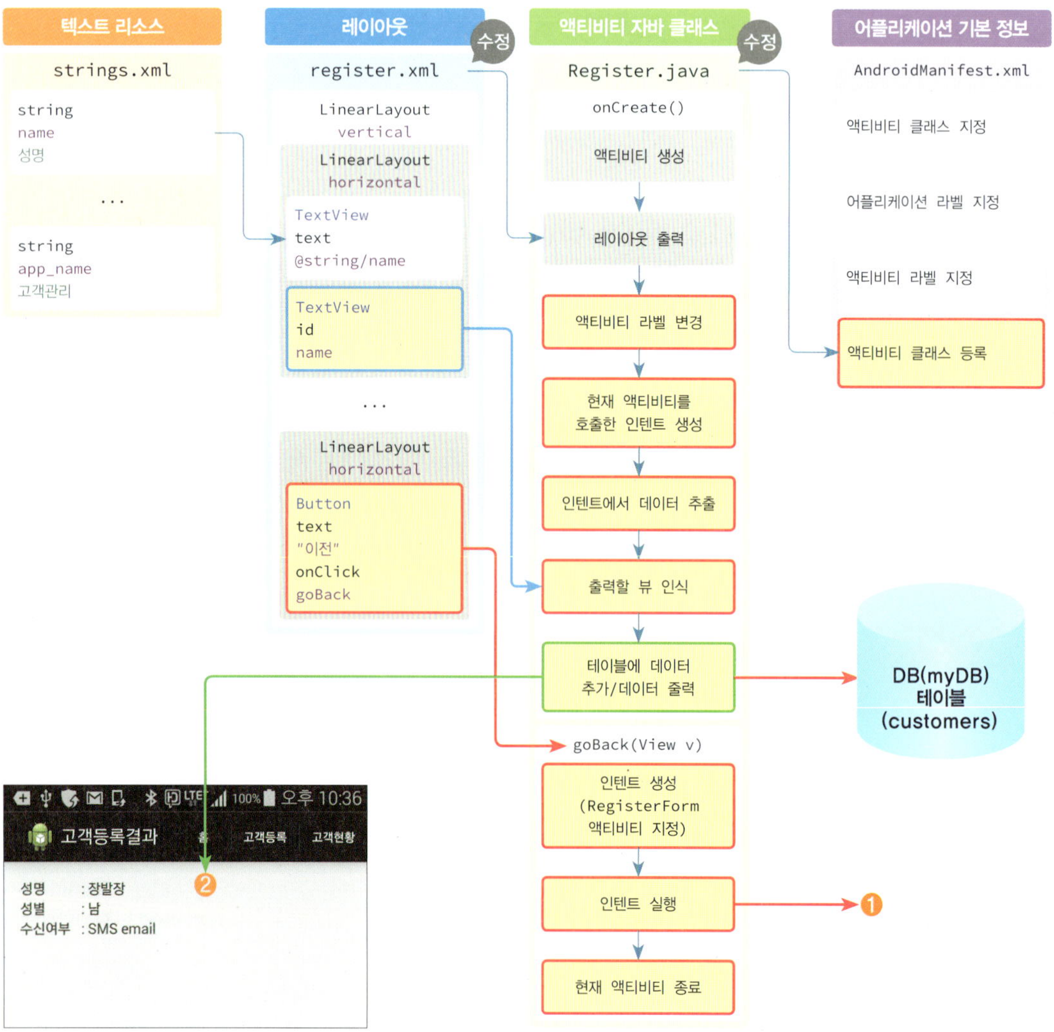

▲ 기본 파일 간의 연관관계

(1) DBManager.java 편집과 이해

처음에 데이터베이스와 테이블을 만들기 위한 **DBManager** 클래스를 src 폴더의 패키지 내에 만든다. DBManager 클래스는 **SQLiteOpenHelper** 클래스로부터 데이터베이스와 테이블을 관리하는 메소드를 상속받는다. DBManager 클래스 객체가 생성될 때 '**myDB**' 데이터베이스가 존재하지 않으면 새로 생성한다. DBManager 액티비티가 생성될 때는 '**myDB**' 내에 '**customers**' 테이블이 존재하지 않으면 새로 테이블을 만들게 된다.

➥ '6.4절 Event3 프로젝트'를 참고하여 파일을 생성한다.

소스 | DBManager.java

```
package com.example.customermgt;

import android.content.Context;
import android.database.sqlite.SQLiteDatabase;
import android.database.sqlite.SQLiteOpenHelper;

public class DBManager extends SQLiteOpenHelper {

    public DBManager(Context context) {
        super(context, "myDB", null, 1);
    }

    @Override
    public void onCreate(SQLiteDatabase db) {
        db.execSQL("create table customers (name text, gender text,
                sms text, email text);");
    }

    @Override
    public void onUpgrade(SQLiteDatabase db, int oldVersion,
                int newVersion) {
    }
}
```

부모 클래스인 SQLiteOpenHelper의 생성자를 호출하여 myDB 데이터베이스가 없는 경우에 데이터베이스를 생성함 (버전 1로 설정되어 있음)

Customers 테이블이 없는 경우에 생성함

존재하는 DB 버전과 다른 경우 실행함

DBManager 클래스는 데이터베이스 생성과 버전을 관리하는 **SQLiteOpenHelper** 클래스로부터 상속받으며, Context 클래스와 SQLite 데이터베이스를 관리하기 위해 SQL 명령어를 실행하는 기능이 있는 **SQLiteDatabase** 클래스를 사용한다.

● 클래스

클래스	설명
SQLiteOpenHelper	데이터베이스 생성과 버전을 관리하는 클래스
SQLiteDatabase	SQLite 데이터베이스를 관리하는 메소드를 제공함.

● 클래스 메소드

클래스명	메소드	설명
SQLiteOpenHelper	SQLiteOpenHelper (Context context, String name, SQLiteDatabase.CursorFactory factory, int version)	데이터베이스를 생성하며, 오픈하고, 관리하는 Object를 만들어 줌.
	abstract void onCreate(SQLiteDatabase db)	데이터베이스가 처음 생성될 때 불려짐.
	abstract void onUpgrade(SQLiteDatabase db, int oldVersion, int newVersion)	데이터베이스가 업그레이드될 필요가 있을 때 불려짐.
SQLiteDatabase	void execSQL(String sql)	문자열(String)로 작성된 SQL 문(조회문 제외)을 실행함.

(2) register.xml 생성과 편집

layout 폴더에 **register.xml** 파일을 만든다. 수신받은 고객 데이터를 고객등록 화면과 유사하게 출력하도록 화면을 구성한다. 즉, Input Control에는 모두 TextView로 대체하고, ID를 부여한다. ID는 액티비티 클래스에서 동적으로 데이터를 할당할 때 사용된다. 하단에는 이전 화면으로 돌아가는 경로를 설정하기 위해 '이전' 버튼을 배치하고 클릭 시에 호출될 callback 메소드로 goBack() 메소드를 설정한다.

➥ '6.4절 Event3 프로젝트'를 참고하여 파일을 생성한다.

➥ 편집 내용은 14.4절의 activity_register.xml과 유사하다(설명 내용 참조).

소스 | register.xml

```
<?xml version="1.0" encoding="utf-8"?>
<LinearLayout xmlns:android="http://schemas.android.com/apk/res/android"
    android:layout_width="match_parent"
    android:layout_height="match_parent"
    android:orientation="vertical"
    android:paddingBottom="@dimen/activity_vertical_margin"
    android:paddingLeft="@dimen/activity_horizontal_margin"
    android:paddingRight="@dimen/activity_horizontal_margin"
    android:paddingTop="@dimen/activity_vertical_margin" >

    <LinearLayout
        android:orientation="horizontal"
        android:layout_width="match_parent"
        android:layout_height="wrap_content" >
        <TextView
            android:layout_width="60sp"
            android:layout_height="wrap_content"
            android:text="@string/name" />
        <TextView
           android:id="@+id/name"
           android:layout_width="match_parent"
           android:layout_height="wrap_content" />
    </LinearLayout>

    <LinearLayout
        android:orientation="horizontal"
        android:layout_width="match_parent"
        android:layout_height="wrap_content" >
        <TextView
            android:layout_width="60sp"
            android:layout_height="wrap_content"
            android:text="@string/gender" />
        <TextView
            android:id="@+id/gender"
            android:layout_width="match_parent"
            android:layout_height="wrap_content" />
    </LinearLayout>

    <LinearLayout
        android:orientation="horizontal"
        android:layout_width="match_parent"
        android:layout_height="wrap_content" >
        <TextView
```

```
            android:layout_width="60sp"
            android:layout_height="wrap_content"
            android:text="@string/msg" />
        <TextView
            android:id="@+id/msg"
            android:layout_width="match_parent"
            android:layout_height="wrap_content" />
    </LinearLayout>

</LinearLayout>
```

(3) Register.java 생성과 편집

src 폴더의 패키지 내에 **Register.java** 파일을 만든다. 전달된 데이터를 인텐트에서 추출하는 과정은 14.4절과 동일하며, 추출한 데이터를 데이터베이스에 저장한다. 옵션 메뉴 부분도 추가한다

➡ '6.4절 Event3 프로젝트'를 참고하여 파일을 생성한다.

➡ 메뉴와 DB 관련 부분 외의 내용은 14.4절의 RegisterActivity.java와 유사하다(설명 내용 참조).

소스 | Register.java

```
package com.example.customermgt;

import android.app.Activity;
import android.content.ContentValues;
import android.content.Intent;
import android.database.sqlite.SQLiteDatabase;
import android.database.sqlite.SQLiteException;
import android.os.Bundle;
import android.view.Menu;
import android.view.MenuItem;
import android.widget.TextView;
import android.widget.Toast;

public class Register extends Activity {

    SQLiteDatabase sqlitedb;
    DBManager dbmanager;

    @Override
```

```java
    protected void onCreate(Bundle savedInstanceState) {
        super.onCreate(savedInstanceState);
        setContentView(R.layout.register);

        setTitle("고객등록결과");

        Intent it = getIntent();
        String str_name   = it.getStringExtra("it_name");
        String str_gender = it.getStringExtra("it_gender");
        String str_sms    = it.getStringExtra("it_sms");
        String str_email  = it.getStringExtra("it_email");

        try {
            dbmanager = new DBManager(this);
            sqlitedb = dbmanager.getWritableDatabase();
            ContentValues values = new ContentValues();
            values.put("name",   str_name);
            values.put("gender", str_gender);
            values.put("sms",    str_sms);
            values.put("email",  str_email);
            long newRowId = sqlitedb.insert("customers", null, values);
            sqlitedb.close();
            dbmanager.close();

            if (newRowId != -1) {
                TextView tv_name   = (TextView)findViewById(R.id.name);
                TextView tv_gender = (TextView)findViewById(R.id.gender);
                TextView tv_msg    = (TextView)findViewById(R.id.msg);

                tv_name.append(": " + str_name);
                tv_gender.append(": " + str_gender);
                tv_msg.append(": " + str_sms + " " + str_email);
            } else {
                Toast.makeText(this, "고객등록 에러!", Toast.LENGTH_LONG).show();
            }

        } catch(SQLiteException e) {
            Toast.makeText(this, e.getMessage(), Toast.LENGTH_LONG).show();
        }

    }

    @Override
    public boolean onCreateOptionsMenu(Menu menu) {
        getMenuInflater().inflate(R.menu.main, menu);
```

액티비티 라벨 설정

DBmanager 객체 생성

수정을 위한 SQLiteDatabase 객체 생성

Customers 테이블에 데이터 추가

DB 관련 자원 해제

정상적으로 테이블에 추가 되었으면, 화면에 출력

```
        return true;
    }

    @Override
    public boolean onOptionsItemSelected(MenuItem item) {
        int id = item.getItemId();
        if (id == R.id.action_settings1) {
            Intent it    = new Intent(this, MainActivity.class);
            startActivity(it);
            finish();
            return true;
        } else if (id == R.id.action_settings2) {
            Intent it    = new Intent(this, RegisterForm.class);
            startActivity(it);
            finish();
            return true;
        } else
            return super.onOptionsItemSelected(item);
    }
}
```

클래스

클래스명	설명
ContentValues	ContentResolver 클래스가 처리할 수 있는 값들의 집합을 저장할 때 사용함.
SQLiteException	SQL 파싱이나 실행 시 에러를 명시함.

클래스의 메소드

클래스명	메소드	설명
ContentValues	void put(String key, String value)	집합에 key와 value를 추가함.
SQLiteDatabase	long insert(String table, String nullColumnHack, ContentValues values)	데이터베이스에 한 행을 추가함. 추가 시에 에러가 발생하면 반환 값이 -1이 됨.
SQLiteClosable	void close()	자원을 해제함. SQLiteDatabase은 SQLiteClosable의 서브 클래스임.
SQLiteOpenHelper	SQLiteDatabase getWritableDatabase()	기록 또는 조회에 유용한 데이터베이스를 생성하거나 오픈함(데이터베이스 객체인 SQLiteDatabase 객체를 반환함).
Throwable	String getMessage()	에러 메시지를 반환함. SQLiteException은 Throwable 클래스로부터 상속 받음.

(4) AndroidManifest.xml 편집과 이해

추가된 RegisterForm과 Register 자바 클래스를 등록한다.

소스 | AndroidManifest.xml

```
<?xml version="1.0" encoding="utf-8"?>
<manifest xmlns:android="http://schemas.android.com/apk/res/android"
    package="com.example.customermgt"
    android:versionCode="1"
    android:versionName="1.0" >

    <uses-sdk
        android:minSdkVersion="8"
        android:targetSdkVersion="19" />

    <application
        android:allowBackup="true"
        android:icon="@drawable/ic_launcher"
        android:label="@string/app_name"
        android:theme="@style/AppTheme" >
        <activity
            android:name="com.example.customermgt.MainActivity"
            android:label="@string/app_name" >
            <intent-filter>
                <action android:name="android.intent.action.MAIN" />

                <category android:name="android.intent.category.LAUNCHER" />
            </intent-filter>
        </activity>
        <activity
            android:name="com.example.customermgt.RegisterForm" >
        </activity>
        <activity
            android:name="com.example.customermgt.Register" >
        </activity>
    </application>

</manifest>
```

새로 작성한 RegisterForm과 Register 액티비티를 등록함

STEP 4 > 프로젝트 실행

(1) 프로젝트의 실행

프로젝트명을 **마우스 오른쪽 버튼**으로 클릭하여 팝업메뉴에서 '**Run As → Android Application**'을 클릭하고, 디바이스 선택 창의 목록에서 실행할 디바이스(AVD 또는 스마트폰)를 선택하고, '**OK**' 버튼을 클릭한다.

(2) 실행결과 보기

초기화면에서 고객등록 메뉴를 클릭하여 고객등록 화면에서 고객 데이터를 입력하고 실행해 보자. 이제, 입력된 고객들의 정보를 볼 화면이 필요하다. 다음 절에서 고객정보 조회 화면을 만들어 데이터들이 잘 등록되었는지 확인해 보자.

15 ④ 동적 데이터 출력을 통한 고객현황 조회

ADVANCED LAB Customer Mgt 프로젝트(계속)

15.4.1 프로젝트 개요

15.2절의 Customer Mgt 프로젝트에서 데이터베이스에 등록된 고객현황을 조회하는 고객현황 액티비티를 추가해 보자. 메뉴에서 고객현황 아이템을 클릭하면 고객현황 액티비티가 실행되는데, 고객현황은 등록된 고객 수만큼 동적으로 목록이 만들어져 출력된다.

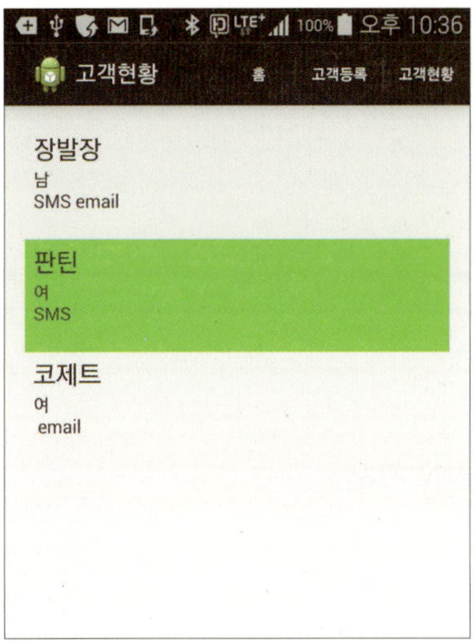

- **액티비티 라벨**
  고객현황
- **액티비티 화면**
  DB에 등록된 고객정보 목록

15.4.2 앱 프로젝트 개발

15.2절 **[Step 3] 소스 편집** 단계에서 **고객현황 조회** 액티비티를 추가한다.

STEP 3 소스 편집

- **기본파일 간의 연관관계**

customer_list.xml에 고객정보 출력을 위한 기본 레이아웃을 배치한다. **CustomerList.java**는 **customers 테이블**에서 **고객정보를 추출**하여 **customer_list.xml**에서 정의한

레이아웃을 바탕으로 고객정보를 출력한다. AndroidManifest.xml은 새로 만들어진 CustomerList.java 클래스를 등록한다.

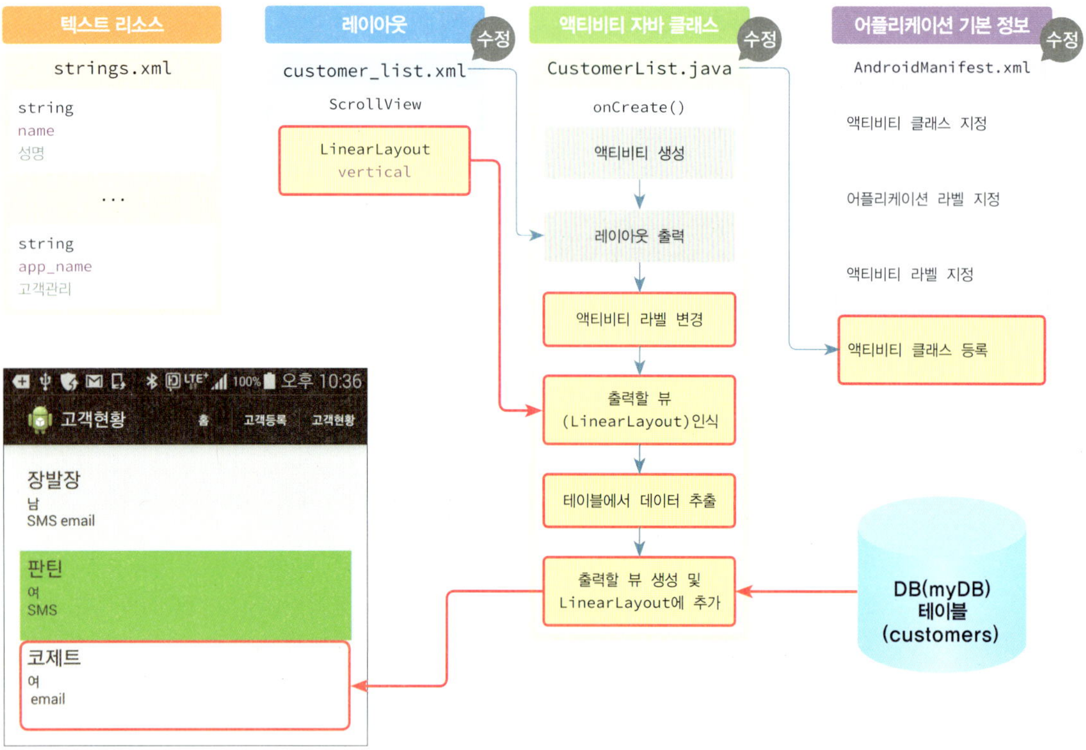

▲ 기본 파일 간의 연관관계

(1) customer_list.xml 편집과 이해

layout 폴더에 customer_list.xml 파일을 만든다. ScrollView에 LinearLayout을 배치하고 ID를 부여한다. 스크롤뷰는 고객정보가 수직으로 화면의 크기를 초과할 때 필요하다. ID는 CustomerList 자바 클래스에서 고객정보를 동적으로 출력할 때 사용된다.

➥ '6.4절 Event3 프로젝트'를 참고하여 파일을 생성한다.

소스 | customer_list.xml

```
<?xml version="1.0" encoding="utf-8"?>
<ScrollView xmlns:android="http://schemas.android.com/apk/res/android"
    android:layout_height="match_parent"
    android:layout_width="match_parent" >
    <LinearLayout
        android:layout_width="match_parent"
        android:layout_height="match_parent"
        android:orientation="vertical"
        android:paddingBottom="@dimen/activity_vertical_margin"
        android:paddingLeft="@dimen/activity_horizontal_margin"
        android:paddingRight="@dimen/activity_horizontal_margin"
        android:paddingTop="@dimen/activity_vertical_margin"
        android:id="@+id/customer" >

</LinearLayout>
</ScrollView>
```

데이터를 출력하기 위해 리니어 레이아웃에 ID를 부여함

(2) CustomerList.java 편집과 이해

src 폴더의 패키지 내에 **CustomerList.java** 파일을 만든다. 먼저 고객정보를 출력할 영역을 인식한다. **DBManager** 클래스의 객체를 생성한 후에, 데이터베이스에 연결하여 **고객정보를 추출**하고 고객의 수만큼 반복하여 **고객정보를 출력**한다.

➥ '6.4절 Event3 프로젝트'를 참고하여 파일을 생성한다.

소스 | CustomerList.java

```
package com.example.customermgt;

import android.app.Activity;
import android.content.Intent;
import android.database.Cursor;
import android.database.sqlite.SQLiteDatabase;
import android.database.sqlite.SQLiteException;
import android.graphics.Color;
import android.os.Bundle;
import android.view.Menu;
import android.view.MenuItem;
import android.widget.LinearLayout;
import android.widget.TextView;
```

```java
import android.widget.Toast;

public class CustomerList extends Activity {

    SQLiteDatabase sqlitedb;
    DBManager dbmanager;

    @Override
    protected void onCreate(Bundle savedInstanceState) {
        super.onCreate(savedInstanceState);
        setContentView(R.layout.customer_list);

        setTitle("고객현황");

        LinearLayout layout = (LinearLayout)findViewById(R.id.customer);

        try {
            dbmanager = new DBManager(this);
            sqlitedb = dbmanager.getReadableDatabase();
            Cursor cursor = sqlitedb.query("customers", null,
                        "name is not null", null, null, null, null);

            int i = 0;
            while(cursor.moveToNext()) {
                String name   = cursor.getString(cursor.getColumnIndex("name"));
                String gender = cursor.getString(cursor.getColumnIndex("gender"));
                String sms    = cursor.getString(cursor.getColumnIndex("sms"));
                String email  = cursor.getString(cursor.getColumnIndex("email"));

                LinearLayout layout_list = new LinearLayout(this);
                layout_list.setOrientation(LinearLayout.VERTICAL);
                layout_list.setPadding(20, 10, 20, 10);
                if (i%2 == 1)
                    layout_list.setBackgroundColor(Color.rgb(0, 255, 0));

                TextView tv_list = new TextView(this);
                tv_list.setText(name);
                tv_list.setTextSize(20);
                layout_list.addView(tv_list);

                TextView tv_list2 = new TextView(this);
                tv_list2.setText(gender + "\n");
                tv_list2.append(sms + " " + email + "\n");
                layout_list.addView(tv_list2);

```

액티비티 라벨 설정

customer_list.xml의 레이아웃에 있는 리니어 레이아웃 인식

DBmanager 객체 생성

조회를 위한 SQLiteDatabase 객체 생성

커서를 이동하면서 파일끝을 만날 때까지 반복함

customers 테이블의 데이터 조회 (name 속성값이 null값이 아닌 경우)

각 속성에 해당하는 값 추출

리니어 레이아웃 객체 생성 및 설정

텍스트뷰 객체 생성 및 설정

텍스트뷰를 리니어 레이아웃에 추가

```
                layout.addView(layout_list);

                i++;
            }

            cursor.close();
            sqlitedb.close();
            dbmanager.close();

        } catch(SQLiteException e) {
            Toast.makeText(this,  e.getMessage(), Toast.LENGTH_LONG).show();
        }

    }

    @Override
    public boolean onCreateOptionsMenu(Menu menu) {
        getMenuInflater().inflate(R.menu.main, menu);
        return true;
    }

    @Override
    public boolean onOptionsItemSelected(MenuItem item) {
        int id = item.getItemId();
        if (id == R.id.action_settings1) {
            Intent it    = new Intent(this, MainActivity.class);
            startActivity(it);
            finish();
            return true;
        } else if (id == R.id.action_settings2) {
            Intent it    = new Intent(this, RegisterForm.class);
            startActivity(it);
            finish();
            return true;
        } else
            return super.onOptionsItemSelected(item);
    }
}
```

리니어 레이아웃을 customer_list.xml의 레이아웃에 있는 리니어 레이아웃에 추가

DB 관련 자원 해제

● **클래스**

클래스	설명
Cursor	데이터베이스 조회에 의한 데이터세트를 읽고 쓰는 인터페이스를 제공함.

● **클래스의 메소드**

클래스명	메소드	설명
Cursor	abstract boolean moveToNext()	커서(cursor)를 다음 행으로 이동함.
	abstract String getString(int columnIndex)	요청된 열의 값을 문자열로 반환함.
	abstract int getColumnIndex(String columnName)	주어진 columnName에 대한 색인을 반환함.
	abstract void close()	커서(cursor)를 닫음.
SQLiteDatabase	Cursor query(String table, String[] columns, String selection, String[] selectionArgs, String groupBy, String having, String orderBy)	주어진 table에 대한 질의문을 실행하여 실행한 결과로 생긴 데이터세트에 대한 커서(Cursor)를 반환함.
SQLiteOpenHelper	SQLiteDatabase getReadableDatabase()	데이터베이스를 생성하거나 오픈함.
LinearLayout	void setOrientation(int orientation)	수평(HORIZONTAL) 또는 수직(VERTICAL) 레이아웃을 설정함. 디폴트는 HORIZONTAL임.
	void setPadding(int left, int top, int right, int bottom)	Let, top, right, bottom에 대한 패딩을 설정함.
TextView	void setTextSize(float size)	size 크기(픽셀)로 텍스트를 설정함.
View	void setBackgroundColor(int color)	color색으로 뷰의 배경색을 설정함.
ViewGroup	void addView(View child)	자식 뷰(child)를 추가함.

(3) onOptionsItemSelected() 메소드의 수정

15.3절의 MainActivity.java, RegisterForm.java, Register.java에서 메뉴 아이템 클릭 시에 **고객현황 조회** 화면으로 이동하는 기능을 추가한다.

소스 | MainActivity.java

```
... ......
    @Override
    public boolean onOptionsItemSelected(MenuItem item) {
        int id = item.getItemId();
        if (id == R.id.action_settings2) {
            Intent it    = new Intent(this, RegisterForm.class);
            startActivity(it);
            finish();
            return true;
        } else if (id == R.id.action_settings3) {
            Intent it    = new Intent(this, CustomerList.class);
            startActivity(it);
            finish();
            return true;
        } else
            return super.onOptionsItemSelected(item);
    }
}
```

'고객현황' 메뉴 아이템 클릭 시 CustomerList 클래스를 호출함

소스 | RegisterForm.java

```
... ......
    @override
    public boolean onOptionsItemSelected(MenuItem item) {
        int id = item.getItemId();

        if (id == R.id.action_settings1) {
            Intent it = new Intent(this, MainActivity.class);
            startActivity(it);
            finish();
            return true;
        } else if (id == R.id.action_settings3) {
            Intent it = new Intent(this, CustomerList.class);
            startActivity(it);
            finish();
            return true;
        } else
            Return super.onOptionsItemSelected(item);
    }
}
```

'고객현황' 메뉴 아이템 클릭 시, CustomerList 클래스를 호출함

소스 | Register.java

```
... ......
    @override
    public boolean onOptionsItemSelected(MenuItem item) {
        int id = item.getItemId();
        if (id == R.id.action_settings1) {
            Intent it = new Intent(this, MainActivity.class);
            startActivity(it);
            finish();
            return true;
        } else if (id == R.id.action_settings2) {
            Intent it = new Intent(this, RegisterForm.class);
            startActivity(it);
            finish();
            return true;
        } else if (id == R.id.action_settings3) {
            Intent it = new Intent(this, CustomerList.class);
            startActivity(it);
            finish();
            return true;
        } else
            Return super.onOptionsItemSelected(item);
}
}

```

'고객현황' 메뉴 아이템 클릭 시, CustomerList 클래스를 호출함

(4) AndroidManifest.xml 편집과 이해

새로 만든 CustomerList 자바 클래스를 등록한다.

소스 | AndroidManifest.xml

```
<?xml version="1.0" encoding="utf-8"?>
<manifest xmlns:android="http://schemas.android.com/apk/res/android"
    package="com.example.customermgt"
    android:versionCode="1"
    android:versionName="1.0" >

    <uses-sdk
        android:minSdkVersion="8"
        android:targetSdkVersion="19" />

    <application
```

```
        android:allowBackup="true"
        android:icon="@drawable/ic_launcher"
        android:label="@string/app_name"
        android:theme="@style/AppTheme" >
        <activity
            android:name="com.example.customermgt.MainActivity"
            android:label="@string/app_name" >
            <intent-filter>
                <action android:name="android.intent.action.MAIN" />

                <category android:name="android.intent.category.LAUNCHER" />
            </intent-filter>
        </activity>
        <activity
            android:name="com.example.customermgt.RegisterForm" >
        </activity>
        <activity
            android:name="com.example.customermgt.Register" >
        </activity>
        <activity
            android:name="com.example.customermgt.CustomerList" >
        </activity>
    </application>

</manifest>
```

새로 작성한 CustomerList 액티비티를 등록함

STEP 4 프로젝트 실행

(1) 프로젝트의 실행

프로젝트명을 **마우스 오른쪽 버튼**으로 클릭하여 팝업메뉴에서 **'Run As → Android Application'**을 클릭하고, 디바이스 선택 창의 목록에서 실행할 디바이스(AVD 또는 스마트폰)를 선택하고, **'OK'** 버튼을 클릭한다.

(2) 실행결과 보기

초기화면의 옵션 메뉴에서 고객현황 아이템을 클릭하여 고객현황 액티비티를 호출하면 등록된 고객정보가 목록으로 나타난다.

부록

CHAPTER

A. 프로젝트 실행화면 캡처

B. 프로젝트 실행파일을 스마트폰으로 복사하여 실행하기

C. 프로젝트를 외부로 보내기와 외부 프로젝트를 불러오기

Appendix A

프로젝트 실행화면 캡처

프로젝트 실행결과에 대한 편집을 위해서 화면 캡처의 필요성을 종종 느끼게 된다. 이클립스에서 캡처하는 방법을 살펴보자. 먼저, 스마트폰을 PC에 연결하거나 AVD를 실행하고, 이클립스 메뉴에서 **'Window(❶) → Show View(❷) → Other...(❸)'**을 클릭한다.

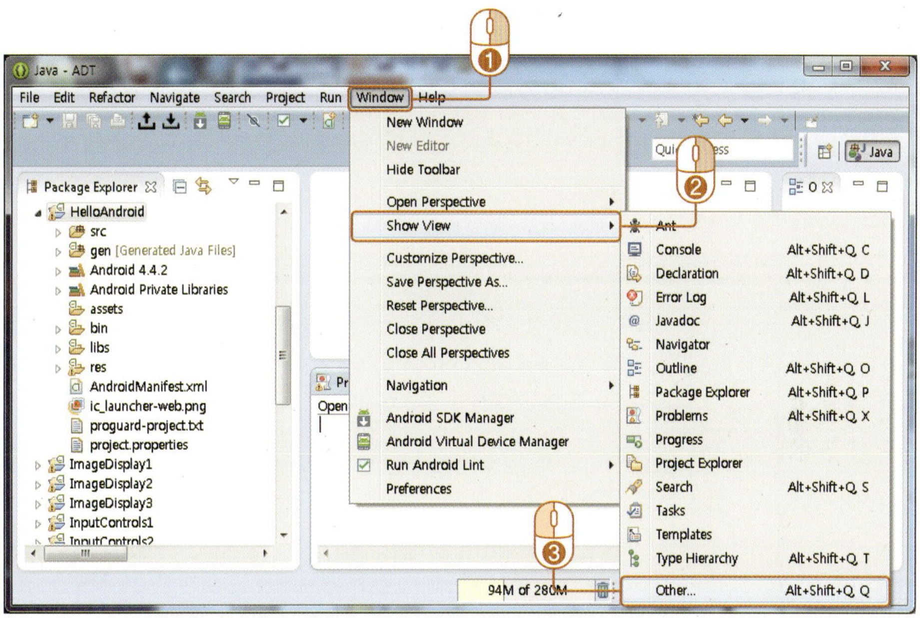

'Show View' 팝업 창에서 **Android** 폴더의 Device를 선택하고(❹), **'OK' 버튼**을 클릭한다(❺).

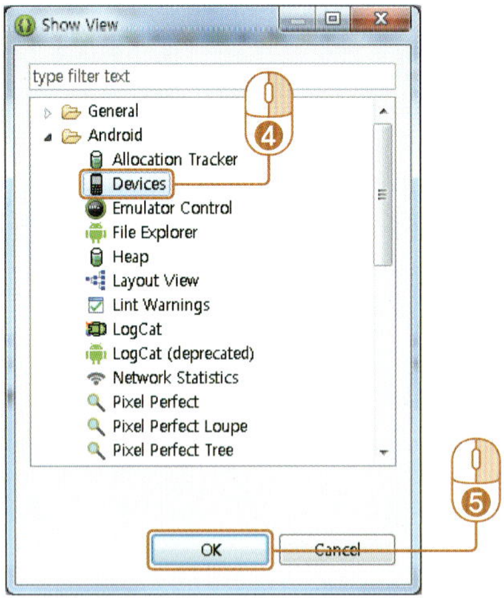

하단부의 콘솔 및 기타 정보 출력 영역에 Devices 폴더가 생기고(❻), 실행 중인 AVD 또는 스마트폰이 나타나게 된다(❼). 그 중 하나를 선택하고 우측의 'capture screen' 아이콘을 클릭한다(❽).

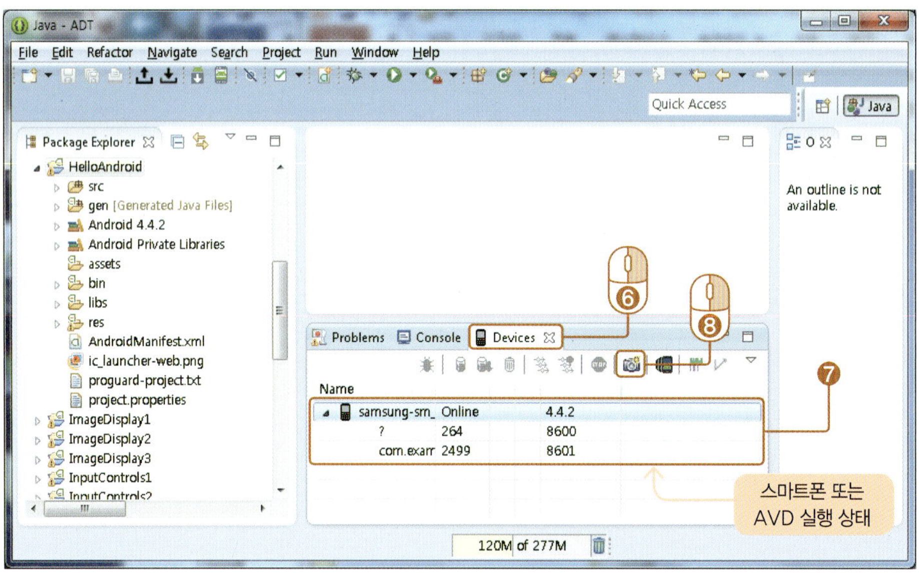

선택된 AVD 또는 스마트폰의 화면이 캡처된다(❾). 'Copy' 버튼을 클릭하고(❿), 편집 문서에서 '붙여넣기'를 하면 편집이 가능하다. 'Refresh' 버튼을 클릭하면 실행 중인 화면을 다시 캡처할 수 있다.

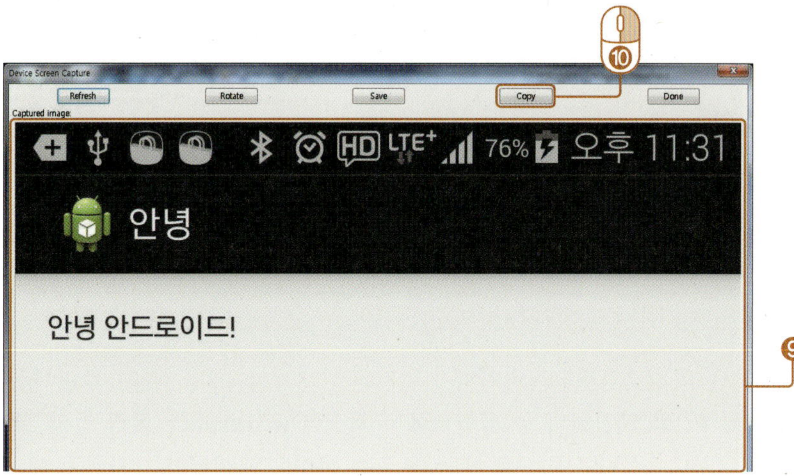
Device Screen Capture
Refresh
Rotate
Save
Copy
Done
Captured image:
76%
오후 11:31
안녕
안녕 안드로이드!
⑨
⑩

프로젝트 실행파일을 스마트폰으로 복사하여 실행하기

스마트폰의 통합 **USB 드라이버**가 설치된 상태에서(2.3절 참조), **스마트폰을 데이터 케이블**로 **PC와 연결**한다. 이클립스에서 지정한 **workspace 폴더** 안의 '**프로젝트명**(예: HelloAndroid)/**bin**' 폴더에 있는(❶) **apk 파일**을 선택하고 복사하기 위해 **'Ctrl+C'** 키를 클릭한다(❷).

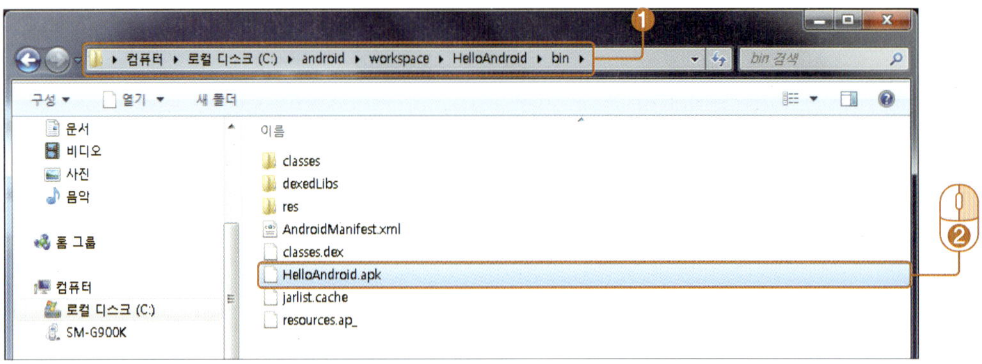

PC와 연결된 **스마트폰**에서(❸) **저장할 폴더**(예: Download)를 선택한다(❹).

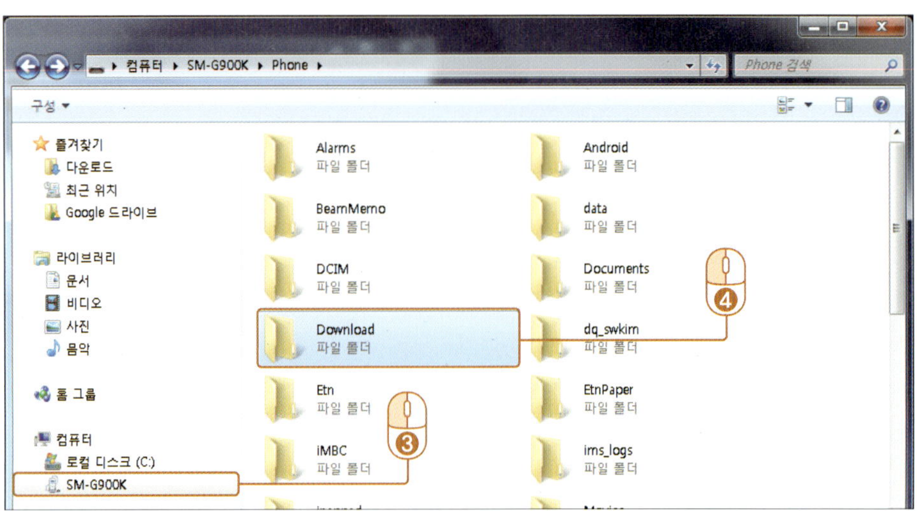

붙여넣기를 위해 'Ctrl+V' 키를 클릭하면, apk 파일이 복사된다(❺).

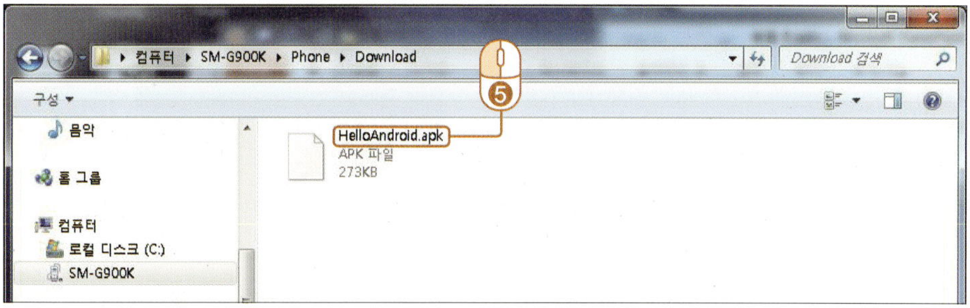

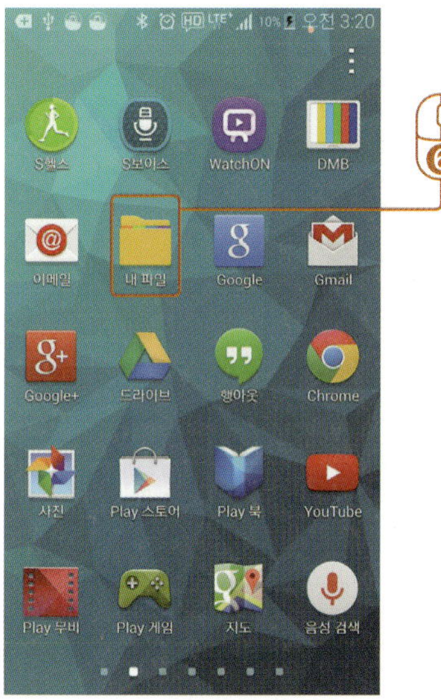

apk 파일을 설치하기 위해 스마트폰에서 '**내파일**'을 터치한다(❻). 화면은 제조사에 따라 다르다.

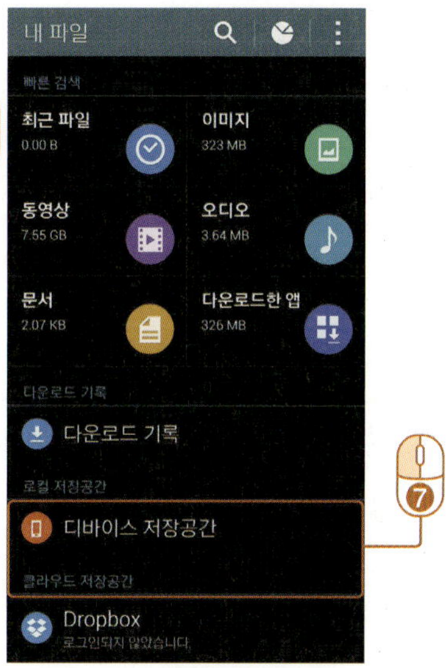

'**디바이스 저장 공간**'을 선택한다(❼).

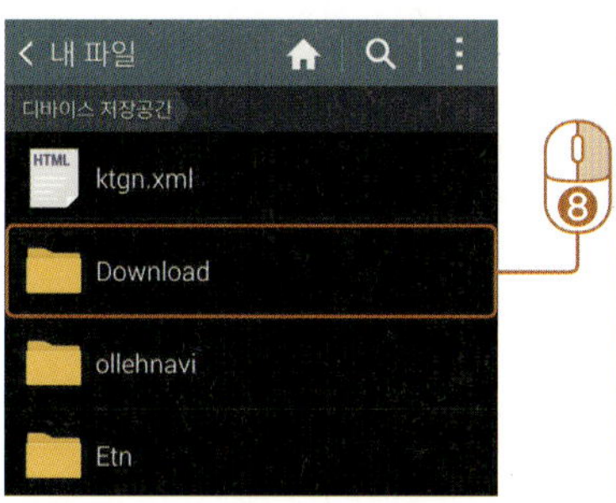

'Download' 폴더를 선택한다(❽).

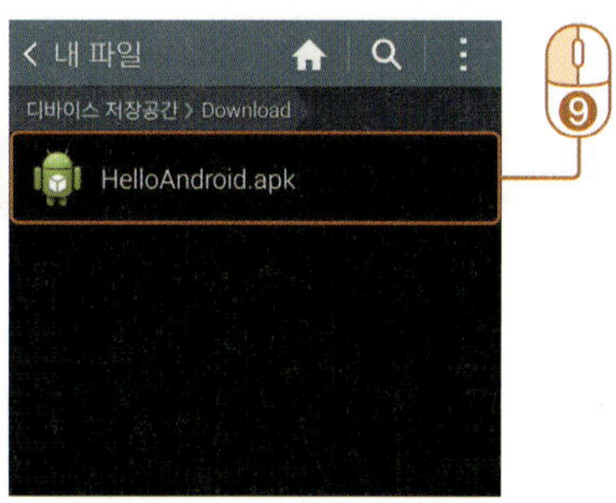

'HelloAndroid.apk' 파일을 터치한다(❾).

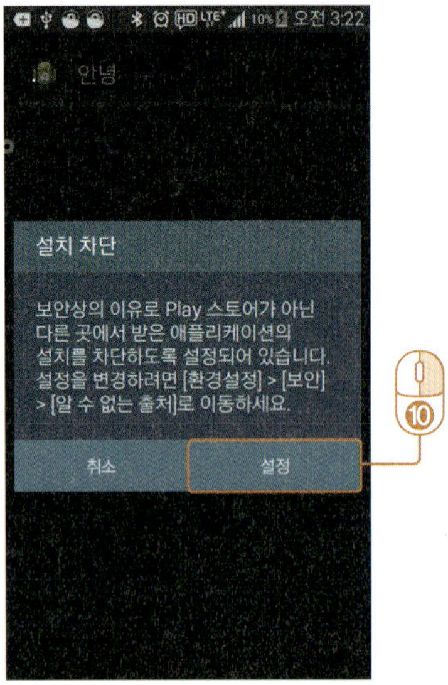

설치차단이 설정되어 있다면, 해제를 위해 '**설정**'을 터치한다(⑩).

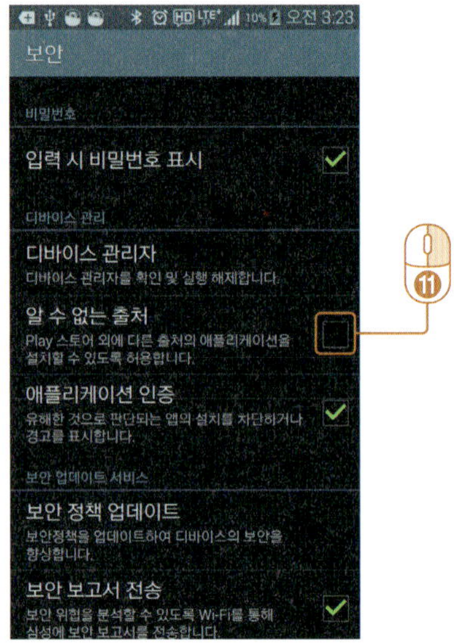

앱 설치를 위해 '**알 수 없는 출처**'를 선택한다(⑪).

'설치' 버튼을 터치한다(⑫).

바탕 화면에 설치한 앱의 아이콘이 나타난다(⑬).
아이콘을 터치하면 앱이 실행된다.

Appendix C

프로젝트를 외부로 보내기와 외부 프로젝트를 불러오기

이클립스에서 개발 중인 프로젝트 파일을 백업 또는 zip 파일로 변환하거나, 반대로 외부의 프로젝트 파일을 이클립스의 workspace로 복사할 경우에 각각 'Eport'와 'Import' 작업을 하면 된다. **HelloAndroid 프로젝트 파일**에 대해 Export와 Import하는 과정을 살펴보자.

Appendix.01 프로젝트를 외부로 보내기

이클립스의 **HelloAndroid** 프로젝트를 외부 파일로 보내 보자. 그 과정에서 에러가 발생하는 경우가 있으니 먼저 새로고침(**Refresh**)하고 진행한다. **HelloAndroid** 프로젝트를 마우스 오른쪽 버튼으로 클릭하고(❶) 팝업 메뉴에서 '**Refresh**' 메뉴를 선택한다(❷).

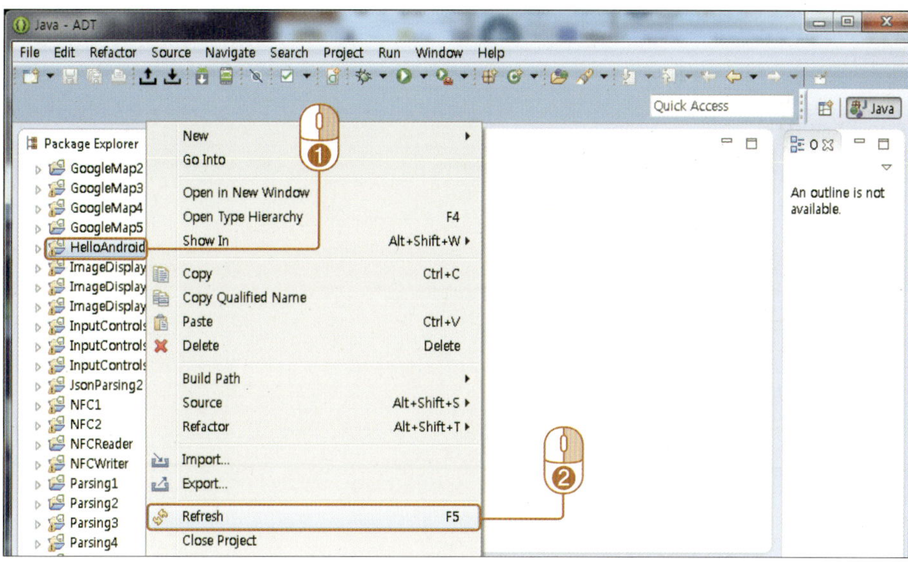

이제, **HelloAndroid** 프로젝트를 마우스 오른쪽 버튼으로 클릭하고(❸) 팝업 메뉴에서 '**Export**' 메뉴를 선택한다(❹).

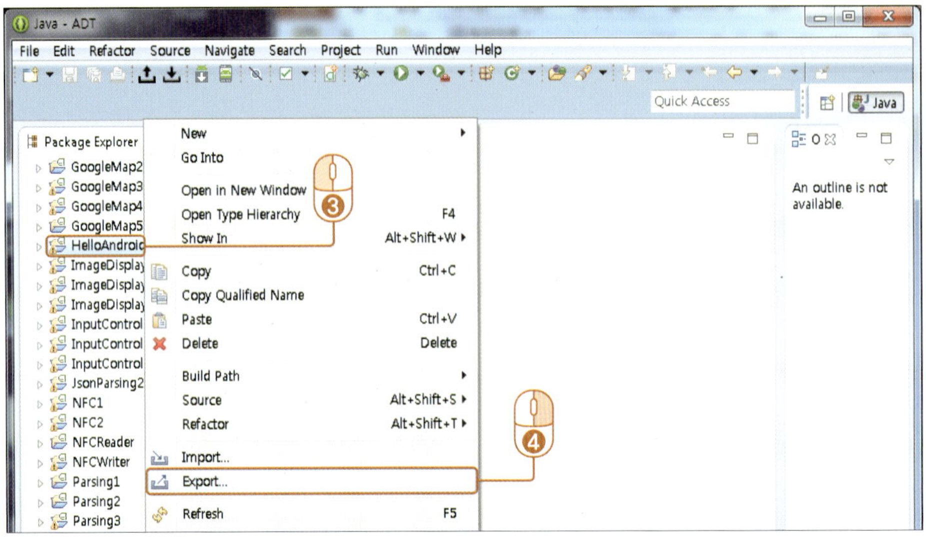

'**Export**' **창**이 나타나면 '**General**' 폴더에서 '**Archive File**'을 선택하고(❺) 'Next' 버튼을 클릭한다(❻).

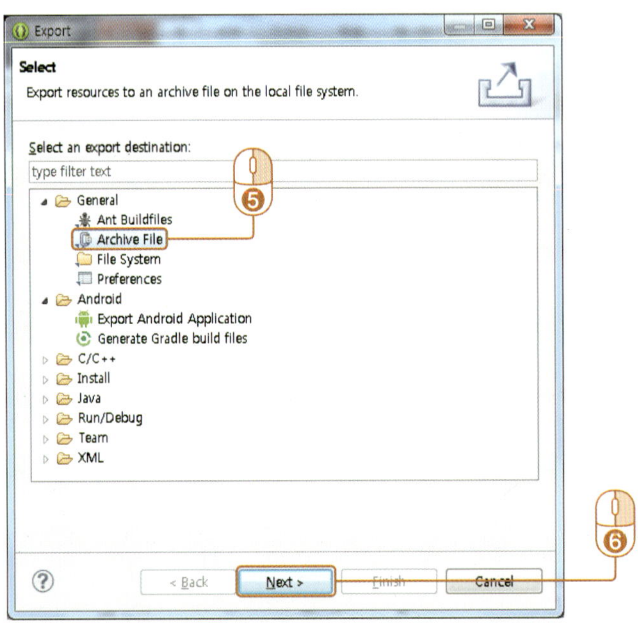

HelloAndroid 프로젝트를 선택하고(❼), 압축할 폴더 위치와 파일명을 지정하기 위해 '**Browse**' 버튼을 클릭한다(❽).

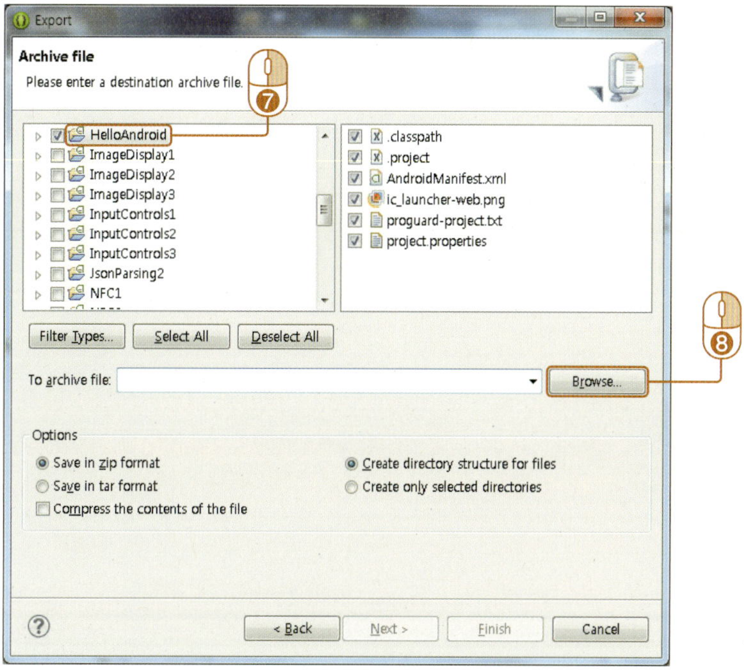

저장할 폴더(예: C:/export)를 선택하고(❾), **파일명**을 지정해서(❿) '**저장**' **버튼**을 클릭한다(⓫).

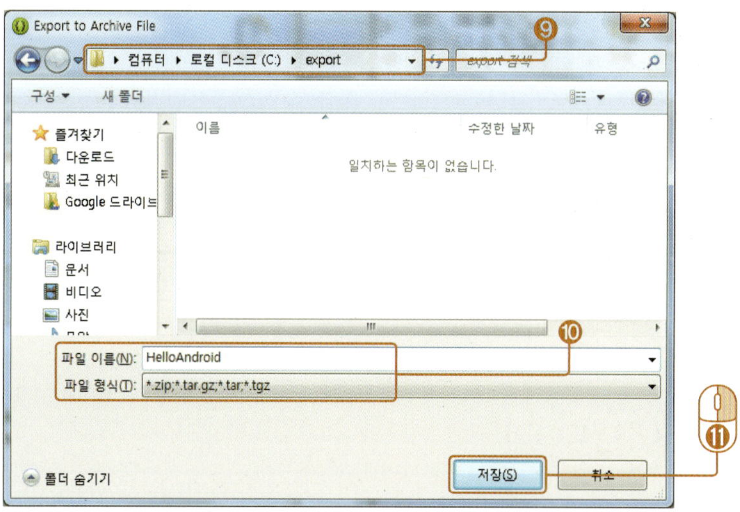

저장할 폴더와 **파일명**이 나타나면(⑫) **'Finish' 버튼**을 클릭한다(⑬).

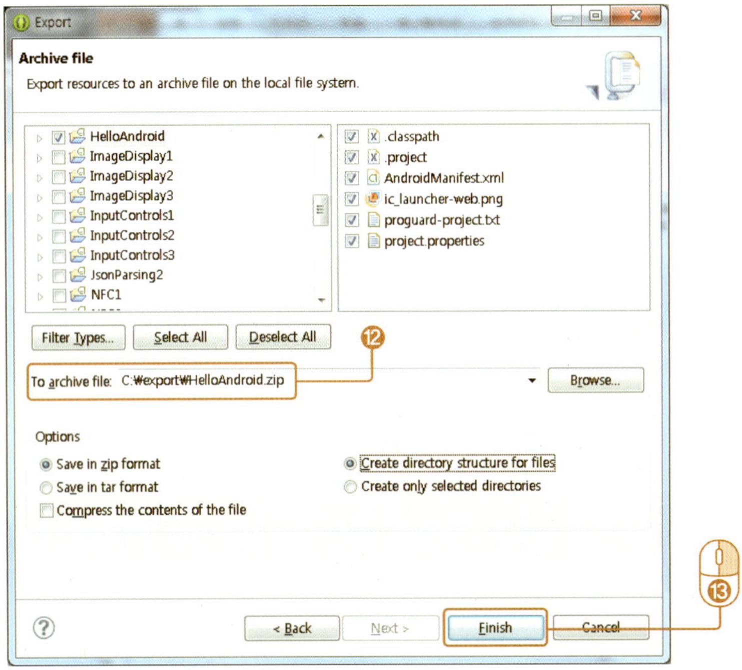

실행이 끝나면 **지정한 폴더**(예: C:/export)에 **HelloAndroid.zip** 파일이 생성된 것을 확인할 수 있다.

Appendix.02 외부 프로젝트를 불러오기

외부에 있는 **HelloAndroid 프로젝트** 파일(HelloAndroid.zip)을 불러와 보자. 불러올 외부 프로젝트명과 동일한 프로젝트가 이클립스에 있는 경우 문제가 생기게 된다. 이클립스에 **HelloAndroid 프로젝트**가 있으면 먼저 **삭제**한다. **HelloAndroid 프로젝트**를 마우스 오른쪽 버튼으로 클릭하고(❶), '**Delete**'를 선택한다(❷).

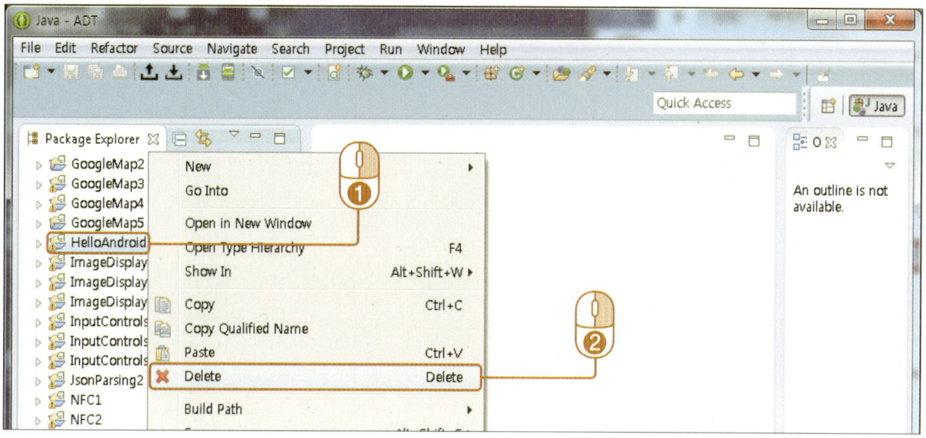

"**Delete project contents on disk(cannot be undone)**"을 체크하여(❸) 폴더를 Work-space에서 완전히 삭제하도록 한다. '**OK' 버튼**을 클릭한다(❹).

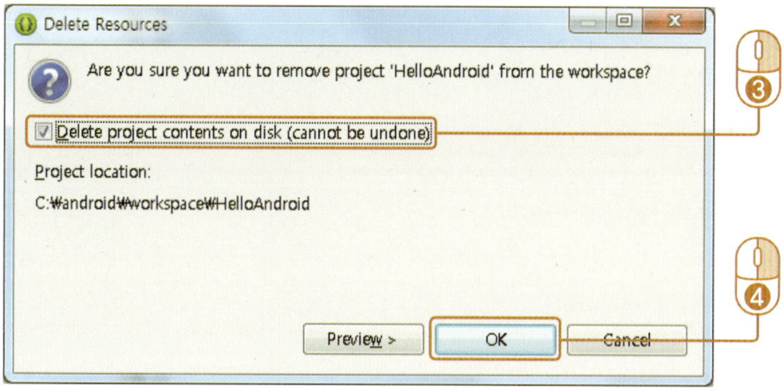

이제 불러오기를 시작해 보자. 메뉴 **File**을 클릭하고(❶) 팝업메뉴에서 '**Import**' 메뉴를 클릭한다(❷).

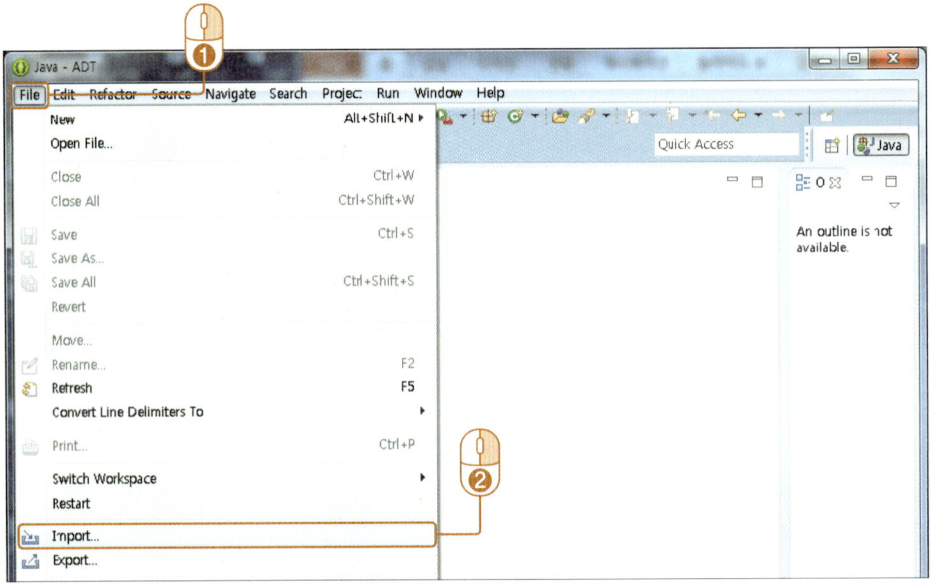

Select 창에서 불러오기할 파일을 선택하기 위해 General 폴더에 있는 "**Existing Projects into Workspace**"를 선택하고(❸), '**Next**' **버튼**을 클릭한다(❹).

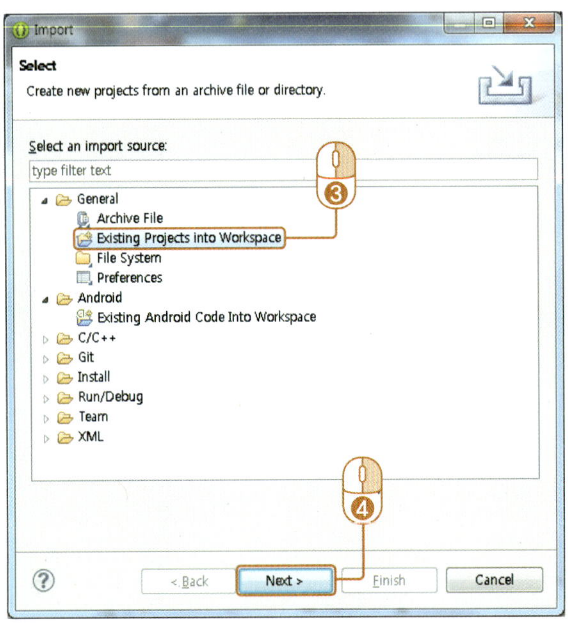

“Select archive file” 라디오 버튼을 클릭하고(❺), zip 파일을 찾기 위해 **‘Browse’ 버튼**을 클릭한다(❻).

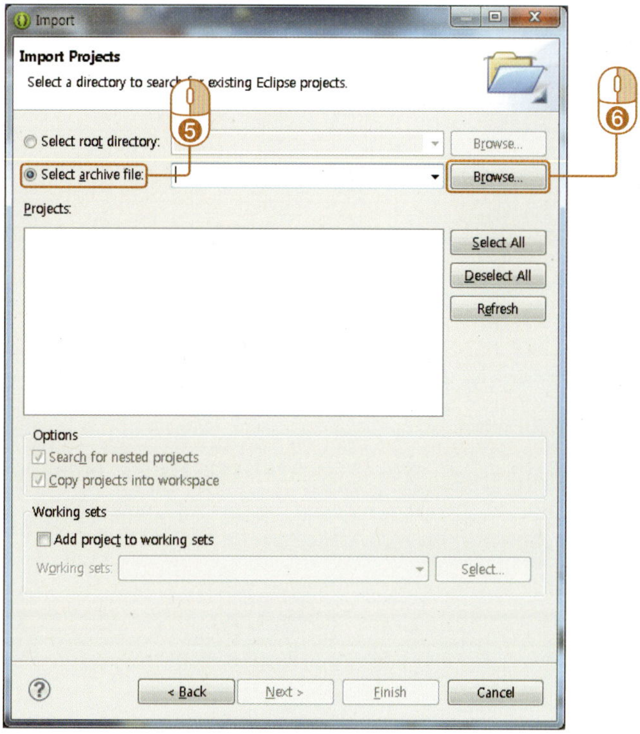

C 드라이버의 **export 폴더**(❼)에 있는 **HelloAndroid.zip** 압축 파일을 선택하고(❽) **‘열기’** 버튼을 클릭한다(❾).

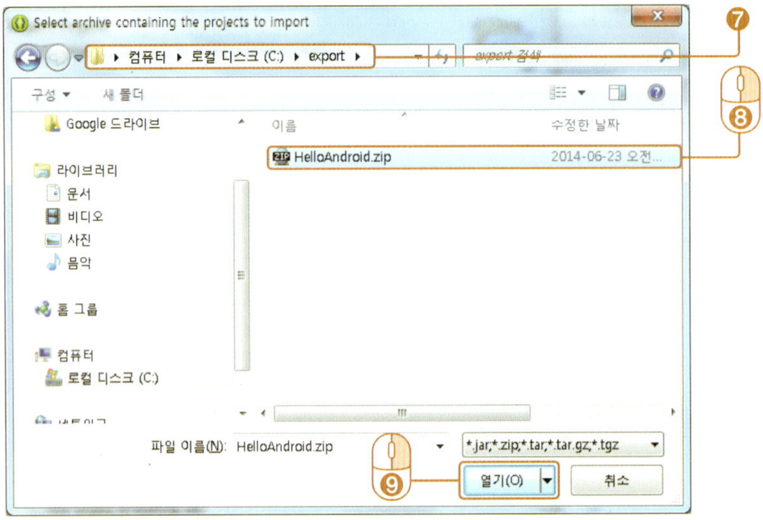

선택된 **HelloAndroid.zip** 파일의 경로가 나타난다(⑩). **'Finish' 버튼**을 클릭한다(⑪).

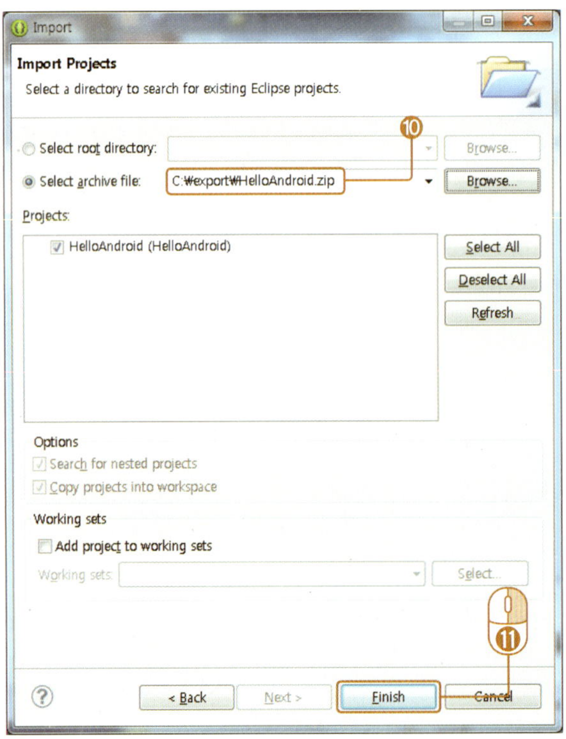

이클립스에 방금 불러온 **HelloAndroid** 프로젝트가 있는 것을 확인할 수 있다(⓬).

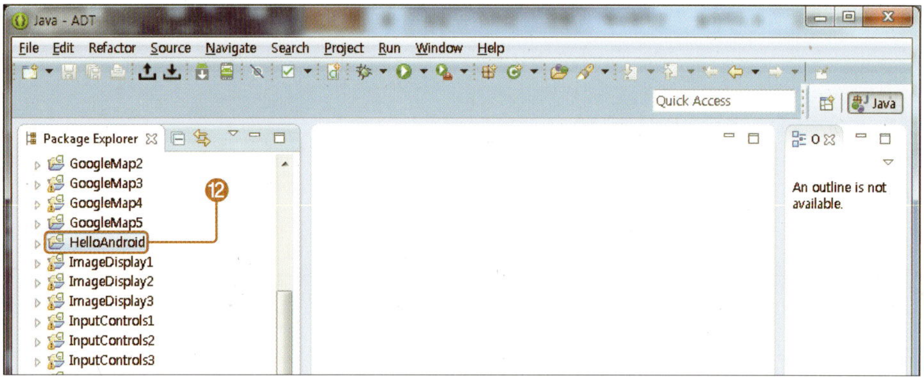

찾아보기

B

C

D

E

F

G

H

I

J

L

Q

R

S

T

U

V

W

X

Y

기호

번호

Step by Step
안드로이드 프로그래밍
쉽게 시작하는 안드로이드 4.4 앱 개발

인 쇄 2014년 8월 9일 초판 1쇄
발 행 2014년 8월 16일 초판 1쇄

저 자 장용식, 성낙현
발 행 인 채희만
출판기획 안성일
영 업 김우연
편집진행 우지연
관 리 최은정
북디자인 가인커뮤니케이션(070-8861-0525)
발 행 처 INFINITYBOOKS

주 소 경기도 고양시 일산동구 하늘마을로 158
대방트리플라온 C동 209호

대표전화 02)302-8441
팩 스 02)6085-0777

도서 문의 및 A/S 지원
Homepage www.infinitybooks.co.kr
E-mail helloworld@infinitybooks.co.kr

I S B N 979-11-85578-11-8
등록번호 제25100-2013-152호
판매정가 **30,000원**

「이 도서의 국립중앙도서관 출판시도서목록(CIP)은 서지정보유통지원시스템 홈페이지(http://seoji.nl.go.kr)와 국가자료공동목록시스템(http://www.nl.go.kr/kolisnet)에서 이용하실 수 있습니다.
(No. 2014023189)